作者简介

龙卫球

北京航空航天大学法学院院长、高研院院长、教授、博士生导师，教育部长江学者特聘教授、中组部万人计划哲社领军人才。民法典立法专家，中国法学会民法典编纂合同编召集人之一。兼任国务院学科评议组成员（法学组）、教育部法学学科教指委委员、工信部北航工业和信息化法治战略与管理重点实验室主任、网信办北航网络空间国际治理基地主任、中国科协北航科技组织和公共政策研究院执行院长、中国网络与信息法研究会副会长、中国科协第十届委员等学术职务。著有《民法总论》《民法基础与超越》《民商法转型与再现代化》《法学的自觉》等。

网络信息法
基础与前沿问题

THE FOUNDATION
AND CUTTING-EDGE ISSUES OF
NETWORK INFORMATION LAW

龙卫球 著

中国法制出版社
CHINA LEGAL PUBLISHING HOUSE

前言：网络信息法的兴起与挑战

本书是作者十余年来就网络信息法进行持续研究所形成的理论成果，旨在探究其作为新型法域的兴起缘由和机理形成。“网络信息法”准确来说应称为“网络与信息法”，其兴起与计算机技术、互联网技术等信息科技发展和应用密切相关，因此是广义科技法的一部分。但是它与工业文明时代的科技法又存在重要的代际差异，体现了信息科技与工业科技在应用和功能上的巨大不同。本书的目的不仅是简单肯定一个“网络与信息”法律领域的发生与发展的必要性，而是希望通过一种与时代发展同步甚至略有超前的现实研究视角，去探索或者说揭示这一新型法域的发展的必然性、原因、机理及过程，同时不揣冒昧地即时回应这一法域发展所提出来的重大法治需求和理论挑战。

网络信息法的兴起，毫无疑问地成为这个时代法律发展的一个重要标志。从世界范围来看，各国早已从有无必要针对网络问题进行专门立法的怀疑论，发展为再无犹豫地从“网络与信息法”的独特角度不断展开立法。顾名思义，这一法域的形成和发展是以“网络+信息”的法律需求为驱动的，缘起于互联网发展到一定阶段导致信息利用方式和意义所出现的嬗变：当互联网自身通过技术发展到一个“奇点”，导致数字信息化全面爆发，使得信息规范问题显得前所未有的独特和重要，这个法域就顺理成章形成了。从这个意义上说，人们虽然可能对基于网络信息科技发展而促生的特殊法律范畴，有时随口概称为“网络法”“网络空间法”“互联网法”，甚至“数字法”等，但是从本质上看，最能反映其规范实质的概念却是“网络信息法”。

早期计算机技术的发展，促进了某种意义上“计算机法”的发展，但是这种发展限于计算机程序或者软件是否纳入以及在何种程度上纳入知识产权加以保护的细微问题，因此严格来说谈不上专门立法。之后，互联网技术发展出来，无数计算机在网络系统中链接起来形成所谓“网络空间（Cyberspace）”，这时关于网络空间的规范意识开始出现。但是，互联网应用初期，网络空间的主体活动严格来说还不足以导致网络与信息法产生。因为，互联网初期的主要技术应用，体现在邮箱和邮件、网站主页新闻和信息、BBS论坛等信息交互系统的发展，围绕这些应用产生的规范话题主要体现为是否应引入现实规范必要，出现诸如“谩骂网友”“人肉搜索”等争议。主流观点坚持认为，应维护互联网构建者追求的“虚拟自由”，尊重互联网的虚拟性，对既有法律之于互联网活动规范的可适用性予以尽可能的限制。所谓“有网必有网络空间法”简单化思维被抑制。

但是终于有一天，“网络信息法”概念被引出。其时点是网络科技发展和应用导致信息爆发之际。网络信息科技经过多次迭代应用之后，互联网发展与信息出现一种前所未有的渐进重合趋势——互联网功能迅速的数字信息化。网络信息科技不断提升，其结果是网络信息化价值日益凸显，反过来牵引了互联网重心向网络信息化前移。于是，互联网的功能依赖于信息功能，互联网的价值越来越体现为数字化信息聚集和利用的价值，网络与信息法呼之欲出。“网络信息法”又可以区分为开始和全面兴起两个阶段。

“网络信息法”的开始阶段，即20世纪初期。此时，网络信息开始呈现出重要性，但主要是以逆向的安全风险方式体现的。网络信息安全进入视野的原因，主要是频繁出现未受邀请者（包括黑客）通过互联网技术侵入或者威胁他人计算机或者网络信息系统的事件。侵入者目的不一，或者是好奇，或者是破坏或攻击，或者是为了窃取他人信息包括个人信息，为此产生了最初的所谓“网络与信息安全”的特殊规范问题，重点是通过加强规范阻止侵入计算机、破坏网络系统安全、窃取他人信息。为此，有关国家先是针对相应的加害活动，通过刑法、民法确立新的犯罪类型或者侵权类型加以应对。开始偏重于传统犯罪治理中的事后治理；后来越来越关注必要的预防治理，进而产生与传统法律保护和治理理念差异甚大的立法思维。为此，一些国家同时期启动了专门意义的网络信息安全立法。我国专门立法意识比其他网络发达国家稍晚，直到2016年才正式出台《网络安全法》，但是系统化程度更高。

“网络信息法”的第二阶段，则是以网络与信息价值基本重合为标志。结果是网络法迅速向网络信息法方向聚焦和发展。这一阶段以2012年为开端，到今天日臻成熟。2012年，大数据技术得到开发和应用，与此同时，移动互联网、云计算等带动数字化信息爆发的技术也推波助澜，其合力的结果，使得网络运营急速向大数据经营发展，基于网络信息数字化的数据资源集聚和赋能利用成为主要互联网平台的业务重心。之后，人工智能和物联网等靶向应用技术进一步开发和部署，大数据条件下的数据资源赋能机制又获得了自动化决策、智联网架构等更佳实现场景，并且出现了基于信息赋能应用的数字经济、数字政府、数字社会的全域数字化趋势，使得互联网发展与数字化信息运营几乎完全融合起来，出现了网络与信息的功能兼并。在这种意义下，"网络信息法"全面确立，互联网立法进入全面数字化信息规范的新阶段。互联网状态下大规模数字化信息生成、收集、利用等涉及的权益保护、利益和风险分配和侵害救济等问题，成为规范的焦点。

网络信息法的全面兴起，使得经过很长一段时间表现模糊的网络法律规范问题终于拨云见日。这一时期，面对网络不断强化信息化和出现新的数字化信息赋能应用场景的现实，个人信息保护、数据安全、电子商务、人工智能、物联网、数字市场与产业、智慧政府和社会等立法需求呼啸而来。这些立法的聚焦点，实际都是网络数字信息化背景下的相关利益保护和合理监管问题。例如，我国2018年出台的《电子商务法》表面上可以看成是一部融电子合同交易和管理立法为一体的特别法，但其重点是平台基于数字化信息运营背景而开展电子化交易的特殊规范问题。我国2021年出台的《数据安全法》和《个人信息保护法》更是直接显示出当今网络立法重心就是网络信息立法。其中，《个人信息保护法》以"根据宪法，制定本法"的宣示，成为我国当代网络信息法律体系的基石法。《个人信息保护法》作为网络信息基石法，意味着现在的立法者面对网络信息科技导致的数字化信息大爆发大应用，无论具有多大的个人福利或社会福利，都不能忽视一个更加重要的规范保护目标，这就是要保护好自然人的个人信息本身，因为它是数字化时代人格新范畴，也是治理信息科技应用新风险的关键所在。这是本书研究所揭示的核心价值所在。

本书研究呈现了主题上的丰富性，主要涉及个人信息保护立法、数据与虚拟财产保护立法、人工智能与智能制造法律政策、网络安全法和网络安全治理、电子证据与数字正义等领域。这些主题不是作者随意选择的，而是反映了网络信息法的实际范畴。这些部分以一种类似部落联盟的方式发生关联，符合现在网络信息法的架构特点。研究风格上属于"现实回应型"，均出自对重大现实实践需求的思考，而不是基于某种统一化理论的演绎作业。作者研究虽然无惧于不成熟，但仍然希望不是一种冒进，尽量坚持三个"尊重"作为前提：尊重这一领域属于新型法域的特点，采取与现实立法、管理、实践需求紧密互动的建构研究路径；尊重这一领域具有国际合作与竞争的复杂性和敏感性的特点，秉持比较法和比较政策的开放研究思路；尊重这一领域基于新技术不断更替应用从而具有不确定性的发展特点，重视交叉、分叉和预留可能性的动态研究方法。

成书之际，特别感谢我在北航工作所具有的得天独厚交叉研究环境和条件，十余年来通过积极与计算机、电子信息、网络安全、人工智能等学科团队的合作和研究交流，我自认大大减轻了对航空航天、信息化等学科的疏离感，进而增强了对于网络信息法做好拓荒研究的责任和信心。在此感谢多年来帮助我的航空航天、信息化学科的各位良师益友，考虑到挂一漏万的后遗症，就不一一列名了。也要感谢承担网络信息立法预研或起草任务的相关部门和机构，委托我进行专题研究，或者邀请我参与立法，使我获得了与立法同步研究的机会和便利；相关管理部门、司法实务部门以及部分平台企业，为我的研究提出了需求指引和相关素材，体现了产学研合作的诸多优势。我所在法学院牵头与部委共建的工信部工业和信息化法治与管理重点实验室、网信办网络国际空间治理研究基地、北京市科技创新研究中心基地、中国科协科技组织与公共政策研究院等八个省部级科研基地为我的研究也提供了高端和便利的平台支持。我的许多研究虽然取决于自己的志趣，但最终能够全力完成，还必须感谢多项课题支持，没有课题的压力和经费支持，很难想象我会持之以恒、保持效率。相关课题包括国家社科基金重大项目、北京市社科基金项目、最高人民法院重大委托项目、教育部科技发展研究中心委托项目、工信部科技司和无线电管理局委托项目、中国法学会委托项目、网信办委托项目、中宣部人才计划项目等。相关研究成果，或体现为研究报告，或体现为论文发表，收入本书时都进行了系统完善和修改。同时，感谢十余年来支持我从事特色研究的团队合作者，包括相关课题成员和我指导的多位博士生、博士后，很多研究是在他们的期望和激发下完成的，或者得到资料上的帮助和讨论上的启发。还要感谢出版社编辑韩璐玮和王紫晶，对于本书出版付出了足够的耐心和智慧。最后，学力有限，谬误和不足难免，敬请读者指正。

龙卫球

2022 年 5 月 4 日

目　录

第四部分 网络安全法与网络安全治理

第五部分 电子证据与数字正义

第一部分

《个人信息保护法》立法与实践

《个人信息保护法》基本法定位与保护功能

——基于新法体系形成及其展开的分析*

一、导言：《个人信息保护法》作为数字化时代重要的现实立法

《个人信息保护法》2021年8月20日出台，顺应了我国数字化发展背景下关系每个人最直接、最现实利益的立法需要。个人信息保护是网络信息化时代开始凸显的一种新型的、基础性的重要个人利益。2020年10月13日提请首次审议时，《关于〈中华人民共和国个人信息保护法（草案）〉的说明》（以下简称《个保法草案说明》）就指出："在信息化时代，个人信息保护已成为广大人民群众最关心最直接最现实的利益问题之一……制定一部个人信息保护方面的专门法律，将广大人民群众的个人信息权益实现好、维护好、发展好，具有重要意义。"[1]可见，《个人信息保护法》是我国置身数字化时代不可或缺的一项基础性立法。

《个人信息保护法》在全部网络信息法律体系中占据最基础的位置，体现了网络信息领域法律的主要形成和发展基础。我国在《个人信息保护法》之前就制定了《网络安全法》《电子商务法》和《数据安全法》等，这些法律展示了网络信息空间不同的规范重点，但都没有成为网络信息领域法律的体系基础。《个人信息保护法》的出台填补了这个空白。虽然对网络信息空间的言论自由、网络安全、知识产权、电子商务等利益保护和规制也应是网络空间规范重点。[2]但从人本主义角度，由于个人

---

* 载《现代法学》2021年第5期。

〔1〕 全国人大常委会法制工作委员会：《个保法草案说明》，载中国人大网，http：//www.npc.gov.cn/npc/c30834/202108/fbc9ba044 c2449c9bc6b6317b94694be.shtml，2021年11月29日访问。

〔2〕 ［美］劳伦斯·莱斯格：《代码2.0：网络空间中的法律》，李旭、沈伟伟译，清华大学出版社2009年版，第十章至第十二章、第十四章至第十五章。莱斯格较早阐述了网络空间发展导致必要纳入特殊规制的隐私（个人信息）、言论自由、知识产权、网络主权竞争这些重点问题。但其并未触及电子商务。电子商务在进入20世纪若干年之后才迅速发展起来并产生特殊问题，从而成为新的规制重点。

信息保护的需要最为基础，所以仍以《个人信息保护法》为最重要、最必要。[1]

认识《个人信息保护法》的基础意义，必须紧贴数字化时代背景，把握其蕴含的最基本需求和根本矛盾。随着网络信息科技取得颠覆性发展，互联网从简单信息化阶段发展到复杂数字化阶段，世界进入了大数据时代。[2]早期互联网更多追求信息交互意义上的互联互通，当下互联网则追求基于移动手机、大数据、云计算、人工智能、物联网等新技术带来的数字资源化实践，演化出数字经济、数字社会和数字管理的繁荣前景。一方面，数据变得极其重要，数据资源晋升为新的战略资源，大数据战略上升为国家战略[3]，我国当然也不例外。[4]另一方面，大数据战略驱动下的网络和数字创新和应用，也导致层出不穷的问题，其中显著问题之一就是数字化发展和个人信息保护日益陷入复杂的矛盾关系。数字化发展使得个人信息得以大量显现和形成，并因具有极高数据化价值而备受产业和管理青睐，但同时也伴生出对个人的大量的负面效应，特别是其中未经同意的处理和愈演愈烈的滥用导致个人受到相应的损害或风险。著名隐私和个人信息法专家丹尼尔·索罗夫（Daniel J. Solove）和保罗·斯瓦茨（Paul M. Schwartz）指出，“我们生活在一个由技术形塑和信息推动的世界，技术设备——如移动电话、视频和音频记录设备、计算机和互联网——已经彻底改变了我们捕捉世界信息和相互沟通的能力。信息是当今社会的生命线。我们的日常活动越来越多地涉及信息的传递和记录。政府于个人出生、婚姻、离婚、财产、法院诉讼、机动车辆、投票活动、犯罪违规、专业许可和其他活动有关的记录中收集了大量的个人信息。私营部门实体还积累了庞大的个人信息数据库，用于营销或准备信用记录……这些新技术，加上企业和政府越来越多地使用个人信息，对保护隐私提出了新的挑战。”[5]换言之，个人信息本身成为对个人来说越来越具有

---

〔1〕 龙卫球：《我国网络安全管制的基础、架构与限定问题——兼论我国〈网络安全法〉的正当化基础和适用界限》，载《暨南大学学报（哲学社会科学版）》2017 年第 5 期。

〔2〕 赵国栋、易欢欢、糜万军、鄂维南：《大数据时代的历史机遇：产业变革与数据科学》，清华大学出版社 2013 年版，第 6 页。本书在我国较早提出大数据时代即将到来，并提出了数据资产、数据要素概念。

〔3〕 最早由欧盟通信委员会围绕开放数据制定大数据相关战略，2010 年 11 月向欧洲议会提交了“开放数据：创新、增长和透明治理的引擎”的研究报告，2011 年 11 月作为“欧盟开放数据战略”被欧盟数字议程采纳，2012 年 9 月欧盟委员会公布“释放欧洲云计算服务潜力”战略，此后相关战略不断推进，2020 年 2 月 19 日，欧盟委员会又以数字经济发展为主要视角，公布了《欧盟数据战略》，提出数据核心政策措施和未来 5 年的投资计划。

〔4〕 中国在 2015 年十八届五中全会就提出“国家大数据战略”，国务院同年 9 月印发《促进大数据发展行动纲要》，2016 年又印发《政务信息资源共享管理暂行办法》，工信部 2017 年 1 月编制《大数据产业发展规划（2016－2020 年）》，旨在落实行动纲要，对大数据产业发展战略做出全面部署。2020 年 3 月 30 日，中共中央、国务院发布《关于构建更加完善的要素市场化配置体制机制的意见》，明确将数据列举为五大要素，提出加快培育数据要素市场。

〔5〕 Daniel J. Solove，Paul M. Schwartz，*Information Privacy Law*，Sixth Edition，Wolters Kluwer in New York，201），pp. 2－3.

重大利益相关或者说重要影响的属性，进而导致全新的个人信息相关保护的根本需要。

在此背景下，重视个人信息保护问题，将个人信息保护立法确立为一种新型领域立法，并且系统性地加以制定，逐渐成为数字化时代法律新发展趋势。据不完全统计，从20世纪70年代开始至今，有关国际组织和欧盟等先后出台了个人信息保护领域的准则、指导原则和法规，全世界有140多个国家或地区出台了关于个人信息保护的法律。〔1〕其中，欧盟、日本的相关个人信息保护立法最受关注，影响较大。欧盟〔2〕和日本〔3〕制定了关于个人信息保护的综合基本立法。而我国更加追求一种水到渠成的效果。〔4〕一种颇具代表性的观点认为，尽管加强个人信息保护已经成为社会共识，但个人信息保护极具争议，其基本理论问题难以定论，因此应当保持立法上的谨慎。〔5〕此前，我国也存在对数字经济应当采取谨慎立法的呼声，希望以包容创新、渐进规范的做法，给予网络和数字创新必要窗口期。这种呼声反映到个人信息保护上，就是希望不要过于严格，而应当在充分甚至优先支持网络数字化快速繁荣的条件下处理个人信息保护的要求。〔6〕

此次《个人信息保护法》面世，意味着我国对于数字化背景下个人信息保护的要求、范围、方式等作出了重要的系统的立法决断。当然，此前针对现实突出的必须要解决的个人信息保护要求，不断通过适时修改或者制定相关法律，加以阶段性

---

〔1〕 全国人大常委会法制工作委员会：《个保法草案说明》，载中国人大网，http：//www.npc.gov.cn/npc/c30834/202108/fbc9ba044c2449c9bc6b6317b94694be.shtml，2021年11月29日访问。

〔2〕 欧盟在1995年曾经出台《欧盟数据保护指令》（EU Data Protection Directive），2016年4月27日又以第2016/679号法规的名义正式发布《一般数据保护条例》（GDPR），成为可直接约束适用于欧盟所有成员国的法律，该法第99条之二规定自2018年5月25日开始适用。关于欧盟相关立法介绍，可参见高富平主编：《个人数据保护和利用国际规则：源流与趋势》，法律出版社2016年版；中国信息通信研究院互联网法律研究中心等编：《欧盟数据保护法规汇编》，中国法制出版社2019年版。

〔3〕 日本在2003年5月出台了《个人信息保护法》（Act on the Protection of Personal information，APPI），该法2005年4月1日生效。2015年9月9日，为适应新的信息技术和大数据应用的发展予以修订，2017年5月30日生效，2020年6月12日最新修改。参见《日本个人信息保护法》，刘颖译，载微信公众号"网络法前沿"，2021年2月9日访问。

〔4〕 全国人民代表大会宪法和法律委员会提交的《最终审议结果报告》认为："为加强个人信息保护，维护人民群众在网络空间的合法权益，并促进信息合理利用，制定本法是必要的，草案经过两次审议修改，已经比较成熟。"参见全国人民代表大会宪法和法律委员会：《关于〈中华人民共和国个人信息保护法（草案）〉审议结果的报告》，载中国人大网，http：//www.npc.gov.cn/npc/c30834/202108/a528d76d41c44f33980eaffe0e329ffe.shtml，2021年11月29日访问。

〔5〕 丁晓东：《个人信息保护：原理与实践》，法律出版社2021年版，第1页；王利明：《论个人信息权的法律保护——以个人信息权与隐私权的界分为中心》，载《现代法学》2013年第4期；周汉华：《中华人民共和国个人信息保护法（专家建议稿）及立法研究报告》，法律出版社2006年版；张新宝：《从隐私到个人信息：利益再衡量的理论与制度安排》，载《中国法学》2015年第3期；等等。

〔6〕 薛军：《数字经济立法当审慎 执法应包容》，载《法制日报》2019年3月20日。

跟进，包括在刑民等基本法上，都作出了明显的努力。[1]但是新出台的《个人信息保护法》具有划时代的意义，其与此前阶段性的努力存在重要差异。即不再体现为只突出支持数字化创新发展，而是明确以“促进数字经济健康发展”为目标，要求“应当统筹个人信息保护与利用，通过立法建立权责明确、保护有效、利用规范的制度规则，在保障个人信息权益的基础上，促进信息数据依法合理有效利用”[2]，因此作出了促进数字化创新发展和个人信息保护并重的重要跨越。那么，应当如何解读这部立法作出的重要跨越，或者说如何准确认识它的基本体系和主要制度呢？与过去比较，有哪些重要发展和变化？与其他国家比较又存在哪些重要的相同和不同呢？笔者拟从其定位、功能预设等角度对该法加以审视，旨在彰显其主要体系的基础所在，并借此体会法律体系及其功能正在发生急剧演化的震撼现实。

二、《个人信息保护法》的基本法定位及与《民法典》规定的关系

（一）作为与其他基本法具有并存地位的新型领域基本法

《个人信息保护法》在第1条开宗明义地宣示和规定了其基本宗旨和制定根据，“为了保护个人信息权益，规范个人信息处理活动，促进个人信息合理利用，根据宪法，制定本法”。这一宣示明确了自身作为个人信息新型领域的专门法暨基本法的定位。

首先，该法通过基本宗旨的宣示，明确了自身是个人信息领域的专门法，即属于“为了保护个人信息权益，规范个人信息处理活动，促进个人信息合理利用”的法律。个人信息领域是否具有制定专门立法必要，过去对此存在争议。[3]网络立法早期，美国曾经出现所谓“马法之争”，以知名学者因斯布鲁克（Frank H. Easter-

---

〔1〕 2009年通过《刑法修正案（七）》增加了《刑法》第253条之一，规定了出售、非法提供公民个人信息罪和非法获取公民个人信息罪两个罪名；2015年通过《刑法修正案（九）》第17条对《刑法》第253条之一再次修改，取消了原来的两个罪名，确定了侵犯公民个人信息罪。2020年5月28日出台《民法典》，第111条明确规定个人信息受法律保护，同时在人格权编第六章规定“隐私权和个人信息保护”专章，确立了个人信息保护基本私法制度。比较重要的涉及个人信息保护的专门立法，则包括2012年《全国人民代表大会常务委员会关于加强网络信息保护的决定》、2016年《网络安全法》、2018年《电子商务法》、2021年《数据安全法》等。

〔2〕 全国人大常委会法制工作委员会：《个保法草案说明》，第一部分“制定本法的必要性”的第三点，载中国人大网，http：//www.npc.gov.cn/npc/c30834/202108/fbc9ba044c2449c9bc6b6317 b94694be.shtml，2021年11月29日访问。

〔3〕 刘品新：《网络法是马法吗?》，载《检察日报》2007年9月5日；戴昕：《超越“马法”？——网络法研究的理论推进》，载《地方立法研究》2019年第4期；余盛峰：《从马的法律到黑箱之法》，载《读书》2019年第3期；唐磊等：《网络法作为独立部门法的正当性研究——从法理和实证的统合视角再议“马法之争”》，载《江汉论坛》2020年第2期。

brook）为代表的一种观点认为，对网络领域像劳动法等那样进行专门立法毫无必要，无论调整对象还是调整手段都不具备成立独立法律部门的条件，而所谓网络法不过是将相关部门法的某些部分合起来的一种说法罢了。[1]这种观点遭到新兴领域学者反对，后者更有说服力地论证了网络法存在独立的必要和趋势。其认为，网络空间是正在快速成长起来的一个特殊法律调整空间，涌现出传统领域所不具有的法律规制问题，传统法律并不能调整，因此应该将网络法创设为一个新的有机的整体，所以网络法不可能是从宪法、民事诉讼法、合同法以及行政法等中剥离出来相关部分的简单混合。[2]随着互联网大数据背景下信息化、数字化的不断席卷，网络背景下个人信息保护等问题作为需要规制的新型问题越来越显示出足够迫切而重大的独立立法需求，这种争议声逐渐消失了。现在，各国已不再犹豫或吝惜去出台包括个人信息保护法在内的网络信息立法，需要考虑的已变成应该如何确保相关专门立法具有适时性和合理性等新问题。欧盟在2000年《基本权利宪章》专门设定第8条，赋予个人数据保护独立基本权利的品格，甚至为个人信息保护确立宪法上的直接依据[3]，并在此基础上制定专门的2016年《一般数据保护条例》。我国2020年出台《民法典》，以追求合乎“时代性”为要求，在第四编人格权第六章创设个人信息保护，确立了有关个人信息保护的基本私法制度，但很快就发现依靠部门法调整存在不足，无论从调整对象还是从调整方法上都有必要对个人信息保护制定一部专门的更加系统的法律，为此又出台了《个人信息保护法》。可见，《个人信息保护法》是对自身作为一种新型领域的独立法律的积极回应。

其次，该条明确标示“根据宪法，制定本法”，是我国现行网络法律中唯一一部直接标示“根据宪法”制定的法律。此处“根据宪法”的表述，不仅是程序上也是实质意义上的，全国人民代表大会宪法和法律委员会为此在其最终审议结果报告中作出了说明，指出《个人信息保护法》直接依据宪法确立保障公民的人格尊严

---

〔1〕 Frank H. Easterbrook, Cyberspace and the Law of the Horse, 1996 University Chicago Legal Forum 207 (1996), https://chicagounbound.uchicago.edu/uclf/vol1996/iss1/7; David R. Johnson and David G. Post, Law and Borders: the Rise of Law in Cyberspace, Stanford Law Review, 1996, p. 1367.

〔2〕 美国学者大卫·约翰逊和大卫·波斯特认为，网络空间挑战了法律对领土边界的传统依赖，它是一个由屏幕和密码（而非物理标记）限制的“空间”，因此网络空间需要一套规则体系，这套规则体系完全不同于管理地理上界定的地理区域的法律，必须将“认真对待网络空间”作为一个独特的地方，才可以促成明确的网上交易规则和有效的法律制度的发展。参见 David R. Johnson and David G. Post, Law and Borders: the Rise of Law in Cyberspace, Stanford Law Review, 1996, p. 1367。同时期具有相近观点的，还可参见 Lawrence Lessig, The Zone of Cyberspace, Stan. L. Rev. Vol. 48, 1996, p. 1403; Lawrence Lessig, The Law of the Horse: What Cyber law Might Teach, Harvard Law Review, 1999, 113（2）。

〔3〕《欧盟基本权利宪章》第8条：“个人数据保护：1. 人人享有与其相关的个人数据受到保护的权利。2. 此类数据必须在特定目的下，并基于当事人同意或法律规定的其他合法依据公正处理。3. 这些规则的遵守应由独立机构予以管制。”

和其他权益的要求，即国家尊重和保障人权、公民的人格尊严不受侵犯、公民的通信自由和通信秘密受法律保护三项规定。[1]这表明，该法不仅是个人信息保护领域的基本法，也是整个网络信息法律体系的基本法，同时也成为与刑民基本法并存的基本法。立法过程中，存在与现行刑法、民法关系的讨论。有观点建议将之设计为《民法典》的单行法，作为《民法典》中有关个人信息保护基本私法制度的具体化法。[2]但相反观点认为，个人信息保护法是崭新的法律部门，作为正在兴起的网络信息法的核心组成部分，不能将《个人信息保护法》简单处理为《民法典》的下位法，个人信息保护与其可以作为人格权保护是两个不同的问题，否则等于“将传统的人格权理论和制度套用到个人信息保护领域，必然出现各种不适配问题”，“只有科学认识这两部法律的关系，才能使个人信息保护法针对信息时代个人信息保护所面临的现实问题，设计相应有针对性的制度，而不是被传统民事法律制度所束缚”。[3]《个人信息保护法》放弃了作为《民法典》下位单行法的定位，而是通过直接标示“根据宪法，制定本法”，将自身设定为具有与刑法、民法基本法同等地位的个人信息保护领域的基本法，同时也是全部网络信息法律体系的基本法。由此，《个人信息保护法》和刑民基本法成立一种并存交叉关系，而非隶属关系，其相互关系，不是通过一般法和特殊法的关系模式来确定，而是通过相互的转介条款来进行指引或衔接。

在这种意义上，《个人信息保护法》对现行法律体系无疑具有一种不可忽视的体系建构作用，形成了重要的体系发展。首先，意味着在数字化时代，既有的法律体系发展出一个新的独立部分，即个人信息保护法以及以之为基础的网络法律。在该新的独立法域，个人信息保护法居于最基础的地位，比《网络安全法》《电子商务法》《数据安全法》等其他网络法律具有更高地位，不仅是个人信息保护领域的基本法，也是整个网络信息法或者网络空间法的基本法。作为领域基本法，它与其他网络法律的关系，既有一般法与特殊法的关系，也有新法与旧法的关系，还存在上位法与下位法的关系。其次，意味着在数字化时代，个人信息保护法作为领域基本法，具有独立的基本地位，应该具有与民法、刑法基本法平等的法律地位，而不能被看成部门基本法的下位法。它虽然与刑法、民法基本法难免发生交叉规范关

---

〔1〕 最终审议结果报告第1项说明：“有的常委委员和社会公众、专家提出，我国宪法规定，国家尊重和保障人权；公民的人格尊严不受侵犯；公民的通信自由和通信秘密受法律保护。制定实施本法对于保障公民的人格尊严和其他权益具有重要意义，建议在草案二次审议稿第一条中增加规定‘根据宪法’制定本法。宪法和法律委员会经研究，赞同上述意见，建议予以采纳。”载中国人大网，http：//www.npc.gov.cn/npc/c30834/202108/a528d76d41c44f33980eaffe0e329ffe.shtml，2021年11月30日访问。

〔2〕 石佳友：《个人信息保护法与民法典如何衔接协调》，载《人民论坛》2021年第1期。

〔3〕 易明月：《民法典与个人信息保护法的关系》，载易明月律师网，http：//lawyers.66law.cn/s2107f9712447d_i879934.aspx，2021年1月18日访问。

系，但是其作为独立的核心内容，即体现在《个人信息保护法》中的主要制度，却是源于自身领域的特殊规范需求，并且体现自身特殊的调整特点，有自己的独立范畴和逻辑诉求。

（二）作为新型领域基本法与《民法典》相关规定的体系关系

《个人信息保护法》对于《民法典》这样一部在我国当前法律体系中唯一被冠以“法典”之名的民事基本法，必须予以充分尊重。这不仅是法律之间必须遵循的基本协调所要求的，也是由《民法典》被明确赋予具有“固根本、稳预期、利长远的基础性法律”〔1〕的地位所决定的。事实上，《个人信息保护法》在起草过程中，能够与《民法典》进行协调的都自觉进行了协调。〔2〕但是又应该注意，《个人信息保护法》既然被设计为是“根据宪法”而制定的具有基本法地位的法律，那么就应该维护其具有的独立并存地位，在充分尊重民法典而进行协调的同时，必须明确这种充分尊重是有限度的，不得违背并存关系的基本要求。

首先，两部法律作为并存基本法，适用时在相同主题事项上应该保持体系融贯，彼此呼应。这种融贯基础不是依据一般法与特殊单行法的关系，而是从并存基础上对两部基本法所提出平等协调、相互补充的立法和适用关系。《民法典》对于个人信息保护作出了基本规定，可以将之定性为关于个人信息的基本民事制度，主要体现为第一编总则第五章“民事权利”的第 111 条、第 127 条和第四编人格权编第六章“隐私权和个人信息保护”的有关规定。《民法典》是从人格权益角度确立个人信息保护制度的，但在“个人信息保护”名义下，第六章第 1034 ~ 1039 条实际规范在内容上却包括关于个人信息的权利、个人信息处理者的义务以及相关处理行为规范、免责事由和国家机关等具有公共职能主体的特殊义务。从其体系整合角度而言，第六章相关基础规范没有特殊的，都要回溯人格权一般规定、民事权利一般规定加以补全，相关民事责任保护方式没有特殊规范的，则要衔接侵权责任编相关规定、民事责任一般规定。

其一，应注意《民法典》对于个人信息保护提出了将个人信息保护和数据保护

---

〔1〕 王晨：《关于〈中华人民共和国民法典（草案）〉的说明——2020 年 5 月 22 日在第十三届全国人民代表大会第三次会议上》，载新华网，http：//www. xinhuanet. com/politics/2020lh/2020 - 05/22/c_1126021017. htm，2021 年 11 月 30 日访问。

〔2〕 最终审议结果报告第 4 项说明可为例证，“一些常委会组成人员和地方、部门、企业、专家建议，进一步做好草案有关条款与民法典有关规定的衔接。宪法和法律委员会经研究，建议对草案二次审议稿作以下修改：一是将第二十八条修改为，个人信息处理者可以在合理的范围内处理已合法公开的个人信息，个人明确拒绝的除外；对个人权益有重大影响的，应当取得个人同意。二是将第五十六条中的‘个人信息泄露’修改为‘个人信息泄露、篡改、丢失’”。载中国人大网，http：//www. npc. gov. cn/npc/c30834/202108/a528d76d41c44f33980eaffe0e329ffe. shtml，2021 年 11 月 30 日访问。

并置的原则思路（第111条和第127条）。[1]这些在《个人信息保护法》并没有排除，在适用中应该成为个人信息保护的更高体系架构。第111条第一句话宣示个人信息受法律保护，第二句话对需要获得他人个人信息的任何组织或个人，就其活动设定了行为规范，可以从中解释出规定了个人信息获取者的三项行为义务，包括一项“应为”的作为义务（应当依法取得并确保信息安全）和两项“禁止”的不作为义务（不得非法收集、使用、加工、传输他人的个人信息；不得非法买卖、提供或者公开他人个人信息）。第127条与第111条并存，明确了数据与个人信息具有保护上的并置关系，规定“法律对数据、网络虚拟财产的保护有规定的，依照其规定”。在此，应关注立法部门在未来制定数据保护法的可能。

其二，应注意《民法典》区分规定了隐私权和个人信息保护，第四编第六章明确将隐私权和个人信息保护区分开来。这种作法形式上与欧盟相似。《民法典》第1032条确立隐私权及隐私范畴。第1034条则确立个人信息保护及个人信息范畴。作为隐私权保护对象的隐私，指向的是私人生活安宁和相关私密领域，显然不仅是信息私密，既有物理意义的身体隐私，也有社会意义的空间隐私，还有信息意义的隐私，而作为个人信息保护对象的个人信息，则被界定为可识别个人的各种信息。可以看到，两者的区分是明显的，但也有交叉，即在信息隐私领域，个人信息概念涵盖了信息隐私，也就是说个人不愿为他人知晓的私密信息虽然应当划入隐私权保护，但同时也落在个人信息保护的对象范畴。《民法典》为此在第1034条第3款明确相互的法律适用关系是，将隐私权规定视为特殊规定，个人信息保护规定视为一般规定，特殊规定没有规定的，可以适用个人信息保护规定。上述区分隐私权和个人信息保护以及处理二者相互交叉领域关系的规则当然也应该为《个人信息保护法》所尊重。

其三，《个人信息保护法》和《民法典》之间还有意通过相关设计不完全规定或引介规定，打通体系，对接相互的规定。《个人信息保护法》第69条规定，“处理个人信息侵害个人信息权益造成损害，个人信息处理者不能证明自己没有过错的，应当承担损害赔偿等侵权责任”。该条除了提出过错推定归责的特殊要求之外，也从指向侵权责任的角度，与《民法典》有关侵权责任的规定联系起来。[2]《民法典》也有类似的规定，如第1037条第2款规定：“自然人发现信息处理者违反法律、行政法规的规定或者双方的约定处理其个人信息的，有权请求信息处理者及时删除。”其中，“法律”当然也包括《个人信息保护法》。

---

〔1〕 龙卫球：《数据新型财产权构建及其体系研究》，载《政法论坛》2017年第4期；龙卫球：《再论企业数据保护的财产权化路径》，载《东方法学》2018年第3期。

〔2〕《个人信息保护法》不仅通过引介规定与《民法典》相关规定对接，也通过引介规定与刑法、治安法或行政法对接。如第71条规定，“违反本法规定，构成违反治安管理行为的，依法给予治安管理处罚；构成犯罪的，依法追究刑事责任”，直接将该法的违反责任与治安管理法和刑法规定对接起来。

其次，这两部法律作为并存基本法，在个人信息保护制度设计上也存在明显的差异，对此应当从维护个人信息保护法作为具有独立并存地位的领域基本法角度处理这些差异规定的适用关系。对差异规定应区分情况，适用功能评价原则。鉴于《个人信息保护法》属于领域新法，与《民法典》相比，其发生修补的，应适用修补优先，如果不属于修补的差异，则适用互补。两部法律的差异，很大部分是由功能差异形成的，后面相关部分将具体展开研究。《个人信息保护法》的功能差异使其不仅在调整方法上具有综合立法的特点，而且具体调整规则设计存在较为明显的功能差异面向。从调整方法来看，相比作为部门法的民法，需要融合多种不同性质的调整方法，其相关保护制度不只是民事的，而是多种保护面向的，还包括行政的、刑事的甚至诉讼程序方面的保护制度，也包括涉外的保护规则。从功能差异来看，《个人信息保护法》的相关保护制度显然不可能是相关部门法规则的简单具体化和特殊化，而是基于自身复杂的特殊调整功能要求的新体系规则建构。比如，《个人信息保护法》规定个人信息处理者的义务，除了私法义务还增加了管理义务；规定履行个人信息保护职责的部门的规定（涉及部门分工、职责、管理、执法等管理规定），实际为增设了体现管理保护功能的增强制度。这些都是旨在加强个人信息保护的新机制，是《民法典》所没有的。对此，当然应当从功能评价的角度加以适用，不能因为《民法典》没有规定就作出否定。

当然，有些差异可能与功能预设无关，而纯属于两部法律之间的体系矛盾。这种情况，原则上应该坚持先用并存协调的原则加以调和，如果确实存在难以调和的矛盾，则宜采取新法优于旧法的原则（而非特别法优于一般法的规则，也不是上位法优于下位法的规则）来作体系平衡。在此，《个人信息保护法》即为新法。

三、《个人信息保护法》对《民法典》个人信息保护私法制度的重要修补

《个人信息保护法》坚持自己作为具有并存地位的领域基本法的定位，从现实合理需要出发，不仅从自身作为领域法的全功能体系出发建立了系统化的个人信息保护制度，而且对于其中相关私法制度，也从实际合理的需求出发，作出更加完善规定。只要经过科学民主的论证和讨论，发现《民法典》规定存在不足应当修补的，就果断予以修补。具体而言，《个人信息保护法》无论在关于个人信息的概念上，还是在相关权利和义务等规定上都对《民法典》的相关规定做出了重要的修补，而不只是简单细化和补充。这些修补不能视为对《民法典》的违反或抵触，而应该是有效的、合理的修改、完善。

（一）关于个人信息等概念的修补

《民法典》通过第1034条第2款，将个人信息界定为，“个人信息是以电子或者其他方式记录的能够单独或者与其他信息结合识别特定自然人的各种信息，包括自然人的姓名、出生日期、身份证件号码、生物识别信息、住址、电话号码、电子邮箱、健康信息、行踪信息等”。《个人信息保护法》第4条第1款也对“个人信息”予以界定，“个人信息是以电子或者其他方式记录的与已识别或者可识别的自然人有关的各种信息，不包括匿名化处理后的信息”。比较起来，后者不仅表述更加简洁，而且也有范围上的明显变化，明确排除了“匿名化处理后的信息”，也就是说匿名化处理后的信息不再纳入个人信息的范畴，自然也就不适用个人信息保护。可见，《个人信息保护法》关于个人信息的概念界定，对《民法典》定义做出了不可忽略的修补。此项修补由于仅采取抽象而没有采取列举加概括的定义方式，显得更加模糊；但是明确排除匿名化处理后的信息，对于执行匿名化的个人信息处理者来说，是极大的利好，鼓励了它们积极开发和应用符合要求的匿名化处理技术。[1]《个人信息保护法》第4条第2款还重新界定了个人信息的处理范围，包括“个人信息的收集、存储、使用、加工、传输、提供、公开、删除等”，对比《民法典》第1035条第2款的界定，即“个人信息的处理包括个人信息的收集、存储、使用、加工、传输、提供、公开等”，明显增加了对删除的列举，这就使得“删除”明确进入应当受到规范的个人信息处理活动的范围。

（二）关于自然人对个人信息的权利的修补和增加

《民法典》第1037条规定了自然人对其个人信息的相关权利，其中第1款规定了查阅或者复制的权利、针对错误提出异议并请求及时更正的权利；第2款规定了存在违法或违反约定的处理情形下的请求删除的权利。对比起来，《个人信息保护法》规定的个人信息权利的范围，出现了明显的扩展。一方面，通过第45条（查阅权、复制权）、第46条第1款和第2款（从更正权发展为更正补充权）和第47条（删除权），继续确认《民法典》已经明确的上述有关个人信息的权利，但作出了进一步完善；另一方面，还通过第44条增加规定了知情权、决定权、限制和拒绝他人处理权，通过第45条第3款增加了可携带权，通过第48条增加请求解释权。第二次草案稿开始，还规定了对死者个人信息的保护，第三次草案稿完善为自

[1] 关于匿名化，《个人信息保护法》第73条第4项作了严格界定，“匿名化，是指个人信息经过处理无法识别特定自然人且不能复原的过程”。区别于程度较低的第3项的“去标识化”，“去标识化，是指个人信息经过处理，使其在不借助额外信息的情况下无法识别特定自然人的过程”。

然人个人信息死后由其近亲属在一定范围获得保护，并尊重死者生前的安排。[1]值得说明的是可携带权，实际到了最终审议阶段才对该项权利的增设作出决断。[2]立法过程存在较大犹豫，主要原因是学界和产业界对是否引入可携带权存在疑虑，反对观点认为如果引入会给我国个人信息处理者带来巨大负担，不利于产业发展。[3]立法者最终决定引入数据可携带权，对于维护数据条件下的公平竞争具有积极意义。数据企业特别是头部企业任意进行数据封锁，阻断数据流通，甚至进行数据垄断，从反不正当竞争和垄断的角度看，业已成为一种现实危害[4]，而可携带权有利于破除这种封锁，所以规定其极有必要。[5]

关于个人信息保护权利的性质及其基础，一直存在疑虑。从比较法上看，有从人格尊严与自由角度来说的，这种观点支持了所谓个人信息自决权的理论。[6]但也有兼从社会功能角度来说的，认为关于个人信息的权利不是绝对的，而应该结合社会功能来理解。[7]这种观点支持个人信息相关权利的分叉和具体功能化。[8]目前后

---

[1] 《个人信息保护法》第49条规定及全国人民代表大会宪法和法律委员会最终审议结果报告第8项做出的相关说明，载中国人大网，http://www.npc.gov.cn/npc/c30834/202108/a528d76d41c44f33980eaffe0e329ffe.shtml，2021年11月30日访问。

[2] 最终审议结果报告第7项关于确立可携带权由来的说明，载中国人大网，http://www.npc.gov.cn/npc/c30834/202108/a528d76d41c44f33980eaffe0e329ffe.shtml，2021年11月30日访问。

[3] 丁晓东：《论数据可携带权的属性、影响与中国应用》，载《法商研究》2020年第1期。近似观点还可参见：付新华：《数据可携带权的欧盟法律实践及本土化制度设计》，载《河北法学》2019年第8期；尚海涛：《论我国数据可携权的和缓化路径》，载《科技与法律》2020年第1期；等等。

[4] 市场监督管理总局也在2021年8月17日发布《禁止网络不正当竞争行为规定（公开征求意见稿）》，对互联网经营者利用技术手段影响用户选择，包括实行平台封禁、大数据杀熟、向用户频繁弹窗等新型网络不正当竞争行为进行了分类规制，以期增强《反不正当竞争法》的适用性。参见《市场监管总局关于〈禁止网络不正当竞争行为规定（公开征求意见稿）〉征求意见的通知》，载国家市场监督管理总局，http://www.samr.gov.cn/hd/zjdc/202108/t20210817_333683.html，2021年11月30日访问。从司法实践来看，目前一些典型判决也确立了结合数据封锁来分析是否构成不正当竞争的实践观点。参见余建华、陈若星：《首例涉微信数据权益认定不正当竞争案宣判》，载《人民法院报》2020年6月4日。

[5] ［英］阿里尔·扎拉奇、［美］莫里斯·E. 斯图克：《算法的陷阱：超级平台、算法垄断与场景欺骗》，余潇译，中信出版社2018年版，第111页以下。该书清晰描述了算法时代平台和相关产品与服务的提供者在信息实践上的合谋以及对于平等和公平实践的损害。同时参见［美］弗吉尼亚·尤班克斯：《自动不平等：高科技如何锁定、管制和惩罚穷人》，李明倩译，商务印书馆2018年版。作者也对算法和自动化控制下的不正义、不平等进行了警醒的揭示。另参见丁晓东：《个人信息保护：原理与实践》，法律出版社2021年版，第32页、第107页；吴斯旻：《个人信息保护法落地 互联网巨头的数据垄断破防》，载第一财经，https://finance.sina.com.cn/roll/2021-08-25/doc-ikqciyzm3406923.shtml，2021年11月30日访问。

[6] 贺栩栩：《比较法上的个人数据信息自决权》，载《比较法研究》2013年第3期；刘金瑞：《个人信息与权利配置——个人信息自决权的反思和出路》，法律出版社2017年版，第33页以下。

[7] Helen Nissenbaum, Privacy as Contextual Integrity, 79 Wash. L. Rev. 119, 155（2004）; Daniel J. Solove, A Taxonomy of Privacy, 154 U. Pa. L. Rev. 477（2006）.

[8] 刘金瑞：《个人信息与权利配置——个人信息自决权的反思和出路》，法律出版社2017年版，第108页。

一种观点逐渐占据优势，倾向于兼顾人格价值和社会功能，从维护个人在数字化时代的人格必要尊严和自由以及维护公平实践[1]等不同角度，结合起来设定和理解关于个人信息的权利。2018 年《加利福尼亚州消费者隐私保护法》和 2021 年的《弗吉尼亚州消费者数据保护法》，甚至把重心转移到了公平实践之上。在这种情况下，个人就个人信息处理应受保护的权益，就体现为在合理范围内不受干涉和应受公平利用对待的各种利益，既有对于相关处理活动的必要知情权、同意或自主决定权等与尊严自由相关的一般人格利益，也有应受公平和平等对待等特殊人格利益，甚至还因个人信息的经济功能产生了财产化、可公开化的合理要求。[2]

（三）关于个人信息处理者的义务的修补和增加

《民法典》在第 1038 条设定了个人信息处理者的一般私法义务，第 1 款规定个人信息处理者两项不作为义务，即禁止泄露或篡改的义务和禁止未经同意向他人非法提供的义务；第 2 款规定两项作为义务，即应当采取必要措施确保个人信息安全的义务，以及应当在发生或者可能发生个人信息损害时采取及时补救措施并按规定告知和报告的义务。相比《民法典》这一规定，《个人信息保护法》关于个人信息处理的义务，显然作出了巨大的完善，具有相当范围的增量，既有私法义务规范，更有《民法典》所未有的管理义务规范，形成了一个更加复杂的与处理场景和安全风险密切结合的多组不同性质义务配合的体系，体现出义务人自主管理和非自主管理的双重性。第 51 条涉及的是私法义务规范，对比《民法典》第 1038 条规定，进行了一定的扩充，而不仅是具体化、明确化。规定个人信息处理者应当根据个人信息处理的具体情况，采取确定的六项措施来确保个人信息处理活动合法合规，并防止未经授权的访问和个人信息泄露、篡改、丢失。第 52 ~ 58 条，则都是关于管理义务的规定，是《民法典》所没有的，体现了《个人信息保护法》超出一般私法治理的综合治理的义务配置特点，第 52 条规定，规模化的个人信息处理者具有设置个人信息保护负责人并进行报送备案的义务，显然这是一项以强化自主管理为特点的管理义务，不仅有利于保护个人信息权益，也兼具公共治理属性，避免规模数据的安全风险。第 53 条对符合本法适用的境外个人信息处理者，设定应在中国设立个人信息保护专门机构或指定代表并报送备案的义务。第 54 条规定，个人信息处理者对其个人信息处理活动具有定期合规审计义务。第 55 条和第 56 条规定，个

---

[1] Laise Bornico and Ian Walden, Ensuring Competitions in the Clouds: The Role of Competition Law? ERA Forum 12, 2011, p. 282. 将可携带权的设定基础理解为基于公平实践的要求，提出其功能在于消除数据的“锁定效应”(Lock - in effect)，以便促进网络和数字市场中的竞争。

[2] Richard S. Murphy, Property Rights in Personal Information: An Economic Defense of Privacy, 84 Geo. L. J. 2381 (1996); Lawrence Lessig, Privacy and Attention Span, 89 Geo. L. J. 2063 (2001); Paul M. Schwartz, Property, Privacy, and Personal Data, 117 Hav. L. Rev. 2055 (2004).

人信息处理者对处理敏感个人信息、利用自动化决策、委托他人处理、向他人提供或公开、向境外提供以及其他对个人权益有重大影响的个人信息处理活动，具有事先作影响评估和记录处理情况的义务。第57条规定，个人信息处理者在个人信息发生泄露或可能泄露时，具有补救和通知义务。第58条规定，重要互联网平台作为个人信息处理者，具有特殊的引入外部监管、正确制定平台规则、有效管控平台内违法违规产品和服务、定期发布社会责任报告和接受社会监督的更加严格的加强内部管理和防范风险的义务。其中，对于重要互联网平台作为个人信息处理者的严格管理和防范义务，是第二次草案稿开始增加的，《个人信息保护法》增加了应正确制定平台规则以更好明确平台产品和服务处理个人信息活动规范的管理义务。这是对于现实中各大互联网平台应当承担更大责任加强保护个人信息的社会呼声的回应，也顺应了国际平台治理规范的新发展趋势。[1]第59条规定，对接受委托处理个人信息的受托人，具有保障个人信息安全等协助义务。上述义务都是对于非基于公共职能的个人信息处理者设定的。政府机关等承担公共职能的机构及其工作人员则存在特殊性，《民法典》第1039条规定，其作为个人信息处理者应承担对隐私和个人信息的保密义务，以及禁止泄露或非法向他人提供的义务。

（四）关于个人信息处理者对于个人信息处理规则的修补

《民法典》对于个人信息保护的设计，突出了"权利—义务—行为规范"的三层基本私法保护体系设计，也就是说在规定权利、义务的同时，还设定了个人信息处理者从事处理活动的行为规范。这种设计的复杂性已经不同于传统人格权或者其他绝对权的一般规定模式，构成了一种明显的反差。包括第1035条、第1036条两个行为规范条款。第1035条属于积极规范，规定了处理行为的原则和条件等要求。其中，原则为"处理个人信息的，应当遵循合法、正当、必要原则，不得过度处理"；条件有四：应征得该自然人或者其监护人同意，除非法律法规有例外规定；公开处理信息的规则；明示处理信息的目的、方式和范围；不违反法律、行政法规的规定和双方的约定。第1036条属于消极规范，规定了行为免责事项，在三种情况下可以不承担民事责任。即在自然人或者其监护人同意范围内合理实施的行为；合理处理该自然人自行公开的或者其他已经合法公开的信息，但是该自然人明确拒绝或者处理该信息侵害其重大利益的除外；为维护公共利益或者该自然人合法权益，合理实施的其他行为。

《个人信息保护法》对于《民法典》上述个人信息处理行为规则，基于自身更加系统的设计优势，作出了细化发展，也作出了明显的修补。《个人信息保护法》

---

〔1〕 最后审议报告第9项的说明，载中国人大网，http：//www. npc. gov. cn/npc/c30834/202108/a528d76d41c44f33980eaffe0e329ffe. shtml，2021年11月30日访问。

注意原则与规则的区分，第一章总则规定了有关个人信息处理的原则。即通过第5~10条，宣示了关于个人信息处理的六项原则。第5条为遵循合法、正当、必要、诚信的原则，第6条为遵循目的限制和影响最小化原则（符合明确、合理的目的，并与之直接相关以及采取对个人权益影响最小的方式），第7条为遵循公开、透明原则（公开处理规则以及明示处理的目的、方式和范围），第8条为保障个人信息质量的原则（“处理个人信息应当保证个人信息的质量，避免因个人信息不准确、不完整对个人权益造成不利影响”）[1]，第9条为处理者应对活动负责和采取必要措施保障安全的原则，第10条为禁止从事违法和危害国家安全、公共利益的个人信息处理活动的原则。这些原则，应该通过“原则+规则”的解释架构，一并融入第二章个人信息处理规则加以适用。第二章“个人信息处理规则”，不仅区分《民法典》所没有注意区分的一般信息和敏感信息，对处理个人信息的活动建立了双层行为标准，而且还从特殊主体角度关注了《民法典》上虽然作出了义务配置但在行为规范却有失考虑的国家机关，增补规定其处理个人信息时的相应行为规范要求。相关行为规则，具体可以做以下展开理解。

首先，关于个人信息处理者对一般个人信息的处理行为规范。第二章第一节“一般规定”作出全面规定。第13条设定了可以处理他人个人信息的七种情形，否则不得处理他人的个人信息。这七种情形，实际蕴含了处理个人信息需以同意为条件的原则，但是比《民法典》的规定更加具体，除了第1项为取得他人同意，其他六项反向列举了不需要同意的具体情形，包括：为订立、履行个人作为一方当事人的合同或人力资源管理所必需[2]，为履行法定职责所必需，为应对突发公共卫生事件或者紧急情况下为保护自然人的生命健康和财产安全所必需，合理范围处理个人自行公开或已经合法公开的信息，为公共利益实施新闻报道、舆论监督等在合理范围内处理个人信息[3]，以及法律、行政法规规定的其他情形。

第14~17条，是对于同意的具体要件、撤回、效力、知情告知要求与豁免等的规定，这些在《民法典》上鲜有涉及，因此是重要的细化和完善。第14条规定了基于个人同意的情形（第13条第1项）取得同意的要件。明确为，须以充分知情和明确作出为基本要求；必要时，法律行政法规可以规定单独同意或书面同意；此外，个人信息处理发生重要变更，还应重新取得同意。第15条规定同意的撤回

---

[1] 《个人信息保护法》自第二次草案稿以来开始确立此项原则，实际蕴含的是个人信息处理必须同时保障个人在个人信息被处理时应当受到正当和公平对待。

[2] 此项基于人力资源管理可以处理个人信息的规定，为最终审议阶段开始考虑的，存有争议，但赞成的观点认为适合我国大量非基于合同的人力资源管理情况，最终得到立法认同而添加，但加上“必需”的限制。最终审议结果报告第3项对此添加予以说明，载中国人大网，http://www.npc.gov.cn/npc/c30834/202108/a528d76d41c44f33980eaffe0e329ffe.shtml，2021年11月30日访问。

[3] 此项属于个人信息保护中的同意条件对于相关公共利益的让步，同样存在合理权衡要求。

条件、方式和效力。第16条规定个人信息处理者不得以个人不同意或撤回同意为由，拒绝提供产品或服务，除非信息属于必需。这一条具有很强的现实性，很多所谓免费网络产品和服务的提供者为了收集他人个人信息，采取强制个人同意的办法，否则就不提供产品或服务。有了这一条，就明确了这种行为的违法性。第17条规定同意要件中的达到充分知情的具体要求，即为个人信息处理者必须以显著方式、清晰易懂的语言真实、准确、完整地向个人告知本条列举的必要事项。《个人信息保护法》相比第二次草案稿，添加了"真实、准确、完整"几个字，更加明确保护个人的严格立场，防止不充分知情的滥用。第18条规定告知（充分知情）的豁免，包括两种情形，即法律行政法规规定不需要告知的情况和出现紧急时的情况（但消除后仍然要及时告知）。第19条规定了个人信息保存期限。从有利于个人出发，应为实现处理目的所必要的最短时间。

第20~23条是关于共同处理、委托处理、因主体变更需要转移、向第三方提供处理的特殊行为规则。第20条规定多人共同处理时的行为规则和加重责任。即内部可以约定如何处理，但对外不改变个人信息的权利，出现损害应承担连带责任。第21条规定委托处理时的行为规则和相应责任。总体上，委托人仍然是个人信息处理者，承担行为责任，受托人作为协助者承担相应行为责任。具体而言，委托人依据合同授权处理，并承担监督；受托人依据合同处理；合同不生效、无效、被撤销或者终止，则应当将个人信息返还个人信息处理者，或者予以删除，不得保留；未经个人信息处理者授权，不得再转托。第22条规定因合并、分立、解散、被宣告破产等需要转移个人信息的行为规则。原则上允许转移，但应当告知个人，并由接收者继续履行义务。接收方变更原先的处理重要事项的，则需要取得重新同意。这一规定适应了营业转让的合理需要，避免了发生滥用加害个人信息的情况。第23条规定向第三方提供处理的个人信息的一般规则，即采取告知加取得单独同意的严格要求。

第24条规定了个人信息处理者利用自动化决策时的特殊行为规则，对于处理者规定了应当正当公平使用的严格义务，并赋予个人相应受保护的法律地位。这一条在立法中备受关注，对立法规范基础究竟为何存在疑惑，最终立法者将之落到了个人应受公平实践对待的要求上。第一，要求保证决策透明和结果公平公正，《个人信息保护法》明确作出禁止价格歧视的要求[1]；第二，通过自动化决策向个人进行信息推送、商业营销，要求应当同时提供不针对其个人特征的选项，或者提供

〔1〕 最终审议结果报告在第2项说明显示了在个人信息保护涉及利用个人信息进行自动化决策时公平理念的权利义务化和行为规范化，"四是增加规定，利用个人信息进行自动化决策，不得对个人在交易价格等交易条件上实行不合理的差别待遇"。载中国人大网，http：//www.npc.gov.cn/npc/c30834/202108/a528d76d41c44f33980eaffe0e329ffe.shtml，2021年11月30日访问。

拒绝的方式；第三，个人信息处理者自动化决策涉及对个人权益影响的决定时，个人有权要求解释并有权拒绝仅通过自动化决策作出决定。对比《一般数据保护条例》的相关规则，后者是放在“数据画像”语境意义上来看待对个人数据进行自动化处理（见第4条关于“数据画像”的定义[1]）的一种行为要求，放在第三章“数据主体权利”第四节“反对权和自动化决策”之下，与个人信息主体的反对权联系在一起，体现反对权的运用。在此语境下，第22条对“自动化决策，包括数据画像”予以具体化规定，明确数据主体原则上不受不利于自己的自动化决策限制、数据控制者可运用时应当保护数据主体的权利、自由和合法利益等规则。这里，欧盟规则通过反对权综合了权利、自由和合法利益来评价基于个人信息自动化决策行为规则的适用基础。其中，所谓合法利益，自然也应该包括应受公平对待的利益。[2]

第25条规定个人信息处理者禁止公开的行为规则，除非取得个人单独同意，否则不得公开个人信息。第26条对现实中最受关注的在公共场所安装图像采集、个人身份识别设备的个人信息处理行为建立了基本准则，采取了限制立场。第一，应当为维护公共安全所必需；第二，遵守国家有关规定，并设置显著的提示标志；第三，收集的信息只能用于维护公共安全目的，不得他用，此项仅可以通过个人单独同意改变。第27条规定对已经公开的个人信息处理的行为规则。原则上，允许在合理范围处理自愿公开和合法公开的个人信息；但有两个例外，个人明确拒绝的除外，此外处理对个人权益有重大影响的也应当取得个人同意。

其次，关于个人信息处理者对敏感个人信息的处理行为规范。第二章第二节“敏感个人信息的处理规则”专门就敏感个人信息的处理作出更严格的行为规范。个人信息处理者处理敏感个人信息，先要遵循本节规范，本节没有规定的回归一般规定和相关原则。第28条第1款界定了何谓敏感个人信息，即“敏感个人信息是一旦泄露或者非法使用，容易导致自然人的人格尊严受到侵害或者人身、财产安全受到危害的个人信息，包括生物识别、宗教信仰、特定身份、医疗健康、金融账户、行踪轨迹等信息，以及不满十四周岁未成年人的个人信息”。该条采取列举加抽象的规定模式。抽象上的界定，是指一旦泄露或非法使用，容易导致自然人的人

---

〔1〕《一般数据保护条例》第4条之四：“‘数据画像’是指对个人数据进行任何自动化处理，包括利用个人数据评估与自然人有关的特定方面，特别是针对与自然人的工作表现、经济状况、健康状况、个人偏好、兴趣、信誉、行为习惯、位置或行踪相关的分析和预测。”

〔2〕《一般数据保护条例》上反对权的设定基础，与其第三章第二节中的“知情权”（国内学者有翻译为“获得信息的权利”）和“访问权”的设定基础并不相同，后者的关注重点是避免对他人权利和自由产生不利影响，也就是说更侧重体现基于个人的基本权利和自由对于个人信息保护提出的要求。参见第三章第二节关于知情权的相关内容，特别是第15条“数据主体的数据访问权”之四，明确提及“不得对他人权利和自由产生不利影响”。

格尊严受到侵害或者人身、财产安全受到危害。这里强调的是“容易”两个字。列举上的界定，《个人信息保护法》和两次草案审议稿不完全一致，最终综合讨论意见，列举的有生物识别、宗教信仰、特定身份、医疗健康、金融账户、行踪轨迹等信息。《个人信息保护法》还特别加上了“不满十四周岁未成年人的个人信息”，将之归入敏感个人信息，旨在回应关于强化保护未成年人个人信息的社会呼声。[1]第28条第2款规定了敏感个人信息处理的两个特殊前提：一是具有特定的目的和充分的必要性；二是《个人信息保护法》新增加的一项要求，即采取严格保护措施。否则，不得处理敏感个人信息。第29条规定敏感个人信息处理须遵循严格同意条件，而不是一般个人信息的同意条件。这种严格同意体现为“应当取得个人的单独同意”，如果法律、行政法规规定应当取得书面同意的，还要取得书面同意。第30条规定处理敏感个人信息，除了存在法律法规等规定保密等不需要告知的情形，原则上还应履行告知的要求。告知内容，包括处理必要性和对个人权益的影响等。第31条规定处理不满十四周岁未成年人的个人信息的特殊规则。即应当取得未成年人的父母或其他监护人的同意；该条第2款还要求个人信息处理者应当制定专门处理规则。第32条规定法律行政法规对敏感个人信息处理有特殊限制的，还应取得相关许可或遵循限制规定。

最后，关于国家机关处理个人信息处理者的处理行为规范。即第二章第三节“国家机关处理个人信息的特别规定”。《民法典》第1039条规定了国家机关等作为个人信息处理者承担的义务，但未具体规定行为规范。《个人信息保护法》对此作出了完善。第34条规定了国家机关处理活动受法定职责限制的要求。这一规定是《民法典》所没有的，从而为国家机关能否从事处理活动以及在什么范围从事活动限定了前提、范围和程序。国家机关为履行法定职责处理个人信息，必须有所依据，应当依照法律、行政法规规定的权限、程序进行，并不得超出履行法定职责所必需的范围和限度。第35条规定国家机关还应当履行告知义务的要求。但此项要求可因法律行政法规具有保密规定而排除，或者因告知会导致履职妨碍而排除。第36条规定国家机关对其掌握的个人信息应为境内存储的要求，如确需向境外提供，则应做安全评估。第37条规定本节国家机关的特殊规定也适用于法律法规授权的具有管理公共事务职能的组织为履职处理个人信息的活动。

---

[1] 最终审议结果报告第5项作出相关说明，载中国人大网，http://www.npc.gov.cn/npc/c30834/202108/a528d76d41c44f33980eaffe0e329ffe.shtml，2021年11月30日访问。

四、《个人信息保护法》的保护功能预设及其综合治理保护体系

（一）《个人信息保护法》保护功能预设及其背景

各国目前对于个人信息的规范体系，一个突出的共同特点就是都是在“保护法”的功能取向下展开其内部体系，无一例外冠以“保护”之名，我国也不例外。《个人信息保护法》明确宣示以个人信息保护为功能预设。该法第1条关于立法宗旨的宣示，即“为了保护个人信息权益，规范个人信息处理活动，促进个人信息合理利用”，明确把“保护”放在首位。也就是说，这部法律的根本定性是保护法，重在保护“个人信息权益”。相比较“保护”，后面的“规范”和“促进”是手段和方法，是以保护为基本功能前提下的规范和促进。《个人信息保护法》在第2条明确宣示自然人对于个人信息具有受法律保护的地位，即“自然人的个人信息受法律保护，任何组织、个人不得侵害自然人的个人信息权益”，继续强化了本法作为保护法的设计要求和基本追求。

然而，第2条也显示出作为本法保护对象的是所谓“个人信息权益”，与传统民事权利概念比较起来，表述上具有模糊性。理解上，它是存在于“个人信息受法律保护”语境中的法益，《一般数据保护条例》等甚至称之为个人信息保护权。在《民法总则》的制定和《民法典》的编纂过程中，有观点建议使用“个人信息权”作为相关表述。[1]但无论是《民法总则》《民法典》还是现在的《个人信息保护法》都没有使用个人信息权概念而是采取了“个人信息保护”的框架表述。这是因为，个人对于因个人信息处理活动而涉及的个人相关利益，反映到法律保护上比较复杂，不适合简单表述为“个人信息权”的架构。“个人信息受保护的权利与其他人格权在考量因素上有所不同，个人信息的保护要恰当平衡信息的利益与数据共享利用之间的关系”。[2]欧盟虽然在基本权利的高度看待个人信息保护要求，但是同样也没有确立个人数据权这样的简单概念。首先，在序言第1项宣称，“自然人在个人数据处理过程中获得保护是一项基本权利”，这一表述其实呼应了《欧盟基本权利宪章》第8条第1款和《欧盟运行条约》第16条第1款关于个人信息的保护表述，即“人人均有权就其个人数据获得保护的权利”。其次，在序言第3项还明确指出，个人数据的处理应服务于人类，保护个人数据的权利不是绝对权利，需要结合考虑其

---

〔1〕 王利明：《民法典人格权编草案应明确规定个人信息权》，载《光明日报》2019年12月22日；王利明：《论个人信息权的法律保护——以个人信息权与隐私权的界分为中心》，载《现代法学》2013年第4期。

〔2〕 黄薇主编：《中华人民共和国民法典解读：人格权编 侵权责任编》，中国法制出版社2020年版，第200页。

社会功能并依据比例原则与其他基本权利保持平衡。也就是说，尽管个人信息保护是必要的，但不能简单定义为个人信息权保护，或者说绝对的个人信息权利保护。个人信息保护存在个人法益确定的微妙性，而且还存在个人利益与其他基本权利以及社会功能的平衡问题。美国虽然将个人信息保护视为隐私权一部分，通过发展“信息隐私”（Information Privacy）概念将其纳入，但也是在原本就多样化的隐私权概念实践基础上进行谨慎而有区别的保护实践，与依据宪法第四修正案和通过普通法实践在更早就获得保护的有形隐私（如身体隐私、空间隐私）、财产隐私和决定因素等形成有所区别，作为一个更加微妙的动态领域而作出必要差异化对待，实际上也可以归入广义“信息法”（Information Law）的一部分，成为一个更加需要“私人与公共”（the Private and the Public）关系平衡的复杂领域。[1]

《个人信息保护法》作为保护法面世，源于个人信息处理时呈现的个人权益具有微妙性和复杂性，又导致了保护的微妙性和复杂性，体现为一种独特的系统保护机制要求，不仅因此区别于部门法的单一机制，也区别于不同部门法机制的简单叠加。《个人信息保护法》作为保护法，立足点也在于维护个人利益，这一点很容易与民法联系起来，因为民法就是以保护个人利益为目的的法律。但是从保护法角度立法，重点不仅在于保护对象的微妙和复杂，也在于需要确立与这种保护要求适应的极其复杂的规范手段和体系。这种复杂规范机制和体系的设计，导致《个人信息保护法》与《民法典》之间存在巨大差异，从而不能成为《民法典》的下位单行法，而具备了领域基本法的独立价值。2020 年出台的《民法典》为了体现时代性，彰显对于新型领域个人利益的及时关注，将个人信息保护纳入进来，就个人信息活动涉及的个人利益保护要求设立相关基本私法制度。但是，立法者发现难以使用个人信息权的概念来简单统括个人信息保护在民法上所体现的要求，而是在个人信息处理保护规范语境采用了“自然人关于个人信息的权利 + 个人信息处理者的义务 + 处理行为规范”的复杂架构。即使是这样，不难发现，这种纳入民法典的努力因受限于民法的规范体系和机制，并不能充分满足个人信息保护需要。为此，《民法典》出台之后，我国社会各方面仍然“广泛呼吁出台专门的个人信息保护法”，以便“增强法律规范的系统性、针对性和可操作性，在个人信息保护方面形成更加完备的制度、提供更加有力的法律保障”。[2]《个人信息保护法》的制定正是为了回应这种对更加完备、有效的个人信息保护规范体系的要求。

---

〔1〕 Raymond Wacks, Personal Information: Privacy and the Law, Clarendon Press (Oxford), 1989, pp. 2-3, pp. 7-49. 以及 Ellen Alderman, Caroline Kennedy, The Right to Privacy, Vintage Books, A Division of Random House Inc. (New York), 1997, pp. 323-341, “Privacy and Information”.

〔2〕 全国人大常委会法制工作委员会：《个保法草案说明》，载中国人大网，http://www.npc.gov.cn/npc/c30834/202108/fbc9ba044c2449c9bc6b6317b94694be.shtml，2021 年 12 月 6 日访问。

（二）《个人信息保护法》作为保护法的体系展开

早期信息隐私或个人信息保护实践，由于受到传统民法观念或者简单自由主义观念的影响，提倡依靠个人信息主体自我管理模式，希望通过在明确设定私法意义上的权利、义务和行为规范的条件下，引导权利、义务或行为主体自主自觉，进而达成个人信息保护的善治。其关键是鼓励个人信息权利主体积极行权和主张保护。首先，明确设定的相关权利，包括知情权、同意权、查阅权、异议更正权、删除权、可携带权等，为个人提供达成可自主控制自己信息的相关权利。其次，也设定了个人信息处理者相应的私法保护义务和行为规范，希望借此形成一种约束。一方面鼓励义务人和行为人自觉，另一方面通过民事责任和行为否定效果来保障这种自觉。[1]但是事实证明这种模式是失灵的，相关权利义务乃至行为规则经常形同虚设，因为作为自主管理机制的关键主体即个人信息权利主体，除了面临认知困境（隐私政策的信息不对称），也面临着结构问题（规模问题、结合问题、评估损害问题等）[2]，往往处于一种无知无力的困局，因此很难符合法律设计的预期。

《个人信息保护法》针对这一失灵加以重点改进，希望提供一个更加充分、更加有效的保护体系。其最终确立起来的保护规范体系，体现了一种以保护目的的新型法律体系的鲜明特点和趋势。即自主管理和外部管理协同、一般责任和特殊责任配合的多元促进和保障的综合保护体系，体现为“自然人关于个人信息的权利＋个人信息处理者的义务＋处理行为规范＋管理保护规范＋特殊法律责任”的综合治理保护的一般逻辑结构。一方面，以问题为导向，结合对个人信息保护自主管理实践悖论的认知，对相关基本私法制度及其支持的自主管理体系进行了有效化的极大完善，在私法结构上更加复杂化，且更加突出以建构行为规范为重心。这样，个人信息保护自主管理的“权利—义务—具体行为规范”的逻辑体系就更加完整了。另一方面，以保护为目的，引入个人信息保护的外部管理机制和特殊法律责任机制，有针对性的管理和严厉的特殊责任双管齐下，重点防治这一领域个人信息处理者追求赢者通吃。

（三）完善自主管理体系与作为重点的个人信息处理行为规范机制

《个人信息保护法》注重完善个人信息自主管理体系，首先体现为对于相关权

---

〔1〕 1973 年美国卫生教育福利部的“信息实践公平原则”（Fair Information Practices Principle）报告最早提出了所谓的隐私自我管理模式。该模式要求：（1）个人数据记录系统的透明化；（2）被记录系统通知的权利；（3）在未经同意情况下个人数据不得为新目的而使用的权利；（4）更正个人数据的权利；（5）个人数据保存者防止数据被不当利用的义务。参见丁晓东、张吉豫主编：《隐私与数据的法律研究》，法律出版社 2019 年版，第 214 页。

〔2〕 Daniel Solove, Privacy Self－Management and the Consent Dilemma, 26 Harv. L. Rev. 1880（2013）.

利义务行为规范作出更加合理配置，其次也体现为对于如何能够尽量减少或避免自主管理的失灵作出必要修补。比如，对一些权利义务的条件或行使作出了更加细化的指引，对一些易于滥用或规避的方面明确规定了不得滥用或规避的情形，等等。相比《民法典》，《个人信息保护法》对于个人信息的相关权利、义务和行为规范的规定，所做的修补是体系化、细节化的。

《个人信息保护法》修补和完善的重点之一，就是设置了一套严密的个人信息处理行为规范。这种思路意识到，对于个人信息处理活动，尽管个人信息权利义务设定本身很重要，但就对规范路径的精准施策来说却存在不足。“规范个人信息处理活动”最重要的是对于处理行为的规制，通过此种具体行为规制，可以更好地触及个人信息保护中各种矛盾关系的落脚点。目前各国对于个人信息保护的规范体系，共同的特点是在“个人信息保护”的框架下突出强调对个人信息处理者行为进行规范的重要性，而不是简单依赖相关个人信息的权利义务的设定。我国《个人信息保护法》也不例外。按照第1条解释，《个人信息保护法》保护功能的实现途径，是“规范个人信息处理活动”。显然，重点要落在对处理活动的规范上。当然，这种规范设计有两个额外要求：其一，应该是积极的，即同时“促进个人信息合理利用”，这意味着规范个人信息活动，不能因噎废食，而应同时符合数字化社会的发展需要，保持必要的数据流动、共享，促进数字经济发展。其二，这种规范设计，最终需要服务于保护“个人信息权益”的根本目的。总体上而言，《个人信息保护法》通过“行为原则+行为规则”的规定模式，融贯相关权利义务规定，在“一般个人信息”“敏感个人信息”“国家机关作为个人信息处理者”三项区分基础上，建立了一个极其繁复的处理行为规范体系。

《个人信息保护法》自主保护功能的发挥，重点就落在对这一行为规范体系的具体执行和监督上。这一行为规范体系，既是个人信息处理者的具体行为指引，也是当事人和管理者据以清晰判断处理活动是否合法合规的具体标准。个人信息处理行为的合法合规，首先体现为对具体行为规范的遵循。传统人格权，如生命权、身体权、健康权等，随着医疗、精神病院等社会体系的发展，在保护上已经有些复杂，但是尚无以设计具体行为规范为重点的必要，通过确认基本人格权范畴以及对应的他人不得干涉的绝对义务，通常就可以发挥规范保护的效果。此后当名誉权、姓名权、肖像权、隐私权等逐渐发展起来，情况就变得有些不同，这些权利本身的边界存在模糊性，难以通过简单确认权利和规定他人不得干涉的绝对义务就达成规范保护效果，有必要引入一些行为规范，从而具有更加精确的规范性和指引性，通常体现为一些禁止方面的行为规范，此外也可能规定减免责任的行为情形，其中夹杂着一定范围平衡保护思想。但是，对于行为规范依旧没有达到如此重要的地步。到了个人信息保护出现和发展起来，情况更不一样了，由于个人信息保护体现的相关权利和义务设计具有明显的模糊性和多样分叉的特点，依靠传统的权利义务规定的规范模式显然难以起到精确规范和指引的效果，有必要突出对个人信息处理行为的规范，以此表达法律保护的明确和具体性，从而体现出由权利义务规范向行为规范重心迁移的显著变化。

（四）《个人信息保护法》外部治理保护体系及其积极管理和特殊法律责任机制

《个人信息保护法》反思了在复杂数字化背景下，个人信息保护仅依靠自我管理模式的重要不足，对于个人信息保护不是简单从自主管理中就可以实现。现实中，个人信息处理者具有极其旺盛的逐利需求，同时又往往处于数字权利和信息不对称的绝对优势地位，容易因巨大利益诱惑而背离保护要求。所以，除了对相关自主管理本身进行完善之外，还应从切实保障个人信息保护有效性的角度，建立更加合理、科学和合乎实际的全面治理保护体系。其中，重点为引入外部治理保护体系，通过外部加压，打造个人信息保护的坚固防护网。主要机制包括确立积极管理和特殊法律责任。其中“积极管理”制度主要体现在第六章“履行个人信息保护职责的部门”，特殊法律责任制度则体现在第七章“法律责任”。

首先，引入有强度的积极管理制度。对个人信息保护是否应当以及如何引入外部积极管理这个问题，理论上存在对于家长式规范可行性的疑虑。即使是奉行自由经济的欧盟，也在这方面果断采取赞成的立场，《一般数据保护条例》确立有强度的积极管理，建立专门监管机构，赋予强大的管理权、执法权和问责权，形成了一种通过积极管理而达成个人信息更好保护的治理示范。我国立法过程对于应当引入本身也争议不大，有争议的是强度问题，即应该在自主管理和外部管理之间保持怎样的平衡，如何更好配合，授予谁来管理，赋予多大管理职权以及哪些职权，采取何种措施保障管理职权落在实处，等等。这些方面的决断取决于很多条件和因素，既有数字化特定发展阶段对于治理的规律性要求，也有国情习惯要求。《个人信息保护法》在第六章“履行个人信息保护职责的部门”，立足中国管理体制及其发展的实际特点，吸收欧盟和有关国家专门化监管的经验，在合理化的基础上构建起一套专门化的明显体现外部强力的管理保护制度，呈现出三个方面的内容特点。

一是确立了统筹协调与分工负责的多元管理体系。我国并不建立新的个人信息保护专门管理机构，而是采取对现有管理主体赋权管理方式。第 60 条规定了管理主体及其地位。其中第 1 款规定中央层面，国家网信部门负责统筹协调，国务院其他有关部门则依法分工负责；第 2 款规定地方政府有关部门职责则由国家有关规定确定。

二是确立了以防治为重点的积极管理模式。主要体现为赋予保护部门包括防治职权在内的强管理职责，从有效预防和避免的角度布局管理保护。第 61 条规定了管理主体的一般职责，适用于所有管理主体，共五项。包括开展宣传教育、指导监督，接受处理投诉举报，调查处理违法活动，法律、行政法规规定的其他职责等，《个人信息保护法》还增加了一项重要职责，“组织对应用程序等个人信息保护情况进行测评，并公布测评结果”。这是为了回应现实中滥用应用程序侵害个人信息的乱象而提出的一项职责。近年来，网信办、工信部、公安部、市场监管总局等在内的有关部门，针对大量个人信息违法违规来自应用程序的情况，多次组织对App侵害用户权益的专项治理行动，特别是对各个平台上设置的各种应用程序进行测试检查，发挥了较好的预防和及时治理的作用，对于保护个人信息起到明显效果。[1]但是苦于管理授权不够清晰，底气不足。[2]这次立法明确了管理部门可以依据此项权力监管App，做了不担心滥权，没有做反而是不作为。第62条规定了专属于国家网信部门的五项职责，为其开展相关工作提供了法律依据。这些工作兼具统筹协调的功能，但同时更是具体职责。包括制定个人信息保护的具体规则、标准，制定针对特殊方面的个人信息保护规则、标准，推进网络身份认证公共服务，推进个人信息保护社会化服务体系建设等。《个人信息保护法》增加了第5项，“完善个人信息保护投诉、举报工作机制”。[3]这项职权为网信部门及时发现保护问题提供了重要的信息途径，属于信息监管的前提机制。当然也要注意投诉举报滥用，尤其要避免基于恶意竞争和报复而滥用的问题。

三是赋予一定范围的调查权和处置权，相当于准司法权或执法权。法律在一些专业性很强、存在重要利益需要保护的领域，为了增强管理或监管的效率和权威，最大限度保证保护的可能和及时性，往往会给管理部门配置必要调查和处置权，使其在特定范围内可以采取一些类似司法机关才可以采取的措施。《个人信息保护法》也不例外。第63条规定，履行个人信息保护职责的部门在履行职责中可采取的措施，一共有四项，包括询问和调查情况，查阅、复制资料，实施现场检查，检查设备物品和查封或扣押等；当事人应当协助不得拒绝阻挠。第64条还规定了约

---

〔1〕《中央网信办等四部门开展“App违法违规收集使用个人信息专项治理”》，载网信中国，https：//mp. weixin. qq. com/s/ucC2d6gxczS4oACS4jYJjA，2021年12月7日访问；《App违法违规收集使用个人信息专项治理报告（2019）》，载国家信息化办公室网，http：//www. cac. gov. cn/2020－05/26/c_1592036763304447. htm，2021年12月7日访问；《2020年App违法违规收集使用个人信息治理工作启动会在京召开》，载中国网信网，http：//www. cac. gov. cn/2020－07/25/c_1597240741055830. htm，2021年12月7日访问。

〔2〕《个人信息保护法》出台前，治理App运营者违法违规收集使用个人信息专项行动，重点依据《网络安全法》、《关于印发〈App违法违规收集使用个人信息行为认定方法〉的通知》（国信办秘字〔2019〕191号）、《关于印发〈常见类型移动互联网应用程序必要个人信息范围规定〉的通知》（国信办秘字〔2021〕14号）、《App违法违规收集使用个人信息自评估指南》（App专项治理工作组2019年3月编制）等相关法律法规和规定。

〔3〕最后审议报告第10项对其作出说明，载中国人大网，http：//www. npc. gov. cn/npc/c30834/202108/a528d76d41c44f33980eaffe0e329ffe. shtml，2021年12月7日访问。

谈和合规审计以及移送犯罪嫌疑人[1]等特殊处置的权力，限于履行职责中发现较大风险或发生安全事件的情形。

其次，确立严厉的特殊法律责任制度。《个人信息保护法》第七章“法律责任”，从保护治理的角度，专门针对个人信息保护规定了前所未有的严格的特殊法律责任，为违反本法相关义务、行为规范和管理规范等的特殊责任。其中有三个值得注意的地方，一是出现许多新的行政处罚形式；二是罚款数额前所未有的高，这也是国际趋势；三是对违法信息处理中的有关负责人员也施加责任。

第66条最为重要，规定了违反本法的特殊行政责任。即只要违反本法规定处理个人信息，或者处理个人信息未按照规定采取必要安全措施的，就可能产生特殊行政责任。这是一种新型治理式的行政责任，体现出与传统行政责任不同的特点，突破了传统责任原理，具有严厉性或加重惩罚性。区分一般情况和严重情况：一般情况，由履行保护责任部门责令改正，给予警告，没收违法所得。《个人信息保护法》针对性地增加了“对违法处理个人信息的应用程序，责令暂停或者提供服务”；拒不改正的，并处一百万元以下罚款；对直接负责的主管人员和其他直接责任人员处一万元以上十万元以下罚款。情节严重的，由省级以上履行保护职责的部门责令改正，没收违法所得，并处五千万元以下或上一年度营业额百分之五以下罚款，并可以责令暂停相关业务或者停业整顿、通报有关主管部门吊销相关业务许可或者吊销营业执照；对直接负责的主管人员和其他直接责任人员处十万元以上一百万元以下罚款，并可以决定禁止在一定期限内担任相关企业的董事、监事、高级管理人员和个人信息保护负责人。[2]

第67条建立违法信用档案记录制度。第68条规定国家机关不履行本法规定的个人信息保护义务的特殊行政责任，包括责令改正和予以行政处分。此外，还规定了与刑法民法相关责任的关系。第69条规定个人信息处理者对个人信息加害，以推定过错作为承担侵权责任的基础；并明确确定损害赔偿责任的标准，即所受损失或获得利益，难以取得的则根据实际情况确定；第71条规定同时应与治安管理责任和刑事责任对接。

---

[1] 移送犯罪人特殊处置权力在《个人信息保护法》才增加。见“最后审议报告”第10项的相关说明：“二是履行个人信息保护职责的部门发现违法处理个人信息涉嫌犯罪的，应当及时移送公安机关依法处理”，载中国人大网，http://www.npc.gov.cn/npc/c30834/202108/a528d76d41c44f33980eaffe0e 329ffe.shtml，2021年12月7日访问。

[2] 《个人信息保护法》开始加入可以决定禁止在一定期限内担任相关企业的董事、监事、高级管理人员和个人信息保护负责人。参见最后审议报告第10项的相关说明“对有关责任人员可以决定禁止其在一定期限内担任相关企业的董事、监事、高级管理人员和个人信息保护负责人等职务”，载中国人大网，http://www.npc.gov.cn/npc/c30834/202108/a528d76d41c44f33980eaffe0e329ffe.shtml，2021年12月7日访问。

五、结论：把握《个人信息保护法》体系理解和适用的双重基础

《个人信息保护法》作为领域新法体现了立法上的一种“冒险”，这种“冒险”的必要性在于必须勇敢地去迎接个人信息保护现实挑战，满足当下“数字人格”安身立命的需求。个人信息保护问题是新时代的产物。个人信息本身并非当然是个人利益，只有当人类进入网络信息社会到一定阶段之后，当个人信息收集、利用和各种处理活动获得发展和蔓延，导致个人卷入其中，个人信息逐渐成为个人利益的牵引抑或载体，此时才出现了与个人信息处理相关的个人利益保护要求。然而这种保护要求，又具有以往所不具有的问题，与现今法律体系既有权利的保护要求比较，可谓差异显著，体现了前所未有的相关个人利益保护的微妙性和复杂性，因而在保护制度设计要求上也应作出与之相适应的创新。这种创新极为不易，对之需要努力认识、发现、把握和形塑，进而才可能收入法律行囊。

新时代的新法里面藏着独特的密码，《个人信息保护法》当然不会例外。初始打量，可能感觉似乎其体系有点凌乱，与刑法、民法、行政法等任何单一部门法的体系都极为不同。但是只要用心体会，便可能发现这些貌似凌乱的规范之间其实存在某种紧密联系。本文所作的正是这种体系解码的努力。通过上述分析，我们注意到《个人信息保护法》确立在双重基础之上。一个是其作为基本法的定位。它作为领域基本法及与民刑等基本法并立的定位，对于法律体系作出重要扩展，新时代总的法律系统中，居于新发展的体系位置，与传统法律体系形成互为补充、守护相望的关系。另一个则是它的功能预设。它立足个人信息保护利益的复杂性，同时基于超越自我管理局限的需要，通过以个人信息保护为基本功能设定，追求一种更加有效而全面的保护策略，进而形成一套自主管理和外部威压互为配合的综合保护规范体系。这两大基础构建了《个人信息保护法》全部体系和内容建构的双核，成为其不可割裂的理解前提。总之，只有立足双重基础，才能够真正领略《个人信息保护法》作为领域新法的基本价值和体系方法论，其未来实施也必定会在这两个方面的融合中获得圆满。

我国个人信息保护制度的新发展与若干缺憾

——2018 年《信息安全技术：个人信息安全规范》评述*

中央网络安全和信息化领导小组办公室、国家质量监督检验检疫总局、全国信息安全标准化技术委员会联合发布了《信息安全技术：个人信息安全规范》（GB/T 35273－2017，以下简称《安全规范》），并将于 2018 年 5 月 1 日开始实施。《安全规范》是贯彻《网络安全法》中个人信息安全要求的一部重要配套规范，其性质相当于标准文件，在《个人信息保护法》尚未出台的情形下，该《安全规范》虽非法律，但在一定程度上发挥了替代规制功能。

《安全规范》建立了一套相对完整的企业从事个人信息活动的行为规范。从内容上看，《安全规范》统一规定了个人信息保护领域的法律术语，规定了收集、保存、使用、共享、转让、公开披露等个人信息处理活动应遵循的原则和安全要求，建立了企业的信息安全管理制度。这些构成了指导和规范企业正常进行个人信息活动、保障个人信息安全活动的基本要求，当然也成为有关机关据以判断企业在个人信息安全事项上是否发生违反《网络安全法》甚至构成侵犯公民个人信息罪等的重要参考依据。

《安全规范》确立了一些达到世界先进水平的信息安全规范标准。第 6.1 条及其以下强调对于个人信息的安全存储。根据第 6.2 条，个人信息控制者在收集个人信息后，必须立即去标识化处理，并采取技术和管理方面的措施，将去标识化后的数据与可用于恢复识别个人的信息分开存储，并确保在后续的个人信息处理中不重新识别个人。这实际上要求企业对个人信息的匿名化存储，将极大降低个人信息引发的隐私风险。第 8.1 条及其以下确立了个人信息的委托处理、共享、转让、公开披露标准。其中第 8.6 条规定，对于共同收集和控制个人信息的企业应当约定双方保护信息安全的义务和责任划分，并向个人信息主体明确告知。该条对于确保电子

---

* 本文系作者与林洹民博士合著，载《军都拾零》2018 年 2 月 6 日。

商务平台保护个人信息极为重要，确定了平台与签约商家共同为个人信息控制者时的个人信息保护义务。

总体来说，《安全规范》采纳了我国个人信息保护研究的诸多共识，借鉴了海外先进经验，进一步细化了我国个人信息安全保护规定，对于一些争议问题也作出了明确决断，有利于强化我国的个人信息安全保护。可以预见，其在推进更加合理指导、监管企业从事个人信息活动、保障个人信息安全方面具有相当积极的意义。但是，源于信息活动的复杂性，特别是鉴于个人信息安全的重要性以及相关活动的敏感性，《安全规范》仍然存在进一步明确和完善的必要。至少在以下五个方面需要进一步探讨。

一、关于个人信息术语的定义问题

现有界定不够清晰和完整。《安全规范》第3.1条规定，个人信息（personal information）是指以电子或者其他方式记录的能够单独或者与其他信息结合识别特定自然人身份或者反映特定自然人活动情况的各种信息。这种定义模式将重点落在信息与特定自然人的“可识别性”上，只有可识别特定自然人的信息才是《安全规范》意义上的个人信息。然而，“可识别性”存在难以操作、界定不清等问题。因此，建议将之修改为：个人信息，是指以电子或者其他方式记录的由个人产生和个人有关的信息，但原则上通过技术处理不使用额外信息不能指向特定信息主体并与其他额外信息分别存储的匿名化信息不在此限。

首先，“可识别性”难以操作。“可识别性”这种规范模式延续了我国《信息安全技术公共及商用服务信息系统个人信息保护指南》（以下简称《指南》）的保护思路，从是否可识别个人这一效果上界定个人信息的范围。然而，“可识别性”是一个难以界定的法律概念，而以“可识别性”定义个人信息也有同义反复的嫌疑：个人信息是能识别个人的信息。

其次，以可识别性界定个人信息保护范围是否合理，不无疑问。在大数据和人工智能的时代，算法海量地收集、抓取和处理个人信息，借助大量的看似不可识别的个人信息却仍然可以精准地定位到个人。《安全规范》附录A“个人信息示例”要求考虑“识别”和“关联”两种路径，实际上即是注意到了既有定义之不足，强调“特定自然人在其活动中产生的信息即为个人信息”。

最后，应当鼓励对个人信息的匿名化处理。第3.13条注释“个人信息经匿名化处理后所得的信息不属于个人信息”，值得肯定，这种规定有利于实现数据经济和个人信息保护之间的平衡。然而，《安全规范》强调匿名化的绝对不可识别和复原性则失之偏颇。《安全规范》第3.13条规定，匿名化（anonymization）是指通过对个人信息的技术处理，使得个人信息主体无法被识别，且处理后的信息不能被复原的过程。随着解匿名化技术（De - anonymization）的发展，不存在真正意义上不可识别和复原的信息。只要借助于大量其他个人信息，任何一种匿名化信息都可以被还原，因此在技术上完全不能复原的匿名化信息是不存在的[1]。考虑到匿名化技术上的不可能，《一般数据保护条例》也只能将匿名化定义为："匿名化是一种使个人数据在不使用额外信息的情况下不指向特定数据主体对待个人数据处理方式。该处理方式将个人数据与其他额外信息分别存储，并且使个人数据因技术和组织手段而无法指向一个可识别和已识别的自然人。"可见，匿名化只是去识别化的一种暂时方式，在技术上借助额外信息即可被还原。我国目前的定义模式强调匿名化信息绝对的不可复原是不合适的。因为只有匿名化个人信息不受《安全规范》束缚，这种定义模式实质使得所有和个人有关信息都受到法律的规制。国际通行的做法则是，对匿名化个人信息进行法律优待，以此实现个人信息保护和数据经济之间的平衡；另借助民法、刑法、行政法规则，来禁止违法解匿名化的行为，也可起到很好的个人信息保护的作用。

二、关于个人信息的收集问题

个人信息收集规则或不够现实，保护不足，或过于严苛。

首先，《安全规范》规定的知情同意原则不够现实。《安全规范》第 5.3 条确立了个人信息收集时的知情同意原则，但却仍然停留在《指南》对个人一般信息收集的宽松对待之上（默示同意即可）。与之相对，第 5.3 条第 b 款是否施以间接收集人过高的注意义务，该义务又应当如何具体运作，尚需实践检验。

根据《安全规范》第 5.3 条第 a 款，个人信息控制者收集个人信息前应"获得个人信息主体的授权同意"，结合第 3.6 条（明示同意）和第 5.5 条（收集个人敏感信息时的明示同意）理解，原则上对个人信息的收集默示同意即已足够。据此，个人信息控制者仍然可以通过默示条款的方式，使得信息主体可能完全不知道自身的信息正在被收集。与之相较，《一般数据保护条例》则通过强调"同意"是指数据主体通过声明或明确肯定的行为（a clear affirmative action）作出的指示，排斥了默示同意的合法性效力。

此外，根据《安全规范》第 5.3 条第 b 款，如果企业从第三方渠道间接收集个人信息，应当核实第三方收集、转让个人信息的合法性，这就要求企业必须对信息来源进行尽职调查。但应当知道，法律原则上不应让交易一方对相对方的财货来源进行调查，因为这对交易方的要求过高。源于信息不对称，交易方也不一定有能力确认相对方陈述的真实性。在数据交易当中，尤其在跨境数据交易当中，第 5.3 条

[1] Paul Ohm, Broken Promises of Privacy, 57 UCLA LAW REVIEW 1701 (2010).

b 款是否能实现规范目的，不无疑问。

其次，《安全规范》虽然承认了特殊情况下个人信息收集的合法性，却忽视了个人信息使用、共享和转让过程中的经济和社会需求。

第 5.4 条规定了征得个人信息主体同意的例外，承认了特殊情况下不征得同意时的个人信息收集的合法性，肯定了在个人信息安全之外还存在与整体的经济和社会功能平衡的问题。尤其值得注意的是，根据第 g 款和第 h 款，当根据个人信息主体要求签订和履行合同所必需和用于维护所提供的产品或服务的安全稳定运行所必需时，个人信息的收集可不经过信息主体的同意。这种设计体现了人工智能时代企业对智能产品的推广、跟踪和改进的商业需求，有利于我国智能制造和人工智能的发展。疑问之处在于，第 5.4 条只规定在特殊情况下可以收集个人信息，个人信息的使用、分享和处理则似乎仍然受到目的拘束下的知情同意原则的束缚。为了实现公共利益或保护他人重大权益对个人信息的使用、分享和处理同样是法秩序的要求，为了履行合同或维护产品或服务的安全稳定运行，也可能需要对个人信息的使用，区分个人信息的收集和使用、分享、处理的规范需要有更为充分的理由。

最后，《安全规范》提供的选择可能不足。第 5.5 条第 b 款第 2 项规定："产品或服务如提供其他附加功能，需要收集个人敏感信息时，收集前应向个人信息主体逐一说明个人敏感信息为完成何种附加功能所必需，并允许个人信息主体逐项选择是否提供或同意自动采集个人敏感信息。当个人信息主体拒绝时，可不提供相应的附加功能，但不应以此为理由停止提供核心业务功能，并应保障相应的服务质量。"该条要求企业不得以不提供信息为由停止提供核心业务功能，有利于解决用户的选择困境难题，禁止企业通过"take it or leave it"的全有全无的代码设计，大量收集个人信息的行为，值得肯定。但如前文所论，通过对非敏感信息的分析处理也可以揭示个人的敏感信息的，为何这里只要求企业对个人敏感信息的收集提供选择可能?

虽有上述不足，《安全规范》在个人收集安全部分提供的一些规则，让人忍不住击节叹赏。例如，第 5.2 条将个人信息收集的最小化原则细分为：收集的个人信息的类型应与实现产品或服务的业务功能的直接关联性原则，自动采集个人信息应满足频率最小化原则，间接获取个人信息应满足数量最少化原则。第 5.6 条规定了企业隐私政策的内容和发布。该条一方面详细列举了隐私政策必须具备的内容、撰写规范和发布形式，另一方面也要求企业必须以摘要提示等方式保障政策的清晰性和易读性。鉴于个人信息主体要通过越来越小的屏幕阅读企业复杂的隐私政策，该条有助于减轻个人信息主体的负担，吸引个人信息主体对核心内容的注意力，值得赞赏。

三、关于个人信息的使用问题

《安全规范》首次提出了个人信息主体获取个人信息副本的权利，并且创制了个人信息主体对于信息系统自动决策的申诉模式。这种突破体现了法律对技术挑战的积极回应，但上述制度是否具有充分的可行性，则不无疑问。

首先，获取个人信息副本的权利行使不容乐观。第7.9条规定了个人信息主体获取个人信息副本的权利。从条文表达上看，该条强调“或在技术可行的前提下直接将以下个人信息的副本传输给第三方”，似乎是为了实现个人信息在不同个人信息控制者之间的自由切换，因此类似于《一般数据保护条例》第20条规定的“数据可携带权”（Right to data portability）。但与欧盟数据可携带权不同的是，《安全规范》第7.9条仅适用于个人基本资料、个人身份信息、个人健康生理信息、个人教育工作信息；第7.9条也没有要求个人信息控制者采用兼容的方式提供副本。这种限制和不足使得第7.9条的实际意义大为限缩，甚至有沦为具文的可能。

需要强调的是，是否及如何设计获取个人信息副本的权利，尚需要进一步研究和论证。《一般数据保护条例》创设的数据可携带权旨在解决企业对个人数据的禁闭封锁，创造一个良好的竞争市场环境；允许个人信息主体轻松地选择和更换个人信息控制者，也从客观上促进了个人信息控制者为个人信息主体提供更安全的服务和保障。尽管如此，对该权利的批评也不绝于耳，如个人数据范围和提供副本的标准不清，不利于初创企业设立以及和竞争法理念相违背等[1]。如何建构中国模式的数据可携带权是对中国学者的一次挑战。

其次，对自动决策算法的规范不足。随着算法的广泛应用，人们日益生活在一个“被打分的社会”，这就要求法律对算法可能引发的不公平和歧视问题进行规制，且这种规制应当能够切实维护信息主体的利益。

《安全规范》第7.10条约束信息系统自动决策。根据该条，当仅依据信息系统的自动决策而做出显著影响个人信息主体权益的决定时（如基于用户画像决定个人信用及贷款额度，或将用户画像用于面试筛选），个人信息控制者应向个人信息主体提供申诉方法。第7.11条规定个人信息控制者应当响应个人信息主体的请求，第7.12条要求个人信息控制者建立申诉管理机制。上述三条旨在通过建立企业内部的申诉机制，避免算法对用户的不公平对待和歧视。与欧盟路径相比，《安全规范》并没有规定自动化处理结果不能影响个人信息主体的法律利益，而只是简单赋予了信息主体申诉的权利。疑问之处在于，个人有多大的动力提起申诉，又如何对

---

[1] Peter Swire &Yianni Lagos, Why the Right to Data PortabilityLikely Reduces Consumer Welfare, 72 Maryland Law Review 335 (2013).

抗企业的技术抗辩？企业可以各种理由主张自身算法结果的合理性，而个人由于技术知识匮乏，恐怕无力反驳。欧盟正是注意到了这种事实上的不对等，因此直接强调了自动决策结果不得对个人产生法律影响。这套申诉体制是否可行，是否真正能够保护个人免予不公和算法歧视，值得谨慎思考。

除此之外，《安全规范》仍然有可圈可点之处。第7.3条规定了个人信息的使用限制，第7.4条和第7.5条分别规定了信息主体的访问权和更正权，第7.6条和第7.7条则规定了信息主体的删除权和撤回同意的权利，第7.8条规定了信息主体注销账号的权利。上述条款赋予信息主体保护个人信息的必要的主观权利，既有利于开拓权利救济渠道，也有助于实现对数据活动的自下而上的规范化。但为了实现对信息主体的充分保护与不给企业导致不必要负担的平衡，删除权的实行条件可以再增加一款：就收集或以其他方式处理个人信息的目的而言，该个人信息已经是不必要的。

四、关于企业的个人信息安全管理制度问题

《安全规范》最大的特色是建立了个人信息安全管理制度。尽管如此，仍然有一些不足需要修正。

《安全规范》较完整地建立了企业的个人信息安全管理制度，是我国个人信息保护法制的一项重大进步。根据第10.1条，企业的法定代表人或主要负责人对个人信息安全负全面领导责任；企业应任命个人信息保护负责人和个人信息保护工作机构；满足以下条件之一的组织，应设立专职的个人信息保护负责人和个人信息保护工作机构，负责个人信息安全工作：（1）主要业务涉及个人信息处理，且从业人员规模大于200人；（2）处理超过50万人的个人信息，或在12个月内预计处理超过50万人的个人信息。第10. 2条要求企业定期开展个人信息安全影响评估，第10.3条要求企业增强自身的数据安全能力，第10. 4条则要求企业加强人员管理和培训。除此之外，第9.1条规定了发生个人信息安全事件时个人信息控制者的应急处置和向主管机关报告制度；第9.2条则规定了个人信息控制者向信息主体的告知义务。通过这些条款，《安全规范》将保护个人信息的需求内化于企业的日常经营管理活动当中。个人信息保护依赖于企业的内部配合。通过明确责任人，设定专门的管理机构，有利于实现对企业数据活动的陪同控制，使得从制订计划、设计算法、使用算法收集和处理数据的每一个环节都能够满足个人信息安全保护的要求。

但是，《安全规范》建立的个人信息安全管理体系并未真正健全。首先，未确保个人信息保护负责人和个人信息保护工作机构的独立性。个人信息保护负责人作为企业的员工难以避免地会受到企业负责人的影响。如果企业负责人不接受个人信息保护意见，那么有何救济措施？如何确保个人信息保护负责人和个人信息保护工作机构能够顶住压力，履行《安全规范》赋予的职责？参考德国经验，一方

面应当明确个人信息保护负责人直接的民事、行政乃至刑事责任，使得个人信息保护负责人面临法律的直接威慑，必须为企业的数据活动负责；另一方面应当通过法律制度保障个人信息保护负责人不受企业负责人的影响，如德国《联邦数据保护法》规定了个人数据保护顾问免受指示的权利和特殊的解雇保护规则。《安全规范》指引了正确的治理方向，但要真正发挥该套管理模式的绩效，尚需要进一步完善。其次，缺乏配套的外部监管机构。德国个人数据保护顾问制度之所以能够顺利运行，是与个人数据保护监管局的配合、支持和监督密不可分的：个人数据保护监管局对个人数据保护顾问提供支持，裁决个人数据保护顾问和企业之间的争议，保障和监督个人数据保护顾问的日常工作。在企业内部的个人信息安全管理制度，唯有借助于外部的支持和监督才能顺利进行。在个人信息泄露、个人信息欺诈频繁的今天，我国应当尽快建立国家个人信息保护监管局（或国家数据活动监管局）。

五、关于过分依赖规范手段问题

《安全规范》忽视了其他系统，特别是技术系统的作用。网络世界存在四种规制手段，分别是法律、社会规范、市场、代码，单独依赖一种手段是无法规范网络领域的，应当留出适当的通道，允许其他三种规制手段——特别是技术手段——在互联网治理当中发挥应有的作用。虚拟世界和现实世界的不同之处在于，代码在其中扮演着不亚于法律的角色。代码的设计者甚至可以通过设置网络框架，使得法律目的落空，“知情同意原则”的低效率即为一成例。有鉴于此，《一般数据保护条例》第 25 条第 1 款（Dataprotection by design）特别要求通过设计保护个人信息：个人信息控制者应该在确定处理手段和在处理的同时，实施适当的技术和组织措施，如假名化和数据最小化，保护数据主体的权利。

《安全规范》应当充分重视代码的价值，确认有效的技术实践，通过技术手段确保个人对自身数据的控制权。具体而言，《安全规范》应当通过施以个人信息控制者在算法设计和应用时的个人信息保护义务，要求控制者将保护个人信息的要求转化为代码，通过程序设计保护个人信息；除此之外，还应鼓励采纳新出现的一些保护个人信息的网络技术，如个人信息算法守护平台等。

《安全规范》的出台在实际操作层面填补了诸多空白，为提升公民意识、企业合规和国家监管水平提供了新的业务参照和行为指引。但如上文所述，《安全规范》仍然存在些许不足，需要我们给予足够的重视。希望《安全规范》的出台成为我国《个人信息保护法》制定的前哨战：借助《安全规范》的运行可以积累经验和教训，通过围绕《安全规范》的学术讨论逐步明晰《个人信息保护法》的框架建构和规范设计。

个人信息保护是数字经济的底线*

信息科技迅猛发展，带来的一个重要问题就是个人信息保护，这是个人的问题，也是社会的问题，还可能涉及国家安全。个人信息保护问题成为一个非常复杂的信息科技带来的负效应问题。个人信息的收集使用十分广泛，存在的问题也十分严重，其中过度收集个人信息的危害凸显，企业机构甚至个人从商业利益出发随意收集、违法获取、过度使用、非法买卖个人信息。

一、为什么一定要严格保护

（一）个人信息保护脱胎于隐私权，有一个逐步演变的过程

20 世纪八九十年代，随着信息科技发展，在网络方式下的个人信息处理，随时可能产生对个人的正面和反面影响。当时主要是把个人信息作为网络安全的一部分，纳入网络安全法中。很多国家的网络安全法首先是个人信息保护。

欧盟最早通过相关立法，确立非常复杂的保护个人信息模式，慢慢独立承认了个人信息的权利，从隐私权中分离出来。美国 20 世纪八九十年代通过判例法扩张和改变隐私权，适用于个人信息保护，很多隐私是不能转让的，但个人信息可以商业化，所以利用判例来推动个人信息保护的变化以适应新的信息经济的发展。美国联邦层面也有一些立法跟进。

20 世纪 90 年代之前，中国的法律并没有隐私权规定。《民法通则》1986 年出台，确立了名誉权保护，但没有确立独立的隐私权保护，侵犯隐私达到名誉权损害效果时才加以保护。后来司法实践慢慢扩大保护隐私权。2009 年《侵权责任法》规定了隐私权。不过，没有怎么考虑后来的个人信息保护。2012 年出台《全国人民代表大会常务委员会关于加强网络信息保护的决定》，此时才正式提出保护个人

---

* 载《中国改革》2020 年第 12 期。

信息。2020 年《民法典》出台，明确在民法层面确认个人信息保护，同时启动制定一部专门的综合性的个人信息保护法。

（二）关于个人信息保护讨论比较多的是如何平衡与数字经济的关系

从发展趋势来看，早期个人信息保护特点是关注个人信息对个人的影响，现在个人信息保护的特点是看重双向影响，即在个人利益和不断发展的数字经济合理需求之间，寻求一种双重维护。既要保护个人信息，又要促进数字经济，不能够因噎废食，但是绝对不是简单平衡。现在也有一种新的观点提出来，个人信息保护不仅是与数字经济利益的重合问题，同时还有数字社会利益的重合问题。个人信息的社会价值，也应该是个人信息保护立法的重要关切，不能仅是经济的单维度。

发展大数据经济与个人信息保护形成巨大张力。个人信息保护严格了，促进数字经济就可能面临多一些的障碍。但是，无论如何保护个人信息的底线必须建立起来。在个人信息保护基础上，为了促进数字经济，还有一些别的制度，但都应当与个人信息保护同向而行，不能削弱个人信息保护。

（三）数字经济迅速发展，与之相关的个人信息保护问题越来越突出

中国数字经济占 GDP 比重达到 36.2%，比重很高。中国数字经济和行业融合情况，根据 2018 年的评估，排在前列的金融、电信等皆具有很大的公共性。[1]

2020 年 3 月，中共中央国务院出台《关于构建更加完善的要素市场化配置体制机制的意见》，其中将数据列为第五资源，与土地、劳动力、资本、技术并列。中国政府对数字经济发展的战略和政策支持也非常多。

现在，数字经济 2.0 开始聚焦新的场景，向零售、教育、医疗、文化等深度渗透。这意味着个人信息保护的领域和场景更加丰富。如果不能很好地解决个人信息保护，可能就会在获得经济效率的同时，失去我们自身的价值。

数字经济发展可能侵害个人信息，数字社会和政府发展也同样如此，为了社会和公共管理的便利和效率最大化，人脸识别等问题凸显，甚至可能给个人带来不可挽回的损害。

---

[1] 经济日报：《最新报告：2019 年我国数字经济占 GDP 比重达到 36.2%》，载中国经济网，http://www.ce.cn/culture/gd/202007/03/t20200703_35249304.shtml，2022 年 5 月 4 日访问。

二、怎么保护个人信息

1.《民法典》之前的保护情况

2012 年《全国人民代表大会常务委员会关于加强网络信息保护的决定》明确提出任何组织和个人不得窃取或者以其他非法方式获取公民个人电子信息，不得出售或者非法向他人提供公民个人电子信息。当然，仅依靠类似禁止性规定肯定是不够的，不能只是侧重从消极角度推进。有必要从积极行为规范角度，对于机构和企业如何收集信息的行为本身等作出细致规定。

2013 年，工信部出台《信息安全技术公共及商用服务信息系统个人信息保护指南》，这是第一个指南。该指南对一般信息和敏感信息做了区分。很多企业当时就提出来，数字经济刚刚发展，需要更多的宽容。这部指南重点关注对敏感信息的保护，对一般信息保护比较宽容。

2016 年出台、2017 年生效的《网络安全法》，以保障用户信息安全为重点予以个人信息保护，设定网络运营者若干信息安全保障义务，用户享有特别保障权利，禁止窃取等非法信息活动以及对接触用户信息的管理机构设置特别保障义务。而后，最高法出台配套司法解释，从刑事层面明确了公民个人信息范围，非法提供公民个人信息，非法获取公民个人信息的认定标准等。

2017 年的《民法总则》，规定了个人信息保护的基本规则，并明确个人信息保护和数据保护是两个不同的问题，它们之间有一个复杂的关系。第 111 条规定，自然人的个人信息受法律保护。任何组织和个人需要获取他人个人信息的，应当依法取得并确保信息安全，不得非法收集、使用、加工、传输他人个人信息，不得非法买卖、提供或者公开他人个人信息。第 127 条规定，法律对数据、网络虚拟财产的保护有规定的，依照其规定。也就是说，并置而立，这是一个重要的变化，着眼点在于既有利于个人信息保护，同时又有利于数字经济。

2.《民法典》之后的保护情况

2020 年《民法典》出台，把《民法总则》合拢为总则编，同时专门在第四编人格权编第六章规定隐私权和个人信息保护。过去从来没有在法律上正式确定个人信息保护私法制度，这也是第一次。第六章区分隐私权和个人信息保护。关于个人信息保护一共是 6 个条文，隐私权有 2 个条文。

《民法典》明确了个人信息保护，并纳入人格权的制度范围，但没有简单使用个人信息权的概念，而是使用了个人信息保护的概念。立法时有学者提出“个人信息权”，不过，不少学者建议还是不要使用个人信息权，使用个人信息权概念容易将其限定在过于狭窄的范围，个人信息保护还是需要更大的保护机制。

《民法典》对个人信息保护采取的是广义机制，不是简单的权利化结构的狭小保护机制，重点还设定了信息处理者的基本的行为规则。因此，包括自然人对于个人信息的权利、个人信息处理者的义务以及作为重点的处理行为规范。同时，对国家机关工作人员规定了特殊义务。但是即使如此，仍然需要在《民法典》基础上，再单独制定一部个人信息保护，形成更加综合的保护体系。

三、如何看待《个人信息保护法（草案)》

《个人信息保护法》于2021年出台。希望这部法律能够兼容并蓄，同时能够反映中国现实需要。数据不仅存在个人信息保护问题，也有社会利益、公共安全的问题，一些数据的泄露还可能导致国家安全问题。

1.《个人信息保护法（草案)》的基本结构

一共包含8章，除了附则，重点是前7章。第一章是总则。第二章是个人信息处理规则，也就是数据处理者的行为规范，又分三节，包括一般规定、敏感个人信息的处理规则、国家机关处理个人信息的特别规定，体系是很全面的。第三章是个人信息跨境提供的规则，第四章是个人在个人信息处理活动中的权利，第五章是个人信息处理者的义务，主要是禁止义务，禁止行为规范。第六章是履行个人信息保护职责的部门，也就是谁来管，怎么管。这里面有平衡必要，如果职权过大，管得过多，企业也可能无法承受。一方面，需要赋权机构解决个人信息保护问题；另一方面也需要约束，避免权力过大，特别在地方具体执行上，要细化程序，防范陷入恶性循环。第七章是法律责任。所以，总体看是行为规范、权利规范、义务规范、管理规范和责任规范，五类规范一体化，共同构成一个治理体系，所以，这也意味着个人信息从简单保护到治理保护的转变。

2.《个人信息保护法（草案)》值得关注的重点内容

其一，明确了本法适用的范围和立法原则。《个人信息保护法（草案)》（以下简称《草案》）规定，在中华人民共和国境外处理中华人民共和国境内自然人个人信息的活动，有下列情形之一的，也适用本法：以向境内自然人提供产品或者服务为目的；为分析、评估境内自然人的行为；法律、行政法规规定的其他情形。

其二，抽象界定个人信息。是指以电子或者其他方式记录的与已识别或者可识别的自然人有关的各种信息，不包括匿名化处理后的信息。可识别的表述，意味着可以很广。

其三，对个人信息的处理规则，进一步做了细化。在“一般规定”部分，一是建立了个人信息处理及追究的原则，贯彻到每个环节。二是确立以告知同意为核心，个人信息的知情同意权行使非常重要。三是根据个人信息处理的不同环节不同种类来处理。第二节明确了对敏感个人信息的处理规则。第三节是国家机关处理个人信息的特别规定。

《草案》第13条确定了取得个人同意的基本处理原则，不过有例外。没有取得个人同意的，仅在以下情形也可处理个人信息：为订立或者履行个人作为一方当事人的合同所必需；为履行法定职责或者法定义务所必需；为应对突发公共卫生事件，或者紧急情况下为保护自然人的生命健康和财产安全所必需；为公共利益实施新闻报道、舆论监督等行为在合理的范围内处理个人信息。

《草案》还明确，个人信息处理者在处理个人信息前，应当以显著方式、清晰易懂的语言向个人告知相关事项。

《草案》第27条规定了人脸识别。在公共场所安装图像采集、个人身份识别设备，应当为维护公共安全所必需，遵守国家有关规定，并设置显著的提示标识。同时还明确，所收集的个人图像、个人身份特征信息只能用于维护公共安全的目的，不得公开或者向他人提供；取得个人单独同意或者法律、行政法规另有规定的除外。这一条也有人认为保护不够。比如，维护公共安全所必需，什么叫公共安全，怎么区分必需和非必需，并没有清晰的界定。对于人脸识别这种生物信息，公共场所中到底应该如何采集，也有争论。

其四，关于个人信息跨境提供的规则，也是世界各国普遍关注的焦点。包括个人信息跨境的条件要求，怎么管理等。

其五，规定履行个人信息保护职责的部门。《草案》第56条规定，国家网信部门负责统筹协调个人信息保护工作和相关监督管理工作。国务院有关部门依照本法和有关法律、行政法规的规定，在各自职责范围内负责个人信息保护和监督管理工作。

《草案》第59条还规定了管理部门可以采取的措施，包括询问有关当事人，调查与个人信息处理活动有关的情况；查阅、复制当事人与个人信息处理活动有关的合同、记录、账簿以及其他有关资料；实施现场检查，对涉嫌违法个人信息处理活动进行调查；检查与个人信息处理活动有关的设备、物品；对有证据证明是违法个人信息处理活动的设备、物品，可以查封或者扣押；等等。

可见，在赋予管理部门相关职责的同时，怎么约束好权力行使也不能忽视。

其六，确立了严厉的特殊法律责任。《草案》第62条规定，违反本法规定处理个人信息，或者处理个人信息未按照规定采取必要的安全保护措施的，情节严重的，由履行个人信息保护职责的部门责令改正，没收违法所得，并处五千万元以下或者上一年度营业额百分之五以下罚款。与我国之前相比幅度提升明显。

四、未来发展方向何在

首先，必须坚持个人信息保护是数字经济的底线。在数字经济时代，个人信息保护具有作为基本保障的必要性，属于基本底线。越过了这个底线，数字经济得不偿失，获得再大的经济效益都没有意义。

其次，应当关注个人信息保护面向新信息技术发展的特点。其一，应与信息科技发展同步，将其内置于信息技术发展及其应用之中。要进一步适应信息科技新的发展和应用，要注重与信息科技的技术特点的结合，从而作出更加合理的规范供给。其二，应与信息科技应用场景结合，注意立法细分。个人信息保护既有一般层面的特点，还有特殊的层面。比如说，就人工智能、自动驾驶等，应当提前布局个人信息保护。

再次，应当让个人信息保护适应数字经济的规律，确保与数字经济正向互动，发挥双重保障效应。个人信息保护是底线，但底线是双重保障，不能只保护个人需求，不考虑开展数字经济的要求。所以，在个人信息保护底线的基础上，也应及时做好促进和保障数字经济的立法。其中包括数字经济的基础产权、安全风险和责任保障等制度。现在不少地方，包括浙江、广东、深圳等在内，都在积极制定数字经济促进条例。相关立法事权值得讨论。国家层面没有相关立法，地方是否可以先行，主要涉及数据产权和交易等规范问题。

最后，还要超越片面的数字经济观，兼顾注重数字经济的社会功能，同时维护数字安全和伦理。个人信息保护涉及相关利益极为复杂。如大数据企业可能涉嫌数据垄断和不正当竞争问题。目前国家市场监督管理总局开始重视这一问题。所以个人信息保护立法，应当注意运用综合平衡思维，关注不同利益，从个人信息保护到数据财产利益、竞争利益、消费者保护利益、国家和公共安全利益等，要理顺关系。

电话号码标注的民法正当性问题*

网络安全软件号码标注民事法律问题，是一个集技术、经济、社会复杂关系于一体的崭新法律课题。

一、电话号码标注的业务性质问题

开发和应用安全软件电话号码标注这种功能软件，其自身的业务性质是研究本案第一个出发点。电话号码标注属于一种功能软件，旨在发挥一种认为有助于用户维护自身正当利益需要的功能。讨论它的正当性及其范围，应当首先明确其业务性质。

第一种可能的业务定性，与公法有关。如果开发和应用安全软件或者某种功能，其本身是为了落实一项公法上的义务或者其他类似的强制性义务。这种情况，有的是管理主体自己开发和应用，有的可能是基于授权而开发和应用，意义差不多。比如，网络安全管理单位的依法开发和应用，或者某个单位获得网络安全管理部门的依法授权而为开放和应用。在这种情况下，开发出某种功能软件，在定性上就具有与公法特定规定关联的复杂性。这样的软件开发和应用的性质和正当性范围，应与公法、管理法联系起来，落在与公法、管理法相关联的规定范围内。比如，国家网络应急管理中心开发和应用一种针对重大网络安全攻击旨在保护网络重大安全的重要软件，这种开发和应用就要和公法特定管理职责和义务关联起来，落在网络安全法和相关管理法的范围内，应当就公法的义务范围来讨论其正当性与否、范围界限。

第二种可能的业务定性，与公法无关，属于一种自主业务。进入民商法的评价

---

* 载《审计观察》2017 年第 2 期。系作者 2017 年 6 月 7 日在最高人民法院中国应用法学研究所、人民日报《民生周刊》杂志社、北京市西城区人民法院、北京市高级人民法院《法庭内外》杂志社联合举办的“互联网安全软件号码标注民事法律问题研讨会”上的发言。

范畴。在这种情况下，有关安全软件不能和任何的公法义务联系起来，或者也不能和特定授权联系起来，所以只能归入纯粹的自主业务范畴，视为民事活动范畴。如果同时带有商业经营的性质，也应归入商业经营的范畴。例如，开发和应用者就软件进行了商业性的销售和服务等。在这种情况下，要从民商法角度来分析和判断其正当性。

还有第三种情况，其本身是一种自主的业务范畴，但是结果上有利于帮助公法义务或某些强制性义务的实现，或者有利于帮助某些特定公共利益、社会利益的实现，如有助于保护网络安全利益、消费者利益、公平竞争利益或者产品安全利益等。这种情况下导致正当性考量、评价的复杂性，首先当然要以自主业务为主来定性，即立足民商法，但同时也要兼顾到它所实现的其他利益，来进行相应利益衡量评价。

现在的情况是，号码标注的开发和应用更像第三种情况。一方面，它更像是安全软件商的自主业务，且是为了自身商业利益而开发利用的。从这个角度讲，要把它当作自主业务或商业活动来看待，适用民商法的规范。另一方面，在相关案件里面，它不仅与特定社会公共利益例如消费者利益、网络安全利益等实现关联，而且从用户角度来说有助于其控制和自决，为其识别或者决定是否接收电话带来了极大便利，所以存在复杂性。

下面以电话号码标注作为第三种业务性质，在民法上来判断其正当性问题。

二、电话号码标注在民法上的正当性问题

（一）基于民法体系角度的整体分析

电话号码标注作为自主业务和商业活动，其民法正当性评价，应当区分正反两个方面。

首先，正面来讲，即对于开发或应用主体来讲，应当适用民法上重要的两个原理，一个原理是“法不禁止即自由”，如果它是商业活动，则还有一个原理就是“经营自由”。按照这两个原理，可以形成对开发和应用的一种有利推定，即推定其具有形式上的正当性。电话号码标注的开发和应用具有推定的正当性，因为有法不禁止即自由和商业经营自由这两个原理存在。

其次，反面来讲，这种推定的正当性，是可以被挑战的，在民法上，对于他人来讲，可以通过特定的违法或者侵权进行挑战，否定其正当性。正当性推定的否定，在民法整体体系分析上讲属于一个特殊问题。从民法上来说，电话号码标注从体系来讲，应先推定其具有正当性，但是这种正当性推定可以通过特定违法或者侵权的事实来推翻。如果挑战成功，可以获得排除非法的救济，在构成侵权的

情况下，还可以获得侵权救济。在正当性被质疑的情况下，存在谁主张谁举证的问题。

此外，这种关于正当性否定的论证，由于民法体系，从《民法通则》到《民法总则》采取了原则加规则的构造，比较具有弹性。必要时，要结合不同层级的原则，比如禁止违反法律规定和公序良俗、权利义务一致、权利义务不得滥用等，来加以分析。

（二）基于侵权责任法的具体分析

目前，有关案件都是从侵权的角度对电话号码标注的正当性进行挑战。所以，有必要直接从侵权角度来分析这些挑战是否可以成立。这些案件多是从隐私、名誉侵权的角度予以挑战，将来还有会从个人信息侵权角度的去挑战（《民法总则》已经在第 111 条确认保护个人信息），也可能会从产品责任的角度去挑战。

对于这些案件，更多的是指向一般侵权构成问题，主要从一般的侵权规定出发，但也涉及帮助侵权、网络服务经营的特殊责任等问题。相关法律规定，包括《侵权责任法》第 2 条、第 3 条、第 6 条、第 9 条、第 36 条等。其中，第 2 条、第 3 条、第 6 条组合成关于一般侵权构成要件的规定。第 6 条最重要，“行为人因过错侵害他人民事权益，应当承担侵权责任”。这里面，包括过错、不法、损害、因果关系四个要件。被告要证明这个案件是一般侵权，要证成不法、过错、损害、因果关系。其中，关于“不法”的理解，结合第 2 条看，侵犯那些列举权益和法益（非穷尽列举）的情况即为典型不法。实践中，这类案件还可能涉及《侵权责任法》第 9 条关于教唆、帮助侵权的规定的适用。电话号码标注有三种情况，其中一种是给用户标注，即开发应用者交给第三人去任意标注，在出现用户错误甚至恶意标注时，开发应用者可能构成第 9 条的帮助别人侵权。另外，如果开发应用是通过网络服务的方式来实现的，目前这些案件通常都是这种情况，那么电话号码标注还会涉及相关平台是否应适用第 36 条关于网络服务提供者的特殊责任规则问题。

要特别强调的是，作为侵权构成的“不法”的分析特别复杂。德国法上有三种类型化的处理方式，即使这样，在实践中还是出现了非常复杂的不法认定情况。我国的规定比较概括和简单，这就导致实践更加具有复杂性。首先，应注意不是行为指向权利就是不法，而是还要考虑这个行为是怎么指向这个权利的。电话号码主人固然对其私人电话号码及相关信息，享有个人信息权甚至隐私权，但是标注或者提供给他人标注的行为本身不能因为简单指向这些权利就是不法，还需要更加详尽考察有关不法认定的因素，特别是要注意存在许多排除不法构成的情况。例如，假如这种标注本身只是给具体接收用户一种来电信息的合理提示（对于关于来电号码以及户主姓名、通常类别的提示），这种提示可以吸收到用户具有对自己接收来电的控制、选择的自决权（通信自由）合理范围里面，这种情况就不能认为具有不法。

此外，有关案件中，有些原告指向的是软件开发者对电话相关信息收集本身或者提供任意标注本身，这些也具有具体的复杂性，需要具体结合规范目的来斟酌。其次，像许多案件的情况，当电话号码标注同时涉及有助于网络安全、消费者权益等特定社会公共利益的时候，或者涉及有益于用户正当权益的时候，就会产生更加复杂的利益权衡问题，标注过当不过当，更需要做利益权衡。

三、电话号码标注作为技术开发和经营活动的特殊法律问题

网络安全软件包括电话号码标注在内，其开发和应用作为一种技术开发和经营，存在特殊法律问题。自工业革命以来，重视科技创新成为各国法律制度的一个特点。今天的法律和实践中，存在一种倡导技术创新的趋势，在这种情况下，既存在合理促进技术创新的特殊法律制度，也存在合理照顾和容忍科技创新的特殊法律规则，且一直在动态发展中。它们对于当前的技术创新案件的处理具有重要的指导作用。

首先，应认识存在科技创新促进的法律制度。为了鼓励技术创新，采取法律措施对于技术开发和应用予以扶持。有从财产权角度的扶持，如专利制度，通过授予专利促进科技创新；技术合同制度也属于财产扶持制度的一部分。也有从其他法律角度的扶持，例如，竞争法上的扶持（对于科技创新竞争本身的排除），消费者权益保护法上的扶持（技术秘密的说明义务保留）、产品责任法的扶持（技术瑕疵问题）等。

其次，在侵权法上，存在基于科技创新照顾的特殊规则。如技术中立规则。早在知识产权侵权领域，1984 年美国索尼案就建立了“实质性非侵权用途”规则，就是技术创新照顾制度在知识产权侵权方面的体现。按照该规则，对于他人利用技术进行侵权，只要技术开发本身不违背实质非侵权用途，技术开发者或提供者原则上不构成帮助侵权。

当今互联网发展背景下，侵权责任领域出现了不少基于技术创新照顾的应用案例。

下面举个案例，看看比较法上有关案例确立了一些什么样的边界。

德国汉堡地方法院 2015 年的一个有选择阻止广告案，也称“广告白名单案”。AP 是一种浏览器插件，允许用户阻止一些广告。E 公司 2011 年推出了“可接收广告”的计划，不再屏蔽一些广告，而是开始有选择性地放行一部分，但允许用户自主屏蔽。企业可以通过付费把自己的广告放到这款浏览器插件的白名单中。德国的《时代周刊》还有《商报》被屏蔽掉了，因为他们没有花钱，于是告到法院，要求 E 公司禁止销售这款浏览器插件，声称这款软件干扰了他们基于广告的在线业务模式。地方法院驳回了两大报纸的上诉，理由就是这种软件设置本身并不构成不法，

一个重要的依据是这种行为落入了用户自身对于广告的选择权。

从上述比较法案例可以看到，在涉及互联网领域的侵权案件中，鼓励和照顾科技创新始终是一个重要考虑。由此启发，在具体认定软件开发或经营是否构成侵权的时候，应特别注重利益衡量因素，以此来斟酌不法构成。如果软件开发或者应用可以落在特定的公共利益合理范围，或者契合用户的正当利益（如通信控制权）的合理范围，则应当认定可以构成排除非法构成的理由；在存在互联网服务平台的情形，是否构成帮助侵权，同样情况还可援引特别法上的避风港规则加以豁免。

《个人信息保护法》具有深远的国际意义*

《个人信息保护法》已于2021年11月1日起正式施行。这部法律一共有74个条文，既是从维护个人在数字化时代的人格尊严和公平实践的角度制定的，也充分考虑了数字经济发展的合理需求和趋势，旨在确立和保护自然人对于个人信息的尊严、安全和公平使用的合理要求。它对自然人关于个人信息的权利、个人信息处理者对于个人信息的义务、相关部门对于个人信息的保护职责、个人信息处理具体要求、个人信息跨境、法律责任等作出了明确和可操作的规定。可以认为，该法为中国个人信息保护完成了顺应时代的系统设计，也为世界提供了一个充满借鉴价值的中国方案。

个人信息保护法的通过和施行向世界展示了中国对于个人信息保护极其严肃的法律立场：将用严法迎接一个充分尊重个人信息并正当对待“数字人格”的新时代，并期待在此基础上与其他国家或地区开展人文的、公正的个人信息保护合作，合理而正义地推进国际数字合作与流通，实现相互之间数字经济的最佳连接，共同分享数字经济的发展利益。

个人信息保护法对于涉外数字活动、涉外个人信息保护问题作出了明确规范，作为中国和其他国家或地区之间个人信息保护合作的准则，具有深远的国际意义。

首先，第一章“总则”第3条对本法适用作出了规定，涉及境外活动的法律适用。该条第2款规定了三种类型的境外个人信息处理活动，应当适用本法。第3条规定：“在中华人民共和国境内处理自然人个人信息的活动，适用本法。在中华人民共和国境外处理中华人民共和国境内自然人个人信息的活动，有下列情形之一的，也适用本法：（一）以向境内自然人提供产品或者服务为目的；（二）分析、评估境内自然人的行为；（三）法律、行政法规规定的其他情形。”第53条还延伸补充规定：“本法第三条第二款规定的中华人民共和国境外的个人信息处理者，应当在中华人民共和国境内设立专门机构或者指定代表，负责处理个人信息保护相关

---

* 载《经济参考报》2021年8月23日。

事务，并将有关机构的名称或者代表的姓名、联系方式等报送履行个人信息保护职责的部门。”

其次，第三章“个人信息跨境提供的规则”系统规定了对于中国的个人信息出境的专门管理要求。特别是第 38 条规定非常重要，明确了个人信息跨境必须确需并具备明确的安全保障，包括安全评估、专业认证和标准合同等基本要求；同时规定可以执行国际条约和协定，但应当保障境外接收方达标。第 39 条规定了应履行告知和取得个人单独同意。

此外，其他有关条文分别规定了关键信息基础设施运营者应当在境内存储个人信息及对境外提供个人信息应进行安全评估，对外国司法或执法机构的提供请求应当依据国内国际法律或平等互惠原则处理并经由主管机关批准，对境外加害者应列入黑名单，对歧视我国的国家或地区采取对等措施的规则等特殊规则。这些将是今后中国和不同国家与地区之间个人信息跨境保护合作的重要基础。

接下来，相信涉及个人信息跨境业务的相关国际化企业、机构和平台会就中国《个人信息保护法》的理念、内容、保护措施，特别是跨境规则作出必要研究，在此基础上探讨自身合规机制和正当行动规程，减少法律实施对于运营和管理的风险。总之，应该在触及个人信息的活动中，自觉追求维护个人信息法益和实现自身数字利益之间的最佳平衡。

《个人信息保护法》精准施治 App 过度索取个人信息的三重体系*

随着《个人信息保护法》的出台，我国迎来了个人信息保护新时代。相比世界许多国家，我国《个人信息保护法》是一部晚来的立法，但是晚来有晚来的好处，就是可以后来居上、更加成熟。一个重要体现，就是其对于数字化网络信息活动的基本规律，把握可谓更加深刻而精准，特别是对业界对于个人信息的合理需求和正当处理的方式，具有比较清晰而妥当的理解，同时也对个人信息的各种公开、隐蔽乃至加害、危害，有着更加完整而清醒的认识，进而能够在精准施策治理上切中要害，一针见血。

其中一个例子，就是《个人信息保护法》对于 App（智能手机第三方应用程序）戕害个人信息乱象的治理施策。近年来，随着智能手机的普及和移动数字化，App 应用越来越活跃，极大方便了以提供必要个人信息为条件的数字化产品和服务的开发和运营，进而带来了数字经济和社会的更加繁荣，但是滥用 App 对于个人信息作出加害或危害的情况也不胜枚举，出现了许多强制或者过度收集、处理个人信息的现象。例如，使用打车 App 必须绑定社交账号，下载导航 App 需要获取通信录，安装视频需要对话记录授权等，否则，相关产品或者服务的提供就会出现障碍，甚至拒绝。这些实际上就是强制索取或者过度索取个人信息，不仅使得个人丧失了对于个人信息的决定权，也容易导致基于个人信息的不公平实践，而且还可能给个人人身、财产权利带来危害。

显然，这些 App 滥用是明显违法的个人信息处理活动，遗憾的是，过去立法并没有明确作出定性规定。在此情况下，受害个人自己寻求救助，在数字业者赢者通吃的时代，明显乏力；相关管理部门多年来虽然不时采取行动，但苦于没有明确的

---

* 本文系作者接受访谈后的文字整理，感谢人民法治网黄玉琦记者的访谈。部分内容见《数字化时代，如何为个人信息加上一道安全锁?》，载人民法治网，http：//www. rmfz. org. cn/contents/4/516286. html，2021年8月24日访问。

关于 App 滥用的违法定性和行动授权，收效有限。这就使得 App 滥用难免持续泛滥，甚至在一些习惯恶性竞争的环境中进一步恶化，滋生了很多恶果。

《个人信息保护法》很好地直面回应社会呼声，对于 App 涉及的个人信息保护问题给予了特别关注，充分认识到对 App 的合理化规范治理之于个人信息保护的实际意义，为此，在深入研究的基础上形成了一套绵密而合乎实际的法律解决方案。总体上，体现为“设定个人信息处理者的行为规则 + 赋予保护部门的管理职责 + 确立相关特殊法律责任”的三重治理体系。

一是明确设定个人信息处理者的相关行为规则，体现为明确个人信息处理者进行处理行为时的特殊义务。第 16 条规定，“个人信息处理者不得以个人不同意处理其个人信息或者撤回同意为由，拒绝提供产品或者服务；处理个人信息属于提供产品或者服务所必需的除外”。这就对包括利用 App 在内的处理个人信息活动，明确提出了非基于提供产品或服务本身的必要，不得强制个人交出多余的个人信息的基本要求。这也是个人信息处理者的一项基本义务。这一规定显然为评价包括利用 App 在内的各种形式的强制收集或非必要的过度收集提供了明确法律依据，即这些处理活动无论是强制还是过度的情形，都明显具有违法性，属于违反禁止规范的行为。

二是明确赋予履行个人信息保护职责部门以相应职权。第六章从管理赋权角度出发，明确赋予相关保护部门一项组织测试应用程序的特殊职权，以便发现和治理通过 App 强制或过度收集个人信息的情形。第 61 条规定了履行个人信息保护职责的部门的一般职责，共五项。《个人信息保护法（草案）》回应社会呼声，对保护部门在开展宣传教育、指导监督，接受处理投诉举报，调查处理违法活动等基本职责之外，增设了一项“组织对应用程序等个人信息保护情况进行测试，并公布测评结果”的职责。这是一项极具现实性的管理职责，对愈演愈烈的 App 强制收集或过度收集现象，提供了通过引入测评管理加以治理的一种积极方案。过去几年，网信办、工信部、公安部、市场监管总局等在内的有关部门多次组织对 App 侵害用户权益的专项行动，对于保护个人信息具有明显效果，但总是感觉力度不够、底气不足。现在，有了这项明确的管理授权，相信今后管理执法可以依据此项权力做到更加科学、有效的积极监管。做好了组织测评，不担心滥权，没有做好，则可能构成不作为。

三是明确对构成违法的强制或过度收集个人信息的处理行为作出了特殊法律责任规定。这使得对包括 App 滥用行为在内的相关处理行为的治理有了实在的法律责任保障。有关的行为要求和管理职责不是一种简单的法律上的期望或职责，而是受到特殊法律责任保障的硬性要求和职责。第七章“法律责任”的规定都可以适用于利用 App 强制或过度处理个人信息的违法活动。

第 66 条规定可以全面加以适用。该条对个人信息处理行为违法规定了相当重的处罚责任，是体现国际发展趋势的一种新型法律责任。该条规定，违反本法规定处理个人信息，或者处理个人信息未按照规定采取必要安全措施的，产生特殊行政责任。区分一般情况和严重情况。首先，一般情况由履行保护责任部门责令改正，给予警告，没收违法所得，《个人信息保护法》针对性地增加了“对违法处理个人信息的应用程序，责令暂停或者提供服务”的处罚；拒不改正的，并处一百万元以下罚款；对直接负责的主管人员和其他直接责任人员处一万元以上十万元以下罚款。其次，严重情况由省级以上履行保护职责的部门责令改正、没收违法所得，并处五千万元以下或上一年度营业额百分之五以下罚款，并可以责令暂停相关业务或者停业整顿、通报有关主管部门吊销相关业务许可或者吊销营业执照；对直接负责的主管人员和其他直接责任人员处十万元以上一百万元以下罚款，并可以决定禁止在一定期限内担任相关企业的董事、监事、高级管理人员和个人信息保护负责人。可以看出，这一法律责任规定有三个值得注意的新特点，一是出现许多新的行政处罚形式，二是罚款数额之高前所未有，三是对违法信息处理中有关负责的个人也施加了相应责任。

此外，第 67 条关于建立违法信用档案记录的规定，第 68 条关于国家机关不履行本法规定的个人信息保护义务的特殊行政责任规定，第 69 条关于个人信息处理者对个人信息加害承担侵权责任的特殊归责和损害赔偿责任确定的规定，第 70 条关于与治安管理责任和刑事责任衔接的规定等，也都从不同角度对该问题具有可适用性。

第二部分

数据与虚拟财产保护立法及其理论问题

数据新型财产权构建及其体系研究*

一、问题的提出：大数据时代数据资产化背景下的法律变革问题

“大数据”（Big Data）概念，最先出现在经历信息爆炸的天文学和基因学领域，2009年开始成为互联网信息技术行业的流行词汇，用来描述和定义信息爆炸时代产生的海量数据并命名与之相关的技术发展与创新。[1]2012年是大数据时代标志到来的重要年份，随着互联网公司及其技术高度发达，特别是移动互联网、云计算技术等出现，巨量级的网络社区、电子购物、物流网等得到前所未有的开发，数据收集系统不断普及，产品服务智能化不断升级，网络信息开始出现海量集聚，真正的大数据时代由此而生。大数据成为“人们获得新的认知、创造新的价值的源泉；大数据还是改变市场、组织机构，以及政府与公民关系的方法”。[2]

大数据时代出现之后，数据经济突飞猛进。从业者通过新的数据技术，可以收集大量有价值的数据，产生利用这些数据的强烈的利益驱动力，大数据被演化成为创造巨大价值的新型资源和方法，数据不断发展为新型资产，同时也越来越被市场赋予巨大的商业价值。在这种情况下，数据的应用效应激增，数据的商业价值得到激发，大数据概念和数据经济活动进入兴盛时期。BM的研究称，整个人类文明所获得的全部数据中，有90%是过去两年内产生的，而到了2020年，全世界所产生

---

* 载《政法论坛》2017年第4期。

〔1〕 2008年9月4日《自然》推出的名为“大数据”的专刊。转引自［英］维克托·迈尔－舍恩伯格、肯尼思·库克耶：《大数据时代：生活、工作与思维的大变革》，盛杨燕、周涛译，浙江人民出版社2013年版，第8页。

〔2〕《纽约时报》2012年2月12日一篇专栏称：“大数据”时代已经降临，到2012年为止，人类生产的所有印刷材料的数据量是200PB，全人类历史上说过的所有话的数据量大约是5EB。Steve Lohr，The Age of-Big Data，http：//www. nytimes. com/2012/02/12/sunday－review/big－datas－impact－in－the－world. html? _ r＝1&pagewanted＝all，2015年8月18日访问。

的数据规模将达到今天的44倍。[1]大数据信息成为新经济的智能引擎，各行各业包括零售、医疗卫生、保险、交通、金融服务等，都在完成所谓的数据经济化，它们通过各类数据平台开发智能，使得生产、经营和管理越来越高度智能化，给新经济带来极大的成本降低和效率提升。[2]硅谷战略领袖杰弗里·莫尔甚至认为，今天资产信息比资产本身更值钱，他说"在这个世界中，信息为王。你拥有的信息越多，你的分析能力越好，速度越快，你的投资回报将会更高"。即使如此，数据经济的威力也只是刚刚发挥，可谓十不及一，其巨大潜力尚不可限量。[3]

大数据带来的数据经济发展和数据资产化加速的趋势，提出如何顺应这种时代变革而及时进行法律制度变革的崭新课题。数据经济本身呈现了一种复杂的利益关系，一方面是用户对于其个人信息的保护需要，另一方面则是经营者对于个人信息数据化利用的需要，即需要通过对个人信息收集和加工来形成某种数据资产。所以，如何从法律上设计或处理好用户和经营者之间的这种利益关系，就成为当前数据经济及数据资产化能否得到有效而合理开展的基本前提。遗憾的是，我国立法迄今为止并没有对此提供一种清晰而合理的解决方案。

在《民法总则》之前，2012年《全国人民代表大会常务委员会关于加强网络信息保护的决定》（以下简称《决定》）是该领域的一项重要立法文件。该决定实际将个人信息视为用户的一种绝对利益，并以此简单立场来处理用户和网络经营者之间关于个人信息保护及其利用发生的利益关系。《决定》第1条规定："国家保护能够识别公民个人身份和涉及公民个人隐私的电子信息。任何组织和个人不得窃取或者以其他非法方式获取公民个人电子信息，不得出售或者非法向他人提供公民个人电子信息。"从中可以看出，其赋予了用户对自己的个人信息以一种类似具体人格权的地位，其中最重要的是具有排除他人非法获取、非法提供的权能。

但是，这一简单的规定并不能适应复杂的现实调整的需要，特别是在大数据现象以及数据经济旋即得到前所未有的爆发之后，其局限性愈加明显。这一决定的规定没有明确用户是否可以对个人信息享有积极自决权能，即允许他人利用。但网络经营者在实践中为了使得网络服务成为可能，并取得对用户个人信息的收集、加工和商业化利用，通过设置用户协议的方式，引导用户建立一种有关个人信息的授权关系。这种方式很快得到实践的广泛认同。有关政策规章文件也陆续出台，在贯彻

[1] 科技日报：《大数据：抓住机遇保存价值》，载中国大数据网，http：//www.thebigdata.cn/YeJieDongTai/11104.html，2015年8月18日访问。

[2] ［法］伯纳德·利奥托德、［美］马克·哈蒙德：《大数据与商业模式变革：从信息到知识，再到利润》，郑晓舟、胡睿、胡云超译，电子工业出版社2015年版，第7页。

[3] IBM研究人员的结论认为，目前只有7%的数据被企业在做战略决策之时主动采用，企业掌握的大量数据还没有被利用和发掘。参见［法］伯纳德·利奥托德、［美］马克·哈蒙德：《大数据与商业模式变革：从信息到知识，再到利润》，郑晓舟、胡睿、胡云超译，电子工业出版社2015年版，第6页。

保护用户个人信息的基本立场上，允许其利用自决，并对商业化利用之下保护的强度进行一定程度的软化和变通。例如，国家质量监督检验检疫总局、国家标准化管理委员会在2012年11月5日批准发布的《信息安全技术公共及商用服务信息系统个人信息保护指南》（GB/Z 28828－2012）第5.2.3条规定，“处理个人信息前要征得个人信息主体的同意，包括默许同意或明示同意”。我国现行有关部门的指导性意见中，较有代表性的还有2013年工信部出台的《电信和互联网用户个人信息保护规定》。

司法实践也不断尝试进行突破。第一次的重要突破，体现在2014年《关于审理利用信息网络侵害人身权益民事纠纷案件适用法律若干问题的规定》的司法解释。第12条规定，利用信息网络侵害个人隐私和个人信息，其是否构成侵权，应当看是否符合“利用网络公开个人隐私和个人信息的行为”和“造成损害”的特殊要求。如果“欠缺公开性”，即构成侵权的排除规定。〔1〕这一司法解释，在相当意义上重塑了用户个人信息保护关系，破除了个人信息人格权保护的绝对格局，赋予数据经济中的数据从业者一定的收集、加工和利用空间。第二次的重大突破，则是在2015年6月“某公司与朱某隐私权纠纷案”的终审判决，南京市中级人民法院认为，网络服务商或数据从业者对于用户浏览信息的自动抓取收集行为以及个性化推荐行为不构成隐私侵权，因此更加明确赋予了数据从业者在收集和利用用户个人信息方面具有相当的自由空间，引起广泛的关注度。该案终审判决，援引最高人民法院前述司法解释第12条等规定，以上诉人行为欠缺公开性，以及被告通过《使用某网站前必读》已经明确告知网络用户可以使用包括禁用Cookie、清除Cookie或者提供禁用按钮等方式阻止个性化推荐内容的展现等理由，认为网络服务商尊重了网络用户的选择权，因此不构成侵权；判决还在裁判依据上，直接引入《信息安全技术公共及商用服务信息系统个人信息保护指南》，允许将用户同意扩展为包括默示的规定，作为根据支持判决。〔2〕

上述企业实践、有关规章文件的变通规定以及司法的突破性实践，提出了一个疑问：在当前数据经济背景下，我国用户和网络经营者或数据从业者之间的法律关系，是否应该重塑，是否应该结合数据经济蓬勃发展的合理需求来放宽对于数据从业者的行为限制？〔3〕甚至是否可以走得更远，突破目前“用户个人信息人格权保护

---

〔1〕 美国法学家波斯纳有一种相似论说，他认为机器程序不会诽谤，不会“八卦”，不会关心用户个人的私生活事务，因此，也很难说用户的浏览记录被他人所知晓——“这些只是根据指令运作的逻辑机器而已”。Richard Posner, Our DomesticIntelligence Crisis, WashingtonPost, December 21, at A31（2005）.

〔2〕 2014宁民终字第5028号，载《法律适用》2017年第12期。

〔3〕 有关评论报道，请参见《财经》：《Cookie隐私第一案终审：法院判百度不侵权》，载新浪网，http://tech.sina.com.cn/i/2015－06－12/doc－ifxczyze9463119.shtml，2015年7月9日访问。

+用户协议”模式[1]，赋予数据从业者对于数据加工或者数据产品某种特殊的法律地位，进而重新平衡数据经济开展中的利益关系呢?[2]2016年12月出台的《网络安全法》限于立法特殊定位，第四章对用户个人信息从安全保障的特殊角度作出了一些基本规定，但对于个人信息的法律地位及相关利益关系本身却未涉及。2017年3月出台的《民法总则》，对于这个问题进行了一定的立法思考，但是最终鉴于该问题的复杂性和分歧较大，没有形成立法定论。一方面，立法一开始就意识到个人信息和数据资产的区分性；另一方面，却就如何确定二者的法律利益关系存在严重分歧。二审稿曾经有过将数据资产和网络虚拟财产纳入作为一种新型知识产权客体的思路，但旋即受到激烈反对而未果。最后，《民法总则》以第111条和第127条两条规定[3]，在区分规范个人信息与数据和网络虚拟财产的基础上，简单地做出了开窗式的立法授权规定，从而预留下继续研究的巨大空间。[4]

二、传统法律架构调整个人信息和数据利益关系的基本思路

传统法律架构下，关于个人信息和数据资产利益关系的处理，主要是从用户角度出发，将个人信息简单纳入隐私权或通过确立一种独立人格权来加以保护，然后在此基础上变通赋予自决功能等特殊效力，允许数据活动关系人通过用户协议（个人信息授权合同）方式建立数据收集、利用的债的关系，有时还辅助以某些管理规范。但是，这些方式无论是单独还是结合起来，其实都无法合理适应当前数据利益关系调整的复杂需求。

欧盟以及相关国家由于特殊立法体制，在对个人信息保护的制定法方面显得积极而有为，在法律理念方面，采取了确立个人信息人格权的较为严格的保护模式，

---

[1] 我国有关部门近期以来开始注意对于网络服务商进行一些特殊地位的确认，如2013年工信部出台的《电信和互联网用户个人信息保护规定》，便在保护用户个人信息的同时，也注意赋予网络服务商一定的积极行为空间。但是，这种规范性文件级别很低，权威性和系统性远远不足以满足现实数据经济对于制度创制的高位需求。

[2] 终审判决在表述中也提到要处理好严格遵循侵权构成要件和正确把握互联网技术，妥善处理民事权益保护和信息自由利用之间的关系。

[3] 《民法总则》第111条规定，“自然人的个人信息受法律保护”；第127条则规定，“法律对数据、网络虚拟财产的保护有规定的，依照其规定”。但是，就如何予以具体的法律保护，均未予明确，而留待单行法解决。

[4] 限于篇幅和简化必要，本文研究主要限于数据经济即数据商业化应用领域，并不涉及公共权力部门的数据运用和管理的规范问题，也不探讨一些特殊领域如广电事业领域的数据规范问题，同时也有意略过敏感信息和非敏感信息的区分规范问题。

明确用户个人信息具有人格权地位，以此对互联网从业者进行严格的行为规范。[1]

欧盟成立不久之后，考虑到欧盟国家个人数据流动的实际，较早便决定在一体化进程下统一个人数据保护立法。[2]1995 年 10 月 24 日，通过《关于在个人数据处理过程中保护当事人及此类数据自由流通的 95/46/EC 指令》（以下简称《隐私权指令》或者《个人数据保护指令》），旨在促进人权保护、统一欧洲数据保护，要求各国采取统一立法模式，建立独立的数据保护机构，对于个人信息数据进行充分保护。此后，欧洲议会及欧盟理事会在 1997 年 12 月 15 日又通过《有关电信行业中的个人数据处理和隐私权保护的 97/66/EC 指令》（以下简称《电信业隐私权指令》），适用特定的电信行业。两项指令的内容涵盖了在网络环境下有关消费者个人信息数据采集及处理的各个方面，并且为其保护规定了具体措施。2002 年 7 月 12 日，欧盟理事会和欧洲议会共同颁布了新的《关于在电子通信领域个人数据处理及保护隐私权的 2002/58/EC 指令》（以下简称《电子隐私权指令》），于 2004 年 4 月起在欧盟成员国生效施行，取代此前的《电信业隐私权指令》。[3]

上述立法或指令都是站在确立个人信息人格权并予以较为严格保护的立场来解决问题的。欧盟认为，面对网络时代个人数据保护的压力，应该从人权保护观念的角度来寻求解决之道，于是决定赋予个人信息以人格权地位，引入相当于隐私权的保护并提升到基本权利的高度，同时适用消费者特殊权益保护，以此规范和引导网络社会的发展。在这种情况下，企业关于个人信息的利益问题便被置于被相对漠视的地位。首先，按照隐私权的模式，确认个人数据权并加以绝对化保护，重点赋予了查阅权、拒绝权、获得救济权等具体权利，并要求各成员国将之提升到保护自然人基本人权和自由以及消费者特殊权利的高度。[4]其次，推导设立严格的数据行为规范，确立了对个人数据收集和控制活动的限制原则，明确信息收集或控制者的行

---

〔1〕 相关研究，参见刘敏敏：《欧盟〈个人数据保护指令〉的改革及启示》，西南政法大学 2011 年硕士学位论文。另参见齐爱民：《论个人信息保护基本策略的政府选择》，载《苏州大学学报（哲学社会科学版）》2007 年第 4 期；洪海林：《个人信息的民法保护研究》，法律出版社 2010 年版；周汉华：《个人信息保护前沿问题研究》，法律出版社 2010 年版。

〔2〕 Graham Pearce & Nicholas Platten, AchievingPersonal Data Protection in the European Union, Journal of common MarketStudies, Vol. 36, No. 4, 532 (1998).

〔3〕 相关信息，Bainbridge, D., Pearce, G., EC Data Protection Law, Computer Law and Security Report, Vol. 12, No. 3, 160 – 168 (1996); European Commission, Growth, competitiveness and employment—the Challenges and ways forward into the21st century, December 1993; High—levelGroup chaired by European Commissioner Martin Bangemann, Europe and theGlobal information society, 26 May 1994; 刘敏敏：《欧盟〈个人数据保护指令〉的改革及启示》，西南政法大学 2011 年硕士学位论文。

〔4〕 Graham Pearce & Nicholas Platten, Orchestrating Transatlantic ApproachestoPersonal Data Protection: A European Perspective, FordhamInternational Law Journal, Vol. 22. Issue 5, 2222 以下 (1998)。

为模式。[1]再次，建立专门保护监督机构，强化保护机制，重点监督数据收集和控制者的行为。最后，规范信息跨境流通，强化数据保护机构之间的合作机制。可见，欧盟采取了严格的人格权保护路径，尤其强调个人信息作为基本权利和自由的崇高定位，使得互联网企业活动空间十分有限。例如，欧洲为网络服务商创立了特别责任，平台在欧洲遭遇诉讼的风险极高，简单一条禁令就可以要求企业对现有体系进行重构，导致其无法有效运行，涉身其中的程序员则甚至可能因此入狱。[2]

当然，面对企业和网络服务者经营或利用个人信息日益增长的需要，欧盟也逐渐采取了一些变通姿态，包括：突破人格权不可让渡的原则，即将个人信息权由消极人格权向积极自决人格权方向加以改造；允许用户通过合同方式，约定或授权网络服务商收集、控制、使用甚至处分数据，使得数据从业者从事数据活动得到一定程度的容忍，特别是可以通过合同方式获得对个人信息收集、处理。[3]此外，1995年以来的指令，不再以强制性条款规范数据交易和使用市场。此前，1991 年的欧洲《计算机系统指令》第 9 条第 1 款规定，任何合同条款违背第 6 条或者第 5 条第 2 款和第 3 款的即为无效；[4]《欧盟数据库指令》第 15 条也规定，任何合同条款违反该法第 6 条第 1 款和第 8 条的将被认定无效。[5]

欧盟委员会在 2010 年起启动了对于《个人数据保护指令》的修订计划，希望在数据的一般规范领域，总体上做出一些有利于数据经济关系现实的规范调整，能够更好适应新信息技术条件下个人数据保护及流通要求。[6]2012 年 1 月 25 日，欧委会发布了《有关“涉及个人数据的处理及自由流动的个人数据保护指令”的立法建议》（以下简称数据保护指令修正案），提出了个人数据保护立法一揽子改革计划。[7]但由

---

[1] ［德］库勒：《欧洲数据保护法》，旷野等译，法律出版社 2008 年版，第 30 ~ 31 页。包括合法原则、终极原则、透明原则、适当原则、保密和安全原则、监控原则等。

[2] AnupamChander, How Law Made Silicon Valley, 63 Emory Law Journal, pp. 639 – 694 (2004).

[3] Cuijpers, Privacyrecht of privaatrecht? Eenprivaatrechtelijkalternatiefvoor de implementatie van deEuropeseprivacyrichtlijn, The Hague, Sdu 2004.

[4] Council Directive 91/250/EEC of 14 May 1991 on the legalprotection of computer programs, OJ 1991 L122/42. Art. 9 (1): “any contractualprovisions contrary to Article 6 or to the exceptions provided for in Article5 (2) and (3) shall be null and void.”

[5] Directive 96/9/EC of the European Parliament and of theCouncil of 11 March 1996 on the legal protection of databases, OJ 1996 L 077/20, Art. 15: “Any contractual provision contrary to Articles 6 (1) and 8 shall benull and void.”

[6] 欧盟在具体方面的一些修订，保持了过去的惯性，如电信网络信息风险领域，就在原有框架下有针对地强化对个人信息隐私的保护。

[7] 相关修改内容，参见 European Commission, Safeguarding Privacy in a Connected World a European Data Protection Framework for the 21st Century, Com (2012) 9 final, Jan 2012；刘敏敏：《欧盟〈个人数据保护指令〉的改革及启示》，西南政法大学 2011 年硕士学位论文，第 31 页以下；何治乐、黄道丽：《欧盟〈一般数据保护条例〉的出台背景及影响》，载《信息安全与通信保密》2014 年第 10 期。

于框架基础保守，特别是对于数据财产化趋势重视不足，在此后的通过过程中遇到很大的阻力。欧洲数据组织（Digital Europe）广泛进行游说，批评修改内容中存在的许多不合理的地方，给行业企业在控制和处理隐私数据时造成许多没有必要的负担[1]，如要求大企业必须进行风险影响评估更是“作茧自缚”，此外其他方面的规定也使得数据外包处理的工作面临过多限制。[2]数据商的游说拖延了立法改革通过进程，而且推动了一些缓和性再调整的发生。[3]最终，2016 年 4 月 14 日，欧洲议会投票通过了商讨四年的《一般数据保护条例》，该条例将在欧盟官方杂志公布正式文本的两年后（2018 年）生效。欧盟并非没有认识到大数据的市场化价值，但是，总体上立法中法律传统力量保持了强大的惯性，此外欧盟本身在数据经济竞争上存在忧虑，或多或少具有隔离自保的考量。[4]

三、传统法律体制的弊端和数据财产化的理论确立

（一）传统法律体制关于个人信息保护的弊端

美国和欧盟援引隐私权保护或确立个人信息人格权保护的方式，其落脚点都是以个人信息为基础，将用户视为唯一绝对的主体。这种模式的形成，除了路径依赖之外，很大程度上也是早期互联网活动视野下可以理解的一种法律思考。

早期互联网的个人信息问题，并不是以今天这样具有显而易见卷入复杂的经济利益关系的问题来呈现的。一开始，人们对于网络个人信息问题，关注点不是其具有的经济价值，而是其作为网络活动内容所具有的社会公共意义或者某种个体关切的意义。后来随着网络经济活动和利益的出现，私法的问题渐渐也产生了，但首先映入人们眼帘的却是个人信息保护的单边问题：人们依赖和利用网络，从事网络购物、浏览网页、购买飞机票等，输入个人信息甚至是隐私信息，处处留下各种触网

---

[1] 吴琼：《欧洲议会司法内政委员会通过新版数据保护法欧盟数据保护立法取得重大进展》，载《法制日报》2013 年 10 月 29 日；王融：《欧委会推动欧盟个人数据保护立法重大改革》，载《中国征信》2015 年第 3 期。

[2] 欧洲数据组织负责人约翰 - 希金斯（John Higgins）在发表的一份声明中表示：“欧盟方面所实施的针对一些敏感数据的保护措施本身确有其必要性和务实性，但与此同时这些措施也阻碍了那些低风险数据的流动和利用，这对于本行业企业来说无疑是增加了不必要的发展负担。”参见《隐私数据监管有所放松受到 IT 企业欢迎》，载赛迪网，http：//www. ccidnet. com/2014/1012/5631091. shtml，2015 年 8 月 21 日访问。

[3] 《隐私数据监管有所放松受到 IT 企业欢迎》，载赛迪网，http：//www. ccidnet. com/2014/1012/5631091. shtml，2015 年 8 月 21 日访问。

[4] 2015 年 10 月 6 日，欧盟法院（Court of Justice of the EuropeanUnion）宣布已运行 15 年的欧美数据共享协议立即失效，这就是一个欧盟在数据上试图隔离自保的典型例子。

"痕迹"，这些都被无所不在的网络及电子设备所记录，所以用户不免关心，在享受网络便利的同时，这些个人信息和痕迹怎么办？在这种情况下，关于网络个人信息问题，公法上主要立足于信息社会构建和网络信息安全防控两个方面，私法上则主要站在用户焦虑的角度，基于个人信息的人格权保护思维，对信息活动进行相关约束或规范，综合表现为一套严格的人格权保护以及相应严格的信息活动行为规范，严格规制对个人信息的制造、收集、控制和传播等活动。

但是，随着网络的发展，特别是在大数据出现和数据经济关系兴起之后，这种简单的单边处置方式明显具有不合时宜性。首先，不断升级的网络经营对于信息处理产生日益强劲的需求，不仅存在分析、收集、利用用户信息的必要，有时甚至是应该负有义务和职责，这种情况下如果一味强调个人信息人格权单边保护，很不利于网络平台、网络服务的提供和经营，结果是网络服务恐怕难以为继，用户自身最终也会失去网络便利。其次，随着数据经济的蓬勃发展，数据资产化的经济利益越来越巨大，在这种情况下，个人信息人格权保护的简单模式，与数据经济的实际运行要求也直接发生抵牾，难以有效调和用户和网络经营者基于个人信息和数据的利益关系，网络经营者的数据经营的保障和动力都很脆弱，不利于其发挥创造性。

（二）劳伦斯·莱斯格（Lawrence Lessig）教授的数据财产化理论的提出

传统法律架构对用户个人信息赋予人格权保护的简单立场，不能适应互联网日益发展的需要，对于逐渐复杂化的数据活动来了巨大障碍。于是，一种需要法律发展的意识产生了，引发进一步改革创制的呼声，要求理论上尽快提出与数据活动尤其是数据经济发展需要相符的新方案，以便在保护用户隐私或者个人信息的同时，能够合理促进数据活动的开展。数据活动，从本质上即要求数据的大规模收集、处理、报告甚至交易，不宜简单站在用户立场，只为了保护个人信息而保护个人信息，而对数据活动进行简单粗暴的限制。[1]数据财产化（data propertization）理论于是应运而生，并很快在数据经济界得到呼应。

20 世纪 70 年代初，就有美国学者提出，应当将数据视为一种财产。[2]然而，公认为系统提出数据财产化（data propertization）理论的，当数美国的莱斯格教授。[3]莱斯格在 1999 年出版《代码和网络中的其他法律》（Code and other Laws in Cyberspace）一书，被誉为当时"最具影响力的关于网络和法律的著作"（the mostin-

---

〔1〕 Daniel D. Barnhizer, Propertization Metaphors forBargaining Power and Control of the Self in the Information Age, 54 Clev. St. L. Rev. 113. (2006). "Data is the breath of the Internet and the blood of the information economy, and it is in the nature of the beast to collect, collateprocess, and report this data."

〔2〕 Alan Westin, Privacyand Freedom, The Bodley Head Ltd., 1970.

〔3〕 Paul M. Schwartz, BeyondLessing' s Code for Internet Privacy: Cyberspace Filter, Privacy - Control, andFair Information Practices, Wisconsin Law Review, 746 (2000).

fluential book published about law and cyberspace)。[1]该书首次系统地提出了数据财产化的理论思路。

莱斯格认为，应认识到数据的财产属性，通过赋予数据以财产权的方式，来强化数据本身经济驱动功能，以打破传统法律思维之下依据单纯隐私或信息绝对化保护过度保护用户而限制、阻碍数据收集、流通等活动的僵化格局。即应该按照数据活动的要求，通过一种赋予个人信息以财产权品格的新的设计，使得数据活动更加方便和顺畅。[2]“法律将会是隐私方面的一种财产权。个人必须具有能够方便地针对隐私权和隐私权所享有的权利能进行协商的能力，这就是财产权的目的：财产权所界定的是，凡是想要取得某些东西的人，就必须在取得之前先进行协商。”[3]

应当赋予谁以数据财产权呢？是用户还是数据经营者呢？莱斯格和其追随者认为，应当授予用户（事实的数据主体）以数据财产权，因为通过法律经济学分析，数据财产权应该赋予用户，这样才更为有效率。[4]可以比较一下，如果将数据财产权授予数据收集者即经营者，那么事实上的数据主体（data subjects）即用户，就要花费大量的成本才能发现信息是否被收集以及正在被如何使用，而数据收集者将不需要支付任何成本，因为其已经占据并使用着数据。此外，与数据收集者不同，用户（事实上的数据主体）面临着集体行为的困境（collective action problem），这一点在对企业的监控成本过高时显得特别明显。一旦通过法律认可了用户对自身数据的财产权利，要获得用户的个人数据就只能通过合同或侵权两种路径。前者是一种合法的行为，数据收集者必须与用户签订合同，征得数据主体对其收集、使用、处理或出售数据的明确同意。依据美国合同法理论，一个有拘束力的合同原则上是应当有对价（consideration）的，即数据使用者必须给予用户一定的补偿。后者则是一种非法行为，当数据收集者未经用户的允许而径自收集其个人数据时，即构成了对于用户数据财产权的侵犯，因此应当按照侵权路径追究数据收集者的相关责任。

一旦承认了用户具有数据财产权，那么就会迫使数据使用者主动与数据主体进行商议，如此改变了用户在数据市场被忽视的境地，使得用户获得了一定的议价能力（bargaining power）。更何况，技术也降低了数据经营者和用户协商的成本。例

---

〔1〕 Henry H. Perritt Jr. , Lawrence Lessig, Code and Other Laws of Cyberspace, 32 Conn. L. Rev, 1061 (2000) .

〔2〕 Henry H. Perritt Jr. , Lawrence Lessig, Code and Other Laws of Cyberspace, 32 Conn. L. Rev, 396 (2000).

〔3〕 科技日报：《大数据：抓住机遇保存价值》，载中国大数据网，http：//www. thebigdata. cn/YeJieDongTai/11104. html，2015 年 8 月 18 日访问。

〔4〕 J Kang, InformationPrivacy in Cyberspace Transactions, 50 Stan. L. R. 1193 (1998) .

如，网络技术的发展就使得隐私强化技术成为可能，其中最为典型的就是隐私参数平台协议（Platform for Privacy Preferences），简称 P3P。另外，一方面网络技术的发展使得数据主体和数据收集者之间的议价成本降低，另一方面网络技术的应用也需要法律为其提供足够的助力。当然，这无疑需要法律的支持。[1]莱斯格教授认为，只有承认用户对数据的财产权，才能够使得该诉求得到法律的支持，才能够借助既有的法律应对新时代中的数据纠纷。[2]

莱斯格认为，赋予用户数据财产权，除上述作用以外，对于个人数据的保护还有以下两种优势：其一，数据财产化可以满足不同人的隐私需要。无论是依赖于行政管制还是刑法规范，其都是一种“责任路径”。但是，“责任路径”是使用客观价值来评价个人数据的，虽然实际上不同人对自己的数据会有不同的认识。以电话号码为例，对一个学生而言，其手机号码被公布或许不是什么大不了的事情，但是如果是影视明星、政府官员的手机号码被公开，对其而言或许就是不小的麻烦了。实证的研究也表明，人们对隐私保护的态度不一。[3]面对着这一现状，如果采用财产路径，便能够使得公民对其个人数据的不同“定价”得到实现，而如果只有责任路径，“客观价值”或多或少都会让人感到失望。其二，“财产路径”可以起到预防之效。法律规范行为主要有两种机制：事前（ex ante）和事后（expost）。[4]后者是反应型的，即对某一事件做出反应；前者则是预防型的，即预测并防止某一事件的发生。现代社会越来越倾向于预防型规制。例如，以往对犯罪嫌疑人的侦查，只有在事实发生且特定人有重大嫌疑的情况下才能为之；而机场对人体的搜索则是在没有安全事件发生之前进行的。先进的技术使得工作人员可以透过衣服观察人们是否携带违禁品。对于个人数据的保护，也应该侧重于事前预防而非事后救济。“责任路径”着眼于在事件发生之后给予适当的补偿，而财产路径则要求在获得财产之前进行协商。财产制度的关键是给所有人以控制信息的权利，其允许人们拒绝转让信息财产。财产路径重视选择，而责任路径重视赔偿。莱斯格教授认为，只有承认数据是一种财产，才会使得对数据市场的规范由事后变为事前，才能预防大规模损害公民个人数据的现象的发生。[5]

---

〔1〕 关于 P3P 技术和隐私强化的关系，参见 JosephM. Reagle Jr. , P3P and Privacy on the WebFAQ, Version 2. 0. 1 (1999), available at http: //www. w3. org/P3P/P3PFAQ. html, 2016 年 3 月 23 日访问。

〔2〕 Lawrence Lessig, Code, Basic Books, Inc. 226 (2006).

〔3〕 Lior Jacob Strahilevitz, A Social Networks Theory of Privacy, University of Chicago Law Review 72, 919, 921 (2005).

〔4〕 Guido Calabresi and A. Douglas Melamed, Property Rules, Liability Rules, and Inalienability: One View of the Cathedral, Harvard Law Review 85, 1105 (1972). also Lawrence Lessig, Codeand Other Laws of Cyberspace, Basic Books, 160 - 161 (1999).

〔5〕 Lawrence Lessig, Code, Basic Books, Inc. 228 - 230 (2006).

莱斯格的数据财产化理论，直接回应了数据活动和数据流通的财产化需要问题。网络社会初期，网上的信息活动更多只是在信息社会层面进行开展，网络信息经济化程度不高，“网络信息”在财产上的意义还没有显示出来。[1]在这种情况下，一般意义的权利规范、行为规范、管理规范稍加修改调整，似乎便可为依据。但是，随着商业化数据活动的开展日益增加，单纯的个人信息人格权的规范模式的悖谬和捉襟见肘感，已经显得十分强烈，即使进行了种种变通，也仍然无法消除其牵强性和不适应性。在这种情况下，简单地把个人信息在价值属性上仅看成只具有人格价值属性，显然不符合实际，与其赋予人格权具有自决性和商业化品格，不如直接采取赋予其财产权的方式，这样更加顺畅也更加合乎时宜。

莱斯格的数据财产化理论提出后，引起美国法学界的广泛关注和激烈讨论，对该理论的反响巨大。[2]这一理论发展为现实中的数据活动注入了新鲜要素，一些相关的财产化新规则逐渐演化出来。其中，最重要的当属数据红利共享制度的发展，旨在保障数据主体能够从对自身数据的收集和使用当中获益。奥巴马政府在2011年就推出了“绿色按钮”计划，“要求必须使得顾客能够以一种可下载的、标准的容易被使用的电子形式查询自己的能源使用信息”[3]；2011年9月，美国首席技术官要求工业必须“以在线且可被机读（machine readable）的方式公布用户数据，并且不能限制用户对这些数据的再利用。”[4]数据的可下载化、可机读化，促使企业纷纷开发相关的技术以吸引消费者，如能源管理系统和相关的智能手机应用等，使得消费者获得便捷的应用程序以合理规划他们的能源使用。美国许多企业在政府引导下积极实施数据红利共享计划，给用户输送切切实实的经济利益，使其对于数据的控制执着转化为分享大数据红利的交换动力。以Personal. com网站为例，该网站致力于使得个人从自己的数据中获益，它提供给用户个人以在线的“数据保险库”（Data Vault），以存储自身的很多个人信息，如消费习惯、旅行记录、在各种网站的登录记录以及地理位置等信息，用户可以与他们的朋友、家人、顾客或同事分享这些信息。更重要的是，用户可以收费的方式给商家提供适当的接口以了解这些信息，从而获得直接的经济利益。当然网站也不吃亏，收取10%的手续费，并

---

〔1〕 早期个人信息保护法的侧重点确实是在公法规范的角度展开关于数据的规范，即除了确立个人信息的人格权和基本权利地位之外，重点在于规范和限制公共机构对个人数据的处理行为，如德国1977年《联邦数据保护法》。

〔2〕 Julie Cohen, Examined Lives: Informational Privacy and theSubject as Object, 52 Stan. L. Rev. 1373 (2000).

〔3〕 National Institute of Standards and Technology, Green ButtonInitiative Artifacts Page, http://collaborate. nist. gov/twiki - sggrid/bin/view/SmartGrid/GreenButtonInitiative, 2016年2月19日访问。

〔4〕 Aneesh Chopra, Remarks to GridWeek, September 15, 2011, http://www. whitehouse. gov/sites/default/files/microsites/ostp/smartgrid09 - 15 - 11. pdf, 2016年3月23日访问。

且通过付费的方式接入连接，许可连接者利用这些特定的信息进行精准化营销、市场预测等。[1]

（三）莱斯格数据财产化理论的完善及其方向

但是，莱斯格的理论具有一种令人遗憾的单向性不足。其虽然赋予个人信息以财产化的私权构建，却仍然属于立足用户的一种单边构建。其所谓的经济分析论证，只是简单地在用户和网络运营者之间，就数据财产化利益进行了一次非此即彼的决断，赋予了用户个人以个人信息财产权，却排斥了数据从业者应有的财产地位和利益诉求。当然，莱斯格并非有意对数据从业者的作用视而不见，他提出该理论时（1999 年）还太早，数据经济尚在初始阶段，数据从业者和商业组织对于数据经营的作用和意义尚未得到充分展示，数据经济内在复杂的结构特点凸显尚待时日。

随着大数据时代的到来，莱斯格这种基于用户个人信息单方面的财产化理论，其实并不能反映数据经济结构关系的实际特点和内在需求。随着数据经济的发展，数据从业者的重心地位日益凸显，这种单向性不足越来越明显。互联网企业面向大数据时代，开发储存、分析、服务的各种新技术、新平台，如云计算、hadoop、MapReduce、NoSQL 等，持续提升数据收集、储存和分析能力；工业企业、电商、服务企业等不断拓展大数据在工商业和管理上的应用；一些专门的数据运营商、经纪商也出现了，数据交易平台逐渐涌现。在这种复杂背景下，数据经济逐渐体现为一种围绕数据经营和利用而展开的复杂关系，于是一种以数据运营者为重心的双向动态结构显示出来，即数据经济的本质结构在于，数据经营者以数据资产化追求为中心，围绕数据收集、利用、开发甚至经营，展开活动，由此形成复杂而动态的数据活动和利益关系。[2]从目的而言，是通过数据经营活动，即对数据的利用、开发和经营，最终达成创造和实现数据财产化利益的效果；从行为上说，是对数据开展大规模收集、处理、加工、利用乃至交易活动；从结构上说，具有显著的双向性和重心偏向性，从业者和用户属于活动和利益紧密相关的双方，其中数据从业者处于结构重心，是数据活动的关键驱动所在。[3]可见，莱斯格及其追随者立足用户角度的单向财产化方案，并没有反映数据经济的双向结构和动态开展的关系本质，特别

---

〔1〕 Thomas Heath, Web site helps people profit from informationcollected about them, Wasthington Post, June 26, 2011, http: //www. washingtonpost. com/business/economy/web - site - helps - people - profit - from - information - collected - about - them/2011/06/24/AGPgkRmH_ story. html，2016 年 3 月 23 日访问。

〔2〕 J Kang, " Information Privacy in CyberspaceTransactions", 50 Stan. L. R. 1193 （1998）.

〔3〕 Daniel D. Barnhizer, Propertization Metaphors forBargaining Power and Control of the Self in the Information Age, 54 Clev. St. L. Rev. 113 （2006）. "Data is the breath of the Internet and the blood of the information economy, and it is in the nature of the beast to collect, collateprocess, and report this data. "

是没有切合数据从业者处于重心驱动位置的实际特点，所以虽然解决了对于用户初始数据的财产利益确认，但却不能满足数据经济作为整体上的财产利益机制建构要求，特别是数据从业者作为经济关系重要一方的结构性需求。

四、当前数据新型财产权的合理化构建及其体系展开

（一）数据新型财产权的构造基础

在当前数据资产化势不可当的前提下，一种数据新型财产权制度的构建极为迫切，堪称“供给侧结构性改革”之急需。这种数据新型财产权的制度设计，必须结合数据经济的双向动态结构，特别是数据经营者的重心驱动作用才算完整。换言之，应该立足数据经济的合理本质，重新平衡用户和数据从业者以及其他关系人复杂利益关系，确立更加复杂的数据新型财产权体系。数据经营者和用户进入数据交易关系，只是数据经济的初始环节；从其全部环节看，数据从业者合理开展数据经营、实现数据资产化、创造数据财富和应用价值，才是大数据时代数据经济的意义所在，体现为一个动态复杂的关系结构和活动过程。

首先，从主体角度来说，就数据经济的利益关系而言，存在用户和数据从业者的双向性，或者说存在个人信息和数据资产的区分性。一方是用户，其既为个人信息原初主体，也是数据经济的初始数据的供给主体或曰生发主体，其自身或者基于网络活动产生初始数据，由此成为初始数据的实际生发者，并可以因为授权而成为该初始数据的供给者或输出者；另一方是数据从业者，包括专门的数据商以及其他依法从事数据活动（收集、控制或处理数据）的主体，它们以数据活动为业，首先通过初始交易关系或服务平台取得用户的初始数据，成为被授权人或受供给者，继而通过数据集合、利用、加工、交易，成为数据进一步的占用者、数据产品的加工者和持有者，数据资产的经营者和获益者等。其次，从数据经济的过程来说，存在从数据收集、集合、加工、利用到数据资产交易的动态性。其一，是数据采集，原初数据交易处于这一环节；其二，是数据整理、利用、加工等活动，其中基于数据整理或加工，通常也形成数据库、数据平台和数据决策等各类数据资产；其三，是数据应用或交易，数据资产持有者对于其数据资产进行应用或交易，以实现数据资产的使用价值或交易价值，取得效益或收益。总之，数据经济双向动态且以数据从业者为主要驱动装置的结构性质，要求数据新型财产权构造也应该呈现双向动态和以数据从业者为重心驱动的结构特点。

（二）数据新型财产权的阶段和类型

数据新型财产权从体系上说，应该在区分个人信息和数据资产的基础上，进行

两个阶段的权利建构：首先对于用户，应在个人信息或者说初始数据的层面，同时配置人格权益和财产权益；其次对于数据经营者（企业），在数据资产化背景下，基于数据经营和利益驱动的机制需求，应分别配置数据经营权和数据资产权。

1. 用户基于个人信息的人格权和财产权

从用户而言，其作为初始数据的个人信息事实主体，基于数据经济环境的依存性，体现出人格化和财产化的双重价值实现面向。所以，可以赋予其基于个人信息的人格权和财产权的双重性权利。这一阶段，有关配置基础，无论是基于传统的私法正义理论，还是依据现代的法律经济学方法，都应该配置给用户。在这里，个人信息的人格权和财产权配置上相互分立，各自承载或实现不同的功能。其中，信息人格权近似于隐私权，又应当区分敏感信息和非敏感信息，在保护上前者严格于后者；而信息财产权则近似于一种所有权地位的财产利益，用户对其个人信息可以在财产意义上享有占有、使用、收益甚至处分的权能。

2. 数据经营者基于数据的经营权和资产权

从数据经济的整体而言，基于数据从业者的结构需求和在数据经营事业中的重心驱动作用，同时基于数据从业者的经营活动的动态过程性特点，对于数据从业者也应进行相关权利配置。这种配置不同于一般的静态权利配置，它需要根据数据活动的规律，结合数据活动的目的和阶段价值需求，除了达成数据活动的规范功能，更重要的是达成对动态中的数据利益的合理配置功能，从而明确界定数据经济活动过程中数据从业者对于数据的地位和利益关系。总体上，应当赋予数据从业者数据经营权和数据资产权两种数据新型财产化权利。

这些权利近乎物权设计，具有绝对性和排他性，其中数据资产权也与工业知识产权有一定的相似性。这些财产权类型之所以要予以绝对性、排他性构建，在于一般性的债权地位不能支撑现代数据经济的内在动力和保障需求。数据从业者对于经营中的数据利益，仅具有依据用户授权合同而取得的债的地位，是一种微弱而不具有绝对保护的财产地位，显然难以支持和保障数据开发和数据资产化经营的需求；相反，绝对财产地位的构建，则可以使得数据从业者获得一种有关数据开发利益的安全性市场法权基础的刺激和保障，使得数据经济得以置身于一种高效稳定的财产权结构性的驱动力和交易安全的保障之中。

首先是数据经营权。这是一种关于数据的经营地位或经营资格。数据经营权是互联网条件下确立的一种新型经营权，从理论上来说根基于对数据经营的效率和安全特殊考虑，是一种经营限制权。从功能上讲，法律通过数据经营权的确认，不仅为数据经营者提供了从事经营的结构性的驱动力和保障，还给予了享受特定倾斜扶持政策的机会。数据经营者据此可以对他人数据以经营为目的而从事各种活动，具体包括收集、分析、整理、加工等。数据经营权具有某种专营权（专项经营权）的性质，具有特定事项的专向性和排他性，这与网络企业一般性取得网络经营许可不同。初期，为了减少过度竞争，加上严格保障数据安全和效率的谨慎考虑，有关国家不仅采取严格许可制方式加以限制，往往还进行各种政策配套和其他方面的扶持。

数据经营权是否必要设置，主要看有关国家对于数据经济的管理立场。从一般的市场化原则出发，应当欢迎经营自由而不是经营限制，但是在数据经济活动中发现，数据经营其实存在效率和安全的复杂问题，不是那么简单。数据经营，在效率上需要依赖一定的技术条件和管理基础，在安全上存在予以特殊保障。数据安全是一种现实的威胁，这种安全既可对个人，也可对社会或者国家。在这种情况下，可以通过特别的资格管控来达成目标，所以可以考虑引入经营限制，对于我们这样一个市场信用尚欠发育的国家来说尤其值得考虑。

经营限制有行政直接限制和私权限制两种方式，比较起来，后者当然更加灵活，也接近市场化机制，这就是私法意义的特定化的经营权。私法上特定化经营权通过法律规定或者特定机构依法授予或许可而产生，通常存于特定效率或者安全考虑的事业中，常见的比如矿业权、建筑执业权、金融特许经营权、出租车经营权、公用事业特许经营权等。需注意，数据经营权设置，应当限于数据资产化经营的企业，且尽可能贴近经营自由而合理规范设立许可规则和监管规则，避免任意和任性。对于公共数据从业者，则应该基于公共利益和维护个人信息的特殊考虑，依据法律授权或者行政特许方式，严格管制其数据活动；而对于数据自用或者自营的企业则应该不受数据经营权限制，可以立于经营自由而活动。

其次是数据资产权。这是数据经营者对其数据集合或加工产品的一种归属财产权，是一种近似于所有权的法律地位。数据经营者据此权利，对自己合法数据活动形成的数据集合或其他产品（数据库、数据报告或数据平台等），可以占有、使用、收益和处分。从功能上说，数据资产权是法律对数据经营者的数据资产化经营利益的一种绝对化赋权，是对其经营效果的一种利益归属确认，更是通过提供便利和安全的保障而鼓励数据资产化交易的一种制度基础。数据资产权不仅促进数据产品交易本身，也特别促进了数据加工的开展，直接鼓励了数据经营和数据资产创造，因为这种绝对化赋权立足劳动正当论，使得数据加工活动及其添附价值得到格外重视，数据从业者可以凭借其极具有价值创造意义的数据加工活动，取得对于其数据产品的绝对权并进而获得其财产利益。

数据资产权的客体，不是物权法上一般意义的有体物，而是作为无形物的信息或数据，严格说从法律形态上独立于个人信息的原初形态，是具有特定功能或者利用价值的数据集合或者数据产品。而且，数据具有很强的时效性，所以数据资产权客体从其经营的特点，在本质构成上往往只能相对确定而具有浮动性，随着时间发展可以不断变化，往往只有不断变化升级才能维持或提升价值。这一客体的特点，类似浮动担保，所以也需要借助隶属经营主体的固定来相对确定，同时需要借助登记来加以区隔特定化和进行公示。数据资产权基于客体的特点可以多层次化，对于他人数据产品的合法整理和加工，达到一定的价值创造程度，便可以形成新的数据资产权的客体而获得独立性。这些都可以通过具有公信力的登记来进行区隔，以实现不同数据利益的精准划分和归属。数据资产权建立在整理加工基础上，从性质上接近物权，但是其以一定的价值添附创造为基础，又与工业知识产权有相似性。所以，数据资产权是具有一定垄断性的权利，在权利设计和保护上应引入工业产权的某些规则，特别是基于鼓励数据流通、数据公共使用和数据再创造的需要，应当对其在必要时在一定条件下确立强制流通、强制使用和允许他人再创造的规则。

数据经营权和数据资产权兼有保护型权利（共益权）的特点，兼具以私权名义促进共益的一面。法律基于数据事业的特殊性，赋予从业者数据经营权、数据资产权，其目的也在于以这种权益刺激的方式，可以鼓励数据从业者进行加工创造，以此推进数据产业发展，同时可以确立一定的权利门槛，维护市场合理竞争，最终维护用户和消费者利益，造福商业和国家社会。正因如此，数据经营权和数据资产权的构建，本身也负有诸多义务，包括促进数据共益，维护数据安全，保护个人信息等。

（三）数据新型财产权的体系动态关系

数据经济的各种权利之间相互形成一种共存叠生、动态依存的体系关系。数据经济的双向结构和动态发展性，使得用户和数据经营者之间、不同层次的数据经营者内部之间，各种权利在行使上处于一种相互配合、相互限制的动态体系关系之中，彼此围绕数据经济的合理关系和生态结构而布局。其中，数据经营权、数据资产权应以个人信息权为基础和前提。

数据经营在涉及对个人信息采集、利用或加工时，除非法律有特殊规定可以依据其他方式，否则原则上需要取得个人信息权主体同意。当然，有关同意方式，应该结合网络经营的特点来规定，在特定情形如基于公共利益或数据共益的考虑，在有数据安全的保障机制前提下，同意的方式可以适度宽松化，如放宽授权的形式要求、允许默示甚至特定情形允许自动采集。同时，数据经营过程有关权利行使和其他活动，也不得超出数据经营的目的和个人信息权益人的授权范围。此外，个人信息的授权，应该限于财产利益本身，有关人格权利益并不因此让渡，应该继续得到保护，所以数据活动中，个人信息的人格权保护必须贯彻于始终，且具有公共秩序的高度属性。所以，个人数据安全保护，始终是数据从业者的一项秩序义务。

五、结论：数据新型财产权构建正逢其时

利益法学派鼻祖耶林曾言，法律应该是一种合乎社会目的的存在，且“是通过

国家权力作为外在强制保障的社会存在条件的总和。”[1]法律在与社会现实关系上，应该努力适应而不是裹步不前，“制定法本身和它的内在内容，也不是像所有的历史经历那样是静止的，而是活生生的和可变的，并因此具有适应能力”。[2]

有关法律创制的机遇，往往都是在新的社会经济方式或者社会经济关系出现形成之时，历史上，各种物权或者债的关系的出现，都是与现实经济关系互动的结果。当前正处于大数据时代，这一时代因为互联网和数据技术的飞速发展，导致数据经济突如其来，面临法律创制的重大挑战。但是，任何新事物登场后都具有两种可能，或者是得到合理的及时的调整和规范，或者是得不到合理的调整和规范。现在对于数据经济，尚处于不及时跟进立法供给的尴尬境地。既有的作法，主要依旧囿于传统法律框架，在确立用户个人信息人格权保护基础上，进行单边式规范调整，即使作出了一些必要变通，但仍然远远不能适应数据经济的合理需要。

由此，数据新型财产权构建正当其时。从数据经济关系具有双向、动态特点和数据从业者处于重心驱动位置的复杂结构来看，有必要对个人信息和数据资产加以区分，并在此基础上进行财产权化的双阶段权利构建。值得补充说明的是，引入数据经营权、数据资产权等财产权化配置，因为财产权形式的特殊性，具有市场的和公平配置的双重意义。首先，它们是一种市场化法权。财产权这种法律形式，本身就包含市场化自由的理念，所以数据经营权和资产权构建，不仅可以奠定数据经济市场化的权利基石，同时作为财产权机制也可以为国家调控或监管数据经济提出市场化的框架前提。其次，数据新型财产权兼具分配正义的规制作用。财产权在性质上属于绝对权，比较起债权这样的相对权，可以更好体现分配正义原理，可以同时平衡好自由、效率、安全和公平等各种价值，发挥对资源和利益的制度配置功能。[3]

---

〔1〕 ZweckimRecht, 2d ed. , vol. i, 511. 转引自 Munroe Smith, A General View of European Legal History and Other Papers, Ams Press, INC. New York, 154 (1967)。

〔2〕 IBM 研究人员的结论认为，目前只有 7% 的数据被企业在做战略决策之时主动采用，企业掌握的大量数据还没有被利用和发掘。参见［法］伯纳德·利奥托德、［美］马克·哈蒙德：《大数据与商业模式变革：从信息到知识，再到利润》，郑晓舟、胡睿、胡云超译，电子工业出版社 2015 年版，第 6 页。

〔3〕 亚里士多德最早对分配正义做出经典阐述。参见［古希腊］亚里士多德：《尼各马可伦理学》第五卷“正义论”第六节“分配的正义”，邓安庆译，人民出版社 2010 年版。

再论企业数据保护的财产权化路径

——也论企业数据财产权的范围与局限*

一、企业数据保护实践与法律瓶颈现象

随着科技产业不断变革特别是大数据技术的不断发展，数据经济由此日益兴盛，而数据资源化成为所谓的“新石油”。[1]我国出台的大数据战略也提出要构建以数据为关键要素的数字经济。但是，数据本身不是自动生成的，而是靠政府、企业、社会、个人各方面合力形成的。其中，企业是推动支持数据发展的中坚力量。随着信息科技的日新月异，越来越多的企业具备了收集、处理、分析原始数据的能力，有的甚至发展了创造全新的具有价值的数据集合（如数据库、大数据）的技术能力。日常生产生活中不断产生的各种信息被收集、记录并转为数据以各种形式存储下来并且不断转化成经济动能，以此推动实体经济与数字经济的融合。

企业支持数据发展的意愿和努力，最终取决于企业数据能否得到充分、合理和有效的法律保护，特别是私法保护。企业在数据利益的驱动下，投入了大量的资本和人力资源，不断开发和改进数据技术，不断改进数据生产、收集和分析方法，不断完善各项数据活动、理顺各种数据关系，从而达成数据繁荣和经济高效化。其中，有的企业是利用大数据技术解决企业自身问题，提高决策的准确性；还有一些企业则逐渐认识到大数据技术相关的数据集合中的交换价值，将数据集合作为交易对象。但是不论是何种情形，企业数据保护问题都显得越来越重要和迫切。现实中，企业数据纠纷不断出现，近期甚至有喷涌之势，涉及复制、窃取、侵入、争夺

---

* 载《东方法学》2018 年第 2 期。

〔1〕 World Econ. Forum, Personal Data: The Emergence of A New Asset Class 5 (2011), available at: https://www.weforum.org/reports/personal-data-emergence-new-asset-class/, 2017 年 5 月 5 日访问。

等；有些甚至发生在超大公司之间。数据纠纷不仅对数据企业带来损害和挫伤，也对我国数据市场和社会秩序产生巨大动荡。

企业数据保护问题作为一个全新的具有独立意义的问题，应该及时为之进行法律创制。遗憾的是，关于企业数据保护存在严重的法律瓶颈。一方面，企业数据保护新法尚未有效创制。目前相关数据纠纷和事件，主要还是从既有法律体系中寻求方案加以解决，最为常见的作法是通过合同法、知识产权法和反不正当竞争法的相关路径加以解决。另一方面，企业数据保护与既有法律保护制度所面向的问题存在根本差异。既有的法律体系本身并非为企业数据问题而设，有着自己特定的立法语境和功能，这就导致企业数据保护问题通过现存法律保护秩序加以化解，难以令人满意。

例如，数据合同法路径救济的前提是相互之间存在预先的合同安排，但是这种合同安排无论如何周密也只是一种债的保护，本身不具有排他性，不能用来应对来自第三人的数据加害，而在现实中数据加害往往就是来自企业数据合同关系之外的第三人侵入或者非法利用。又如，知识产权法和反不正当竞争法路径与合同法路径虽然有所不同，在对于相应利益的保护上具有排他效力，但是通过分析可以发现其在适用条件和效果上与日益发展中的数据保护要求仍然不具有对应关系。由于缺乏有效法律手段，一些企业在面对重大数据纷争时，往往只好采取私了或者求助主管部门的办法。实践中，不少企业因此走向了通过提升技术和管理手段来保护数据的自救道路，但是这为企业数据经营带来巨大成本，同时也可能给数据开发和应用带来意想不到的障碍或陷阱。

当然，也有部分当事人和法院开始试图在现有法律体系里面寻求有所超越的方式。2017 年以来，司法实践的一种新趋势就是试图激活《反不正当竞争法》第 2 条的一般条款中的“合法权益”，以抽象的不正当竞争行为名义，对于非法侵入、使用企业数据等行为加以排除和进行救济。一些案件甚至直接以企业对其数据是否存在投入作为给予保护与否的前提。例如，在北京某数据公司诉上海某数据公司技术合同纠纷案中，法院认定原告对于诉争金融数据库付出了大量投资，因此应获得保护[1]；在上海甲电子商务公司诉上海乙电子商务公司、上海丙电子商务公司不正当竞争纠纷案件中，上海市第二中级人民法院同样判定原告对其投入了大量人力、物力、财力和时间收集编汇的价格数据信息具有合法权益。[2]这种作法非常接近于为企业就其合法形成的数据确立一种新的排他性财产权。[3]不过，这些案件名义上仍然限于

---

[1] （1997）高知终第 66 号。

[2] （2012）沪二中民五（知）初字第 130 号。

[3] 2017 年较为知名的案件有（2016）京 73 民终 588 号、（2016）沪 73 民终 242 号等。这些案件都转向了援引《反不正当竞争法》第 2 条一般条款来保护企业数据。

反不正当竞争范畴，是借助一般条款对于《反不正当竞争法》的扩用，本质上未超出反不正当竞争的功能框架，并不具有完全有效的针对性，因此不足以回应企业数据如何获得充分保护的问题。

二、企业数据保护的财产权化路径的确立

笔者在2015年年底，提出通过立法为企业确立数据新型财产权以此保护企业数据的思路。[1]当今推动经济结构优化，促进数字经济发展目前最重要的手段，是将数据采集、传输、存储、处理等信息设备不断融入传统产业的生产、销售、流通、服务等各个环节。这些手段可以直观地分为两部分：原初数据和企业机构采集、加工、处理、利用数据。从整个社会经济发展角度出发，不但需要鼓励个人用户积极提供数据，还需要企业积极收集利用数据。如果仅赋予个人信息权（个人信息的财产权和人格权），如《一般数据保护条例》中所列明的知情权、拒绝权、被遗忘权等，那么那些为准确利用数据投入了巨大资源的企业机构就会丧失积极性，不仅不符合劳动原理[2]，更不符合数据经济规律。为此，笔者的初步构想是：数据经济发展时势所趋，数据保护应当顺应数据经济的规律性，不能静态地片面强调个人信息保护，而是应该将个人信息保护与企业数据保护统一起来进行合理平衡，既要保护个人信息，又要保护企业数据利益。因此，应当针对数据经济发展的动态过程性和包含的主要利益关系区分个人信息和数据资产，按照数据阶段分别构建自然人关于个人信息的权利和企业关于数据的权利，其中后者统称为企业新型数据财产权，具体包括数据资产权和数据经营权两种形态，两者之间形成一种过程平衡关系。从数据经济开展的规律来看，企业数据财产权在功能上可以为企业数据活动的投入和合理利用进行提供最基本的动力和保障。按照这种设计，企业的数据财产权成为企业对其数据的直接保护依据：企业通过法律对其数据产品的赋权，直接获得保护其数据的一种全新的独立的合法根据。[3]

这种企业数据财产权设计与知识产权有许多相似之处，都是权利形态，特别是在基于经济化而最终得以财产权化的形成条件这点上极为相似。企业数据权主体在自身经济动力促动下制作了具有特定化的数据产品，知识产权主体也是在自身动力（不完全是经济动力，但经济动力非常关键）作用下促进了特殊智力成果的创造；企业数据财产权设计与企业竞争保护相似但存在一些关键差别，相似在于企业也是

---

〔1〕龙卫球：《数据新型财产权构建及其体系研究》，载《政法论坛》2017年第4期。

〔2〕［英］洛克：《政府论》（下），叶启芳、翟菊农译，商务印书馆1964年版。洛克认为，人们对某物施加劳动，该劳动就产生财产权。

〔3〕龙卫球：《数据新型财产权构建及其体系研究》，载《政法论坛》2017年第4期。

基于自身经济动力不断提升竞争能力，差异在于企业竞争没有权利化，企业竞争能力没有形成所谓“竞争权”。因为它只是一种抽象的能力，没有定格为某种可特定化之物（如数据、智力成果），而是体现为企业经营条件、环境和水平等的比较优势。不过，企业竞争能力作为企业成功经营的条件，可以被视为企业广义财富的一部分，所以虽然不适合财产权化，但是仍然被设定为一种具有排他性的特殊利益架构——企业正当竞争利益或秩序。

欧盟学术界，自 20 世纪 90 年代就关注数据财产化问题。1999 年，美国的莱斯格教授最早提出了数据财产化理论，认为应该授予数据主体（个人）数据所有权，确定个人对于自身数据的财产权利。[1]美国企业界一直都有发展保护企业数据权的呼声，并且试图推动立法。遗憾的是，美国联邦立法权力有限，特别是以制定法方式创制财产权的机会微乎其微，但是仍然数次提议立法赋予数据制作者以财产权，结果自然不免受挫。但是美国统一州法全国委员会于 1999 年 7 月通过一部《统一计算机信息交易法》，并向各州推荐采纳，成功地明确了信息财产是一种独立的民事法律关系的客体，遗憾的是目前只有两州采纳。[2]2004 年，斯瓦茨教授在莱斯格教授理论的基础上，对个人数据财产化理论进行了进一步的阐释。他认为，首先需要给予数据主体授权的权利，即数据主体有权同意企业利用处理其数据，同时对应还要有“退出”的权利；其次还需要给予数据主体反对其已授权处理的数据被第三方进一步利用的权利。[3]欧盟 2018 年正式实施的《一般数据保护条例》，实质上将斯瓦茨教授的理论具现化。[4]这些为企业数据活动便利打开关系平衡的大门，即允许企业通过数据主体的“同意”而收集和经营数据。遗憾的是，这些理论主张虽然都正视了数据的经济价值，但是还没有正视企业数据本身的相对独立性和财产权化的重要意义。仅停留在考虑个人信息财产权化单向保护的层面，仅站在个人作为数据主体的财产地位角度予以配置，忽视了数据经营者（企业）应有的财

---

〔1〕 Lawrence Lessig, Code and Other Laws of Cyberspace, 122 – 35（1999）; LawrenceLessig, Privacy as Property, 69 Soc. Res. 247, 261（2002）.

〔2〕 UCITA，§102 a（35）规定了信息概念：“数据、文本、图像、声音、计算机集成电路布局平面图作品或计算机程序及上述对象的集合或编辑。”尽管只有两个州采纳，UCITA 仍然算是一部针对信息财产交易专门法。

〔3〕 Paul M. Schwartz, Property, Privacy, and Personal Data, 117 Harv. L. Rev. 2055（2004）.

〔4〕《一般数据保护条例》规定企业需要以数据主体的“同意”为默认规则，还给予了数据主体以更正权、限制处理权、拒绝权、被遗忘权、数据移植权等权利，数据主体还能获得以财产规则为基础的救济。Commission Regulation 2016/679 of 27 April. 2016 on the Protection of Natural Persons with Regard to the Processing of Personal Data and on the Free Moverment of Such Data, and Repealing Directive 95/46/EC（General Data Protection Regulation）, 2016 O. J.（L 119）1（EU）. http：//eur – lex. europa. eu/legal – content/EN/TXT/PDF/? uri = CELEX：32016R0679&from = EN，2018 年 3 月 25 日访问；参见 Jacob M. Victor, The EU General Data Protection Regulation：Toward A Property Regime for Protection Data Privacy, 123 Yale. L. Journal 523（2013）。

产利益诉求，没有再向企业数据财产权的确立走出关键一步。[1]我国学术界也产生了数据权具有财产权属性的观点，但大都也是站在个人信息权利的角度作出构想。[2]到目前为止，包括我国在内的许多国家，针对信息技术发展导致的关于个人信息问题，出台了不少关于个人信息保护的法律法规（如我国《网络安全法》第四章关于个人信息安全的规定），形成了颇为严密的个人信息保护规则，对于个人信息包括财产利益在内进行了极大的确认和保护，但是都忽视了企业数据保护的相对独立需求，出现了一边重一边轻的情况。当然，这种失衡的法律状态到了实践中往往会荒腔走板，企业为了数据经营和数据利益的需要总会想方设法地规避法律，这就导致实际中个人信息保护知情同意原则不断通过默示化等实践机制而流于形式。[3]

值得关注的是，我国2017年3月15日出台、10月1日生效的《民法总则》为数据保护财产权化思路提供了一个接近于笔者构思的规范架构。该法的民事权利一章第111条、第127条采取了个人信息和数据分置的做法。其中，第111条确立了自然人关于个人信息权益的基本内容；[4]第127条规定了数据（含企业数据）和虚拟财产的保护问题。比较起来，第111条关于个人信息的规定较为实质、清晰；而第127条对于数据和虚拟财产的规定却较为模糊，该条表述为，“法律对数据、网络虚拟财产的保护有规定的，依照其规定”。解释上可以认为，该条对法律要对数据（包括企业数据）和虚拟财产提供保护进行了表态，但对于具体如何保护却未予实质化明确，而是交给了法律的另行规定。

那么，该条所说的保护，会不会就是笔者所提出的财产权化路径呢？笔者认为，应该通过体系解释进行详细分析。该章整体上都是规定民事权利的，从这个角度来说，对于数据的保护属于权利保护或者类似权利的保护应为体系之义。但是，从具体布局来看是否为财产权有些模糊：从第113条（确立财产权保护平等）开始到第125条（民事主体依法享有股权和其他投资性权利），都属于广义财产权的规定，包括物权、债权、知识产权、继承权和投资性权利；到了第126条，不再使用财产权的表述，而是使用其他民事权益的说法（民事主体享有法律规定的其他民事

---

[1] 龙卫球：《数据新型财产权构建及其体系研究》，载《政法论坛》2017年第4期。本文提出按照数据经济的过程性，合理的方案应该是进行两个阶段的数据财产权构建：第一阶段是针对初始数据，配置给用户个人的人格权和财产权；第二阶段则是配置给数据经营者的资产权与经营权。

[2] 刘德良：《个人信息的财产权保护》，载《法学研究》2007年第3期；齐爱民、盘佳：《数据权、数据主权的确立与大数据保护的基本原则》，载《苏州大学学报（哲学社会科学版）》2015年第1期。

[3] 林洹民：《个人信息保护中知情同意原则的困境与出路》，载《北京航空航天大学学报（人文社科版）》2018年第3期。

[4] 《民法总则》第111条规定：“自然人的个人信息受法律保护。任何组织和个人需要获取他人个人信息的，应当依法取得并确保信息安全，不得非法收集、使用、加工、传输他人个人信息，不得非法买卖、提供或者公开他人个人信息。”

权利和利益），紧接着就是我们讨论的第127条；之后，便是第128条，关于弱势群体的特殊权益保护规定（法律对未成年人、老年人、残疾人、妇女、消费者等的民事权利保护有特别规定的，依照其规定）。那么，第127条所谓“保护”可以理解为何种保护呢？是第125条之前明确的财产化权利，还是第126条的其他权利，抑或第128条的特殊权益？笔者认为，这里应该有一些区分：第127条的所谓数据，可以区分为企业数据和非企业数据如公共数据等，两者在如何保护问题上有所差异。企业数据，鉴于其得以经济资源化的特点，对其应采取财产权的方式进行保护，这样合乎经济原理；非企业数据特别是公共数据，虽然也应当确立法律保护，但不宜采取财产权路径，根据其性质适于采取管理化路径。[1]

三、欧洲新兴的数据库特殊权利：数据财产权化的有限尝试

欧盟早在1996年开始，提出了数据库特殊权利的概念，试图在知识产权框架外尝试引入某种财产权化机制，以保护企业数据。基于欧盟范围内各国对于著作权法保护的汇编作品之独创性判断标准不一，且目录规则对于事实汇编作品的保护已经不足以支撑飞速发展的电子数据库，为保护数据库产业，发展欧盟范围内的信息产业市场，欧盟于1996年提出了《关于数据库法律保护的指令》（以下简称《指令》），用以直接保护因不符合独创性标准无法受到著作权法保护的数据库。《指令》第1条规定，数据制作者对其经系统或有序的安排，并可通过电子或其他手段单独加以访问的独立的作品、数据或其他材料的集合，可以享有特殊权利的保护。[2]具体而言，这是一种独立意义的专有财产权，为期15年。[3]这种权利的获得无须以数据库被认定为汇编作品为前提[4]，只要数据库制作人在内容收集、核准和提供等方面上有实质性投入，数据库制作人就可以获得这种特殊权利。其内容包括：权利人可以通过许可合同转移、转让、授予他人；权利人还可以防止任何第三方对数据

---

〔1〕 青年学者许可博士也认为，《民法总则》第127条包含了对于数据权的确认，在它与个人信息权之间建立了折冲调和的关系。但似乎没有关注企业数据和非企业数据的区分问题。参见许可：《数据保护的三重进路：评新浪微博诉脉脉不正当竞争案》，载《上海大学学报（社会科学版）》2017年第6期。

〔2〕 Directive No. 96/9/EC of the European Parliament and of the Council, of 11 March 1996 on the legal protection of databases（EB/OL）.

〔3〕 J L. Gaster, The New EU Directive Concerning the Legal Protection of Data Bases, 35, 42 Fordham Intl 'L. J.（1996）.（《指令》采纳诸多利害关系人关于设立财产权的建议。）

〔4〕［澳］戴维斯：《数据库的法律保护》，朱理译，北京大学出版社2007年版，第51页。

库内容的全部或实质内容进行提取和再利用。[1]在实践中，数据库的特殊权利不时被欧盟企业用来保护数据集合。

应该说，数据库的特殊权利这种方式接近于将企业数据保护独立权利化建构，至少摆脱了依据著作权的汇编作品保护路径，仅以数据制作人有实质性投入为条件，并且具有对第三人实质提取和再利用的排除效力。但是这仅是企业数据保护独立化路径的开始，或多或少存在与著作权比对的成分，且很多理论上的问题并没有在相关论证中明晰，基于数据库的相关权利设计基础仍然模糊，权利范围也较为单薄。此外，欧盟对于数据库权的适用范围和标准本身还存在比较大的争议。例如，《指令》明确规定了要获得特殊权利保护，数据库制作人应对数据库有实质性投入，实质性投入可以从数量和质量两个方面来进行衡量，包括时间、金钱、人力等因素。但是在实践中，欧洲法院（EJC）采用了副产品原则来区分对于创造和获取数据的投入；为此，荷兰胡根赫茨教授认为，根据副产品原则，只有直接对数据库的产生进行投资才会产生数据库权。[2]据此，欧洲法院在 BHB 案中裁定，数据库制作人的实质性投资必须是针对在先存在的数据的收集与校正，而不能是由数据库制作人通过自身活动创造的。因为对于这类信息数据的投资主要是用于创造、制作信息数据本身，而不是用于收集、矫正此类信息数据。[3]同时，欧盟也并未对实质程度进行有可操作性的定量分析。因此，即便位于欧盟法域中，数据库特殊权利也并非企业进行大数据保护的首选。

四、企业数据保护的功能聚合性与利益关系的交织性

企业数据财产权化保护路径，尽管具有可行性和必要性，但是必须正视一个问题，企业数据保护问题作为信息科技发展和应用在今天所产生的新问题，具有自身独立的诉求，但是从问题属性上看非常复杂。从企业数据保护具有的功能和利益关系角度观察，可以发现它具有很不同于典型财产权的复杂性，具体体现为保护功能的多重聚合性以及利益关系的繁复交织性。在这个意义上，企业数据可以财产权化，又不能单纯财产权化。

---

〔1〕 Directive, art 7（1）&（2）.（“实质部分的判断可以从数据库内容的性质和数量上加以判断。”）《指令》还明确解释：“提取”是指“永久或暂时性地将数据库的全部内容或实质部分以任何方式或任何形式转移到另一个媒介上”；“再利用”则是指“通过发行复制件，如出租，在线浏览或其他传播方式，使公众能够以任何形式获得数据库的全部内容或实质内容”。

〔2〕 E Derclaye, Databases Sui Generis Right: Should We Adopt the Spin－Off Theory?, Social Science Electronic Publishing, 26（9）（2004）.

〔3〕 British Horseracing Board v. William Hill, case C－203/02（2005）.

（一）企业数据保护功能的多重聚合性

企业数据保护从功能上承载了数据企业对于数据的经济追求，这是企业数据保护的元功能或者说肇始功能所在。没有这种功能驱动，也就没有企业数据本身。数据经济的本质就是将信息发展为经济要素，对其进行生产、利用和交换。企业数据化过程，是一个追求通过信息聚变形成经济价值的过程，即将从简单态的原初信息（包括个人信息）通过收集、加工聚变成为充满经济价值或者可以具有商品属性的企业数据，进而再走向加以应用或交易的过程。可见，这种信息化转变过程来源于企业有意识地数据资产化、经济化的追求和努力。企业有意识制作数据，是为了利用或经营它而获取利益。数据产业自20世纪80年代起开始发展起来，此后不断迭代升级，其动力即在于此。这种数据对企业有意识地经济追求的功能承载，直接成为企业数据保护及财产权化的必要性基础。

但是企业数据保护的功能却又不限于企业自身的这种经济追求。这是因为，企业数据保护在功能上具有多重聚合的特点。企业所能利用的数据，不只个人用户数据或个人信息，还包括企业自身业务生成的数据、其他可以社会化、经济化的公有领域数据，如矿产数据、天气数据等；企业数据的产业应用，不仅在企业决策、定位广告等企业生产、管理和商业领域，也在社会公共管理甚至承担公共职能的领域不断发展，如交通管控、风险预测、医疗保健等。同时企业之间数据流通已经成为全球化的产业，国际数据贸易、国内数据交易都已经成为炙手可热的领域。企业数据依据其事物本质或者应用领域，不仅只具有对于企业自身的经济意义，同时也承载着社会经济、信息社会、公共管理以及信息安全等方面的意义，这些功能属性不会因为企业数据个别财产化而消灭，相反它们始终聚合在一起不断提出强大的实现和保全要求。

首先，企业数据保护同时承载社会经济功能。随着信息科技发展的大数据业态的发展，大数据不断凸显重要战略资源属性，比之土地、矿产、空域、海洋乃至无线电等资源有过之而无不及，导致其不能仅从单个企业主体的经济功能去发挥效用，而是应当同时作为战略资源发挥应有作用或者说社会经济意义。在这个意义上，企业数据的经济意义，不能妨碍企业数据在大数据时代作为战略资源的社会经济功能的作用，相反应该形成一种互动。

其次，企业数据保护同时承载信息社会功能。企业数据本质上是可社会化信息。作为一条社会法则，我们对于可社会化的信息，原则上都有接触的社会权利，禁止任何人包括企业以任何方式消减这种社会权利或功能。这就是信息社会功能，明白地说就是社会知情利益。对于企业来说，对于企业数据看重的是其在可社会化条件下的经济功能。但是，企业数据不管怎么样为企业自身经济化，其作为可社会化信息的特点和意义不会消失，由此天然具有的信息社会功能也就必当如影随形。

所以，企业可以基于经济意义在合法范围占有、加工甚至应用价值，但是存在一个固然前提的限制，这就是既有的信息社会必须依旧保证畅通。

再次，企业数据保护应当兼顾公共管理功能。许多企业数据兼具公共管理意义，这种信息数据化之后，可以成为数据经济的资源，同时也可以成为提升公共管理的资源。在这种情况下，企业数据保护应该兼顾公共管理功能。例如，交通信息数据产品，对于从事该产品开发的企业来说，这种产品是其营销对象，但是对于城市交通部门来说则具有改进交通管理的功能。很多时候，这两种功能是可以互通的、不矛盾的甚至是相互促进的，但是有时候会存在不能兼容的情形或者环节。企业数据在发挥其自身经济功能的同时，应当兼顾公共管理功能，发生冲突时，必要时则以重大公共利益优于个别经济利益的原则处理两者的关系。

最后，企业数据保护必须承载信息安全功能。数据的信息属性告诉我们，其除了在社会经济、信息社会、公共管理等方面具有积极功能之外，也可能具有一种重大的消极功能，就是信息安全功能。对于许多方面来说，信息公开、使用是一种积极利益，但是对于另外一些方面来说，信息公开、使用却可能是消极利益，对于个人、社会乃至国家的局部利益或者整体利益带来不利、威胁甚至是毁灭。这种情况提示我们，企业数据保护存在信息安全功能问题。在企业数据经济功能发挥的同时，必须确保对于特定信息进行隐蔽、保密，使相关信息安全利益者处于安全状态。企业数据的经济化绝对不能以牺牲和妨碍这种信息安全为代价，必须每时每刻将这种安全放在经济功能之上，在不能兼容时必须以信息安全为绝对优先。

（二）企业数据保护利益关系的交织性

企业数据的生产、持有和经营，首先是建立在企业对于数据的自身经济利益的追求之上，因而企业自身数据经济利益的形成、享有和实现，是企业数据中最核心的利益关系。但是，企业数据本身存在来源、运行经济环境、保护功能聚合等复杂性，导致在企业作为制作者、加工者对于数据具有核心经济利益的同时，还产生了其他多种利益相关性，进而形成了一种复杂的利益交织状态。在这种利益交织状态中，各种利益依据其性质和地位得到安排；企业数据的核心利益在得到保障实现的同时，有时也不断被切割和限制，进而达成数据各种利益关系的平衡和合理化。

1. 个人信息和隐私的利益

这是基于企业数据来源特殊性所形成的利益。数据经营者所处理利用的数据集合之主要构成部分就是可社会化的个人信息。鉴于企业为了追求自身经济利益，可能毫无限制地收集、加工或使用个人或用户信息，导致对于个人用户信息利益的侵犯或损害，各国立法都积极出台旨在企业数据化背景下保全个人信息和隐私利益的法律制度。其中，对于可以数据化的个人信息给予基本保护，对于其中涉及隐私利益的信息则是采用加强方式进行特别保护。

理论上，个人隐私信息中的绝对个人隐私也是个人信息的一部分，但是公法私法都将其隔离在可数据化之外，赋予其具有不可社会化的特点，加以特别保护。立法上，甚至将个人隐私上升为宪法权利、基本人权。我国《宪法》第40条规定了“中华人民共和国公民的通信自由和通信秘密受法律的保护”；有关司法解释和《民法总则》规定了自然人享有隐私权。这些从整体上可以推测出我国也确立了禁止通信秘密、具有绝对私密性的隐私不得社会化包括企业数据化的原则和界限。但是一些机构和企业家在实践中似乎经常忽视绝对隐私的不可数据化的绝对保护问题。

我国2013年开始实施的首个个人信息保护国家标准——《信息安全技术公共与商用服务信息系统个人信息保护指南》，将个人信息分为一般信息与敏感信息，并规定对于个人一般信息的收集利用可以由主体默许同意，即信息主体不明确反对；而对敏感信息的收集利用则需要信息主体的明确授权。2016年11月出台的《网络安全法》第四章对于网络用户个人信息安全确立了保护原则和基本保护框架，但较为笼统，没有清晰区分一般个人信息和隐私信息。2017年3月出台的《民法总则》第117条关于个人信息的权利规定，确立了个人信息受法律保护的一般内容，但也同样没有细化区分一般个人信息和隐私信息。2018年，中央网络安全和信息化领导小组办公室等联合发布了《信息安全技术：个人信息安全规范》（GB/T 35273－2017，以下简称《安全规范》），进一步规定了个人敏感信息的概念、类型和传输存储的要求，按照约定目的、方法、范围处理使用个人数据的要求，以及“除目的所必需外，使用个人信息时营销处明确身份指向性，避免精确定位到特定个人”的要求。

我国以上法律法规和政策的要求，实际上可以理解为两点：其一，我国可以数据化的个人信息分为非敏感信息和敏感信息，这里理解的敏感信息包括隐私信息，但应该只限于可以数据化的隐私，必须排除绝对隐私。结合我国《宪法》《刑法》和《民法总则》等重要法律规定，体系上应该排除其中的通信秘密和绝对隐私（如关于姓名和形象利益的隐私、关于私有财产的隐私），这些不属于可以数据化的隐私。〔1〕其二，数据经营者在收集、使用个人信息时需要依照法律法规并经个人同意，但对于其中虽经个人同意可以数据化的敏感信息（非绝对私密的隐私），则应当采用数据脱敏、匿名化等技术才可以数据化。

我国司法实践在维护个人隐私信息特别是绝对隐私方面存在差距。举例来说，

---

〔1〕 2018年《安全规范》中明确规定了“自然人的隐私信息属于个人敏感信息”，其个人敏感信息包括个人财产信息（银行账号、存款信息、征信信息、交易记录等）、个人健康生理信息（病症、医嘱单、病史等）、个人生物识别信息（个人基因、指纹等）、个人身份信息（身份证、社保卡等）、网络身份标识信息（系统账号、邮箱地址、用户个人数字证书等）、其他信息（个人电话号码、宗教信仰、网页浏览记录、精准定位信息等）等类型。遗憾的是，这个范围显然过宽，不少信息类型涉及关于姓名和形象利益的隐私、关于私有财产的隐私等绝对隐私领域。

2013 年 5 月，我国法院在国内首个关于 cookie 技术应用与隐私权保护的案例，即用户诉某公司隐私权纠纷案中，作出终审判决，认为某公司在设置默认同意机制下利用 cookie 技术为用户提供个性化广告推荐服务的行为并不构成对用户隐私权的侵犯。[1]网站会采用 tracking cookies 技术来采集用户信息包括浏览数据等，用户浏览该网站不同网页时将想要的商品放入“购物车”，结算时网站就可以从相关 cookies 提取信息。这些由 cookies 提取的信息由于指向个人隐私利益，实际属于敏感信息的范畴。欧美已经对 cookies 的使用进行限制，如美国各大运营商均放弃用所谓不可删除代码技术来追踪移动用户的浏览习惯。不过，某网站诉某 App 反不正当竞争案中，北京知识产权法院利用《反不正当竞争法》，在企业对第三人的关系上，间接维护了用户对于敏感个人信息的利益。[2]

2. 基于企业数据的社会经济利益

企业数据不仅是产生企业自身的数据经济利益，本身在其享有、应用、交易的语境下也会因为数据化活动本身而影响特定经济和社会秩序，从而涉及社会经济利益特别是市场经济秩序。

首先，基于数据的活动，可能影响市场经济秩序，特别是影响公平竞争、公平交易和公平消费利益。企业基于数据应用，可能产生数据垄断、数据滥用、数据歧视等问题，违反《反垄断法》《反不正当竞争法》和《消费者权益保护法》，导致企业和竞争者、企业和消费者之间的利益冲突，损害竞争利益和消费者权益。这种情况与一般意义的反垄断、反不正当竞争、消费者权益保护具有相当程度的重叠性。从规范角度来说，很多仅是适用问题，但是也存在不少特殊的地方，不能简单适用反垄断、反不正当竞争、消费者权益保护法，而是需要针对数据场景加以具体化甚至特殊化规制。

最近国内外关于基于数据算法的垄断、隐藏、歧视的例子频频发生，暴露出这一事项上特殊立法的急迫需要。例如，某公司 Pagerank 的数据垄断事件。某公司开设搜索引擎功能，其 Pagerank 算法使得用户通过搜索产生的数据，可以被用来提升搜索体验，还可以被用来判断市场趋势或者针对用户兴趣投放定位广告或者预测流感蔓延趋势等，从而提高用户对某搜索引擎的忠诚度。该公司对 Pagerank 算法申请

---

[1] Cookie 隐私第一案终审：法院判某公司不侵权，载新浪网，http：//tech. sina. com. cn/i/2015 - 06 - 12/doc - ifxczyze9463119. shtml，2018 年 3 月 30 日访问。

[2] 法院认为，被告某 App 未经某网站及其用户授权，利用爬虫技术获取并使用用户的职业信息、教育信息，非法获取并使用某 App 注册用户手机通信录与微博用户的对应关系，破坏了公平竞争秩序，构成了不正当竞争行为。法院还明确指出了微博平台对于用户信息的保护力度不足，“数据提供方不仅应将用户数据信息作为竞争优势来加以保护，还应将保护用户数据信息作为企业的社会责任”。从判决书中可知，法院实际上认为某 App 损害了个人用户关于敏感个人信息的知情权、授权或撤回同意的权利和用户的利益。参见（2016）京 73 民终 588 号。

了专利，并利用这种数据专利形成数据垄断，通过所产生的超大量数据来挖掘相关市场利益，即使该专利终止，也可凭借其对各类数据的多年的垄断获得比较利益，严重损害市场竞争和消费者利益，进而也损害大数据产业发展本身。[1]又如，美国Step - Saver Data Sys.，Inc. v. Wyse Tech. 一案，被告滥用拆封许可协议而形成过度保护。这种拆封许可协议声明该许可协议属于合同的一部分，拆开包装即意味着接受了许可协议条款，放弃一切品质保证权。该案中，幸好法院以许可方未于订立物质载体的买卖合同之时向被许可方披露拆封许可协议为由，最终拒绝承认拆封许可协议的效力。[2]此外，实践中不少数据合同交易的转让方往往以双重搭配手法破坏交易公平。这些转让者以法律对数据保护不足为名，将数据交易拆分为“许可交易 + 技术措施”保留的双重搭配方式，以备对许可协议风险进行自力救济。这些技术保护措施，表现为企业作为权利人的访问控制、识别作品、控制特定使用等。数据企业通过这种方式，往往可能获得过当保护。一方面，此类数据许可合同多由许可方单方拟定，容易形成对市场弱势地位的被许可方的压制；另一方面，被结合使用的技术措施往往存在巨大的隐蔽性，容易沦为数据黑洞，导致歧视、不公平交易、垄断等后果。

其次，基于数据的活动，可能影响其他社会经济利益，如劳动者利益等。根据现在的劳动法、社会保障法等法律，劳动者等享有劳动保障利益，社会经济成员享有必要的社会保障利益，但是，企业数据经济化的发展，也可能使得这些特殊利益陷入困境。企业数据权利人的自利追求，容易和这些社会经济利益发生不协调甚至冲突，因此需要注意平衡和维护。

最后，基于企业数据，可能影响社会经济管理利益。大数据作为当今经济战略资源，体现着社会经济资源利益的需求。对此，国家对于企业数据作为社会经济战略资源的一面，以战略管理和宏观调控的方式，建立了特殊的配置和限制要求，这些都是强制性的利益设定，对于企业数据的核心利益和其他利益关系构成限定。

3. 基于企业数据的公共利益和安全利益

企业数据保护本身承载着功能的聚合性，其中公共功能主要体现为法律上的特殊公共利益保障。国家法律在相关法律体系格局中，面向这些功能的要求，设定了相应的更高层次的不同利益机制。例如，信息社会畅通、促进和改善公共管理、维护信息和数据安全功能、促进和保障国际协作等。它们成为企业数据利益交织关系中的组成部分，依据其功能地位不同发挥利益平衡或限制作用。

企业数据内部和外部关系中，必须明确这些公共利益的存在，并予以足够的考量。一方面，数据制作者依据其数据财产权，可以享有由此带来的经济利益；另一

---

[1] Brenda M. Simons& Ted Sichelman, Data - Generating Patents, 111 NW. U. L. Rev. 377 (2016 - 2017).

[2] Step - Saver Data Sys., Inc. v. Wyse Tech., 939 F. 2d 91 (3d. Cir. 1991).

方面，上述公共利益的尊重必须使之内化或者外加为数据财产权取得、享有和行使的必要条件或限制，从而构成一种制约。数据经营者在促进企业数据经营高效的目标下，进行数据收集、处理和应用等行为时，应当接受相应的管理要求，包括技术管理方面的要求，同时负担与这些利益进行协同的义务，确保基于这些利益的保障要求，进而促进数字经济稳步提升，保障大数据的公共安全，不断提升国家信息社会建设和信息化管理能力。

五、企业数据财产权化的结构设计问题

（一）企业数据财产权化结构的复杂性

企业数据财产权保护路径的设计非常复杂。企业数据承载功能的多重聚合性以及所涉利益关系的交织性，导致它的财产权设计与民法上典型的财产权不同，即无法采取纯粹意义的财产权构造方式。它在形式上虽然采取私权形式，却需要兼顾与多种功能和利益进行协同，因此必须呈现为一种具有极强协同性的复杂财产权形态。在这个意义上，企业数据财产权虽然具有权利之名，但其结构实为一种极为复杂的法律秩序安排。这一点与采取私权形式的知识产权机制，以及没有采取私权形式的企业竞争保护机制相似，但更加复杂。

（二）企业数据财产权的私益结构

企业数据财产权采取权利名义，旨在安排一种鼓励企业数据经济化的私有结构，这种结构体现为企业自身的可支配性和排他占有性私益。有了这些数据私益，企业的数据动力得到有效支持，企业的付出和努力得到合理肯定，企业的经营机制和作用得到有效安排和促进。不过，这种私益结构本质上只是一种鼓励技术，企业数据财产权设计的最终意义，在于通过这种权利私益结构的鼓励作用，最终实现整体数据经济的繁荣和福利的增进。这一点与知识产权和企业竞争利益的设计相似。也就是说都是以私权私利之名，行公权公利之实。[1]

笔者的数据财产权化思路，总体包含数据经营权和数据资产权两种赋权构想，其中数据资产权属于最狭义的数据财产权。数据经营权，是企业对于数据得以经营的一种主体资格。基于这种资格，企业可以收集、加工、利用和交易数据。数据经

---

[1] 以美国商标法为例，美国商标法理论认为，商标权名为企业的一种权利，实际是保护消费者利益的一种特殊机制，即以刺激企业通过保护商标权而提升企业标识形象的方式，旨在使得消费者得以避免误认商品或服务。所以，美国法学院课程设置中，习惯将商标法与反不正当竞争法结合在一起，叫《商标与反不正当竞争法》，原因在于功能接近。

营权有一般经营权和特殊经营权之分：一般经营权属于普通领域，企业可自动取得；但特别经营权涉及数据经营管制问题，适用于特殊领域例如金融数据、医疗数据、司法数据、电信数据等，需要建立依法引入许可、特许制度。无论何种数据经营权的行使，本身都存在最低要求限制，就是要合法经营及合法收集，在涉及收集作为数据来源的个人信息时，尤其存在诸多保护限制。数据经营者不能毫无限制地穷尽收集其所接触到的全部个人数据，也不能将个人数据存储任意期限，还需要在收到数据后进行去标识化的步骤。《一般数据保护条例》、我国相关法律（如 2018 年 5 月 1 日开始实施全国信息安全标准化技术委员会归口的《信息安全技术个人信息安全规范》）都规定了数据经营者在获取个人用户数据时有目的合法性、取得需授权、数量最小化、存储最短化、内容去标识化的要求，实际就是从数据取得、目的、数量、期限、内容上对数据经营者的权利进行限制。

数据资产权，作为一种专有排他权，比对所有权、知识产权来设计，其私益结构部分，体现为企业对其数据在特定范围享有占有、使用、收益和处分的权利。可以设定期限限制，如 15 年左右。又可以区分专有支配方面的权能和排他性方面的权能两个方面：

首先是专有支配方面的权能。包括：(1) 对于数据的占有权，是指数据制作者在合法获取数据后，可以对经过其处理的数据集合享有一定程度的实际控制的权利。但存在一个直接的限制结构，个人信息主体随时享有撤回同意、更正、删除的权利，这就使得企业数据主体的权利不是完整的，其不能够完整地控制其已经收集的数据。(2) 对于数据的使用权，是指数据经营者对数据可以加以利用的权利，可以将之分为内部使用和外部使用两种模式。内部使用是指数据经营者收集数据之后，自行处理分析，制作出有价值的数据集合后，用以解决其预先设定的问题，如风险预测，市场决策，广告投放等；外部使用则是数据经营者将其收集的数据传输给第三方，供其使用。内部使用不得超出其向用户收集数据时所说明的目的、使用方式、授权范围等，外部使用则另需用户授权同意并进行信息安全影响评估。(3) 对于数据的收益权，是指数据经营者利用其数据集合获取的经济利益的权利。一般企业作为数据经营者可以依据法律法规，遵循市场机制，自由进行数据集合交易，获取正当利益。实践中的贵阳大数据交易所等正是这样进行资产化的数据集合交易。(4) 对于数据的处分权，指数据经营者依法对数据集合进行“处理”的权利。英国《数据保护法》、德国《数据保护法》和欧盟《一般数据保护条例》，对于这种“处理”的权利采取了狭义定义，即包括存储、变更、传输、封锁和删除。[1]然而，即使这样，狭义定义下的处分权也还有限制。如对于存储的限制，不仅体现在存储

---

〔1〕 王玉林：《信息服务风险规避视角下的大数据控制人财产权利与限制研究》，载《图书情报知识》2016 年第 5 期。

的期限和模式（敏感数据加密等）上，还体现在对于存储地域的限制上。[1]

其次是排他性方面的权能。上述数据资产的专有支配的内容同时具有排他性的效力，即可以排除任何第三人干涉（包括侵入、加害等）。正是这种排他性权能的赋予，企业数据财产权区别于一般的数据合同权利，可以对抗来自第三人的数据侵入、盗窃、非经授权使用等。

（三）企业数据财产权的限制结构

基于其他保护功能和利益关系的关联存在，数据财产权作为数据保护的一种复杂秩序安排，并非一种完全自在自为的绝缘化权利空间，除了私益部分建构之外，还应设计出许多限制结构，以使其具有足够的弹性和外接性，以便对接或协同各种功能和利益关系的实现。这种结构，或为保障数据经济秩序，或为促进数据公共利益，或为推进信息社会建设，或旨在保障数据安全等，不一而足。此外，数据经济具有巨大的潜在的应用场景，导致许多特殊的应用限制。

1. 基于数据的市场经济秩序限制

数据财产权设计应当注意保障数据市场经济秩序的公平有序和交易安全，包括致力于有效抑制或消除数据垄断、数据欺诈、数据歧视等破坏竞争和公平交易、损害消费者利益的现象。

首先，避免大数据产业垄断。应以《反垄断法》为基础，及早构建周密且有针对性的规则，对数据经营者的数据垄断活动进行限制。大企业的数据垄断带来的后果巨大：妨碍数据流通，限制数据产业发展，不利于经济增长，甚至阻碍国家大数据的战略发展计划实施。[2]现实中，基于雄厚的资产基础、技术条件，互联网巨头企业几乎百分之百会获得数据经营能力，加剧巨头企业垄断数据的市场地位，导致对数据市场秩序的威胁和破坏。如大数据企业凭借其占据的互联网优势，掌握了大量数据，可谓“拿走数据的多，贡献数据的少”，但是其自身构建的数据体系并不开放。[3]

其次，避免基于数据的不正当竞争和损害消费者权益。数据财产权并不赋予数据权利人得以从事不正当竞争和交易的市场地位，应尽早参照《反不正当竞争法》

---

〔1〕 我国《网络安全法》第 37 条：“关键信息基础设施的运营者在中华人民共和国境内运营中收集和产生的个人信息和重要数据应当在境内存储。”同时该条还对数据的传输进行了限制：“因业务需要，确需向境外提供的，应当按照国家网信部门会同国务院有关部门制定的办法进行安全评估；法律、行政法规另有规定的，依照其规定。”

〔2〕《国务院关于印发促进大数据发展行动纲要的通知》（国发〔2015〕50 号）；《国务院关于印发“十三五”国家战略性新兴产业发展规划的通知》（国发〔2016〕67 号）。

〔3〕《大数据产业遭垄断：拿走数据的多，贡献数据的少》，载经济参考报，http：//finance. sina. com. cn/roll/2016 - 10 - 20/doc - ifxwzpsa8241057. shtml，2018 年 3 月 30 日访问。

《消费者权益保护法》等，建立具有针对性的制度，包括数据公平交易规则、算法公开和监管规则等，禁止企业利用数据破坏市场秩序、妨碍公平竞争、损害消费者权益。

2. 基于数据的公共利益和福利限制

数据财产权设计应平衡好与数据相关的公共利益包括数据福利的关系，数据财产权不只是要鼓励企业自身的数据经济化，更要协同实现数据公共利益和福利，最终推动数据经济的繁荣。这里既包括积极的协同，如建立数据共享、促进数据流通等；也包括消极的协同，如为了维护数据公共利益，在特定的情况下合理限制数据财产权的排他性，使其不得对抗公共安全、科技进步等公共利益需要。这一点与知识产权很相似。

首先，建立数据强制公开制度。数据经营者基于其数据集合获得了与自然灾害、经济危机等危及国家安全、社会稳定的紧急状态相关的预测、结论、观点时，应明确数据经营者具有主动向国家相关机构及时公开其研究结果的义务。这种强制公开不意味着数据经营者就此抛弃其收益的权利，而是基于维护公共利益的考量，强调数据经营者应当主动承担的社会责任。

其次，建立数据强制许可制度。大数据的本质是要求数据的流动与开放，大数据增值的方式之一则是根据原有数据集合进行再创造。因此，可以参照专利法中的为实施从属专利需要的强制许可，当利益相关的第三方利用其合法购置的数据集合创造出有价值的新数据集合的时候，应当明确这种全新的数据集合是该第三方的数据资产，原数据集合的权利人在获得合理对价之后，无权向第三方“二次创作”的数据资产权主张权利。

最后，为了促进科学进步，技术发展，可以考虑借鉴著作权法下的“合理使用”的制度设计。当以科研为目的使用数据集合时，数据经营人应以合理价格向科研人员公开其持有的数据集合；科研人员则应当以非营利为目的，合理利用数据集合，并不得恶意向第三方公开。

3. 基于数据的信息社会和数据安全限制

数据财产权设计还要注意信息社会畅通的需求问题和信息与数据安全的保障问题。必须对此作好设计。

信息社会要求，对应到数据财产权，就是要求赋予企业数据权时，必须继续保证数据的可流通以及可共享的渠道无障碍。信息公开不仅适用于公共数据，也适用于私有可社会化数据。当然，信息跨境问题具有特殊性，存在国家之间的博弈，但最终应该通过改进而促进跨境流通。

数据安全保障要求，实际上限制的是数据经营权，应明确具有数据安全实施能力的企业主体才可以享有数据经营权。根据目前数据安全保护的实践、国际和国内相关法律法规的规定和我国的《安全规范》中明确的标准，用以确保数据安全的手段基本有以下五类：第一，是采用先进的技术措施，包括数据去标识化、数据脱敏、存取控制、数据加密、审计日志、安全协议等；第二，是加强数据从业机构内部人员的管理与培训，比如签署保密协议，定期培训考核等；第三是构建个人信息安全影响评估制度并定期开展评估，妥善保管评估报告；第四是从业机构内部要设立专门进行个人信息保护部门和负责人，保障信息保护工作的投资；第五是建立个人信息安全事件应急预案，定期演练，及时报告。从这五类保护手段可以看出，数据安全需要数据经营者的大量人力、物力和财力的投入，不是所有数据经营者都有相当的技术、资本为其收集处理的数据提供符合标准的保护。

4. 基于大数据应用层面的特殊限制

大数据存在不断迭代的应用问题，像云计算、移动互联网、人工智能、物联网等。数据财产权像树根和树干，大数据的各种应用则像树枝或树叶，形成一种互动关系，后者指向各种独特的应用要求，形成新的业态和利益类型，引发新的问题，从而导致更加特殊的规制要求。

首先，商业应用层面。以电商平台为例，电商企业对于数据资产的利用模式主要是市场营销，具体如电商企业针对消费者的精准营销，电商企业通过收集、处理、分析大量消费者的消费数据，如偏好购买产品类型、购买产品的周期、购买产品的平均消费、消费者的生活环境等，得出消费者的消费偏好和兴趣偏好，从而根据其兴趣和以往产品花费金额准确推荐相关产品、商家，采取有针对性的营销策略，刺激消费者消费欲望，最终促成消费行为。[1]实践中，已经可以通过消费者授权获取的定位信息，如走入了专卖某种商品的店铺，直接判断出消费者近期内想要购买的产品，继而向该消费者精准推送相关产品的销售信息。电商企业对于数据资产的利用模式众多，涉及个人信息的数据体量巨大，所以在电商层面应更侧重于保护数据安全和个人用户的隐私利益。由于电商企业数量众多，且企业之间的安全技术保障能力、资本基础等相差极大。因此笔者认为，考虑到数据安全和用户隐私保护的重大性，应该将数据经营权集中给予有能力、有技术、有资本的大型电商企业，但是同样应考虑中小电商企业对于大数据分析技术应用的需求。第一，从国家层面来讲，应当为电商企业数据经营权设置“高门槛”，尽量通过国家规制将数据经营权集中在有技术、能力、资本的大型电商企业或从事电商相关数据分析的企业机构中，由这些企业对数据进行各种技术化处理和保护。第二，要保证中小电商企业能够以合理对价获取大数据技术的使用渠道。第三，要建立电商行业内部监管体制、核查机制和问责机制，同时建立保护数据安全的规范体系，做到在保护数据的同时，保证被交易的数据分析结果是在公平、诚实信用原则的基础上所分析获得的。

---

〔1〕 刘鹰：《浅析我国电商企业的大数据应用现状》，载《商业时代》2014 年第 25 期。

其次，工业应用层面。可能涉及不同层次的信息化或自动化，也涉及不同方面如智能制造或智能服务。目前以无人驾驶、自动驾驶为例，这类技术有两项重要的前提：第一是要有巨量数据作为基础支撑，第二则是要有处理巨量数据的能力。数据主要源于两个方面：一是来自车载传感器获取的数据，主要用以判断车在路上的位置、速度、方向，障碍物避让，是否需要停车、减速等方面；二是源于第三方的数据，如与平台合作，获取其行车途中所得路况信息、天气信息、道路情况、交通信号标志、路标信息等数据，进而利用这些数据来对无人或自动驾驶的汽车将要面对的路况作一个有效的精准预测。[1]无人驾驶、自动驾驶技术的研发离不开前面提到的数据“量”的支持和“质”的保证。因此，为了推动此类技术进步、行业发展，最重要的就是相关企业进行数据共享，以最全面最详细的数据为基础对再利用数据分析技术进行利用。因此，笔者认为针对此种类型的工业应用模式，国家层面上可以采取鼓励、扶持的政策来促进相关企业之间进行数据流通、共享，但是不能够强制企业公开其数据；同时应该在行业内部建立有效的数据共享机制，并辅以合理的监管制度，同时对于潜在的数据垄断可能性保持警惕。

最后，工商业复杂基础设施应用层面。我国的工业互联网几乎与发达国家同步起步，为了使国家工业体系智能化升级转型顺利开展，促进实体经济发展，就必须采取发展工业大数据技术、促进工业互联网平台建设、建立工业大数据中心等方式，而这些手段则都离不开基本的数据共享与技术创新。因此，第一在国家层面上，需要由国家确立促进工业互联网建设的政策扶持，我国政府高度重视工业互联网建设事务，已经提出了《关于深化“互联网＋先进制造业”发展工业互联网的指导意见》。在这个指导意见中，国务院提出的七项任务和六项保障支撑方案非常具体详细，可操作性极强。第二在企业层面上，在肯定数据财产权的基础上，需要鼓励互联网企业、工业制造业企业和科技创新企业进行大数据跨行业联合，即互联网企业、制造业汇总数据并分析，制造企业据此开展相关生产经营活动，科技企业则为数据分析、数据安全等方面提供保障并不断开发新技术。当然，打造健康完善的“工业淘宝”体系也要兼顾相关中小企业利益，因此更要开展数据合理有偿共享，技术合理有偿共享，建立联合监督机制促进行业自律，从而提升效率、降低成本，增强整个行业在国际上的竞争力。

六、结语

企业数据保护是当前涌现的重要而迫切的法律课题，也是现有法律资源窘迫应

---

〔1〕《出行公司干起了数据分析，但更看重无人驾驶》，载和讯网，http：//bschool. hexun. com/2017－01－16/187751518. html，2018 年 2 月 5 日访问。

对的法律难题。目前，从私法保护角度来说，企业数据保护走向财产权化新机制，已经成为一种越来越清晰的趋势。这种方式对于企业具有最佳鼓励和刺激的作用，使其乐于积极投入技术、资金和人力成本，不断开发新数据技术和方法，不断推出和改进数据产品，进而繁荣数据经济，促进社会经济发展。但是，数据财产权化设计应该注意，企业数据保护本身不仅承载企业追求经济化的功能，同时还具有功能的多重聚合性和所涉利益关系的交织特点。因此其设计应与民法上典型的财产权不同，不能简单化，而应该建立一种具有极强协同性的结构系统，体现为一种以私益结构为核心、多层限制为包裹的复杂法律秩序构造。在功能上，既要有利于充分刺激数据制作者的积极性，又要维护数据相关的各种功能和利益关系；在构造上，不是简单赋予权利人一个完全自在自为的利益空间，而是在赋予权利人必要私益基础上，同时设定诸多条件和活动限制，从而达成数据关联利益的平衡。

数据相关法益保护的多样性与特殊规范问题

随着大数据及数据经济的发展，数据成为日益重要的新型资产，数据经济利益关系复杂，数据相关法益保护也呈现出多样性特征，传统法律架构应对乏力。笔者拟从数据保护与要素市场化配置的关系、数据相关法益保护的多样性、数据财产权问题以及数据管理的特殊规范问题四个方面，对数据相关法益保护的多样性与特殊规范问题进行深入研究，从数据经济结构的本质出发，采取一种更加合理的权利配置方式，推动数据财产权构建，促进数据经济发展。

一、数据保护与要素市场化配置的关系

2020 年 4 月，《中共中央、国务院关于构建更加完善的要素市场化配置体制机制的意见》（以下简称《意见》）发布，《意见》提出土地、劳动力、资本、技术、数据五大要素。数据是第五个要素，也是最新、最重要的要素之一。而探讨数据要素市场化配置的关系问题，必然要从数据保护目的和数据合理利用的角度出发。《意见》第 22 点提出“加强数据资源整合和安全保护。探索建立统一规范的数据管理制度，提高数据质量和规范性，丰富数据产品。研究根据数据性质完善产权性质。制定数据隐私保护制度和安全审查制度。推动完善适用于大数据环境下的数据分类分级安全保护制度，加强对政务数据、企业商业秘密和个人数据的保护。”尽管我国已确立起数据是当前最重要的要素级别资源的观念，且对于数据来说最重要的规范问题是数据保护问题，但数据保护问题不能孤立地处理，其应该克服市场化配置不足的短板。申言之，只有找到短板，才能做到真正的市场化配置，形成高标准的市场体系。

经过改革开放，我国商品市场或一般化市场经济发育良好。但是，决定市场的关键资源要素，如土地、劳动力、资本、技术、数据等的要素市场发育相对滞后。要解决数据要素市场培育发展滞后和不平衡的问题，就需要考虑如何设计数据保护制度以合乎数据市场的最大化配置，特别是如何进行数据保护立法和司法。对此，

笔者提出数据财产权化以应对此问题。此外，《意见》第26点提到“健全要素市场化交易平台。拓展公共资源交易平台功能。健全科技成果交易平台，完善技术成果转化公开交易与监管体系。引导培育大数据交易市场，依法合规开展数据交易。支持各类所有制企业参与要素交易平台建设，规范要素交易平台治理，健全要素交易信息披露制度”，特别提出数据要素交易市场的培育与要素平台治理，反映出数据时代下国家深化改革、推动数据交易的战略导向。

二、数据相关法益保护的多样性

首先，目前我国数据相关法益保护存在多样性的规范状态以及司法实践状态。从数据的财产性权益角度看，我国《民法典》第127条规定：“法律对数据、网络虚拟财产的保护有规定的，依照其规定。”2017年《民法总则》出台时已经确立了这一条，《民法典》立法过程中就该条的存留问题曾引发激烈讨论，最后讨论决定把该条与第111条个人信息保护的规则进行区分规范，体现两重性。换言之，就是将数据、网络虚拟财产单独作为一种保护对象加以设计。《民法典》第127条是一条授权规范，确立了数据和网络虚拟财产受法律保护的地位，这种保护地位与“权利”相近，或者就是“权利”的法律地位。

其次，对数据竞争的规制散见于多部法律规范。在司法实践中，我国法院在判决中多通过《反不正当竞争法》保护数据权益。但《反不正当竞争法》通常从具体侵权以及竞争行为的角度切入。该法修改时，在第12条的基础上增加了利用网络从事生产经营活动情况下的具体化规范，这是在网络领域适用较多的条文，但其适用范围仍然较小，不能满足经济活动中数据保护的需要，导致司法实践中很多企业以《反不正当竞争法》第2条的原则性规定起诉，即“经营者在生产经营活动中，应当遵循自愿、平等、公平、诚信的原则，遵守法律和商业道德”，法院对此也多予以支持。《电子商务法》也是规制数据竞争的重要法律。该法第22条规定：“电子商务经营者因其技术优势、用户数量、对相关行业的控制能力以及其他经营者对该电子商务经营者在交易上的依赖程度等因素而具有市场支配地位的，不得滥用市场支配地位，排除、限制竞争。”但电子商务领域的数据竞争更多从反垄断角度予以规范，因此该条规范更多由反垄断执法部门适用。

此外，与数据相关的个人信息保护问题在实践中较为突出，因为企业数据或机构数据与个人信息关系密切，个人信息作为数据的一种类别利用价值较高。因此，关于个人信息保护的相关法律问题很早就在我国法律体系中确立起来，我国《网络安全法》以及《民法典》对此都规定得较为细致，如《民法典》第111条明确规定“自然人的个人信息受法律保护”，《民法典》人格权编第1034～1039条对个人信息保护进行了细致的规定，并区分了隐私权保护情形下的个人信息保护。因此，与数据相关的个人信息保护规则，对数据法律保护体系而言是非常重要的。究其原因，是与数据相关的个人信息保护规则站在个人信息保护的角度，其主体是自然人，与企业对于数据集合或者数据产品保护的法律基础不同。

最后，需要注意的是消费者的信息保护问题。我国《消费者权益保护法》第14条规定："消费者在购买、使用商品和接受服务时，享有人格尊严、民族风俗习惯得到尊重的权利，享有个人信息依法得到保护的权利。"个人信息保护与消费者权益保护法结合理解，在今天的社会活动中有其重要的特殊性。

综上所述，我国关于数据相关法益的保护呈现出多样化形态。在当前数据经济发展环境下，面向个人信息和数据利益关系的法律建构，应当与数据经济的结构本质，尤其是其双向动态的特点紧密结合。体系上应当在区分个人信息和数据资产的基础上，进行两个阶段的权利建构。首先，对于用户而言，应在个人信息或者初始数据层面上，同时配置人格权益和财产权益。其次，对于作为数据经营者的企业或机构而言，其基于数据经营和利益驱动的机制需求收集和利用信息，应当分别配置数据经营权和数据资产权两个权利。因此笔者主张将目前"用户个人信息人格权保护+用户协议"这种简单的保护模式发展为动态结构上的数据保护模式。

随着数据经济的蓬勃发展，数据资产化的经济利益越来越巨大，人工智能与物联网的发展，使得其发展更加势不可当。如果抑制数据收集者或者经营者的积极性，他们就不会投资数据技术开发，难以形成高水平、高质量的数据集合，更不可能出现高质量的数据产品。基于用户个人信息单方面的财产化理论，单纯对个人信息赋予财产权，不足以满足促进数据经济结构发展的要求。因此，为进一步推动和促进当前已经出现并蓬勃发展的数据经济，从目的上，要通过数据经营活动，对数据进行开发利用并最终达成创造和实现数据财产利益的效果；从行为上，要对数据开展大规模收集、处理、加工、利用及交易活动，形成数据经济发展的激励机制，激励相关企业规范地追求利益，给予其财产权是最好的方式；从结构上，要以数据从业者为结构中心，数据从业者的努力是今天数据资源形成的重要基础。

三、数据财产权问题

在数据资产化势不可挡的趋势下，数据财产权的制度构建甚为迫切。笔者提出通过供给侧改革确立数据资产权，即确定数据经营者的数据经营权和资产权。首先，关于数据经营权，一般数据收集者可能基于法律依据或者合同依据，出于自身单位特殊功能的需要而收集数据，如高校的数据收集，此时不需要经营权，只要有法律上的授权即可。但是现在多数数据从业者不是为了自身功能收集或利用数据，而是为了出售和转让，此时就涉及数据的转让以及数据安全问题。从这个意义上而言，需要设计数据经营权，通过对主体资格的管理达到更好的管理效果。因此，笔者认为对一些特定的从事数据经营的法律主体应引入数据主体管理制度，通过主体资格管理使其更加合理化和规范化。其次，数据资产权建立在整理加工的基础上，实际在性质上接近物权，但因其以一定的价值添附创造为基础，又与工业产权有相似性。数据资产权，既有保护性权利的特点，又有公益性权利的特点。数据资产权不是简单的私权，还要维护数据共享的利益以及数据流通的利益等。

四、余论：数据管理的特殊规范问题

数据的价值建立在两个基础之上：一是技术，二是管理。数据管理规范包括两方面：一是价值的保障，二是安全的保障。大数据竞争本身不会自动产生价值，只有依靠数据技术开发才能产生价值，如数据产品、人工智能、物联网等。数据经营价值保障的实现，需要国家在整个法律体系框架内进行合理的构建与合法的促进，甚至是战略管理的促进。特别是关键性技术的基础设施建设，需要国家支持和投资。但是基础设施建设之后如何更好地投向市场使用，涉及安全保障问题。“安全”不仅包括个人信息安全、数据安全，还涉及国家安全。《意见》第六部分“加快培育数据要素市场”包含三点：一是推进政府数据开放共享，此为数据管理路径；二是提升社会数据资源价值，同样也是通过管理促进数据资源发展；三是加强数据资源整合和安全保护，该部分内容多为数据管理规范的设计，对于数据要素市场培养具有重要价值。

在未来的司法实践中，应当从多样性角度，特别是从数据资产权角度出发，大胆实践，更好地促进数据市场的规范化和合理化。在鼓励数据资源提升的同时，也要注意在立法上增加数据管理规范，促使数据的价值和安全得到双重保障。

数据法律治理的原则和路径*

题目中在数据治理中加上法律二字是因为有两种数据治理，一种是从法律规范层面来讲数据治理，如何用法律对数据治理进行规范；另一种是企业或机构自身对于数据的治理，强调的是事实层面，关注的是数据对于治理的实际功能。本文讲的是前者。为了区别于企业或机构自身的数据治理，所以加上法律的限定，也可以转换为数据治理的法律原则和路径这个标题。主要包括三个问题：数据法律治理的复杂性、数据法律治理的原则和数据法律治理的路径。

一、数据法律治理的复杂性

数据法律治理是指国家在法律意义上对于数据治理的再治理，换言之是国家对于数据治理的法律立场和基本规范要求。各个企业、机构都在做数据治理，各个机构都在管理自己的数据，但它们是从自己的利益和效率的角度出发的。这种自身利益的角度，很可能会因为治理者的自私而导致对他人包括个人、社会和国家造成损害或者威胁，这就需要进行必要的规范，以保障企业、机构自身的数据治理符合一种外在的正当、合理期待。这就是数据法律治理的要求或标准。数据法律治理，从法理基础上说，首先关心的是数据治理的正当性和合理性的问题，就是要明确企业和机构做数据处理时的正当性和合理性准据和边界。这些体现为数据法律治理的基本原则、基本规范要求。从规范对象来说，要重点关注数据治理中产生的各种数据利益争议，当然也包括数据机构和用户之间的争议，包括这些争议怎样合理解决。

最近我国一些部门已经意识到数据法律治理的重要性和迫切性，在自己的领域着手开展数据治理立法或者政策制定。比如，最近中国银监会的《银行业金融机构数据治理指引》（以下简称《指引》），就是要解决银行业的数据治理的合规问题，目的是为引导银行业金融机构加强数据治理的规范性。《指引》的内容包含五个方

---

* 笔者2018年在腾讯第二期网络法工作坊的授课记录稿。

面：把数据治理纳入公司治理，设置首席数据官，建立良好的数据文化，加强数据应用，以及强化数据安全意识。《指引》针对监管也提出要求，包括建立数据质量控制机制，强化银行金融机构对数据质量的责任，突出监管机构的数据质量要求等。这相当于用政策方式在金融业数据治理方面明确了原则和基本规范要求。当然，这还不是正式法律文本，只是一个指引。

数据法律治理本身非常重要，也非常复杂。这是因为，企业和机构的数据治理本身极为复杂。数据法律治理是数据治理的再治理，而数据治理又可以区分不同主体的数据治理。如企业、机构。首先是企业数据治理，指企业将数据作为资产展开一系列的具体化工作。著名的数据治理专家桑尼尔·索雷斯在《大数据治理》中对此作了界定。他说："企业数据治理是关注于信息系统执行层面的体系，这一体系的目的是整合 IT 与业务部门的知识和意见等。"这是 2014 年的表述，现在又有了变化。这本书里讲到企业数据治理关注的主要是数据技术、数据平台和数据组织的设计问题。大多数企业在数据治理的时候，技术、平台和组织程序大体相同，只是根据自己的目的改变略有不同。其次是各种机构的数据治理，比如高校作为一类机构也要做数据治理，某部委作为一个机构也会进行数据治理。各行各业都有数据治理，不同机构都有自己的治理，但它们数据治理服务的机构功能和定位不同，机构数据治理属性与机构的功能相一致，有的属于社会治理，有的则属于公共治理。

企业和机构的数据治理需要关心合规问题，但是实际上数据法律治理极为复杂和困难。一方面，企业或者机构进行数据治理，很多时候会将相关法律规定仅是作为一种风险考虑。另一方面，企业、机构关心合规问题，必须建立在存在法律规定和自律的前提基础上。现在对于企业、机构的数据治理本身还缺乏成熟的法律规定，而企业、机构自身的自律也建构得不牢靠，所以企业、机构数据治理合规问题的前提基础并不扎实。现实中的企业，在没有非常精准的上层法律要求时，靠自律往往是很难的，它们虽然也会在合规性方面从安全、隐私等来考虑数据治理，但是往往更关注企业自身的效率追求。两者之间有时存在很大紧张关系。所以，企业、机构数据治理失范现象日益严重、频发危机。

总之，数据法律治理比较复杂，作为对企业或者机构数据治理的再治理，首先要有比较严密的法律体系和企业自律体系。其中，对于国家来说，在数据法律治理方面最重要的任务，就是及时拿出成熟的数据治理立法。

二、数据法律治理的原则

笔者认为，数据法律治理的原则至少有四个：一是维护数据安全和个人信息、隐私保护底线原则；二是数据归属和数据利用并重原则；三是数据监管与数据自律并重原则；四是维护数据保护与数据共享等公共利益平衡原则。

第一个原则是维护数据安全和个人信息、隐私保护底线原则。数据安全和个人隐私信息保护应该成为数据治理的底线。

首先，要维护数据安全。数据安全很复杂，不仅是个别信息数据的安全，也包括数据集合的安全。我国现在有《网络安全法》，但是还不够，正在制定更加特殊的《数据安全法》。

其次，个人特别信息包括个人政治信息等，在国外是非常重要的，要被加强保护。此外，通信自由和秘密绝对不可数据经济化、社会化；开放信息鉴于其性质也绝对不可数据经济化。我国关于个人信息保护的立法体系已经成型，但是在个人特别信息或者隐私信息上存在严重不足。这些本是不可社会化，更不可经济化的信息，应当在特殊情况下基于公共利益依据严格的保护规范去收集和存储，但是在我国似乎是可以广泛收集的，企业征得个人同意后甚至可以商业化使用。这方面没有明确，保护力度也严重不足。最近一些标准开始注意到了区分个人一般信息和敏感信息，但是对敏感信息的概念区分远远不够，与隐私严格化保护还有差距，部分敏感信息必须隔离出来予以特别保护。

第二个原则是数据归属和数据利用并重原则。从当前数据经济的合理逻辑来看，数据法律治理转向归属和利用并重是当前的一个基本趋势。既要重视对数据主体权利的保护，也要重视对数据的合理开发和利用。

数据应有归属，不仅是利益上的定分止争，也存在数据伦理的归属问题。但是如果只是简单地确定归属，那么数据的效应就可能失效，因为数据只有利用起来才具有价值。以物权法上他物权的建立为例，他物权的建立就是为了实现物尽其用，这是一个非常重要的财产法的历史阶段。中国在 1986 年之前，只有所有权没有利用权。国家所有、集体所有简单明了，但是没有他物权，资源效率低。所以改革开放的过程主要是分离他物权。现在数据也一样，一方面需要明确归属，另一方面也重在利用，要就数据建立有助于利用性的权利机制。数据经济发展到今天，除了基于数据伦理的要求，必须确立个人数据的主体归属之外，还应该立足数据在经济社会和管理上的合理利用需要，明确数据开发利用者的必要权利。数据的利用不仅包括经济上的利用，也包括管理上的利用。有的数据可能具有很大的公共利用价值，如高校的数据。此外要注意数据归属和利用关系的动态发展和立法调整。数据领域不断出现很多新的业务场景，如目前人工智能的发展就是一例，可能导致关于个人信息保护的征得同意规则需要同步调整。

目前，我国在立法上逐步走出了一条数据归属和数据利用并重的路子，《民法总则》第 111 条和第 127 条把个人信息保护和数据、虚拟财产的保护分置规定。这两条规定比较好地适应了数据归属和数据利用的双重需求。这两条规定在立法过程中有很多波折，开始的规定并非如此。早期一种观点将数据问题简单化为个人信息权，也有学者提出将其纳入知识产权类型，认为它是一种新型的智力成果资源。后来由于有识之士不断地呼吁不能把数据问题简单化，才促成了这种分置规定，尊重了企业、机构对数据的独立利益，为将来的细化立法奠定授权基础。

第三个原则是数据监管与数据自律并重原则。一方面要建立一个严密、有效的监管体系，另一方面对于企业的数据治理，要建立法律上的要求，并使其能够自律运行。首先，需要有效、合理的外部监督。其次，鉴于数据治理的复杂性，如果企业不自律，监管再多也无法发挥效用，所以企业数据自身合规十分重要。

《一般数据保护条例》建立了严格的个人信息保护的体系，重点是两块：一是建立了个人信息的权利，确立了七项权利；二是建立了一个管理体系，确立了强大的关于数据治理的监管与自律机制。监管机制里最重要的是专门监管机构的建立；自律机制也是法律设定的，要求企业内部自设具有独立地位、法律义务和职责的数据专员，或者数据官。

美国没有通过联邦层面立法来要求建立一个专门监管机制，因为联邦立法的权力是有限的。联邦可以在商业领域进行立法，但是对于商业领域来说还有一个商业经营自由的基础原则，所以美国若推行强有力的管理体系在联邦立法层面往往很难成功。所以，到今天从联邦层面讲，对于数据法律治理，美国也主要是由联邦贸易委员会进行公平竞争、公平交易、消费者保护等方面的执法。但是这解决不了数据治理的特殊需求。

我国数据法律治理尚缺乏完善的监管体系设计。所以，现实中个人信息隐私泄露甚至非法出售事件时有发生，法律事先治理不足与法律事后救济失效。从管理部门设置看，存在数据治理专门监管机构缺位的情况。网信办主要关注的是信息内容监管；个人信息保护主要靠公安部门；工业数据管理主要靠工信部；数据竞争秩序和消费者权益保护主要靠市场监管部门。从法律救济途径看，用户个人信息和隐私损害问题，少数通过民事诉讼解决，极少数通过刑事解决，部分通过行政制裁解决。按照中国的法律规定，进行民事诉讼的效果很有限，当事人不愿意诉诸民事救济的一个原因是认为在这类诉讼中，即使打赢了官司也不一定能获得赔偿，因为原告是个人，而被告则是企业甚至是一些大企业，双方的诉讼能力不对等。在法律体系中也看重行政解决，但是缺少独立的或者有效的机制。我国数据治理的相关行政罚款的标准也比较低。数据治理里抑恶是难题，扬善比较容易。民法很重要的作用在于它的驱动力。民法假设都是善良社会，所以民法的权利能够扬善，民事责任也是扬善的。但是实际上还需要解决抑恶的问题，行政法、刑法是治恶的。

第四个原则是维护数据保护与数据共享等公共利益平衡原则。数据法律治理有两条线，一个是底线，一个是上线。底线就是数据安全和个人信息隐私的保护底线，上线就是数据公共利益不得逾越的上线。目前企业、机构之间的数据纠纷不断，一项由来自世界各地的340名法律专家进行的研究发现，2017年数据保护纠纷占所有电信、媒体、技术争议的13%，未来五年预计还要增加104%，这是非常大的变化。那么这些纠纷之中，不少是权属和交易纠纷问题，但也有不少是数据保护与数据共享等公共利益如何平衡的问题。

数据作为重要资源，经常涉及公共利益，包括公共管理利益，也包括社会经济利益。数据公共利益重点包括数据流动和数据共享，后者是基于信息社会的一种特殊公共利益，对数据保护的同时，不能阻碍信息社会的通畅。所以，数据确权的意义应当受到信息流通的限制，确权和相应的保护是为了更好地流通。一种观点认为，为了信息流通，不应该确权，因为确权会导致权利封闭，这种观点显然存在误解，专利权正是通过赋权促进了专利发明的公开和流动，所以其实数据确权才是促进信息流通的基础机制，只有确权的数据有了保障，个人和企业才可能敢于也愿意公开其数据，主动加入信息流动，否则其数据极有可能沦为商业秘密。当然，数据持有者也可能有意阻碍流通，进行数据垄断、不公平竞争、歧视等，以此攫取特殊利益。这就需要法律矫正。

三、数据法律治理的路径

目前我国数据法律治理的问题，包括个人特殊信息保护严重不足、偏重数据归属而忽略数据利用、重视事后救济而忽视事先事中保护、关注数据竞争而忽视数据共享等问题。所以，今后一个时期的路径是，应当立足怎么解决这些问题而加强数据法律治理。

第一，构建企业数据财产权化机制。这是当前数据归属和数据利用并重的一个重要机制。当前要处理好个人信息和企业数据的关系，较好的办法是在确立个人信息权利的同时也确立企业对其开发数据的权利。企业大数据开放和应用需要制度激励，否则企业不会投入巨大人力物力去开放数据技术、挖掘数据资源。这个方案对数据开发者来说不仅是强大的事后救济机制，也是很好的事前激励机制，极为有利于促进数据走向开发和应用。

现在单边保护个人信息的做法，不合理限制企业开发数据，企业为了数据经营和数据利益的需要想方设法规避法律，知情同意原则不断通过默示化等实践机制而流于形式。此外，现有产权保护制度，包括反不正当竞争法的保护，对于企业的数据挖掘和经营保护来说都远远不够，而且还会有很多弊端。例如，企业可以引入知识产权保护数据开发，为大数据申请计算机程序专利。但是，根据现行法律法规，可以申请专利的大数据要具备鲜明的“技术属性”，并且受到大数据解决技术问题的类型、处理数据类型以及具体应用目的等限制，专利需要的新颖性、非显而易见性和实用性，也导致企业数据编排、选择和计算引用专利保护存在困难或障碍。这就导致许多企业对于用专利法保护数据望而却步，转而求助于商业秘密制度。但商业秘密归根结底还是保护市场秩序的手段，仍然无法满足企业数据保护的真正要求，还有可能导致消费者陷阱，支持了企业的数据隐藏、算法隐藏和黑箱。

大数据迭代放大企业数据的保护困境，这种情况下，如果不及时提供有效法律保护机制，企业无奈只有选择私了和技术自救。所以，笔者从 2015 年就提出为企业确立新型数据财产权，希望以此促进和保护数据开发和营运。设计思路为两段式，针对数据经济发展的动态过程性和包含的主要利益关系区分个人信息和数据资产，按照数据阶段分别构建自然人的关于个人信息的权利和企业的关于数据的权利。关于个人信息的权利里面既有人格的，也有财产的，它可以重叠，并都是不完全性的权利，有点像知识产权，在某些具体问题上具有绝对性，可以用侵权法救济。目前，2017 年《民法总则》倾向于采取这样两段式的保护方式，在第 111 条、第 127 条采取个人信息保护和数据保护分置的作法。第 127 条的数据，仅指的是企业数据还是也包括公共数据，需要进一步解释。从数据保护上来说，企业数据应当纳入财产化机制加以保护，但公共数据不需要纳入财产化机制，而是强调更多其他的方面。

第二，建立数据治理的专门监管体系。监管体系包括外部监管机构和企业自律，要在法律上明确要求企业设立数据保护官。

第三，完善数据公共利益制度。企业数据具有功能聚合性以及利益交织性。从该意义上说，企业数据可以财产权化，又不能单纯财产权化。首先，保障信息社会功能，完善数据流动、数据共享等制度。其次，保障数据的社会经济功能，维护基于数据的公平竞争、公平交易、消费者利益保护等市场秩序。这种情况，需要针对数据场景进行具体化甚至特殊化的保护，而不是简单适用反垄断、反不正当竞争、消费者权益保护进行解决。最后，保障数据的公共管理功能。企业数据，不仅在企业决策、定位广告等领域有价值，也可以在社会公共管理甚至承担公共职能方面具有特殊价值，如在管控交通、预测风险、预防恐怖主义等方面。这种情况应当注意保障数据公共职能。企业数据在发挥其经济功能的同时，应当兼顾公共管理功能，发生冲突时如果有必要则以重大公共利益优于个别经济利益的原则限制后者。

四、结语

数据法律治理是当前大数据社会经济背景下涌现的重要而迫切的法律课题，也是现有法律体系难以应对的课题。应当加强数据法律治理意识，认真做好应对，加速进行必要的法律变革和创新。

数字经济的特殊法权基础和相关规范重点*

目前，社会十分关注数字经济的规范问题。本文旨在探讨数字经济的特殊法权基础和相关规范重点问题。第一个是关于当前数字经济的规范创新需求的认识问题。提出要注意数字经济本质上是新科技经济、新资源经济，与数字技术、数据资源存在依存关系，可见数字经济的规范创新需求离不开数字技术、数据资源的规范创新需求。第二个是数字经济的特殊法权基础问题，呼应市场规范问题，数字经济需要特殊法权基础，重点在于数据资源的权属问题。第三个是数字经济的其他相关规范重点，主要是对数字技术和数据资源的促进和监管问题提出思考。

一、关于当前数字经济的规范创新需求的认识

数字经济是以不断发展的数字技术运用为条件的经济，其本质是数字技术经济，又是一种数据资源赋能经济。数字经济的形成和发展，与数字技术和数据资源的形成和发展是密不可分的。数字经济最初是由数字信息技术催生的新技术经济，到大数据、人工智能、物联网等兴起，数字经济演进为以数据资源为主要支撑的泛赋能经济。

首先，数字经济是一种新科技经济，它是信息科技发展到了数字化阶段的产业化结果。信息科技是自身不断动态演进、多次迭代的科技，经历初级信息化、中高级信息化、数字化到今天基于大数据的智能数字化阶段。工业革命以来，经济的显著形态就是科技经济，它们在每一个阶段都有自己的先进技术基础，呈现代际演化的特点，如机械时代、电力时代、化工时代。20 世纪中后期开始，信息科技得到

---

* 2020 年 9 月 12 日，笔者应邀参加第四届之江立法论坛暨“数字经济发展的立法保障”研讨会。会议安排张文显教授和笔者作为基调报告分别作专家发言，对于《浙江省数字经济条例》如何起草提出理论思考。本文是笔者基于发言报告的整理稿，会后作为立法专家意见供内部参考。感谢会议主办者郑春燕教授和会务人员的接待和整理。本文收录时进行了修改完善。

巨大发展，并迅速迭代到今天的数字化阶段，从而催生了信息科技经济乃至数字经济。这种情况与此前与航空航天、无线电相关的经济很像，没有航空航天科技、无线电科技及其相关应用靶向技术的发展，空域资源、无线电资源是开发不出来的，航空航天产业、无线电产业也是不可能发展起来的。

其次，数字经济又不是一般意义上的新技术经济，而是因为大数据技术的发展已然演化成为一种以数据资源为基础的巨大赋能经济。数字技术发展到了今天，已经超出了既有信息科技的含义，这是因为大数据技术爆发，导致数字技术嬗变为一种赋能技术，并具有泛存在、泛应用的属性，可以运用于经济、社会、管理的全部领域。大数据技术的产生是信息科技发展的必然趋势。当移动互联网、云计算等信息技术出现，企业、管理者等主体对于信息无休止的需求，最终促生了对于海量数字化信息进行开发和应用的大数据系列技术的发展，此后又促进了作为大数据应用靶向的人工智能、物联网等技术的发展。

数字经济在大数据技术条件下形成了以大数据挖掘和应用为追求的赋能经济，其突出特点是数据的资源化，由此促生一种全新的数据资源经济形态。数据资源是数字技术发展到大数据阶段的产物，海量信息在大数据收集、挖掘、分析和决策系统辅助下，得以极大汇聚和极高效利用，对于经济、管理、社会中无限膨胀的信息决策需求做出满足回应，从而发挥前所未有的一种巨大信息赋能效应。数据资源也因此一跃为所谓“五大资源”之一，即土地、劳动力、资本、技术和数据。

所以，关注数字经济立法，从规范全景而言，应当同时关注与数字经济紧密依存的数字技术和数据资源问题。数字经济的规范需求，不是只简单体现为数字经济生产、交易、管理运行相关的规范要求，也要体现为数字经济与数字技术、数字资源紧密协同的规范要求。因此，对于数字经济规范的思考，应当同时包括数据技术、数据资源相关规范思考，切忌只关注数字经济而忽视数字技术、数据资源的规范需求。狭义的数字经济立法，体现为对数字赋能经济本身的运行过程和结果立法，包括数字经济的市场组织、生产关系、流通关系、系统安全和特殊安全、产品和服务质量等的运行保障和监管等。广义的数字经济立法，则还应该包括数字技术立法和数据资源立法。其中，数字技术立法，关注作为数字经济前提的数字技术合理开发和应用的规范问题，包括战略促进、合理竞争和科学监管等内容；数据资源立法，则涉及数据资源的合理开发和利用问题，重点是资源配置、交易、责任、风险、保护、管理等规则。相比前者，后者更加复杂，也更加难以把握。

目前，无论是狭义数字经济规范还是包括数字技术规范、数据资源规范都面临巨大的创新挑战。数字化背景下，相关产权条件、组织形式、生产和交易运行、利益和责任分配、技术风险管控、社会公平调整等，都存在更加复杂的新型规范需求，需要进行相应的迭代发展。传统的知识产权法和科技法规范，是为了适应工业文明的智慧产权经济和相关工商科技发展与应用的规范需求而形成和发展的，既包括专利、商标、版权等科技市场法律制度，也包括科技促进和风险监管等方面的科技政策法和科技风险法。但是，今天这些立法显然难以很好地继续适应数字经济和数字技术发展所提出的新规范需求。基于数字经济的运行，相关数字化权利设计，难以继续适用专利权、商标、版权为中心的知识产权模式；相关组织形态规范设计，难以继续适用工业文明条件下以公司组织经营为中心的市场主体规范模式；相关生产和交易关系设计，难以继续适用既有的知识或者技术产品的生产和交易的简单对价关系模式；相关利益分配和责任配置设计，难以适用工业文明工厂模式下的加工取得和生产者终极负责的相关做法；此外，作为数字经济条件的数字技术的开发和利用，也明显区别于已有科技的开发和利用，具有全新的促进和风险监管诉求，相关规范显然不能简单按照过去的对机械、电力、化工等技术的促进和风险管控规范方式加以处理，而是需要根据新特点创制新的科学规范机制。

数字经济立法不是孤立的，存在与既有法律体系衔接问题。有些变化，可能通过纳入既有法律体系就可以加以解决，但需要作出扩展或者一定变通。刑法通过不断修改，发展出关于计算机犯罪、关于个人信息犯罪等犯罪新类型，试图以此回应数字经济和数字技术对于特殊刑事规范的需求。民商法，经济法，行政法等在应对数字经济和数字技术的相关规范需求方面，也存在相似的做法。但是，越来越多的方面需要进行创新立法，进而产生新的数字法域范畴。

二、数字经济的特殊法权基础问题

数字经济鉴于其作为一种新技术经济即数字化信息技术经济的特点，存在自身特殊的法权基础规范创新需求问题。目前，我国重视关于网络信息方面的立法，制定了《网络安全法》《电子商务法》《数据安全法》和《个人信息保护法》等。这些立法在数字经济需要的网络安全、数据安全、电子交易便利和安全以及个人信息保护等方面建立了许多新规则，为我国数字经济提供了许多及时的立法保障。但是，还是感觉不够。其中，最突出的恐怕还是数字经济对于特殊法权基础规范方面的重要创新需求尚未得到满足。其中，既有数字经济对数字化生产和交易的市场组织、产品和服务提供本身的特殊法权基础的创新需求问题，更有其对数字化技术开发和应用、数据资源开发和应用相关的特殊法权基础的创新需求问题。2020 年 3 月 30 日，中央发布文件，要求加快培育数据要素市场机制，对数据资源提出了促进发展和利用的市场化配置和流动的要求，为加速配套数据资源促进和保护立法提供指引。

《民法典》第 127 条在与个人信息保护分置的基础上规定了对于数据和虚拟财

产予以法律保护的原则，但是并没有明确是何种意义的保护。由此引发了关于是否有必要对数据和虚拟财产进行某种程度的确权保护的争议。现实中，企业对于数据确权、交易和保护的规范呼声非常强烈，同时担心企业数据确权导致个人信息保护不利、导致数据流动障碍的声音也不绝于耳。现在包括广东深圳、上海等很多地方为了推动和保障当地的数字经济引领发展行动起来，通过地方数字经济立法明确相关数据资源的产权和交易关系，走在前面。《浙江省数字经济促进条例（草案）》也是一个例子。但是，这种地方立法有个难题，就是相关立法依据和立法权限问题。我国《立法法》赋予地方立法的空间有限，特别是涉及民事立法范畴时。这部草案第1条关于依据提到，根据有关法律法规和结合本省实际制定。第2条关于立法范围提到，包括数字经济促进发展和管理服务等内容。从字面理解，草案范围包括从管理到市场的相关规范系统。地方立法涉及市场规范部分，与民商法密切相关，就会触碰立法依据的敏感问题。那么，草案这一部分的相关依据在哪，草案是否可以触及作为数字经济重要法权基础的数据资源确权问题呢？关键在于怎么理解《民法典》第127条的数据法律保护说，是否构成了对于数据资源上的确权立法的地方授权。该条措辞为“法律对数据、网络虚拟财产的保护有规定的，依照其规定”。一种观点认为，这里只给了狭义法律授权。另一种观点认为，包含了更宽的授权。此外，《民法典》把习惯也规定为民法的补充渊源，给予了习惯法形成的空间，那么地方立法是否可以被看成具有确认和激活习惯法的属性而在相当程度上纳入这一补充法源的证成范畴呢？

无论如何，笔者个人赞成对《民法典》第127条作出对于企业数据和虚拟财产可以成立一种框架财产权纳入法律保护的理解，如此更加符合对于该条有意与第111条分置而立的立法解释和适应数据资源化现实合理需要的目的解释。笔者在关于企业数据财产权的研究中，提出应尽早通过具体立法明确企业对其开发和持有的数据在与个人信息保护等不冲突的范围里，享有在相当范围内受绝对保护的数据资产权，这是一种新型财产权。数据资产权作为新型财产权，不同于物权和知识产权，作为绝对权利形式不仅具有更加不完全的特点，而且其配置很大程度上取决于数字技术和数字经济的合理关联属性。企业数据资产权是对支持数字经济发展具有独特激励功能的特殊法权基础，是一种市场的积极的、科学合理的促进机制。通过这种赋权激励，能够更加合理地鼓励和保障企业积极投入、开发和应用数字技术，挖掘、加工和运营数据资产。可见，这种赋予财产权的方式，是一种符合市场自由和市场效率的经济的合理方式，能够在数据技术和数据资源发展中充分发挥市场促进作用，更有效地增进开发动力和竞争实力，推进市场应用和经济效应。赋予绝对财产权，也是积极向上的规范促进方式，可以使得数据企业进行向上的竞争，促进合法的数据创造和提升质量，鼓励其积极利用和流动。对于政府来说，对数据资源的管理也有了更好的市场准据和抓手，这样市场机制和政府作用能更好地互动。现在法院已经通过将竞争法益抽象化来保护企业数据利益，这还不够，建议大胆地明确数据资产权的概念。《浙江省数字经济促进条例（草案）》第21条规定了数据权益，写得也很模糊，没有明确排他财产权属性。建议大胆完善，并加上“任何组织和个人不得侵害”的字句。这样把数据财产权确立起来，将来法院可以直接依据该条例，衔接侵权法进行保护。

数据资源产权应当分类设计。区分私有数据和公有数据。数据资源赋权主要针对企业数据，而不能简单推及公有数据。[1] 企业对于自有或者通过合法收集、加工形成的有利用价值的数据集合或数据产品，可以享有私有数据资产权。但是公共数据如何确权则比较复杂。数据技术的许多方面，包括数字技术的基础设施、数字技术的关键共性技术，以及重要数据资源的许多领域，不能简单依赖市场，具有很强的公共属性，不能简单纳入市场产权配置范畴，需要另辟规范路径。一些地方条例想将公共数据直接国有化，但这样做的问题在于，一方面不一定符合公共数据的本性，另一方面可能会导致公有数据利用效率降低。国有知识产权就存在转化困难的弊端，原因是简单国有化和国有资产管理模式并不适应这种知识成果保护和价值实现的特殊规律。《浙江省数字经济促进条例（草案）》里，一个很好的地方就是没有简单规定公共数据国有，而是规定它们应当管起来、规范起来，并且赋予其共享开放的属性和要求。这个规定符合实际。对于公共数据如果要采取公有或者是政府持有的方式，就一定要考虑效能问题，低用效能的产权设计是不符合数字经济发展趋势的。

数据产权规范应当与数据行为规范、数据监管规范一体设计。这一点与个人信息保护很像，个人信息保护除了设定个人信息的权利之外，重点是需要明确个人信息处理行为的规则，同时还要明确个人信息处理者的各种义务和外部监管的规则，如此才能形成真正有效的个人信息保护体系。数据问题也一样，对于数据持有者或者收集加工者的合理保护，不能简单通过权利赋予就实现，而需要进一步明确数据行为规范、数据监管规范，从而形成真正合理的数据保护体系。应当注意到，数据资源权利是一种动态的框架权利，既关注其权利赋予结果的一面，更要关注权利形成的复杂性、过程性，而相关主体的数据行为是关键，因此对于数据产权的规定，应当与对于数据行为的规定一体设计。数据行为规范，范围上包括数据生成或生产（含收集、加工等）、数据利用（含自主利用和经营交易）等规范。数据行为规范具有很多的角度，其中，要认识到数据收集和使用的合法基础是存在多样性的，需要注意区分。有的建立在用户自愿基础上，如商业平台在其活动中对数据的收集和利用；有的则建立在法律赋权基础上或者管理目的基础上，如高校基于教育管理的必要目的对学生进行的数据收集。另外，从事数据运营时，主体

---

[1] 龙卫球：《数据新型财产权构建及体系研究》，载《政法论坛》2017年第3期。

资格问题也需要考虑。数据经营区别于一般的数据运营活动。数据经营以数据经济利益为目的，收集是为了交易。数据产权规范除了需要数据行为规范的配合，还需要数据监管规范的配合。数据行为的规范自觉，在逐利等驱使下难以自动实现，与此同时，需要借助一定的内部和外部的管控机制，这就是监管规范的要求。数据监管体现数据行为活动者自主监管和外部监管两个范畴，数据外部监管的本质，是通过数据外部监管的合理外压达成数据自主监管的自觉。数据监管，除了活动监管，数据运营主体监管也非常重要，特别是在可能涉及数据安全问题和大规模的个人信息保护问题时。

三、数字技术和数据资源的促进和监管问题

广义数字经济立法除了特殊产权基础规范问题，还存在其他重点问题，如数字技术和数据资源的促进和相应监管。

数字经济的促进离不开作为其条件和支撑的数字技术和数字资源的正向促进，那么这种“正向促进”要怎么做。首先，要关注促进机制的合法性和正当性，要与国内国际科技经济的基本法律体制，特别是相关的国际技术贸易规则保持协调。这是市场公平竞争和国际合作的基本法律要求。在数字技术和数据资源促进过程中，基于现行法律秩序推导的有些原则要遵循。包括注意不要与既有和即将发布的法律所确立的基本市场体制直接相冲突；国家通过促进手段形成的设施和技术推入市场的途径和机制应当公平合理；等等。

其次，要注意到相关国内国际立法为新兴科技留下了一定的战略促进空间。一定要利用好这种空间，对于处于竞争关键时期的重要科技作出必要的扶持和促进。否则，一旦错过值得扶持的机遇期，在国际的新竞争环境中就会很被动。当年在设计“中国制造 2025”的时候，在与国内法国际法协调的基础上，重点考虑的便是对于哪些新兴科技产业在战略机遇期如何予以合理促进和扶持的问题。“中国制造 2025”有很多新兴科技产业领域，在这些领域，既有的国际法没有形成清晰规则，而各国为了获得竞争优势，往往以抓住战略机遇期为理由，不惜使用政府力量，在一定的边界范围内扶持、促进相关战略科技的开发和应用。今天，数字经济作为一个新兴领域，在既有国内法和国际法环境下就存在相当程度的战略促进空间，如新基建、关键共性技术等就是如此。我国一些先行的地方，完全可以考虑如何抓住促进机遇发力。

数字技术和数据资源的促进是通过复杂的科学的管理来实现的，这里包括合理的监管，否则促进容易沦为摆设或者被滥用。做好促进监管，首先，要明确监管主体、对象、依据和措施。其次，要做好一般监管和特殊监管的机制区分。一般监管，为法律上通用的监管，在此着重处理与其他法律的衔接关系。特别监管，则是

专门基于数字经济、数字技术和数据资源的特点而设计的监管，是一种适应数字经济独特规律的监管。例如，注意数字技术、数据资源促进与网络安全、数据安全和个人信息保护同步开发要求，与数字社会利益保护协同的特殊要求（包括避免数据垄断、数据不公平竞争和损害数据消费者利益等方面），避免跨界异化的问题。此外，创新和完善监管模式、机制和方式。

网络游戏所涉及的网络虚拟财产问题研究*

网络虚拟财产包括许多其他类型，但网络游戏中的网络虚拟财产是典型，是讨论的重点。本文着重谈网络虚拟财产问题的基础、现有法律方案及其缺陷、私法调整方案的思考三个方面。

一、网络虚拟财产问题的基础

（一）网络虚拟财产的界定

网络虚拟财产也简称虚拟财产，英文里对应的是 Virtual Property。网络虚拟财产是指在网络虚拟世界里创造、使用和交易的有财产价值的事物。

2005 年国际知名网络虚拟财产学者菲尔费德（Fairfield）在其专题论文中提到，虚拟财产这一概念构建具有三个特点：第一，稀缺性，也可以称之为竞争性，这是其作为财产的基本构成要素。第二，持续性，虽然网络虚拟财产存在于网络虚拟空间，但应当具有持续性，用户可以连续持有。第三，互联性，就是交互性。网络虚拟财产涉及的是一种互动的可交互的关系。这样虚拟财产才会有价值、有意义。

另外一位重要的网络虚拟财产学者爱兰克在 2015 年的专题文章中，认为界定虚拟财产有两个关键要素：要素一，虚拟财产必须存在于虚拟世界，即虚拟财产从虚拟世界而生。关于这个要素，爱兰克又提出了多个特点的要求，包括计算机控制、持续性、代表真实或者与真实接近、互动性、多人参与等。要素二，虚拟财产具有作为财产法一种新类型的重要意义。爱兰克通过实证研究特别是经济统计，发现网络虚拟财产越来越显示出独特的经济意义。

这层意义不仅体现在它们自身具有的明显财产意义，而且更在整体上体现为它

---

* 载《互联网天地》2017 年第 6 期。

们参与和促进了网络产业的发展，体现出了巨大的经济意义。经济统计表明，网络虚拟财产支持的那些网络产业（如网络游戏产业），正在创造着巨大经济价值，而且呈不断增长之势。

（二）网络虚拟财产的范围

关于网络虚拟财产的范围，一种观点认为，网络虚拟财产是指广义上一切具有经济意义的数字事物，包括网址、邮箱地址、游戏道具、电子书籍甚至电视剧、电影等。

但主流学者认为，对网络虚拟财产概念应该严格理解，特别不能泛化为信息财产概念或无形财产概念。它应该限指在开发者创造、运行的特定网络虚拟世界里，由使用者（游戏者）所创造、使用和交易的具有财产价值的事物。例如，在网络游戏世界里，由游戏玩家创造、使用和交易的网络道具、武器、积分等。这个才是严格的网络财产。

网络虚拟财产可以分为三类：第一，虚拟物品类的虚拟财产。网络游戏中产生的道具、装备、皮肤等，这是目前最为典型的具有经济利益的虚拟财产。第二，账号类的虚拟财产。包括游戏账号、网店、社交软件账号、博客等，这些都带有一定的经济财产意义，但是也兼具情感意义。第三，货币类的虚拟财产。网络运营所发行的具有经济价值的所谓积分、额度等物品。它们又分两种情况：一种是不能直接与真实货币转化的情况，可认定为虚拟财产，比如，合同中未约定与真实货币中转化的优惠、赠送额度。另外一种是能够转化，如虚拟货币，则就不是一般意义的虚拟财产了，而是真的具有货币的属性了，涉及金融管制问题。在这种观点看来，虚拟货币不是典型的虚拟财产。

（三）网络虚拟财产法律调整的必要

虚拟世界很多事物本身没有法律调整的必要，但是虚拟财产却不一样，这是因为，其具有明显的经济意义。有经济意义，就会有利益冲突。

这里要特别强调，虚拟财产本身具有的价值，不等于其所参与创造的产业价值，网络产业的经济意义，往往要远远大于该产业中虚拟财产自身的价值。例如，在网络游戏产业，玩家的游戏道具的价值，完全不同于其所参与创造游戏产业的经济价值。

所以，对于虚拟财产，无论从网络产业的整个经济意义来说，还是从自身经济价值来看，都说明极有纳入法律调整的必要。

现在的问题是，网络虚拟财产应当如何纳入法律调整呢？这是全世界的法学和司法实践所困惑的一个问题。

网络虚拟财产具有财产意义，很容易联想到纳入财产权特别是物权的必要，但是这里并没有必然的逻辑。因为某种事物不是具有经济意义，就一定要用物权来调整。

网络虚拟财产是全新事物，在过去的法律理论和形式中并无现成的方案。那么，网络虚拟财产到底应该如何进行法律调整，特别是如何进行私法调整呢？只是引入合同关系吗，还是一项权利？如果是权利，是什么类型的权利？是一种物权吗，是一种新型的财产权吗？

二、网络虚拟财产的现有法律方案及其缺陷

（一）我国《民法总则》现行规定的模糊性

我国2017年《民法总则》第127条以模糊的方式作出了网络虚拟财产应受法律保护的规定。该规定将网络虚拟财产和数据并置放在一个条文里进行了开放立法。从中可以仅得到两条信息，一是确定了“网络虚拟财产”的概念；二是确定了网络虚拟财产应受法律保护的原则。所以，《民法总则》第127条的规定是很有意义的，但又是不完整的。它没有明确规定如何保护网络虚拟财产，留下了进一步的研究空间、立法空间。

（二）我国司法实践的态度

1. 支持网络虚拟财产是物权或类似新型财产权利的观点

第一个案例，是2003年北京朝阳区法院审理的李某案。该案最早体现这一观点趋势。判决认定开发者侵权，游戏开发者应该对玩家因为受到黑客袭击游戏道具、装备等实际有价值的东西，予以恢复。这些虚拟财产是玩家通过玩游戏，两年形成的东西，价值1万元人民币，包括收集的网络武器，玩到的级别等。案件判决本身没有明确说存在一个物权。

法院认为，开发者构成侵权的原因是其开发存在漏洞，导致黑客可以偷走玩家的虚拟财产。一种观点认为，这等于间接承认了玩家的虚拟财产属于物权。但是也有不同看法，认为也可以理解为引入了基于合同的产品或服务的责任观念，产品或服务的提供者，在违反安全保障的情况下，可以是违约，也可以是侵权。

第二个案例，2017年3月6日终审的游戏公司与玩家的纠纷案，这个案件的判决比较明显，可以认为间接承认了用户具有物权。法院在网络用户与网络运营商的纠纷中，将网络运营商的封号、消除游戏装备行为定性为侵权行为。法院判决在论证中，明确提到公民的合法财产（虚拟财产）受法律保护，禁止任何组织和个人侵占。

一些刑事案件的判决也显示将虚拟财产承认为财产的类似立场。例如，苏州市

姑苏区的盗窃虚拟财产案，法院就认定了网络虚拟财产可以作为盗窃罪与侵权罪的客体。被告人通过登录被害人徐某账户的方式，窃取了被害人通过销售获得的人民币 1 万多元，经过测算，被告人所窃的被害人的财产所造成的实际损失是人民币 2 万多元，法院最终认定这是构成财产型的犯罪。2002 年杨某与夏某利用职权侵占虚拟财产案，判决也承认网络虚拟财产是侵占罪的客体，被告人系利用自我职务的便利侵占公司的财产并予以分赃。

这些案件，都将涉及虚拟财产的纳入作为财产犯罪看待，这表明了一种将虚拟财产的财产权化的态度。

2. 不支持网络虚拟财产是物权或者类似财产权的观点

有关民事案件中，2012 年的王某诉吴某离婚后财产分割案，就引入了虚拟财产属于债权的观念。夫妻关系存续期间开办的网店属于夫妻共同所有，夫妻关系解除时，网店财产分割为两个，在财产之间进行分配，法院将其理解为债权处理。

还有其他的案子，特别是网络游戏之外的虚拟财产，就不是按照财产的观念来处理的。

有关刑事案件中，有以破坏计算机系统罪来处理的，也不是按财产观念来处理。2016 年扬州市的广临区朱某盗取案，最后没有按盗窃罪处理。辩护人提出的充值游戏金币是虚拟财产，不具有线下法律规定的财产属性，因此认定被告人朱某构成破坏计算机信息系统罪。

司法实践之中各种观点都有。但是将网络虚拟财产纳入物权或类似财产权处理的观念正在成为一种趋势。只是，有关司法实践在认证上并没有清晰地运用现有法律依据认为是哪一种财产权，是纳入现行物权还是创制新型财产权尚为模糊。

（三）比较法上的观点

按照爱兰克的研究，在美国，目前几个涉及网络游戏领域虚拟财产的案件，主要是以庭外和解的方式解决的，没有形成清晰的判例规则。美国理论上，也一直存在不同的观点。

更早的时候，美国司法实践对与域名、网址相关的网络虚拟财产的争议，曾经援引了知识产权规则加以处理。例如，1999 年 Domain Name 案，就援引了商标权保护规则。但是，这种作法很快遭到一些学者的质疑。有学者认为，把网络虚拟财产归入知识产权方式处理是不合适的，不能反映网络虚拟财产特别是网络游戏兴起之后的网络虚拟财产保护的真正需要。

美国学理和司法实践另外一种处理虚拟财产的建议，是主张引入 N. Test 测试来考虑是否适用于财产权保护，有两个程序：第一，最简单来讲，看该事项（如网络游戏道具）是不是应该作为虚拟财产的事项来对待；第二，看该事项是不是应该当作真实世界的事项来加以保护。通过了这两项测试，那么就将该虚拟财产纳入财产权加以保护。

其他国家也实践不一。新西兰在刑法上认为窃取虚拟财产可以纳入盗窃罪，这是西方国家中比较明确的对于网络虚拟财产予以表态的国家。

在亚洲，韩国在刑法上很早就将网络虚拟财产纳入了盗窃罪的客体，但是民法上还没有找到很明确的案例。

许多国家对于网络虚拟财产还在观望之中，如澳大利亚的一个实例表明，目前对于网络游戏虚拟财产的侵害，并没有纳入私法财产权调整，实践中主要采取禁止游戏处理。

三、网络虚拟财产的私法调整方案的思考

（一）虚拟财产的规范功能

那么在民法上，我国应当如何对待网络虚拟财产呢？私法调整的功能设定是思考的出发点。首先要厘清虚拟财产的规范功能是什么。所有法律方案在法律表现形式上都是一种解决方法，但它本身必须系于确定的规范目的，这个要首先明确。

那么，规范网络虚拟财产的目的是什么呢？笔者认为，网络虚拟财产的规范目的，要从业态中去思考。今天所要处理的网络虚拟财产法律问题，是一种全新的人类实践所产生的特定法律问题，历史上各种法律方案都没有进行过这种全新实践。

过去的法律方案可以提供启发，但无法给出现行的解决方案。前面讨论了网络游戏产业发展史、网络游戏商业模式等，这些是研究这一法律课题的重要前提。对于这种全新实践中的法律问题，应该紧密结合这种全新实践本身加以思考，要认真将虚拟财产问题置于其业态之中加以思考。

就网络游戏产业中的网络虚拟财产而言，最重要的是要认识网络游戏的发展和本质。那么，网络游戏的本质是什么呢，它经历了从游戏到商业的变化。

对于网络游戏，要理解到它本身已经不仅是游戏，而且也是一个巨大的商业。当然，它还有游戏的基础，所以属于文化产业。所以，对于玩家来说不只是简单地玩游戏，还有商业交易在其中，就此而言其也是商业的参与者。

按照爱兰克的说法，玩家既是游戏者也是使用者。玩家花钱、花时间，得到了网络游戏的刺激、快乐方面的好处，这是网络游戏的一个方面。但是作为一种开发者开发的商业模式，其意义不能仅限于此，否则从商业意义上不能持续下去。这种商业意义，不仅需要体现在双方的合同关系中，也需要体现在游戏中产生的网络虚拟财产上。

开发者设计的网络游戏，包含了一个网络虚拟财产开发的机制，这是一个商业

化的激励机制。这里涉及网络虚拟财产的设计目的问题，玩家花钱花时间，在游戏中通过努力或者购买，获得道具、皮肤、积分，这些东西使得游戏更加刺激更加有意思，但是它们作为商业激励机制的一部分，本身也需要引入相对独立的法律机制加以支持或维护，否则难以发挥作用。

（二）私法调整的重要性

在所有法律调整手段中，应格外重视私法调整的重要性。这是因为虽然所有不同的法律都可以确定法律秩序，但是私法手段最贴近市场秩序，运用私法手段能够更大程度调动市场主体积极性和创造性。私法手段也具有复杂性。

其中，赋权性手段是比较常见的，所有权、用益物权、担保物权、债权，都是财产性的赋权，属于鼓励性手段。但是，私法手段有时也体现非权利的方式，如通过设定私法义务的方式，包括私法上强令性、禁止性的规范设定。在思考网络虚拟财产的规范手段时，应当加以综合思考。

（三）私法方案选择的几个原则

在私法上，规范网络虚拟财产，体现为是否有必要财产权化以及如何财产权化的问题。这里面存在几个思考的原则，这些原则都倾向于支持网络虚拟财产的独立和新型财产权化。

首先是使用创造原则。谁创造谁受益，往往具有不言自明的正当性。网络虚拟财产是谁创造的呢？一种观点说是网络游戏的开发者。但是，网络游戏开发者只是游戏产品本身的开发者，而不是具体虚拟财产本身的创造者。

网络游戏是开发者开发出来的，而且是他的知识产权，他可以自己运营，也可以交给运营者运营，获利的模式，除了直接的合同利益之外，还可能通过广告、流量等。但是，网络游戏在具体游戏过程中所产生、形成的网络虚拟财产，包括道具、积分等，却不是开发者或经营者直接创造的，而是玩家按照游戏合同在具体游戏中通过规则所创造出来的。

在这里，玩家是游戏使用者，同时还是网络游戏道具等虚拟财产的创造者。所以，网络虚拟财产是玩家或使用者创造的。

其次是经济和利益结构的原则。网络虚拟财产的私法定位，归根结底要服从于合理的经济利益结构布局的需要，具体到游戏产业，网络虚拟财产是否需要配置以及如何配置财产权，取决于开发者或经营者与游戏者或使用者之间的经济利益结构关系。

如果从整体利益结构而言，网络虚拟财产问题不能简单由合同关系所吸收，而是涉及自由、经济效率和分配正义问题，那么就应当超越合同方案加以思考。具体到网络游戏，要认真思考和理解网络虚拟财产的权利配置，与商业化背景下网络游戏整体经济的结构关系，包括自由、公平和效率复杂平衡。

最后是综合思考的原则。除了经济功能，情感功能如何处理？在进行司法方案选择的时候，很多的思考点都要去考虑。

（四）网络虚拟财产的监管问题

网络虚拟财产的复杂性不仅体现在权利配置方面，也体现在它自身可能涉及合理边界的监管方面。特别是它所参与和促进的游戏产业本身具有复杂性，这更使得其监管必要性凸显。

监管原则体现在以下方面：

首先是文化监管原则。网络游戏首先是以游戏为基础，从文化产业的合法性、正当性属性出发，在游戏的概念上监管包括禁止暴力、色情、低俗等问题。

其次是商业监管原则。网络游戏经历了从游戏到“游戏 + 商业”的发展，因此作为商业自然离不开商业监管的要求。对“游戏 + 商业”的监管，与对简单的游戏监管不一样，如禁止赌博、暴利、垄断和不正当竞争等。

最后还存在多重具体法律关系监管问题。开发一个游戏，可能有知识产权及其保护问题，需要相应监管；网络游戏投入经营，产生经营者和玩家（使用者）的合同关系，也会产生相应的债的监管问题，甚至可能产生类似产品服务的责任监管问题；我们把后面的网络虚拟财产，如果设计为一种所有权或新型财产权的关系，则会存在与此适应的更加复杂的物的监管问题。

（五）虚拟货币的特殊规制问题

虚拟货币这种虚拟财产还会产生特殊监管问题。网络开发者对于虚拟货币的机制引入，是属于单纯商业活动还是发展为金融活动了呢，对于这个问题不同思考结果会很不相同。我国是金融监管严格的国家，对擅自发行虚拟货币是一律归入非法还是会有所选择？现在央行对虚拟货币交易平台的风险进行严格控制，但同时，采取宽松的国家也很多。

（六）其他法律和私法的对接问题

刑法上的财产定罪，行政法上的特殊规制例如牌照管理或处罚，经济法的特殊规制例如反垄断、反不正当竞争、消费者权益保护，还有金融监管或者是管制等，在涉及虚拟财产问题时，都不可避免存在法律体系的对接问题。

此外，关于虚拟财产的税收问题也已经提上日程。如果说网络虚拟财产达到了跟实体化财产一样的设计和保护，就会产生是否存在税收的问题，对此美国学者已经较为深入地讨论过。通常而言，财产归属与税收是挂钩的，谁拥有谁交税。

四、结语

总的来讲，笔者认为网络游戏是一个尚在观望的新经济领域，其中产生的网络虚拟财产当然属于尚未确定的新课题。但是，目前网络游戏在商业化动力机制作用下不断进行产业化扩展，网络游戏中的网络虚拟财产也日益成为这种商业机制的重要激励因素，在这种趋势下，确实有必要考虑赋予网络虚拟财产某种相应的法律地位，这种法律地位似乎正越来越清晰地指向一种新型的财产权形式，希冀在网络游戏经济结构中发挥对于自由、效率和公平的独特协调作用。

第三部分

人工智能立法与智能制造法律政策

科技法迭代视角下的人工智能立法*

——兼论人工智能立法路径

人工智能科技及其应用近年来呈勃兴之势，引发当今信息科技革命大背景下的又一波新浪潮。欧洲委员会内设智库欧洲政治战略中心 2018 年的一份人工智能战略报告认为，采取认知系统与人工智能技术，将使全球商业收入从 2016 年的 64 亿欧元，增长到 2020 年的 378 亿欧元，预计到 2030 年，人工智能将为全球经济贡献 12.8 万亿欧元，相当于今天全球 GDP 增长了 14%。[1]目前中国和美国相关产业布局走在世界前列，据统计 2018 年，全球人工智能企业共计 15916 家，其中中国 3341 家，合计融资规模达 165.54 亿美元，占全球人工智能企业融资数额的 46.94%，美国 4567 家，合计融资规模为 135.93 亿美元，占全球人工智能企业融资数额的 38%。[2]与此同时，相应的规范问题呼啸而来。关于人工智能规范的讨论已经铺天盖地。有从法理学法哲学角度来的，如思考人工智能时代的法律代际问题、人工智能的法伦理发展、现行法在人工智能应用下的治理危机等[3]；有对着某些特定问题来的，如关心机器人或人工智能的法律地位、自动驾驶的刑民责任、人工智

---

* 载《法商研究》2020 年第 1 期。

〔1〕 European Political Strategy Centre of the EU Commission, The Age of Artificial Intelligence: Towards a European Strategy for Human - Centric Machines, https: //ec. europa. eu/epsc/publications/strategic - notes/age - artificial - intelligence_ en, 2019 年 10 月 2 日访问。

〔2〕 乌镇智库：《全球人工智能发展报告（2018）》，http: //www. sohu. com/a/312958560_ 100065989, 2019 年 10 月 8 日访问。

〔3〕 张保生：《人工智能法律系统的法理学思考》，载《法学评论》2001 年第 5 期；赵精武、丁海俊：《论代码的可规制性：计算法律学基础与新发展》，载《网络法评论》2016 年第 1 期；吴汉东：《人工智能时代的制度安排与法律规制》，载《法律科学》2017 年第 5 期；季卫东：《人工智能时代的司法权之变》，载《东方法学》2018 年第 1 期；马长山：《智能互联网时代的法律变革》，载《法学研究》2018 年第 4 期；左卫民：《热与冷：中国法律人工智能的再思考》，载《环球法律评论》2019 年第 2 期。

能生成物的权属、智能合约或某种程度商业自主化决策的法律后果等[1]；也有从人工智能的技术架构探究特殊规范方法或者机理的，如关于智能算法的规范研究；[2]等等。上述研究还在不断深入。但笔者仍深感还有重要角度需要关注。鉴于人工智能作为燃爆新一轮工业革命的表征科技之一，显而易见具备科技事物的本质属性，因此不应该忽视对既有科技法的规范因循。因此，本文拟立足科技法及其迭代发展的语境，结合人工智能在当下的重要特质，就其立法基础、路径并附带就相关具体规范问题进行思考和分析。

一、正确认识作为当代科技发展新表征的人工智能

第四次工业革命正在发生已经被广泛认可。第四次工业革命，主要因为信息科技和生物科技的当下迭代发展而勃发。世界经济论坛创始人克劳斯·施瓦布在《第四次工业革命——行动路线图：打造创造型社会》一书中指出，“从人工智能到生物技术，从先进材料到量子计算，一系列强大的新兴技术带来了大量的机会与挑战，并且将根本上改变我们的生活方式。我们将这一过程称为第四次工业革命。”[3]施瓦布特别强调，对于第四次工业革命，要关注其与第三次工业革命的紧密联系，因为“推动第四次工业革命的新兴技术建基于以往工业革命的知识和系统，特别是第三次工业革命的数字技术”。[4]其中，信息科技革命就是跨越两次工业革命的科技革命。它自身的突变经历了三个阶次：首先，第三次工业革命末期即20世纪90年代开始出现第一次突变，形成了第一波信息科技革新浪潮，即世界互联网化。最初，

---

[1] 龙文懋：《人工智能法律主体地位的法哲学思考》，载《法律科学》2018年第5期；华伟建：《人工智能法律地位研究》，武汉大学2018年硕士学位论文；朱仕杰：《自动驾驶汽车致害的侵权法律规制研究》，华中师范大学2018年硕士学位论文；熊琦：《人工智能生成内容的著作权认定》，载《知识产权》2017年第3期；王迁：《论人工智能生成的内容在著作权法中的定性》，载《法律科学》2017年第5期；陶乾：《论著作权法对人工智能生成成果的保护——作为邻接权的数据处理者权之证立》，载《法学》2018年第2期；许明月、谭玲：《论人工智能创作物的邻接权保护——理论证成与制度安排》，载《比较法研究》2018年第6期；柴振国：《区块链下智能合约的合同法思考》，载《广东社会科学》2019年第4期。

[2] 於兴中：《算法社会与人的秉性》，载《中国法律评论》2018年第2期；张凌寒：《商业自动化决策的算法解释权研究》，载《法律科学》2018年第3期；张凌寒：《算法权力的兴起、异化及法律规制》，载《法商研究》2019年第5期；林洹民：《自动决策算法的法律规制：以数据活动顾问为核心的二元监管路径》，载《法律科学》2019年第3期。

[3] [德]克劳斯·施瓦布、[澳]尼古拉斯·戴维斯：《第四次工业革命——行动路线图：打造创造型社会》，世界经济论坛北京代表处译，中信出版社2018年版，第3页。

[4] [德]克劳斯·施瓦布、[澳]尼古拉斯·戴维斯：《第四次工业革命——行动路线图：打造创造型社会》，世界经济论坛北京代表处译，中信出版社2018年版，第3页。

由互联网推广应用作为牵引，逐渐进行浏览器、电子邮件、信息门户网站等开发[1]，然后到21世纪初形成全球互联网体系，并且从社区交流发展到广泛的经济、社会和政治的信息交互应用，其特点是世界信息互通，使人们之间的信息交往瞬间扁平化。有识之士称进入“世界是平的”时代。[2]2010年前后，信息科技革命自身又出现了第二波浪潮，移动互联网、云计算等突然呈现，直接导致大数据及其应用的强势蔓延，迎来“大数据时代”。这次大数据化的信息科技突变，直接显示了第四次工业革命到来的清晰化。

接下来，是人工智能科技，它在机器学习技术创新下以一种强势的新表征方式出现了，成为信息科技的新宠儿，直接引发信息科技革命第三波浪潮，并使第四次工业革命开启更加明显。人工智能思想，最少可以追溯到图灵测试。[3]20世纪60年代，机器人移动技术曾经成为一次里程碑事件，但意义有限。通过大数据和深度学习等新技术的结合，当下人工智能脱胎换骨，与既往的技术版本具有质的不同。在大数据的促动下，人们通过发现和改进了一种机器的深度学习方法[4]，特别是开发语音识别、图像识别等新技术和新方法，使得人工智能发展为一种具有极高认知能力的新阶段，同时不断嵌入各种应用领域，形成引领新一轮信息科技产业化的表征科技。2012年，Google在人工智能领域发布了人脑模拟软件，这是一种划时代的具备自我学习功能的软件，可以模拟脑细胞的相互交流，可以通过看视频学习识别猫、

---

〔1〕 互联网兴起中，有两个重要的事件起到了引领作用。一是位于加利福尼亚州的一家公司，抓住PC和视窗系统的发明机遇，创造了第一个重要的网页浏览器并且打造最初一般大众的上网文化系统即电子邮件，此后开发第一代网络电话。该公司1995年8月9日公开上市，迅速改变世界模式，世界各个角落的人，从此只要有互联网条件，就可以前所未有地进行直接交互。二是英国物理学家蒂姆·伯纳斯-李提出了万维网概念，这是一个可以创造、组织和链接文件的可视网络系统，方便人们浏览文件，这就是今天的各类信息门户网站、网络资源网站的来源。

〔2〕 美国著名新闻工作者托马斯·弗里德曼提出了世界是平的观点，他洞察到当代世界因为几种原因而产生重要变化，其中一种动力就是科技和通信的发展特别是互联网的普及，这种发展使得全世界的人们可以“空前地彼此接近”。中文译本可以参见［美］托马斯·弗里德曼：《世界是平的》，何帆、肖莹莹、郝正非译，湖南科学技术出版社2006年版。

〔3〕 艾伦·麦席森·图灵（A. M. Turing，1912-1954）是英国数学家、逻辑学家，被称为计算机科学之父。1936年，他发表“论数字计算在决断难题中的应用”，给“可计算性”下了一个严格的数学定义，提出著名的“图灵机”（Turing Machine）的设想。这是一种思想模型，可以制造一种十分简单但运算能力超强的计算装置。这成为计算机发展的主要基础之一。1950年，他又发表著名的“机器能思考吗”一文，预言创造出具有真正智能的机器的可能性，并提出关于什么是智能的著名的“图灵测试”：如果一台机器能够与人类展开对话而不能识别其机器身份，那么就可以被认为属于智能。两年之后，他还预测到2000年，人类应该可以用10GB的计算设备，制造可以在5分钟的问答中骗过30%成年人的人工智能。为此，图灵被称为“人工智能之父”。参见A. M. Turing，Computing Machinery and Intelligence，Mind，Vol. 49，1950，pp. 433-460。

〔4〕 陈海虹、黄彪、刘峰、陈文国：《机器学习原理及应用》，电子科技大学出版社2017年版，第2~19页。

人和其他事物，从而引发了人工智能新兴技术新想象。2016年，DeepMind出品的AlphaGo大战韩国职业围棋手李世石连胜三局等事件，成为人工智能新引燃。此后，互联网巨型公司纷纷表示未来更重视AI，除了开源机器学习框架，还投入巨资收购人工智能公司和人才，使得该年成为人工智能元年。麦肯锡报告称“人工智能进入突破阶段”。[1]其应用的后果是，“人工智能正在彻底改造数字经济，很快也将重塑实体经济。人工智能在21世纪早期的目标包括让自动化机械引领物理世界的发展，以及实现人类与计算机之间的互联”。[2]换言之，生产和生活模式快速通过机器学习系统植入或者应用智能化且不断升级，这种智能化，从商业智能模式到工业智能系统，从企业智能活动到政务智能管理乃至军事智能化，无所不在。机器学习方法本身还在不断发展，不久的将来有可能在许多领域会由智能辅助，变为智能混合，乃至智能接管。以机器学习为支持的人工智能技术，在当下直接促成了一个所谓“弱人工智能”时代的到来，并且继续向前滚滚而行。[3]

关于人工智能今后到底会经过哪些技术突破和应用阶段，目前存在不少的预测研究。[4]一些人认为，人工智能软件架构可能会突然出现重大革新，从而使得人工智能很快达到人类水平。[5]例如，美国未来学家雷·库兹韦尔就认为，2045年左右人工智能将来到一个“奇点”，跨过这个点就将超越人类智慧。[6]但是，更多一些知名人工智能专家认为，人工智能需要几个世纪才能完成。[7]著名的美国未来学

---

[1] 麦肯锡报告：《2016年人工智能投资超300亿美元，正进入最后突破阶段》，载亿欧网，https://www.iyiou.com/p/48002.html，2019年9月7日访问。

[2] [德]克劳斯·施瓦布、[澳]尼古拉斯·戴维斯：《第四次工业革命——行动路线图：打造创造型社会》，世界经济论坛北京代表处译，中信出版社2018年版，第141页。

[3] 关于弱人工智能（TOP - DOWN AI），通常的解释是认为基于此不可能制造出能真正推理和解决问题的智能机器，它们像是智能的，但是并不真正拥有智能或自主意识。对应的是强人工智能（BOTTOM - UP AI），即有可能制造出真正能推理和解决问题的智能机器，被认为是有知觉的或有自我意识的。强人工智能又分为两类：类人的人工智能，思考和推理像人的思维一样；非类人的人工智能，即机器产生了和人完全不一样的知觉和意识，使用和人完全不一样的推理方式。

[4] Stuart Russell, “Artificial intelligence: The future is superintelligent” (Review of Life 3.0 by Max Tegmark), Nature, 31 August, 2017, p. 548, 520 - 521.

[5] Yudkowsky, Eliezer, “Intelligence Explosion Microeconomics”, Technical Report 2013 - 1, Machine Intelligence Research Institute, Sep. 13, 2013; Bostrom, Nick, Superintelligence: paths, Dangers, Strategies, Oxford Univ. Press, July 3, 2014.

[6] 夏妍娜、赵胜：《中国制造2025：产业互联网开启新工业革命》，机械工业出版社2016年版，第146页。

[7] Brooks, Rodney, “Artificial Intelligence is a Tool, Not a Treat”, Rethink Robotics Blog, Nov. 10, 2014, http://www.rethinkrobotics.com/artificial - intelligence - tool - treat/, 2019年9月7日访问; Madrigal Alexis, “The Case Against Killer Robots, form a Guy Actually Working on Artificial Intelligence”, Fusion, Feb. 27, 2015, http://fusion.net/story/54583/the - case - against - killer - robots - from - a - guy - actually - building - ai/, 2019年9月7日访问。

家、长期从事人工智能研发项目的罗宾·汉森（RobinHanson）就认为需要200～400年，基于机器学习（图像识别、语音识别）的人工智能技术在硬件和软件上不久都会遇到瓶颈，下一个真正的阶段应该是仿真人（大脑仿真）为基础的AI的发展，这个过程大概需要一个世纪，然后进入仿真人时代，提出仿真人规范需求，之后才进入“不以仿真为基础的人类水平的AI”开发期。[1]

不管怎样，今天出现的人工智能科技及其应用，可以算是科技史上的一次石破天惊，应当作为当代科技发展的新表征加以认识和对待。一方面，是作为人类历史上爆发性的科技革命背景下的一种塑形技术加以凸显，即与第四次工业革命的开启息息相关，是导致第四次工业革命发生的关键科技之一。第四次工业革命的表征科技，目前公认包括工业物联网、云计算、工业大数据、工业机器人、3D打印、知识工作自动化、工业网络安全、虚拟现实和人工智能九种。其中，工业互联网、云计算和工业大数据是三大底层基础设施，工业机器人和3D打印是两大硬件技术，知识工作自动化和工业网络安全是两大软件支持，虚拟现实和人工智能是面向未来的两大终极技术。[2]人工智能，作为面向未来的爆发性终极科技之一，在科技为第一生产力的当下，对于人类生产生活的影响必定是重大的甚至是颠覆性的。积极的方面，主要的就是新兴科技带来全新的创造、福利和便利；但也可能有消极的方面，主要是新兴科技导致新风险和“适应不良症”。另一方面，它本身依旧是一种科技，具有自身生产、发展的条件和过程性，目前还处于以特定识别技术为支持的机器学习的阶段，尽管可以预期会不断提升直至达到或者超越人类智能水平，但是主流观点认为还有足够长的时间跨度，由此存在阶段区分的必要。这些是当前人工智能技术的时代背景和现实表达，也是其规范问题产生的时代条件和现实基础。

二、科技法在工业革命背景下的兴起与演化

（一）三次工业革命的科技及其产业化特点

迄今为止，人类文明经历了前农耕时代、农耕时代和工业时代三个阶段。工业时代大约自18世纪中期开始，又经历了先后三次工业革命，然后就是目前的第四次工业革命。所谓的工业革命，实际上也是科技革命，但是因为它最终导致工业社

---

[1]［美］罗宾·汉森：《机器时代：机器人统治地球后的工作、爱情和生活》，刘雁译，机械工业出版社2018年版，第53～54页。

[2] 夏妍娜、赵胜：《中国制造2025：产业互联网开启新工业革命》，机械工业出版社2016年版，第91页。

会的兴起和发展，就被称为工业革命。此前的时代并非没有科技发展，人类文明的产生和发展始终与科技进步密不可分，比如古希腊和古代中国，科技并非不昌盛，只是并没有因为应用而产生工业文明而已。工业文明是在经过15～17世纪启蒙运动之后的欧洲首先产生的，其原因较为复杂。美国未来学家罗宾·汉森提出一种“关键因素最佳状态说”或“水到渠成说”作为解释。他认为，几百年前，以英国为首，工业革命开始了它的辉煌时期，可能是因为某种关键因素已经达到了最佳状态或规模，这些因素一般包括技术水平、交流或交通成本、劳动分工、贸易区的范围、组织机构的规模、储蓄率以及专业的网络连接。[1]一般认为，工业革命的产生，与其说是某种关键因素到了某个临界点，毋宁说是欧洲在启蒙运动之后在自身历史总体积累上达到了临界点，即经过启蒙运动之后形成的政治、经济、社会和观念条件，产生了一种规律的东西，使得新一代科技可以点燃工业革命。

第一次工业革命为18世纪60年代出现，其核心科技是作为动力机的蒸汽机发明等。这些新科技的广泛使用导致了组织化、规模化和机器化，工厂生产方式代替作坊、有组织的机器劳动代替了手工劳动。当然，也在社会关系上导致了工业资本家和工人两大对立的社会阶层。主要发源地是英国，这一时期发展起来的工业类型，包括纺织工业、采矿工业、冶金工业和运输业。第二次工业革命为19世纪70年代左右开始，还是欧洲为主，但也出现了美国和后来的日本等，以大量科技发明为特点，集中在电讯、电气、有机化工等新行业，促成了电讯、电气、有机化工等相关领域的新型产业。这些新技术和新产业有着共同的特点，就是都是在科学研究的基础上自觉产生的，不同于导致第一次工业革命的技术和产业发展，后者只能归功于能工巧匠自发摸索。这一时期最突出的不是新科技大量涌现的结果，更是其原因，即基于科学和产业自觉的工业研究。所以，有一种说法为，“19世纪最伟大的发明就是发明方法本身”。[2]当时，在专利法和反垄断法刺激下，追求技术发明成为一种科学家和企业的自觉。各种工业实验室被组织起来，其中很多是私人、企业建立的，也有不少是国家基于应付两次大战需要直接支持和扶持的工业研究，导致了大量的新发明面世。换言之，科技研究和实验本身成为第二次工业革命的所有大工业生产的一个组成部分，人类由此进入“发明做出发明的方法”的时期。[3]这一

[1]［美］罗宾·汉森：《机器时代：机器人统治地球后的工作、爱情和生活》，刘雁译，机械工业出版社2018年版，第16页。

[2]［美］克利斯·弗里曼、罗克·苏特：《工业创新经济学》，华宏勋、华宏慈译，北京大学出版社2004年版，第379页。

[3] 刘立：《科技政策学研究》，北京大学出版社2011年版，第69页及以下。

时期，德国和美国因为工业研究的科技体制和组织优势的进步而后来居上。[1]第三次工业革命为20世纪后半期开始，这一时期诞生的核心科技，包括航天科技、信息科技以及系统与合成生物科技等，导致新一轮科技产业的爆发。这一时期与以往比较，各国科技政策格外重视科技创新，将科技创新政策化。[2]欧美国家科技决策机构纷纷制定教育、科研、产业改革政策，不仅进行科技资源动员，而且也引领科技研究更加系统，从过去的实证分析向系统综合转型。国家甚至从过去的科学的社会契约论向合作保障论（collaborative assurance）转变，强力介入基础研究，鼓励促进以需求侧为主导的新的“技术—经济”范式的形成。[3]中国在20世纪90年代开始基本赶上了这一时期的机遇，以更加强化科技创新政策的方式，通过出台产业现代化的重大立项与决策，促进相关领域的系统创新和应用，也迎来了航天、计算机、微电子、生物技术和新材料等新兴产业的快速发展。

（二）三次工业革命背景下科技法的迭代演化

现在回过头来看人类法律的发展，可以看到一个现象，自进入工业革命以来，除了普通法或通用法的发展之外，法律体系中出现了专门的科技法，并且处于不断扩张发展的态势之中，占据越来越重要的位置。第一次工业革命之前，并无科技法这样一个专门的领域，法律处于一般形态之下演化，但是从第一次工业革命开始，科技法作为一个专门的领域诞生了，并且以某种特定的方式影响和联系着普通法律。此后，科技法随着科技发展和工业革命迭代，呈现不断扩张不断升级的趋势，与三次工业革命发展同轨，大致也经历了三个发展阶段。

1. 科技法发展的第一个阶段，即第一次工业革命时期，为鼓励科技发明的阶段。

近代法律体系诞生于工业革命背景，基于经济、政治和社会思想的根本变化，以个人理性和自由为基础做出了根本转型，并且与科学主义结合，不仅在一般法律范畴的意义上产生了近代意义的宪法、民法、刑法，诉讼法等法律部门；与此同时，基于工业革命背景下科技发明具有的不同寻常意义，首次把科技问题纳入立法，产生了全新的科技法部门。最早发展的科技法，主要是以具体立法形式呈现的科技市场法，包括具有赋权意义的专利法和其他知识产权法，具有鼓励交易价值的

---

〔1〕 后来居上的美国发展两种大量生产的主要方法。第一种方法出现在19世纪，是先制造标准的、可互换的零件，然后以最少量的手工劳动把这些零件装配成完整的单位。如伊莱·惠特尼的滑膛枪制造法。第二种方法出现在20世纪初，是设计出“流水线”。例如，亨利·福特发明的能将汽车零件运送到装配工人所需要的地点的环形传送带。

〔2〕 Guston, David H, Between Politics and Science: Assuring the Integrity and Productivity of Research, Cambridge Univ. Press (2000), p. 175.

〔3〕 刘立：《科技政策学研究》，北京大学出版社2011年版，第97～102页。

技术合同法和技术中介法等；也包括最早的科技风险法，主要体现为科技应用于工业生产的语境下为了应对生产安全需要的工厂法，以及工业事故灾害的管理和责任立法。

首先，这一时期科技市场法得到创制。第一次工业革命不仅发明了蒸汽机等新科技，更重要的是创设了专利法等新型财产权（兼具财产和人格利益的专利权），以赋予科技发明人以专利权的刺激方式，鼓励科技发明和创造，从而在制度上为工业革命提供了激励和保障。专利法的出现，产生了将科技、法律、经济协调起来的巨大功效。[1]这在历史上前所未有，过去科技创造完全出自个人的兴趣，发明出来的成果自动纳入公共领域，所以科技发明全凭个人的兴趣。但是，专利法之后，这种局面改变了，具有财产意义的专利权变成一种全新的利益驱动机制，科技发明成为更多个人和工厂企业自觉的法律利益追求。这一时期的专利法发展，最重要的是1623年英国议会通过的“垄断法”，明确规定了专利制度的基本理念和具体形式，被认为是“发明人权利的大宪章”。美国1790年颁布实施的联邦专利法，德国统一后1877年颁布实施的专利法等。[2]这一时期，除了专利权等之外，得到发展的还有专利交易制度或技术合同制度，成为科技市场法不可或缺的一部分，专利权或科技发明只有置身于自由交易之中，才能够获得更加充分的价值实现和转化的机会。

其次，这一时期后来也开始关注工业革命带来的生产安全问题，这是早期科技应用导致风险的基本表现形态。工厂生产安全，与以前的作坊安全比较不可同日而语。科技发明在工厂条件下应用后，在带来规模效益的同时，也容易带来规模安全和灾害问题，也就是工厂安全和灾害问题，其中特别是对工人的生产安全威胁和事故损害。在社会压力下，首次工业革命的国家逐渐关注工厂安全和事故，发展出最初的工厂安全法则和劳动安全法则。1802年英国政府制定《保护学徒的身心健康法》，建立了最初的工厂劳动保护规则，旨在保护工厂劳动者的健康，制定了学徒劳动时间、矿工的劳动保护、工厂的室温、照明、通风换气等工业卫生标准。1833年，英国颁布了世界上第一部系统的《工厂法》，对工厂条件下的工人的安全、卫生、福利作出规定。

2. 科技法发展的第二个阶段，即第二次工业革命时期，为鼓励科技发明和防治工业灾害并举阶段。

这一时期，专利法和垄断法的存在，从正反两面鼓励了科技发明的自觉，工业研究实验室不断涌现并且走向成熟，在大量新兴科技发明和发明方法的支持下，除了传统的纺织、工矿等领域外，电讯、电气、有机化工等领域也得到发展，促进了

---

[1] 吴汉东：《科技、经济、法律协调机制中的知识产权法》，载《法学研究》2001年第6期。

[2] 刘立：《科技政策学研究》，北京大学出版社2011年版，第88～96页。

产业化的极大发展。科技法发展也因此需要更进一步，在进一步提升鼓励科技发明和应用的同时，更加直面产业化带来的生产安全和事故频发的威胁。

首先，从科技市场法来说，是专利法等知识产权法更加扩展和强化的时期，国际专利关系也出现前所未有的促进和发展，如订立 1883 年巴黎专利公约。这一时期，技术交易更加频繁、多样化，技术合同也得到丰富和广泛应用，因此技术合同制度更加发达，相关规范除了单行规定之外，也散见于民法、商法反垄断法、反不正当竞争法等法律之中。

其次，工业在急剧产业化扩张之后，新老领域面临更加严峻的工业生产安全和灾害问题。工人安全和健康陷入困境，工厂事故不断，产品事故、交通事故等损害频发，环境污染日趋严重。这些不仅引发严重的社会矛盾，甚至加剧阶层对立和社会动荡。有美国家在几次社会矛盾大爆发之后，开始强化管控工业安全和灾害、减缓社会矛盾，制定了一系列应对工业安全和灾害的法律。[1]各国随着高尖端科技应用和产业化扩展，纷纷完善工厂法，并且制定统一的劳动安全法，因为原先分散的零星的职业安全法规已经无法适应需要。[2]此外，产品责任法、交通事故责任法、灾害保险法等也得到发展。这些规则，许多是事后规则，但通过严格责任、惩罚性赔偿等使得其具有预防功能，但也有许多是事先和事中规则，如产品质量管理制度、交通安全管理制度、灾害保险制度等。这些极大促成了工业灾害和事故治理体系的确立和完善。这是过去时代所没有的，成为科技法在第二阶段的重要一环。

3. 科技法的第三个阶段，即第三次工业革命时期，突出科技政策作用阶段。

这一时期，首先，鼓励科技发明的立场并没有变化。工业化国家继续完善专利法等知识产权法，并且在 20 世纪晚期明显出现“强专利/知识产权”趋势；工业化国家特别是美国在全球推行知识产权保护，导致 TRIPS 和 WTO 的出现，全世界接受专利制度，专利的国际申请不断增加，专利战略成为国家之间、跨国企业之间的

---

〔1〕 美国学者约翰·法比安·维特在《事故共和国：残疾的工人、贫穷的寡妇与美国法的重构》一书中指出，在 1880 年到 1910 年之间，美国经历了世界历史上工业国家内最严重的工作事故率，因此迫使其必须走上管制工厂安全风险的道路，建立工厂安全有效的法律制度成为工业美国 20 世纪法治发展的试金石；到了 60 年代，在健全工业事故灾害法的基础上，才着手应对更加复杂的科技风险调整，如环境风险。参见［美］约翰·法比安·维特：《事故共和国：残疾的工人、贫穷的寡妇与美国法的重构》，田雷译，上海三联出版社 2008 年版。

〔2〕 例如，英国在 1937 年、1948 年、1959 年、1961 年四次修改了《工厂法》，1974 年、1975 年 1 月和 4 月分三次颁布了《劳动安全卫士法》。日本也在 1914 年制定现代意义的工厂法，并在 1923 年修改，1947 年颁布《劳动基准法》，用一章规定劳动安全卫生法规，并在 1972 年颁布《劳动安全卫生法》。美国国会 1970 年在工伤事故和职业性危害日益严重，特别是见证铀矿工人的悲惨遭遇的背景下，不再顾虑雇主反对，通过了统一的《职业安全卫生法》，由尼克松签署生效，改变了过去只由各州制定相关立法的局面。此外，联邦德国在 1974 年颁布了《职业安全法》，加拿大在 1978 年颁布了《职业卫生与安全法》等。

核心竞争战略之一。[1]其次，继续提升工业安全和灾害治理。工业安全和灾害治理法律进一步强化，新兴的生态环境问题得到关注，环境法得到极大发展。最后，开始关注特殊科技安全和风险，不断制定相关特殊管控规范。针对生化科技、核科技、生物科技、信息科技等新科技的发展和应用，人们发现这些特殊新科技不仅带来了巨大福利可能，也带来前所未有的特殊风险，食品药品安全、生化安全、核安全、生物安全、网络信息安全等不断凸显规范急迫性，激发管控特殊科技风险的强烈要求，导致相关技术安全和风险管控法律的出台。

但是，这一时期科技法体系最突出的扩展，是强化科技政策作用，更加注重政策导向和机制作用，发展出一套特殊的旨在促进科技进步、转化和创新法律制度，可以简称科技政策法。20 世纪 40 年代，各国动员科技资源备战，导致了科技进步与国家组织紧密结合。例如，美国便成立了国防研究委员会组织科技资源增强国防能力，1941 年建立科学研究和发展局，1945 年又以“科学：没有止境的前沿”为理由建立战后的国家研究基金会。[2]此后形成惯性，各国以提升国家竞争力和促进产业升级为目标，引入科技政策机制，干预科技发展，促进科技进步、转化和创新。20 世纪 50 年代，各国科技政策致力于战后恢复和重建，大力投资基础研究和高等教育，为重建和发展打造知识资源和人力资源的基础，并且在经济扩张领域，促进电子、石化、原子能科技创新，力推新兴科技的转化经济，逐渐形成“技术—经济范式”。60 年代，随着经济复苏，市场需求成为科技政策的关注点，政府又由简单的大力支持基础研究转为更加注重成本—效率比以及项目效益评估，为此进行了许多调整。80 年代开始，更加强调科技资源供应和市场需求的结合，在微电子、生物技术和新材料等新领域实施“技术—经济范式”，后来调整为“技术—经济—环境—安全范式”，在技术—经济发展的价值追求中，同时引入生态环境保护和特殊技术风险防范。与此同时，各国启动创新政策，推进科技发展与产业化提升的紧密融合。所谓创新政策，按照英国著名学者罗斯韦尔的界定，是科技政策与产业政策协调的结合。[3]20 世纪初，面对新一轮科技大发展的机遇期，各国旨在快速提升和确保国家竞争力，更是大力推进科技创新政策，甚至上升到科技创新战略的高

---

[1] 刘立：《科技政策学研究》，北京大学出版社 2011 年版，第 89 页；关于知识产权战略话题，可以参见陈昌柏：《知识产权战略：知识产权资源在经济增长中的优化配置（第二版）》，科学出版社 2009 年版；关于知识产权的国际化，可以参见吴汉东：《知识产权国际保护制度的变革与发展》，载《法学研究》2005 年第 3 期。

[2] 1944 年，负责美国科学与发展局（OSRD）的布什（Vannevar Bush）主持完成了《科学：没有止境的前沿》的报告，提出科学的进步是维护国家安全、提升人民健康、创造就业、实现更高生活水准以及文化进步的关键，因此建议设立国家研究基金会，发展和促进国家的科学研究和科学教育政策。参见刘立：《科技政策学研究》，北京大学出版社 2011 年版，第 99 ~ 100 页。

[3] 陈劲：《科学、技术与创新政策》，科学出版社 2013 年版，第 230 页。

度。欧盟早在 1995 年就发布了《创新绿皮书》，提出改进创新环境的建议，1996 年通过第一个《欧洲创新行动计划》，2000 年由欧洲委员会提出“欧洲创新趋势图”，2005 年欧盟委员会提出《研究与创新战略》，2011 年年底公布《2020 战略创新计划》。

（三）中国科技法的兴起和跨越式发展

中国科技法的发展没有体现三个阶段的过程性，这是因为中国在前两次工业革命中处于边缘，某种程度上可以说是旁观者。但是，第三次工业革命兴起之时，正是中华人民共和国成立之际，在这一轮新兴科技发展和工业化时期，中国开始紧追，三步变成一步走。20 世纪 50 年代至 70 年代末，中国按照苏联模式建立科技体制，实行计划管理，集中力量动员有限科技资源，解决一些战略优先目标，成功发展了核武器、空间技术和某些基础科学领域。70 年代末开始，中国启动经济体制改革，以“科技是第一生产力”的认识，确立了新时期“面向依靠”发展科学技术的新方针，即“经济建设必须依靠科学技术、科学技术工作必须面向经济建设”，并以此启动科技体制改革，全面助力经济体制改革。[1]之后，关于科技的政策，又经历了 1995 年实施“科教兴国”战略、加强国家创新体系建设[2]和 2006 年“自主创新战略”、增强自主创新能力[3]的两次提升。

中国科技法从改革开放开始得到重视和发展。首先，20 世纪 80 年代初开始积极制定《专利法》（1982 年）等知识产权法，出台《技术合同法》（1987 年）的技术交易法等，建立旨在鼓励和刺激科技发明和进步的科技财产权制度、交易制度，这些法律制度随着改革开放深入不断修改和提升。其次，基于现代科技应用的工业化背景，制定和完善工业安全、劳动安全、事故管理、产品责任等法律制度，先后出台《矿山安全法》（1992 年制定）、《劳动法》（1994 年制定，其中一章专门规定劳动安全卫生）、《安全生产法》（2002 年制定，2009 年、2014 年修订）等。同时，也注意到与科技工业应用相关的环境保护、特殊技术安全等问题，出台了一系列的环境保护法，如《环境保护法》（1989 年制定，2014 年修订）、《大气污染防治法》（1987 年制定，2018 年修改）、《水污染防治法》（1984 年制定，1996 年、2008 年、2017 年修改）、《放射性污染防治法》（2003 年制定）等，以及特种技术安全法，除了交通安全、产品质量安全、食品药品安全方面法律之外，还包括《民用核设施安全监督管理条例》（1986 年制定）、《特种设备安全法》（2013 年制定）、

---

〔1〕 刘立：《科技政策学研究》，北京大学出版社 2011 年版，第 107 页。

〔2〕 中共中央、国务院 1995 年《关于加速科学技术进步的决定》。

〔3〕 2006 年《国家中长期科学和技术发展规划纲要（2006－2020）》以及中共中央、国务院《关于实施科技规划纲要增强自主创新能力的决定》。

《网络安全法》（2016 年制定）、《核安全法》（2017 年制定）和正在起草的《生物安全法》等。最后，我国科技法从 80 年代确立“面向依靠”发展科学技术方针以来，特别强调国家政策对于科技进步、转化、创新的作用。先后制定了《科学技术进步法》（1993 年制定，2007 年修改）、《促进科技成果转化法》（1996 年制定，2015 年修改）等科技政策性法律，以国家政策支持、激励引导的方式，促进科技研发、转化、创新。同时，面对新一轮科技革命，高度重视和戒备，为了提高科技创新的力度和强度，将提升科技创新能力定为基本国策，出台一系列政策文件或战略纲要。[1]

三、人工智能的科技法规范路径

人工智能在本质上属于科技事物，因此应当作为科技事物加以审视。前已述及，人工智能因为基于软件的机器学习技术出现而成为当下具有爆发性的新科技之一，是目前显示出来的支持第四次工业革命的九大支柱科技之一。一方面，当下的人工智能通过机器学习技术形成了认知能力。现在机器学习依托的方法，包括线性回归模型、决策树、贝叶斯网络、人工神经网络以及进化算法；加上传感器与材料科学的不断突破，导致人工智能的感知、移动和认知能力发展迅速。这种认知能力与人类独有的综合学习和高级推理能力具有相通性，并且有正在超越人类的趋势。2014 年聊天机器人通过了简单的图灵测试，2016 年 AlphaDo 击败了世界围棋冠军。另一方面，这种机器学习技术能够形成的能力目前还只是“弱人工智能”，距离通用人工智能或者超级人工智能遥遥无期。基于机器学习的人工智能缺乏人类具有的大背景和常识，达不到通用人工智能的高度，只适宜用于完成具体明确任务，如搜索算法、语音会话、智能手机的文字输入预测、选择性呈现网络广告、强化网络安全、控制工业机器人、自动驾驶汽车、归纳文本信息以及诊断某些疾病。[2]

所以，对于人工智能的规范思考，从回溯事物本源的意义上说，需要盯紧其作

---

〔1〕 2006 年公布《国家中长期科学和技术发展规划纲要（2006－2020）》提出，要在 15 年内进入创新型国家行列；2012 年 7 月，中共中央、国务院召开全国科技创新大会，提出把创新驱动发展作为面向未来的一项重大战略；2012 年 11 月，党的十八大明确提出，科技创新是提高社会生产力和综合国力的战略支撑，必须摆在国家发展全局的核心位置，同时，强调要坚持走中国特色自主创新道路，实施创新驱动发展战略，随后，中共中央、国务院即印发了《关于深化科技体制改革加快国家创新体系建设的意见》；2016 年 8 月，国务院发布了《“十三五”国家科技创新规划》，明确了“十三五”时期科技创新的总体思路、发展目标、主要任务和重大举措。

〔2〕 ［德］克劳斯·施瓦布、［澳］尼古拉斯·戴维斯：《第四次工业革命——行动路线图：打造创造型社会》，世界经济论坛北京代表处译，中信出版社 2018 年版，第八章“人工智能与机器人”，第 141～155 页。

为第四次工业革命新兴科技具有的科技本质属性以及当前依靠机器学习发展认知能力的特殊性。首先，对于人工智能的规范，应当自觉遵循人类既有的科技规范路径，充分动用现有的科技法加以规范评价。换言之，现在的科技法体系应该成为规范当前人工智能的现实规范体系。这是法治主义应该具有的基本立场，“法治”从字面意思看就很清楚是法律的统治，即人们应当遵守法律。[1]现在的科技法体系，包含鼓励科技发明和应用的科技市场法，如专利法和其他知识产权法、技术合同法、技术中介法等，包含管控工业和科技风险的法律，范围涉及工业生产安全、劳动保护、事故责任、环境保护和特殊技术风险法等，以及科技政策法，即旨在促进科技进步、转化和创新的法律政策。其次，对于人工智能的规范，又要注意科技事物的发展性和特殊性，由此对现有规范进行更新调整和特殊变化，以达到合乎时宜和具体合理。一方面，要体现人工智能的发展性，认识人工智能是当下新科技，具有作为正在引领第四次工业革命的一种表征科技的定位，在与过去加以充分比较、对未来加以合理预测的基础上，就此带来的新发展、新问题做好规范。正如哈特所说：“人类的法律创制者们，不能够预见到所有未来可能发生的相关情形。这意味着，所有的法律规则与概念都是‘开放的’，并且当一种未曾预见到的情形发生时，我们必须进行一个全新的选择，并且以此改进我们的法律概念，使它们更符合社会所预期的目的。”[2]另一方面，要体现人工智能的特殊性，在将既有科技法制度加以一般适用的同时，善于认识人工智能的具体性规范要求，就此进行具体立法或者适用。这种人工智能的具体性还体现在人工智能开发和应用功能的多样性上面，所以还应当做好基于功能区划的细分规范。人工智能新功能问世的速度日益加快，不仅用来分析和识别信息、物体，获取数据，辅助决策，而且进入知识服务领域，如新闻、医疗、护理、会计、教学和法律的人工智能应用，也进入交通领域，包括无人机和无人驾驶汽车，或者进入工业领域，如独立装配汽车的工业机器人，可能部署到探索卫星、制造机器人、执行搜救、驾驶飞行器等，还可能应用为担任警务和发展自动武器。这些基于应用领域和功能的不同，导致了合理规范需求的差异性。

四、科技法视野下的人工智能规范问题

（一）科技市场法语境下的人工智能规范问题

科技市场法，特别是专利权等知识产权制度、技术合同、技术中介等技术市场

---

[1] ［英］约瑟夫·拉兹：《法律的权威》，朱峰译，法律出版社2005年版，第185页。

[2] ［英］H. L. A. 哈特：《法理学与哲学论文集》，支振锋译，法律出版社2005年版，第285页。

交易制度等，对于人工智能具有基础适用性，应该成为驱动人工智能技术进步和应用的基本制度。人工智能作为一种正在发展中的科技，是决定第四次工业革命的关键因素之一，具有能够为行业和社会创造巨大的效益的潜能，因此有必要积极推动其发展，而最有效的方式就是运用科技市场法的赋权、交易和转化激励机制。目前人工智能需要不断完善自己，处于亟待着力开发和提升的时期，全球对于人工智能机器人的投入在 2019 年超过 1350 亿元。[1]基于人工智能将对经济、社会带来巨大价值的认识，巨型互联网企业都在开发和研究相关的人工智能，研发投资不断增加。其背后的动力，取决于法律对于这种投入及回报提供支持和保障。

但是人工智能作为一种新兴技术，本身又存在特殊性和发展性，这就使得现行科技市场法的有关规定并不完全契合。在这方面，人工智能的研发和应用产生了许多新的规范问题，需要及时研究和跟进立法。首先，人工智能的很多重要的技术改进，往往体现为学习方法、进化算法等，这些在现在的专利体系里面很难获得专利授权。其次，现在的技术交易制度，主要是合同交易的方式，而人工智能价值实现的方式，更多依赖于合作、协同应用，通过动态的系统嵌入运行来实现其价值功能。再次，人工智能技术专业性极强，因此还需要促进相关专业技术市场的发展，重点引导不同类型的创新型技术市场的发展，如美国的国家技术转移中心（NT-TC）、英国技术集团（BTG）、德国弗朗霍夫学会、日本的技术研究所等实体技术市场，欧洲的创新驿站（IRC）、美国的 yet2. com 公司等网上技术市场。[2]最后，也是最重要的，人工智能开发和应用需要依赖数据资源。例如，欧共体委员会《关于欧洲合作智能交通系统战略协作、连接和自动移动性的决议》（COM/2016/0766）就提出，“个人数据和隐私保护是自动驾驶汽车成功部署的决定性因素，必须使用户确信他们的个人数据并非商品，用户能够有效控制数据的使用方式和目的”。[3]目前，很多具有创新力的机器学习研发工作，主要由著名大学研究机构或大企业承担，它们的优势在于能够获得数据资源，很大一部分是可公开数据资源，当然这也是目前许多人工智能可验证和可确保透明度的前提。但是，显然这是不够的。那么，如何确保人工智能创新中的合理、充沛的数据来源呢？此外，人工智能应用也要求用户使其数据处于有序状态，确保人工智能应用中的相关专有数据得到适当的整理和保护，那么如何做好这些数据管理工作呢，其法律依据何在？实践揭

---

〔1〕［德］克劳斯·施瓦布、［澳］尼古拉斯·戴维斯：《第四次工业革命——行动路线图：打造创造型社会》，世界经济论坛北京代表处译，中信出版社 2018 年版，第 148 页。

〔2〕蒋芬、魏建良：《网上技术市场：理论与实践》，科学出版社 2015 年版，第五章和第六章，第 71 ~110 页。

〔3〕欧盟委员会：《关于“欧盟合作式智能交通系统战略”的通讯》，载欧盟官网，https：//eur - lex. euro pa. eu/legal - content/EN/TXT/PDF/？ uri = CELEX：52016DC0766&from = EN，2019 年 10 月 8 日访问。

示，目前应用者主要依靠开发特定的人工智能系统来协助检索、挖掘并整理公司系统和服务器的数据，从而达成及机器学习的先决条件。[1]可见，现在的科技产权制度并没有解决这些问题，亟待从人工智能研发和应用的合理需要的具体角度，作出相应完善。

（二）科技风险管控法语境下的人工智能规范问题

现有管控工业风险、劳动保护、事故责任、环境保护和特殊科技风险的科技风险法律制度，对于人工智能同样具有可适用性。人工智能作为科技，无论其开发还是应用，同样存在安全、灾害和特殊技术风险问题。同时，作为引爆第四次工业革命的新兴科技，人工智能还具有独特的科技安全和风险问题，因此还需要特殊应对。施瓦布、戴维斯认为，第四次工业革命及其科技挑战，至少面临以下几个问题：（1）如何确保合理分配第四次工业革命效益；（2）如何管理第四次工业革命外部性效应特别是控制风险和伤害，包括针对弱势群体、自然环境和未来世代的保护措施，以防范意外后果、变革成本、次生影响（second - order impacts）或蓄意滥用新技术等问题；（3）如何确保第四次工业革命及其科技开发和应用由人主导、以人为本。[2]这些是以前三次工业革命考虑不多的。本文经过梳理认为，就人工智能科技的特殊研发和应用而言，目前至少面临五项特殊安全或风险问题。

第一，人工智能不确定的技术风险。人工智能目前的方法在结构上还不够完善，今后也不可能百分之百完善，可见技术风险不能避免。所以在人工智能运用中，要特别注意防范这种不确定的技术风险。人工智能应当在设计和应用时，将安全保障同时配套；在重要领域部署人工智能，要做到确保其具有支持业务稳定、持续运行的性能，并保证安全技术措施同步规划、同步建设、同步使用。[3]鉴于人工智能技术的特殊技术风险，尤其要避免技术误用，因为一旦出现错误的匹配、错误的输入，就可能导致失之毫厘，谬以千里，产生预计不到的后果。如德国在人机互动的案例中，协同工人的误用导致被工业机器人打死的意想不到后果，这里既有误用的问题，恐怕也有技术安全设计瑕疵的问题。[4]

第二，人工智能偏离设计应用的风险，这也是人工智能特殊技术风险的一种形态。人工智能的行动、决策是否保证其与设计者的目标一致，或者保证始终与控制

---

[1] ［德］克劳斯·施瓦布、［澳］尼古拉斯·戴维斯：《第四次工业革命——行动路线图：打造创造型社会》，世界经济论坛北京代表处译，中信出版社 2018 年版，第 153 页。

[2] ［德］克劳斯·施瓦布、［澳］尼古拉斯·戴维斯：《第四次工业革命——行动路线图：打造创造型社会》，世界经济论坛北京代表处译，中信出版社 2018 年版，第 10～11 页。

[3] 借鉴《网络安全法》第 33 条关于关键信息基础设施的运行规范要求。

[4] 《德国工厂发生首期“机器人杀人案”》，载腾讯科技网，https：//tech. qq. com/a/20150702/015801. htm，2019 年 10 月 7 日访问。

者合作，都需要依靠技术本身，但现在的技术并不能保证万无一失，尤其目前机器学习技术并不能确保人机协同的绝对可预定性，更不能保证人机价值观的一致。如果不加以风险管控，一旦偏离目标，后果可能不堪设想。例如，警务机器人发生偏离，错误击毙可疑人员。越是让人工智能执行复杂系统的工作，如管理交通、监控安全，就越要注意这样的风险。目前一种建议是，在设计时强化安全伦理原则，即所谓的机器人原则，但问题是这些仍然只是一种设计而已，在正常情况下固然可以更好指导机器人行动，但并不能真正解决运行中的偏移。所以，正确的办法，还应该包括增加对运行中的人工智能训练，通过训练和及时地调整使得技术设计的可行性转化为行动的一致性。此外，还应该引入可检验、可修正、可控制的人工智能应用模式。

第三，人工智能非法使用的风险。例如，企业通过人工智能运用进行歧视、不公平交易、窃取别人数据或者暗箱操作。欧盟数据保护委员会 2015 年 11 月发布《应对大数据挑战：呼吁通过设计和可责性实现透明性、用户控制及数据保护》，提出要重视大数据对穷人或者弱势群体的歧视，并提出是否可以让机器代替人类来做道德、法律等判断的问题；美国联邦贸易委员会（FTC）2017 年 1 月发布《大数据：包容性工具抑或排斥性工具?》，也要求关注大数据中对于消费者的歧视和偏见问题，确保关于消费者公平机会的法律得到有效执行，同时防止大数据分析中采取歧视等不公平行为。〔1〕又如，犯罪分子包括恐怖主义使用人工智能或者欺骗、入侵、操纵、修改别人的人工智能。人工智能的非法使用，也可能体现在国际层面，如国家或个人开发不可信任或不加区别的人工智能武器。人工智能安全漏洞的严峻性也在不断升级之中，一部分是因为人工智能使用者自身违规设计或应用导致的，也有相当一部分来自外部的不法行为。

第四，人工智能的社会风险。在经济、管理和社会服务的许多领域，人工智能淘汰了一些工作岗位，对于劳动力市场带来影响和挑战。这种风险还在扩大。那么，政策制定者是否做好研究和部署了呢？劳动者或者其他利益相关者是否准备好了呢？人工智能的社会风险，广义上还包括技术迭代导致的各种社会不适应性。那么，是简单奉行物竞生存论，还是应当也重视社会和谐价值呢？每一次工业革命，都会导致剧烈变化，有些人能够适应变化，但也有很多人并不容易适应变化。而且，“我们并不能保证所有适应性行为都对世界或宇宙有益，有时这些行为也可能有害于我们的生活”。〔2〕可见，需要进行很好的平衡。人工智能的社会风险，也包

---

〔1〕 FTC 还建议对企业考察以下问题：数据集是否具有代表性？所使用的数据模型是否会导致偏见？基于大数据进行预测的准确性如何？对大数据的依赖是否会导致道德或者公平性问题？参见曹建峰：《人工智能：道德外包与“黑箱”中的算法歧视》，https：//www. tisi. org/4798，2019 年 10 月 8 日访问。

〔2〕［美］罗宾·汉森：《机器时代：机器人统治地球后的工作、爱情和生活》，刘雁译，机械工业出版社 2018 年版，第 25 页。

括新科技应用可能导致社会分配公平问题。新的财富和福祉分配很可能并不公平，特别是财富和机会向少数人集中，导致新一轮赢者通吃效应。这种平衡不仅存在于国内，也存在于国际社会。从国际社会来说，人工智能可能加大国家之间的极差。因此，需要考虑应对。发达国家在享受人工智能发展福利的同时，负有责任，应当在维持和构建良好国际秩序的基础上，做好人工智能的国际利益协调。

第五，人工智能的伦理风险。人工智能是一种具有认知能力的技术，因此与人具有相通性。目前，人工智能技术虽然离通用智能特别是全智能还有差距，但在一些场景互动方面的表现已经接近人类甚至超过人类，包括游戏、客服查询、医疗诊断、自动驾驶汽车导航。[1]认知能力原本是人类独有，现在可以为人工智能所有，这种情况势必导致与其他科技不一样的伦理风险。因为它会带来与我们人类的根本混淆——人类伦理的一个根本追求，是种的保全或者说的人自身的保全。现在制造与我们相通的人工智能，这个严峻的伦理挑战就产生了。[2]如果开发出仿真人或者超级智能，这个特殊的伦理问题就会更加严峻。这是人工智能特殊的技术风险之一。那么，可以在多大限度开发和应用这种具有认知能力的机器或软件？假设目前还可以实施允许开发和应用的通用政策，是否需要就伦理风险达到某种级别的人工智能开发、应用和运行进行严格管控以及区别不同层次进行监管？是否可以赋予具有接近或超越人的认知能力的人工智能以完全自主决策的权利，因而也具有相等的刑法、行政法、民法的主体地位？[3]是否应当确保人类对于人工智能的可信任与可合理期待？是否需要对人工智能植入某些必要原则、伦理标准并进行确保有效的运行监管？是否可以开发和部署负有特殊职能的警务机器人以及如何管控？是否可以开发和部署致命自动化武器或战争机器人以及如何管控？如何应对和救济人工智能对伦理安全的威胁或损害？是否可以惩罚甚至“杀死”所谓“不法”或者“犯罪”的人工智能以及如何执行？现实中的人应该如何对待智能机器人，特别伙伴机器人？等等。这些伦理风险问题归结起来，就是如何处理人类与人工智能的关系，包括现阶段也包括未来阶段，应当建立何种与人工智能相处的基本规则，特别是与其中的机器人。这些问题越来越受到关注，不断促成阶段性的人工智能伦理政策或规

---

〔1〕［德］克劳斯·施瓦布、［澳］尼古拉斯·戴维斯：《第四次工业革命——行动路线图：打造创造型社会》，世界经济论坛北京代表处译，中信出版社 2018 年版，第 154 页。

〔2〕控制论之父维纳在其名著《人有人的用处：控制论与社会》中认为，自动化技术和智能机器的趋势是要在所有层面上取代人类，而不是只是用机器能源和力量取代人类的能源和力量，很显然这种新的取代将对我们的生活产生深远影响。这里的维纳所言就是这种人工智能将会导致与人混淆的伦理威胁。参见［美］维纳：《人有人的用处：控制论与社会》，陈步译，北京大学出版社 2010 年版。

〔3〕2015 年，欧洲议会向欧洲委员会提出一份关于机器人民事规则的建议，Report with recommendations to the Commission on Civil Law Rules on Robotics ［2015/2103（INL）］，http：//www. europarl. europa. eu/doceo/document/A - 8 - 2017 - 0005_ EN. html? redirect，2019 年 10 月 8 日访问。关于机器人相关法律地位的研究，可以参考［意］乌戈·帕加罗：《谁为机器人的行为负责》，张卉林、王黎黎译，上海人民出版社 2018 年版。

则的形成。[1]当前一种人本的、普惠的新科技思想正在兴起，认为包括人工智能在内的第四次工业革命的技术应该具有价值定向，技术应当“赋能，而非支配”，未来应当“由人类设计，造福于人类”，技术应当“使价值成为特点而非漏洞”，主张人工智能技术应该包含一整套假设、价值观和原则，应当优先考虑社会价值观，兼及利益相关者，服务于人民和社会制度。[2]

最早美国科幻作家艾萨克·阿西莫夫（Isaac Asimov）在1950年年末由格罗姆出版社出版的《我，机器人》一书的序言提出著名“机器人三定律”，用来避免设计、防止机器人失控：机器人不能伤害人类；它们必须服从于人类；它们必须保护自己。可见，最早的关于机器人的伦理考虑是恐惧这个很小的点，所以只是希望机器人不给人类带来伤害或威胁而已。后来，还加入了“第零定律”：机器人不得伤害人类整体，不得因不作为使人类整体受到伤害。今天，随着人工智能新一轮发展，关于人工智能的伦理问题，有了更加进一步的认识。但是总体上，目前还只是一些国家或者机构做出了一些发展或者倡导，而国际社会还没有形成适用于人工智能开发和应用的全球伦理规范。[3]

2016年，美国电气和电子工程师协会（IEEE）发布了人工智能伦理报告（2016），即“利用人工智能和自主系统（AI/AS）最大化人类福祉的愿景”，将人工智能定性为“社会—技术系统”，倡导要深化价值观。[4]该报告提出了发展人工智能的四项原则，即人类利益原则、责任原则、透明原则、教育和意识原则。[5]2017年12月，还进行了更新。[6]2019年2月，特朗普发布第13859号关于启动“美国人工智能行动倡议”的行政令，随即美国国家标准与技术研究院（NIST）在2019年8月发布了《美国如何领导人工智能：联邦参与制定技术标准及相关工作的计划》，提出了要确保使用人工智能技术的系统可靠、稳健、值得信赖。[7]其中也明显包含了一些最低伦理标准，但主要还是可安全信任的技术伦理问题，对于相

[1] 宁宣凤、吴涵等：《人工智能系列开篇：伦理准则与现行规制》，载微信公众号“金杜研究院”，2019年9月21日访问。

[2] [德] 克劳斯·施瓦布、[澳] 尼古拉斯·戴维斯：《第四次工业革命——行动路线图：打造创造型社会》，世界经济论坛北京代表处译，中信出版社2018年版，第31页以下。

[3] 引自联合国教科文组织总干事阿祖莱在2019年3月初举办的“推动人性化人工智能全球会议”的观点。参见杨骏：《超越“机器人三定律”人工智能期待新伦理》，http：//www. xinhuanet. com//2019-03/18/c_ 1124249611. htm，2019年10月8日访问。

[4] [德] 克劳斯·施瓦布、[澳] 尼古拉斯·戴维斯：《第四次工业革命——行动路线图：打造创造型社会》，世界经济论坛北京代表处译，中信出版社2018年版，第36页。

[5] IEEE：《合伦理设计：利用人工智能和自主系统（AI/AS）最大化人类福祉的愿景》，https：//engagestandards. ieee. org，2019年10月8日访问。

[6] https：standards. ieee. org/news/2017/ead_ v2. html，2019年10月8日访问。

[7] US Leadership in AI：A Plan for federal Engagement in Developing Technical Standards and Related Tools，https：//www. nist. gov/topics/artificial-intelligence，2019年10月8日访问。

关人文伦理关切尚欠明确。

欧盟委员会2019年4月8日为了提升人们对人工智能产业的信任，在人工智能高级别专家组起草的支持下，发布《可信人工智能伦理指南》，明确可信赖的人工智能伦理准则，同时宣布启动试行阶段，邀请多方面对该准则进行测试。[1]根据其解释，有两个必要的组成部分：一是应尊重基本人权、规章制度、核心原则及价值观；二是应在技术上安全可靠，避免因技术不足而造成无意的伤害。“可信赖的人工智能”包括7个关键条件：人类的自主性和监督，技术的健全性和安全性，隐私和数据管理，透明度，多样性、非歧视和公平性，社会福祉，问责机制。[2]

我国在2017年国务院《新一代人工智能发展规划》开始认识到人工智能发展可能引发方方面面的问题，其中包括伦理问题，提出要重视人工智能法律伦理的基础性研究。[3]2019年6月17日，国家新一代人工智能治理原则《发展负责任的人工智能》，提出了人工智能治理框架和行动指南，强调了和谐友好、公平公正、包容共享、尊重隐私、安全可控、共担责任、开发协作、敏捷治理八个原则，其中涉及伦理治理要求，重点在负责任。我国不少机构和企业也做出响应，自动提出倡导的人工智能伦理要求。[4]但总体上看还远远不够，距离真正伦理规范的明确和合理还有很大距离。

（三）科技政策法语境下的人工智能规范问题

科技政策法对于当前人工智能开发和应用更加具有可适用性，这不仅是因为人工智能科技的发展与科技进步、科技转化政策契合，更是因为其发展代表了当前科技创新的重要领域和方向。在我国，现有的《科学技术进步法》和《促进科技成果转化法》提供的诸多进步机制、转化机制，当然对于人工智能科技的开发和转化具有支持意义。不过，目前尚存在许多体制机制障碍，特别是国有企业、事业单位

---

〔1〕 https：//ec. europa. eu/digital - single - market/en/news/ethics - guidelines - trustworthy - ai，2019年10月8日访问。

〔2〕 赵娜亚：《欧盟抢先发布人工智能道德准则：AI要以人为本，负责任且无偏见》，https：//www. guancha. cn/internation/2019_ 04_ 09_ 496946. shtml，2019年10月8日访问；方莹馨：《欧盟发布人工智能伦理准则》，http：//www. xinhuanet. com//tech/2019 -04/11/c_ 1124350837. htm，2019年10月8日访问。

〔3〕 国务院：《新一代人工智能发展规划》，http：//www. gov. cn/zhengce/content/2017 -07/20/content_ 5211996. htm，2019年10月8日访问。

〔4〕 腾讯研究院和腾讯AI Lab在2009年7月就联合推出一份人工智能伦理报告《智能时代的技术伦理观——重塑数字社会的信任》，认为应在“科技向善”理念之下倡导面向人工智能的新的技术伦理观，包含三个层面：“技术信任，人工智能等新技术需要价值引导，做到可用、可靠、可知、可控（“四可”）；个体幸福，确保人人都有追求数字福祉、幸福工作的权利，在人机共生的智能社会实现个体更自由、智慧、幸福的发展；社会可持续，践行“科技向善”，发挥好人工智能等新技术的巨大“向善”潜力，善用技术塑造健康包容可持续的智慧社会，持续推动经济发展和社会进步。参见《腾讯发布人工智能伦理报告 倡导面向人工智能的新的技术伦理观》，https：//tech. qq. com/a/20190711/004971. htm，2019年10月8日访问。

科技成果的严格国有体制和国有资产管理体制，加上市场培育不够，导致了科技主体、动力、程序、保障等多方面的局限，严重影响科技进步和转化，所以目前相关法律都面临修改、调整等完善的要求。

但是，对于人工智能的科技政策，更重要的还是特殊化问题。人工智能作为一种全新的具有巨大应用价值同时又以具有与人相通的认知能力为特点的科技，对此应该采取何种科技政策加以促进和管控，考量起来确实较为复杂；加上其本身还在不断动态演化之中，可以说充满变数。某种程度上，可以说仁者见仁智者见智，但鉴于其发展之势又急需早日明确，可以考虑阶段式立法和不成熟时授权政策试点方式：在一个阶段之内具有共识的，可以通过修法加以确定；一个阶段之内还难以清晰但又急需明确的，可以通过授权专门部门采取出台政策方式进行探索。例如，学者雷恩·卡罗（Ryan Calo）等认为，人工智能政策的核心问题，应该包括：（1）正义和公平（Justice and Equity）。包括应用中的不平等（Inequality in application），例如，搜索引擎将工程师自动关联为男性，将护士自动关联为女性；重要决策（Consequential decision – making），与程序规则或者其他保障规则相抵触，如犯罪量刑系统运用算法辅助做出假释决定。（2）武力的运用（Use of Force）。如何决策人工智能武力的使用，谁为机器的决定负责。（3）安全和资质（Safety and Certification）。包括设置和确定安全门槛，上岗资质要求，网络安全。（4）隐私和权利。人工智能基于模式识别能力、高度精细信息的部署方式等导致更复杂的隐私问题，企业和用户不对称关系导致数据对称或平等隐患。（5）税收和劳动力替代。（6）其他问题，如机构建设和专业知识，投资和采购，消除责任的障碍，人工智能的心理模型等。[1] 2016 年美国《为人工智能未来做准备》的报告里，建议了 23 项政策，包括鼓励私立和公共机构研究是否以及如何以有利于社会的方式负责任地利用人工智能和机器学习；联邦机构应优先考虑人工智能中的开放式训练数据和开放数据标准；联邦政府应探索提高关键机构将人工智能应用于其任务的能力的方法；美国国家科学技术委员会（NSTC）机器学习和人工智能小组委员会应为政府内的 AI 从业者建立一个实践社区；在为使用 AI 的产品制定监管政策时，各机构应利用适当的高级别技术专家；各机构应使用全方位的人事分配和交换模式（如雇用机构）来培养联邦劳动力，使其对当前的技术状况有更多不同的看法；交通部应与行业和研究人员合作，增加用于安全、研究和其他目的的数据共享方法；美国政府应投资开发和实施高度可扩展的先进自动化空中交通管理系统，并且可以完全适应无人驾驶和有人驾驶；交通部应持续发展一个不断完善的监管框架，以便将全自动车辆和无人机系统（包括新型

[1] [美] 雷恩·卡罗、郑志峰：《人工智能政策：入门与路线图》，载《求是》2019 年第 2 期。

车辆设计）安全地整合到运输系统中等。[1]

人工智能对于全球当下和未来影响巨大，特别是具有较大技术风险、社会风险，有鉴于此相关政策考量更加复杂，也有必要提升层次。目前，发达国家无一例外都将人工智能发展提到发展战略高度，进行系统化的政策引导。一方面，引为科技创新重点，赋予其优先发展的战略地位；另一方面，同时针对技术、社会、国家安全和人类伦理等，引入风险规制政策，积极防范负效益，趋利避害。2013 年以来，随着人工智能研发浪潮在全球兴起，美国、英国、德国和日本纷纷将 AI 上升为国家战略，相继出台相关战略规划，都是旨在争夺 AI 产业技术制高点。2016 年以后，人工智能战略化推进更加明显。我国也不例外，甚至有引领之势。

欧盟在 2013 年提出为期十年人脑计划，2014 年启动《欧盟机器人研发计划》，2018 年 3 月 27 日，欧洲委员会下属欧洲政治战略中心发布了《人工智能时代：确立以人为本的欧洲战略》报告，介绍欧洲人工智能发展，提出欧洲应采取的对策。[2]4 月 25 日，欧盟委员会向欧洲议会、欧盟理事会等提交《欧盟人工智能报告》，描述欧盟人工智能在国际竞争中的地位，制定 2018 ~2020 年以及未来 10 年欧盟人工智能行动计划，提出三大目标，即“加强公共部门和私营部门 AI 投资，增强欧盟的技术与产业能力，推进人工智能应用”“为迎接社会经济变革做好准备”以及“确

[1] White House HOTP, Preparing for the Future of Artificial Intelligence, https：//www. whitehouse. gov/sites/whitehouse. gov/files/images/EMBARGOED%20AI%20Economy%20Report. pdf，2019 年 10 月 8 日访问。其他具体的政策建议还有 NSTC（美国国家科学技术委员会）机器学习和人工智能小组委员会应监测 AI 的发展，并定期向行政部门高级领导报告 AI 的状态，特别是有关里程碑的情况；政府应监测其他国家的 AI 发展状况，特别是在里程碑方面；行业应与政府合作，让政府随时了解人工智能在行业中的总体进展，包括即将达到里程碑的可能性；联邦政府应优先考虑基础和长期人工智能研究；NSTC 网络与信息技术研究与发展计划小组委员会，应与 NSTC 科学、技术、工程和教育委员会一起，开展人工智能劳动力传输研究，以采取行动确保劳动力规模、质量和多样性方面适当增加（包括人工智能研究人员，专家和用户）；总统执行办公室应在今年年底前发布一份后续报告，以进一步调查人工智能和自动化对美国就业市场的影响，并概述建议的政策回应；使用基于 AI 的系统为制定个人决策提供或为相关决策提供支持的联邦机构应特别注意，基于证据验证，确保这些系统的功效和公平性；向州和地方政府提供资助以支持使用基于人工智能的系统做出相应决策的联邦机构应审查拨款条款，以确保与联邦拨款基金一起购买的基于人工智能的产品或服务产生以足够透明的方式生产，并得到有效性和公平性的证据支持；学校和大学应设置伦理、安全、隐私等方面的相关主题，作为人工智能、机器学习、计算机科学和数据科学课程的组成部分；人工智能专业人员、安全专业人员及其专业协会应共同努力，继续向人工智能安全工程的成熟领域迈进；美国政府应制定政府范围内与人工智能相关的国际参与战略，并制定需要国际参与和监督的 AI 专题领域清单；美国政府应加深与主要国际利益攸关方的接触，包括外国政府，国际组织，工业界，学术界和其他方面，以交流信息并促进人工智能研发方面的合作；机构的计划和战略应考虑到人工智能对网络安全和人工智能网络安全的影响；美国政府应根据国际人道法，完成针对自主和半自动武器的单边政府政策的制定。

[2] European Political Strategy Centre of the EU Commission, The Age of Artificial Intelligence：Towards a European Strategy for Human – Centric Machines, https：//ec. europa. eu/epsc/publications/strategic – notes/age – artificial – intelligence_ en，2019 年 10 月 2 日访问。

立合适的伦理和法律框架”。[1]英国在2016年先后发布了《人工智能对未来决策的机会和影响》（Artificial Intelligence：Opportunities and Implications for the Future of Decision Making）[2]和《机器人技术和人工智能》（Robotics，Automation and Artificial Intelligence）[3]；2017年11月，发布《产业战略》，提到“人工智能与数据经济”的挑战；2018年4月26日，发布《产业战略：人工智能领域行动》对该部分相关想法、人民、基础设施、商业环境、地区5个生产力基础领域制定具体行动措施。[4]2018年11月15日，德国联邦政府正式发布了其人工智能战略，提出“人工智能德国制造”，全面思考了人工智能对社会各领域的影响，定量分析了人工智能给制造业带来的经济效益，重视AI在中小企业中的应用，并计划在2025年前联邦层面投入30亿欧元。[5]此外，法国在2018年3月29日，由总统马克龙公布了法国人工智能发展战略，旨在成为人工智能研发水平最高国家之一，并力求通过相关技术研发孕育未来的龙头企业。

我国自2015年以来就开始出台系列文件支持人工智能发展，2017年7月20日，国务院发布《新一代人工智能发展规划》，旨在抢抓人工智能发展的重大战略机遇，构筑我国人工智能发展的先发优势，加快建设创新型国家和世界科技强国。规划提出了面向2030年我国新一代人工智能发展的指导思想、战略目标、重点任务和保障措施，提出了“三步走”战略目标。即，2020年实现“人工智能总体技术和应用与世界先进水平同步”，初步建成人工智能技术标准、服务体系和产业生态链，人工智能核心产业规模超过1500亿元，带动相关产业规模超过1万亿元；2025年，人工智能产业进入全球价值链高端，人工智能核心产业规模超过4000亿元，带动相关产业规模超过5万亿元；2030年，人工智能产业竞争力达到国际领先水平，人工智能核心产业规模超过1万亿元，带动相关产业规模超过10万亿元。规划要求应对挑战，确保人工智能安全、可靠、可控发展，提出要重视人工智能法律伦理的基础性研究。[6] 2019年6月17日，国家新一代人工智能治理专业委员会发布《新一代人工智能治理原则——发展负责任的人工智能》，提出了人工智能治

---

[1] Nicos Komninos，Artificial Intelligence for Europe，https：//www. urenio. org/2018/05/05/artificial – intelligence – for – europe/，2019年10月8日访问。

[2] https：//philpapers. org/rec/GOVAIO，2019年10月8日访问。

[3] https：//www. gov. uk/government/publications/robotics – automation – and – artificial – intelligence，2019年10月8日访问。

[4] Industrial Strategy：Artificial Intelligence Sector Deal，https：//www. gov. uk/government/publications/artificial – intelligence – sector – deal/ai – sector – deal，2019年10月8日访问。

[5] Strategie Künstliche Intelligenz der Bundesregierung. https：//www. bmbf. de/files/Nationale_ KI – Strategie. pdf，2019年10月8日访问。

[6] 国务院：《新一代人工智能发展规划》，http：//www. gov. cn/zhengce/content/2017 – 07/20/content_ 5211996. htm，2019年10月8日访问。

理的框架和行动指南，积极推动人工智能全球治理。[1]

五、结语：加快制定人工智能科技特别法

人类社会总是在向前发展着，特别是基于科技革命而进入工业文明之后甚至形成迭代发展态势，到今天则呈现加速迭代发展之势，在这种情况下，法律本身也出现需要不断发展、迭代发展和加速迭代发展的特点。但是值得注意的是，法律的每个阶段发展，或者是每个方面的发展，始终以一种维护法律稳定性的方式向前演化，遵循自身的体系轨迹，不到万不得已，通常不会也不该完全打破既有体系重来。旧法与新法的关系，就好比维特根斯坦所说的绳索论，每一截新的绳索与前一截可能并不相同，但却相互联系着，构成了一种家族相似性。[2]

当前的人工智能立法也是这样，应该以一种历史与当下联系的发展思维加以对待。人工智能今天发展到了机器学习阶段，正在发挥着作为第四次工业革命表征科技的巨大作用，同时因其具有与人类相通认知能力的特点，还产生了与人类命运的特殊伦理关联。在这种意义上，人工智能发展势必引发如何跟进合理规范的问题。人类自工业革命开始，就在普通法律之外，关注到科技作为特殊规范事项的独特意义，发展出专门的科技法，并且从科技市场法到工业生产安全法、事故责任法、特殊科技风险法再到科技政策法的不断叠加，多次迭代发展形成了现在的具有稳定价值和内容的规范体系。当前的人工智能基于其为科技事物的本质，理所当然纳入科技法范畴加以评价，在因循现行科技法的基础上再以正确的发展思维，合理地探索自身具体的发展性和特殊性。

人工智能作为新兴重大科技，正在以其非同寻常的发展潜力和特点，显著塑造社会生产生活方式，包括改变财富分配和社会组织方式，甚至挑战着人与人造物的既有关系。这种改变和挑战，随着人工智能技术不断提升认知能力也不断升级，导致规范发展和应对的迫切性。本文相关研究显示，人工智能需要规范的新问题可谓巨量，而且还在不断增加。在此，建议尽早制定专门的人工智能法，以人工智能科技作为特殊规范对象，并作为科技法的特别法而定位，从人工智能的科技市场、科技风险和科技政策等具体问题入手，通过对既有科技法价值的继承和发展，对既有

---

〔1〕 谷业凯：《我国发布〈治理原则〉发展负责任的人工智能》，http：//finance. sina. com. cn/roll/2019 - 06 - 18/doc - ihvhiqay6393300. shtml，2019 年 10 月 8 日访问。

〔2〕 关于维特根斯坦家族相似概念的理解，请参见蔡祥元：《语言游戏确定性的根源——对维特根斯坦“家族相似”概念的再澄清》，载《现代哲学》2016 年第 6 期。关于维特根斯坦后期规则理论的认识，可参见胡雯：《从维特根斯坦的规则观看其后期确定性思想》，载《东南学术》2019 年第 5 期。胡文认为，维特根斯坦后期在《哲学研究》中关于规则与“遵守规则悖论”的讨论，充分体现了对意义的一种“合宜的”外在确定性与一种“基础的”内在确定性的追求。

科技法规则的具体化和合理变化，形成一套专门适用于人工智能研发和应用的具体规范体系，以备现实人工智能法律实践所需。其中，人工智能立法的伦理性具有前所未有的复杂性，反映着在开发和应用这种具有与人相通的科技时如何能够确保我们人类自身不受危害和威胁的需要。我国目前有关方面已经将人工智能立法项目纳入了立法规划，值得拭目以待。[1]

---

〔1〕 2019年3月4日，十三届全国人大二次会议举行新闻发布会，大会发言人表示，已将与人工智能密切相关的立法项目列入立法规划。参见新京报：《人工智能立法提速 把握“边界”是关键》，https：//baijiahao. baidu. com/s? id =1627085573194397300，2019年10月2日访问。

人工智能立法的“技术—社会+经济”范式*

——基于引领法律与科技新型关系的视角

一、问题的提出：人工智能时代科技立法范式转型的背景

法律与科技自近代以来存在一种紧密的联系，人类基于对科技作用的认识和重视，自近代起产生了专门以科技作为规范事项的科技法。但是，在其得以发展和兴起的过去两三百年以来，科技法一直秉持的是一种“技术—经济”的立法范式，就是说关注的主要只是技术的经济规范意义。这种立法模式与人类关于科技的长期以来占主流地位的思维是一致的，即技术经济主义。这种思维对于科技的认知倾向是，“仅以经济学和经济史的术语来对待这一问题”。[1]即技术主要作为具有巨大经济意义的工业革命的推动要素而受重视。随着人类对技术经济意义追求不断升级，甚至引发了对于技术的膜拜，促成一种技术统治乃至技术垄断的技术意识形态后果。[2]

人工智能因机器学习等新方法和新技术的突破，成为当前最引人关注的新科技主题之一。人工智能科技最新和未来一个时期发展的意义，首先，其被认识到正在取得一种主导科技的地位，在技术和经济维度上形成了更加巨大的迭代力量，具有

---

* 载《武汉大学学报（哲学社会科学版）》2020年第1期。

〔1〕［美］兰登·温纳：《自主性技术：作为政治思想主题的失控技术》，杨海燕译，北京大学出版社2014年版，第1页。目前我国学者中也有强调从技术化（人—技术—人）角度思考人工智能立法的，可见齐延平：《论人工智能时代法律场景的变迁》，载《法律科学》2018年第4期。

〔2〕［美］尼尔·波斯曼：《技术垄断》，何道宽译，中信出版社2019年版，第43~62页。

极端颠覆性的经济应用前景，由此不断引发投资风暴。[1]其次，则是它作为新兴科技事物正在产生前所未有的社会关注。人们开始意识到，它的发展影响不应该仅是技术经济的，更应该也是社会的。对人工智能的这种社会关注，有积极方面的期待。计算社会学、人工智能化社会理论正在揭示种种新社会发展和建构的可能性：例如，通过新的计算方法和人工智能，可以发展更好测量世界的全新思维工具；通过引入不断升级的智能化，可以使得世界互联、万物互联、人机互动关系更加娴熟。这些使得进行大规模社会协作成为可能，社会共享、社会合作的前景诱人。[2]总之，在人工智能和新计算方法之下，社会智能化发展方兴未艾，一个“超级全球化”时代似乎就在眼前。[3]

但目前人们对于人工智能的社会关切，更多还是消极方面的忧虑。首先是人类的适应性问题。美国科技社会思想家兰登·温纳早前指出，当代新技术领域的发展，其导致的现代社会日益增长的复杂性和快速变化，超出了个人和社会形态的适应能力。“与社会技术系统日益增长的复杂性合在一起，这些变化使得人们越来越难以开展当代社会生活中某些最为基本的活动：规划、设计，以及功能上的协调合作”。[4]其次则是越来越对全人类具有重大或根本威胁的科技自身风险及科技简单经济化引发的社会风险问题。风险理论家贝克便关注到，在当前发达科技条件下，一方面令人担忧的生态风险和高科技风险不断具备新的特点，导致不可计算的威胁的后果；另一方面在所谓现代性之中，还出现了财富的社会化生产与风险的社会化系统相伴的情况。“相应地，稀缺社会的分配问题和分配冲突，也同科技引发的风险在生产、界定及分配过程中产生的问题和冲突叠合在一起”；“换言之，在风险社会中，未知的、意图之外的后果成了历史和社会的主宰力量”。[5]就人工智能来说，其对社会的可能影响尤为重大和特殊。人工智能技术新发展，由于对计算方法极为推崇，导致了一种“计算主义”新思潮的弥漫，似乎世界不过是计算或信息流构成的而已。[6]这种信息简化主义世界观，引发了有识之士对“技术致死”的忧惧：如果道德、伦理和公共事务等问题被所谓的技术重构，变得这样简单可控，那么世界

---

〔1〕 The Race For AI：Google，Twitter，Intel，Apple In A Rush To Grab Artificial Intelligence Startups，Jul－22－2017，12：20：06 GMT －#artificialintelligence，https：//aitopics. org/doc/news：3D341331/，2021 年 12 月 16 日访问。

〔2〕［美］马修·萨尔加尼克：《计算社会学：数据时代的社会研究》，赵红梅、赵婷译，中信出版社 2019 年版，第 199 页及以下。

〔3〕［美］理查德·罗格斯：《数字方法》，上海译文出版社 2018 年版，第 2 页。

〔4〕［美］兰登·温纳：《自主性技术：作为政治思想主题的失控技术》，杨海燕译，北京大学出版社 2014 年版，第 2 页。

〔5〕［德］乌尔里希·贝克：《风险社会：新的现代化之路》，张文杰、何博闻译，译林出版社 2018 年版，第 3 页、第 8 页。

〔6〕郦全民：《用计算的观点看世界》，广西师范大学出版社 2016 年版，第 2 页、第 20 页及以下。

究竟会变成什么样呢。[1]此外，人工智能基于它在认知能力上的发展而具有与人的相通性，还带来了棘手的重新塑造“人与人造物关系”的全新课题。[2]

人工智能鉴于其科技事项属性，从立法归属而言，自然应该纳入科技立法的特别范畴。[3]由上可知，人工智能作为一种正逢其时的技术新领域，其发展可能带来新的经济迭代福利，同时也正在产生社会正反方面的巨大效应，因此从立法上来说必然导致更加复杂的要求。人工智能最新和未来发展具有的经济和社会的双重影响，使得既有科技立法的所谓“技术—经济”范式明显具有不适应性。本文提出，人工智能立法范式具有由传统科技立法的“技术—经济”范式转向“技术—社会+经济”范式，实是势所必然。本文拟就这种转型的历史规律进行观察和分析，并试图在此基础上探究新范式的基础、内涵及其开展。

二、科技立法“技术—经济”传统范式形成流变及其规范原理

科技立法专门化的最初基础是人类对于科技在经济上重要性的发现。科技具有经济的重要性不等于会产生科技立法，只有技术发展到一定阶段使得人们形成了关于这种重要性的认识，科技立法才会水到渠成，科技事项才会成为相对独立的规范对象。科技，就是科学技术。科学概念是人类到了一定阶段之后对于自然界进行观察和研究形成了高度自觉才出现的。人类早期谈不上有科学概念，或许早期某些人有过实际上的科学意识，但人类在整体上或者说主流意识上形成普遍的科学自觉，则是在近代才有的事情。科学概念下产生的技术，就是科学技术，但是单纯从技术而言，它在人类出现时就有了，不过，早期技术往往是简单实践的刺激产物，人类基于生存需要、好奇心和智慧，促成了早期技术的意识、发明和推广。

技术的重要性对于人类来说不言而喻，人类无论是最初约200万年前进入狩猎采集时代、1万年前开始进入农耕时代还是几个世纪之前进入工业时代，都与生产生活技术的新发明息息相关。如狩猎时期对于石器和狩猎原始工具的发明，对于大型猎物的围捕技术的发明，便是那一个时期人类存续和发展的条件之一，但是这一时期的文明最重要的基础还不是这些初期的生存技术，更重要的是部落化群居和部

---

〔1〕［白俄罗斯］叶夫根尼·莫洛佐夫：《技术致死：数字化生存的阴暗面》，电子工业出版社2014年版，第92页。

〔2〕2015年，欧洲议会向欧洲委员会提出的“关于机器人民事规则的建议”［Report with recommendations to the Commission on Civil Law Rules on Robotics（2015/2103［INL］）］，大概是较早处理这一问题的立法建议。参见 http：//www. europarl. europa. eu/doceo/document/A – 8 – 2017 – 0005_ EN. html? redirect，2021年12月16日访问。关于人工智能发展引发人与人造物关系的法律思考，参见［意］乌戈·帕加罗：《谁为机器人的行为负责》，张卉林、王黎黎译，上海人民出版社2018年版。

〔3〕龙卫球：《科技法迭代视角下的人工智能立法》，载《法商研究》2020年第1期。

落之间相处的社会形态的发明，后者才真正使得人类区别于其他灵长类动物而进化为人类，因为他们具有了一种通过共同生活方式对付当时自然条件下个体的脆弱以及往下不断积累、传承和进化文化的能力。农耕时代，主要是农耕技术的发现和不断丰富，这一时期技术问题是重要的，但是并没有成为社会的意识重点，基于地理位置和气候条件而形成的定居村落样态、国家组织方式等这些社会制度和文化形态显得更加重要。〔1〕

近代开始，基于个人的人文理性主义的意识崛起，科学意识也随之觉醒，人类技术开始与科学思维与方法紧密相关，从而由单纯的技术发展为“科技”。这一时期，科学、科技先是作为个人人文理性主义的演绎产物得到发展，但很快就成为个人人文理性的替代形态而得到高举。这种倾向在17世纪初期的笛卡尔那里就有了端倪，这位堪称17世纪的欧洲哲学家和科学家，倡导科学主义，提出了一种普遍怀疑的哲学主张，因此被誉为“近代科学的始祖”。〔2〕渐渐地，科学主义思想占据统治地位，理性主义几乎等于科学主义。与此同时，英国的亚当·斯密等在个人理性主义的基础上，提出了初始的自由市场理论，很快推动了市场经济实践。于是，在科学主义和市场主义的结合下，英国不仅最早出现了科技的发明自觉，而且因为市场需要，科技发明的经济重要性也很快被认识到，于是导致了科技发明的勃发，而为了鼓励这种科技发明的自觉以及确保其市场经济效应的发挥，英国生发了相应的科技立法自觉，最早的科技法产生了，其形态就是鼓励科技发明及其经济利用的专利法——通过授予发明人以专利权和相关的财产、人身利益，以便极大地刺激和鼓励科技发明和经济应用。〔3〕一批直接与现实经济需要密切相关的新发明因刺激而生，包括纺织机、蒸汽机等，它们进而又在专利法的保障下发挥巨大的经济潜力，支持英国最早开展工业革命，成为最早的工业强国。人类的科技立法也由此滚滚向前。

科技立法这种基于科学主义和经济主义结合的产生基础，顺理成章促使了此后“技术—经济”的立法范式的形成和不断升级。一开始，二者之间是一种完全市场式的结合。立法者通过采取授予专利权等科技产权、确立有限责任公司等适合科技

〔1〕 关于狩猎时代和农耕时代文明的介绍，参见［美］罗宾·汉森：《机器时代：机器人统治地球后的工作、爱情和生活》，刘雁译，机械工业出版社2018年版，第12页及以下。

〔2〕 笛卡尔的哲学立场和科学主义思想，参见［法］笛卡尔：《哲学原理》，关文运译，商务印书馆1958年版。另，斯宾诺莎对于笛卡尔基于科学主义的哲学思想有重要研究，可参见［荷］斯宾诺莎：《笛卡尔哲学原理：依几何方法证明》，王荫庭、洪汉鼎译，商务印书馆1980年版。

〔3〕 英国是世界上最早建立专利制度的国家。开始是以英王特权方式出现，早在1236年，英王就有授予波尔多市民色布制作技术15年垄断权之举，1331年再授予弗莱明商人织布染布特权，1369年授予商人钟表经营权，1561年授予制造白色石碱垄断权。1617年，英国正式制定了第一部专门的专利法，把一种发明垄断权即专利权授予最早的发明者，有效期14年，但作为对价，发明者必须公开技术。

产业化规模风险经营的组织形态等市场化激励方式，对于科技发明和应用加以刺激。专利制度和公司制度先从英国兴起，逐渐发展到美国、德国等国家，形成了科技立法国际发展的第一轮高潮。在“技术—经济”范式鼓励下，不久，工业企业为了追求更加先进的科技产业化利益，开始成立专门的工业实验室进行有组织的科技研究，导致了此后大量工业发明出现。到了19世纪中叶，除了传统的煤炭、纺织业，电气、化工等新的科技领域得到突破，进而促成了新科技产业的出现和繁荣。19世纪80年代以后，由于科技垄断带来的竞争优势，在石油、采煤、榨油、烟草、制糖等部门出现了卡特尔、康采恩或托拉斯组织，这些不断崛起的大型企业或者联合，形成经济集中的优势，这种情况受到主流地位的自由市场理论抨击，导致了旨在维护市场公平竞争的反垄断法的出台。但是，反垄断法却更加促进了有组织的工业研究的效果，因为大型企业只有不断做出新的领域的科技发明，进入新的领域，才能够避免陷入专一技术经营形成的垄断。这种竞争利益虽然表面上看，具有一定的社会性，被誉为社会经济利益，但是本质上仍然是市场经济利益，因为旨在保护市场竞争。从这个意义上说，科技立法的“技术—经济”范式不断得到深化。[1]

科技立法的“技术—经济”范式在20世纪中叶，被以一种强化国家干预科技进步和转化的方式，推进到一个新阶段。20世纪三四十年代，各国集中科技资源备战，强化有组织的攻关研究，旨在保障和促进对于战时工业经济特别是军工有优先支持作用的科技的发展和竞争。为此，纷纷引入科技与产业结合的干预政策，即科技政策。例如，美国成立了国防研究委员会组织科技资源以增强国防能力，1941年还建立科学研究和发展局。各国有的以战后恢复和重建为需要，有的以提升国家竞争力和促进产业升级为目标，继续干预科技发展，以促进科技在期待的领域进步、转化和创新。20世纪50年代，通过科技政策机制，大力投资基础研究和高等教育，重建和发展打造知识资源和人力资源的基础，并且着力电子、石化、原子能等新技术领域的科技创新和转化，形成了新一轮科技产业化。原先以市场自由主义为基础的“技术—经济”模式，调整为以国家科技政策为基础的干预式“技术—经济”模式。[2]这种情况持续到20世纪60年代之后，渐渐随着经济复苏，才开始向科技的市场自由化做一些调整，科技政策也开始关注市场需求；到20世纪80年代，更加强调科技资源供应和市场需求的结合，导致在微电子、生物技术和新材料

---

〔1〕 西方经济史及相关“技术—经济”范式的知识，可以参考厉以宁：《资本主义的起源：比较经济史研究》，商务印书馆2003年版；［德］马克斯·韦伯：《世界经济简史》，李慧泉译，立信会计出版社2018年版；［美］龙多·卡梅伦、［美］拉里·尼尔：《世界经济简史：从旧石器时代到20世纪末（第四版）》，潘宁译，上海译文出版社2009年版；刘立：《科技政策学研究》，北京大学出版社2011年版。

〔2〕 例如，美国在1945年以“科学：没有止境的前沿”为理由建立战后的国家研究基金会，旨在发展和促进国家的科学研究和科学教育政策。参见刘立：《科技政策学研究》，北京大学出版社2011年版，第99～100页。

等新领域又形成新一轮“技术—经济”高峰。21世纪初，面对新一轮科技大发展的机遇期，各国为了快速提升和确保国家竞争力，更是大力推进科技创新政策，甚至上升到推行科技创新战略的高度。[1]

这里需要提到，中国在历史上由于种种原因，近代以来处于科技发展的被动局面，并与工业革命失之交臂，因此长期以来都处于科技落后状态，科技立法自然也是缺席的。1949年中华人民共和国成立后，动用国家体制力量，集中科技资源，就一些急需重大战略科研进行了攻关，但科技发展和工业发展总体较为薄弱。20世纪70年代末开始，中国启动经济体制改革，提出“科技是第一生产力”论断，以经济建设为中心，并毫不迟疑引入“技术—经济”模式，采取国家干预和市场发展相结合，强化科技政策作用，确立了“经济建设必须依靠科学技术、科学技术工作必须面向经济建设”的科技服务于经济的方针，并以此启动科技体制改革，全面助力经济体制改革。[2]此后，还先后制定了《科学技术进步法》和《促进科技成果转化法》。之后，科技政策不断升级，经历了1995年实施“科教兴国”战略、加强国家创新体系建设和2006年“自主创新战略”、增强自主创新能力的两次提升。[3]

科技立法基于“技术—经济”范式，其规范原理归纳起来有四个方面：其一，坚持科技立法的专门化，形成了科技立法体系，逐渐形成科技市场法、科技风险法（主要是应对科技应用导致的工业风险、事故安全和特殊科技安全）、科技政策法三大具体领域。其二，主要以鼓励、刺激科技的经济实用价值为目标。最典型的是不断发展和完善专利法、技术合同以及其他技术市场制度。其三，基于不同时期的政治经济环境，灵活运用市场原则和国家干预原则。总体上早期以市场自由为主，到了后来逐渐重视国家干预，不断出台自上而下的促进科技进步、转化和创新的政策机制，20世纪中叶达到顶峰，之后又逐渐回调，目前处于平衡状态。其四，科技立法在“技术—经济”范式下，对于科技社会问题并非完全弃之不顾，但在规范上

---

[1] 欧盟1995年发布了《创新绿皮书》，提出改进创新环境的建议，1996年通过第一个《欧洲创新行动计划》，2000年欧洲委员会提出“欧洲创新趋势图”，2005年欧盟委员会提出《研究与创新战略》，2011年底公布《2020战略创新计划》。中国在2006年公布《国家中长期科学和技术发展规划纲要（2006－2020）》，提出要在15年内进入创新型国家行列；2012年11月，党的十八大明确提出走中国特色自主创新道路，实施创新驱动发展战略，随后中共中央、国务院印发了《关于深化科技体制改革加快国家创新体系建设的意见》；2016年8月，国务院发布了《“十三五”国家科技创新规划》，明确了“十三五”时期科技创新的总体思路、发展目标、主要任务和重大举措；2017年，党的十九大报告将创新放在新发展理念之首。

[2] 刘立：《科技政策学研究》，北京大学出版社2011年版，第107页。

[3] 中共中央、国务院1995年《关于加速科学技术进步的决定》；2006年《国家中长期科学和技术发展规划纲要（2006－2020）》以及中共中央、国务院《关于实施科技规划纲要增强自主创新能力的决定》。

是附带的，而且很多是为了减缓贯彻科技经济主义的社会后果。从 19 世纪开始，通过劳工运动，与当时科技应用相关的工业风险和劳动安全开始得到关注。英国政府于 1802 年推出第一部《工厂法》，提出了工厂生产安全的早期规范要求，并到了 19 世纪 60 年代相关立法将保护范围扩大到“有雇佣劳动的任何地方”，旨在适当改善被雇佣者的境遇。其他国家也陆续发展这种工厂法和劳工保护法规。这是早期科技立法微弱社会性的一些体现。20 世纪 80 年代之后，各种科技社会问题不断爆发，加上越来越多的社会运动的压力，科技立法才加速了纳入科技社会问题的进程。具体体现为：工厂法、劳工保护法、工业事故法等进一步社会化〔1〕；除上述部分，也开始关注环境和生态保护，以及特殊科技安全例如核安全等。〔2〕但是总体上仍然处于边缘位置。

三、科技立法“技术—经济”范式下的社会问题及自主化技术后果

科技立法强调科技经济意义实际上是强调一种效率导向。〔3〕这一点本身无可非议，人类在很长的一个时期内需要加强的确实就是自己的经济生存能力问题，从功利主义的角度来说，让人类具备吃饱穿暖的能力，应该成为一条底线。很多经典学者对于国家意义的讨论，很大一个基点就是经济生存问题，所以就有了财产权设计的原初正当性基础。例如，洛克认为，个人权利应该是从父权和财产权共同起源的，政府作为一种可以使得财产的自然状态变成受保护的权利状态的方式受到人们欢迎，才有了政府存在的必要，才有了政治社会和公民国家。〔4〕康德也认为，对财产利益的保护是最初核心的诱导性因素，它引领处于自然状态的人们走向联合并形成政府或社会。〔5〕科技是人类自身可以创造的具备提升经济能力的事物，所以在促

---

〔1〕［美］约翰·法比安·维特：《事故共和国：残疾的工人、贫穷的寡妇与美国法的重构》，田雷译，上海三联出版社 2008 年版。

〔2〕20 世纪 90 年代开始，中国也开始关注科技的工业安全、环境保护和特殊科技安全等科技社会问题，加强政策引导，并且陆续制定相关法律，包括《矿山安全法》（1992 年制定）、《劳动法》（1994 年制定，其中一章专门规定劳动安全卫生）、《安全生产法》（2002 年制定，2009 年、2014 年修订）、《环境保护法》（1989 年制定，2014 年修订）、《大气污染防治法》（1987 年制定，2018 年修改）、《水污染防治法》（1984 年制定，1996 年、2008 年、2017 年修改）、《放射性污染防治法》（2003 年制定）、《民用核设施安全监督管理条例》（1986 年制定）、《特种设备安全法》（2013 年制定）、《网络安全法》（2016 年制定）、《核安全法》（2017 年制定）和正在起草的《生物安全法》等。

〔3〕李晟：《略论人工智能语境下的法律转型》，载《法学评论》2018 年第 1 期，第 98～102 页。

〔4〕［英］洛克：《政府论》（下），叶启芳、瞿菊农译，商务印书馆 1964 年版，第 63～68 页。

〔5〕［美］罗伯特·P. 莫杰思：《知识产权正当性解释》，商务印书馆 2019 年版，第 186 页。康德的财产权起源及其观念，虽然论证起始于这种经济诱因，但是他本文最终从个人理性主义加以塑造，并提倡个人自由理念的财产权。康德的财产权理论，参见［德］康德：《法的形而上学原理：权利的科学》，沈叔平译，林荣远校，商务印书馆 1991 年版。

进经济意义上得到利用、受到重视，应该说是顺理成章的。

但是，科技具有经济意义本身，并不等于科技仅具有经济意义，或者说对于科技的关注唯其经济意义即可。科技活动及其立法的“技术—经济”范式的问题正在于此，简单片面地强调对于科技经济意义的追求，而忽视科技具有的其他方面的意义，甚至为了科技的经济意义而几乎不顾其他的后果。这种科技活动及其立法范式，在二三百年的实践中，带来了许多负面的后果。

科技活动及其立法的“技术—经济”范式，使得技术的社会性基本被忽略，引发甚至诱发许多社会问题包括社会政治问题。它通过与资本的结盟，在工业革命初期导致的社会灾害问题就已经凸显，如工业事故、劳动安全以及严重的社会不公平问题。这些也导致了社会的不安定，损害了社会团结。技术经济主义，进而也导致从技术支配经济到技术支配人的问题。卡尔·马克思在《资本论》中，深刻揭示了这种资本倚重工业技术的经济主义单边结构，不断导致社会分化乃至社会关系异化，从而导致资本家或企业主与工人的对立关系。工人的主体性，被资本作用下的“技术—经济”架构以及资本家经济利益单边结构所支配。这是非常可怕的，使得资本主义社会长期陷入对抗之中而不能自拔。[1]技术经济主义，也促成了国家之间的恶性竞争和极差，导致了欧洲国家之间的多次争霸，导致了技术先进国家对技术落后国家的技术支配和殖民，恶化国际社会关系。建立在技术经济主义基础上的政治秩序，无论国内还是国际，一直以来都处于恶性的竞争格局之中，虽然在每次剧烈冲突之后都有所调整和节制，但是总体上并不能有效控制，更谈不上消除问题。到今天为止，世界仍然处于一种基于科技逐利的、通过科技极差压制掠夺他国的极为互不信任的关系之中。技术经济主义，还使得其不能及时回应科技及其应用引发的不断升级的环境和安全问题。工业革命以来，科技立法对于环境破坏问题长期处于沉默状态，直到20世纪60年代在环境社会运动的压力下，才逐渐将环境保护问题提上议程，但直到今天这个问题解决起来其实还很困难，包括开展环境治理的国际合作十分不易。工业革命以来，科技发展的安全威胁问题，也一直处于边缘位置，直到20世纪中叶，当航空航天科技、核技术、生化技术等对人类生存构成严重威胁时，相关议题才进入视野。

科技活动及其“技术—经济”立法范式，其产生的最根本上威胁人类自身存在价值的一种后果，是技术结构的自主性滋长。技术在一种自主性结构逻辑里面为所欲为，进而发展为失去人的控制的主体化僭越。雅克·埃吕尔将这种技术失去控制的情况，称为“自主化技术”后果，即“技术已经成为自主的；它已经塑造了一个

---

〔1〕［德］卡尔·马克思：《资本论》，吴半农译，商务印书馆1934年版。

技术无孔不入的世界，这个世界遵从技术自身的规律，并已抛弃了所有的传统”。[1]自主化技术后果，首先对于个人的自主性具有致命的威胁。[2]在自主化技术之下，个人将会感到自己意志无能为力。海德格尔就此描述说：“人都将比以往更紧密被技术力量包围。这些力量，它们要求、束缚、拖曳、逼迫和强制着，将人置于这样或那样的技术发明形式的控制之下——这些力量……自从超越他的意志以来已经走了很远，他的决策能力已经落后了。”[3]自主化技术的后果，甚至上升为对于人类文化自主性形成压制，最终促成了技术统治乃至技术垄断。美国学者尼尔·波斯曼在《技术垄断：文化向技术投降》一书指出，人类技术文明可以划分为三个时代，即工具时代、技术统治时代和技术垄断时代。人类直到17世纪，都处于工具时代，技术成为人类自身文化的工具；但进入工业革命之后，技术地位不断上升，逐渐取得统治权，开启技术统治时代，对人类文化产生了极大的改造效应，虽然表面上促进了平等和自由，但也出现了产业化和科技竞争的狂热；今天则开始进入技术垄断时代，文化向技术投降，技术彻底几乎要垄断人类文化观。[4]

四、人工智能立法“技术—社会+经济”新范式的基础及其开展

（一）人工智能科技的“强社会面相”与立法范式转变基础

人工智能科技作为当前第四次工业革命引燃的新科技之一，是以机器学习算法（如人工神经网络和深度学习方法）和自动发现技术为基础的，这些技术让“智能”的机器人与计算机获得认知能力，可以通过设计实现自我编程，形成从基本原理中找到最佳解决方案的能力。现在应用的领域，突飞猛进，从智能助手向“环境智能”（ambient computing）急速转进。[5]前者，包括人机交谈、文字输入预测、归纳文本信息、诊断某些疾病、选择推送广告、搜索算法、翻译软件、智能法务等；后者，则包括正在开发或不断改进的作为单体使用的无人机、无人驾驶汽车、警务机器人、伙伴机器人等，也包括作为提供管理和服务系统的智慧交通管理平台、智

---

〔1〕 Jacques Ellul, The Technological Society, Trans. John Wilkinson, Alfred A. Knopf (1964), p. 14. 转自［美］兰登·温纳：《自主化技术：作为政治思想主题的失控技术》，北京大学出版社2014年版，第13页。

〔2〕 参见 Bruno Bettelhein, The Informed Heard: Autonomy in a Mass Age, The Free Press (1960), p. 1。

〔3〕 参见 Martin Heidegger, Discourse on Thinking, trans. John M. Anderson and E. Hans Freund, Harper & Row (1966), p. 51。转自［美］兰登·温纳：《自主化技术：作为政治思想主题的失控技术》，北京大学出版社2014年版，第12页。

〔4〕 ［美］尼尔·波斯曼：《技术垄断：文化向技术投降》，何道宽译，中信出版社2019年版，第21~62页。

〔5〕 ［德］克劳斯·施瓦布：《第四次工业革命：转型的力量》，李菁译，中信出版社2016年版，第9页。

慧城市管理平台、司法服务自助和分发平台等。[1]

世界经济论坛创始人施瓦布提出，要关注科技革新或工业革命可能导致负外部性，即对于社会的损害或威胁。他认为，此前的第三次工业革命，虽然取得了巨大的发展，但是在科技竞争、经济一体化和全球化的情势下，却付出了损害自然环境、弱势群体等沉重代价，而以人工智能等新科技为表征的第四次工业革命如果不想重蹈覆辙，那么要管理好这种外部性效应，防范和避免科技应用的意外后果、变革成本、二级影响以及蓄意滥用的伤害等。[2]

人工智能发展基于其科技特点以及极具颠覆性的经济应用潜能，如果不提前应对和防范，其可能带来的社会负外部性，毫无疑问会比既有的任何科技都更加复杂和严重。人工智能科技作为新兴科技，自身在应用上具有许多其他科技无法比拟的迭代效应，存在巨大的应用场景和产业化空间，此外还具有渗透其他几乎所有领域的效用，即通过“人工智能 +”方式，可以放大其他领域的效用。这是积极方面的。但是从消极方面来讲，如果处理不好，也会带来许多可能意想不到的负外部性后果，甚至放大其他领域的社会问题。因此需要预先布局，提前做好化解和应对，以避免贪功冒进、陷入社会危机。已经有不少人工智能社会学家对之作出了严肃的关注和研究，并且作出了许多中肯的揭示或预测。国务院 2017 年 7 月 8 日发布《新一代人工智能发展规划》也关注了人工智能发展的不确定性带来新挑战，提出“人工智能是影响面广的颠覆性技术，可能带来改变就业结构、冲击法律与社会伦理、侵犯个人隐私、挑战国际关系准则等问题，将对政府管理、经济安全和社会稳定乃至全球治理产生深远影响。在大力发展人工智能的同时，必须高度重视可能带来的安全风险挑战，加强前瞻预防与约束引导，最大限度降低风险，确保人工智能安全、可靠、可控发展”。[3]

首先，人工智能发展可能带来的负外部性，许多是整体性或共同性的。主要体现为两个方面，即可能引发系统的社会公平和平等问题，以及可能引发社会安全和风险问题。其一，人工智能基于其应用可能导致社会不公平、不平等，主要是因为人工智能作为一种更具颠覆性的技术，容易使得先用者取得一种科技极差优势和事实上的科技垄断优势。不仅会使得财富和福祉分配不公平，甚至会导致赢者通吃的吸利效应，使得后用者或者各种原因被排除在人工智能技术之外的人，特别是利益

---

〔1〕［德］克劳斯·施瓦布、［澳］尼古拉斯·戴维斯：《第四次工业革命——行动路线图：打造创造型社会》，世界经济论坛北京代表处译，中信出版社 2018 年版，第 152 页。

〔2〕［德］克劳斯·施瓦布、［澳］尼古拉斯·戴维斯：《第四次工业革命——行动路线图：打造创造型社会》，世界经济论坛北京代表处译，中信出版社 2018 年版，第 3 页、第 11 页。

〔3〕国务院：《新一代人工智能发展规划》，http：//www. gov. cn/xinwen/2017 - 07/20/content _ 5212064. htm，2021 年 12 月 16 日访问。

相关者，成为新技术的弱势群体，进而成为社会弱势群体。[1]一般而言，最大的受益者应该是科技创造者、投资人、股东，以及控制了作为人工智能运行基础的数据的为数不多的大平台；而具体的劳动者、消费者[2]甚至一般生产者等则容易沦为不幸者。[3]其中，劳动力市场公平问题目前最令人关注。面对人工智能可能带来的产业消失、从业人口减少和为释放出来的劳动力寻找出路，该如何缩短转型周期，是摆在政府面前的一个现实命题。人工智能将导致传统劳动力的大量失业，如何合理安排、疏导或是通过培训再次利用这些劳动力，将是对政府的重大考验。但在另一方面，人工智能人才短缺又成为制约人工智能产业发展的短板。[4]所以，劳动力体制改革已经迫在眉睫。欧盟委员会发布了《关于人工智能的通讯》，也关注了自动化、机器人和 AI 的出现正在改变劳动力市场，提出现阶段做出量化的评估还不具备条件，但欧盟必须为此变革做好准备。[5]我国 2017 年《新一代人工智能发展规划》在保障措施部分的第五点提到，大力发展劳动力培训。但目前这方面的举措还有待实化和明确。[6]其二，人工智能基于应用特别是滥用，比以往许多科技都可能更容易使得社会陷入不安全境地或带来巨大风险。这是因为人工智能的研发和应用，无论从系统稳定、功能还是应对复杂的社会环境、防范人为滥用或者破坏等来讲，都更加具有不确定性。[7]广义上的社会风险，还包括人们对于人工智能时代的不适应性。因为人工智能的变化速度，可能已经超出了人类基因选择和文化选择的适应能力。[8]我国《新一代人工智能发展规划》第一部分的总体部署，提到了人

---

[1] 欧盟数据保护委员会 2015 年发布的《应对大数据挑战：呼吁通过设计和可责性实现透明性、用户控制及数据保护》，禁止算法对穷人的或者弱势群体的歧视，并且赋予质疑公平算法化的可能性。参见该报告第 7 ~ 8 页，https：//edps. europa. eu/sites/edp/files/publication/15 － 11 － 19_ big_ data_ en. pdf，2021 年 12 月 17 日访问。

[2] 对于消费者来说，可能最突出的社会公平，体现为人工智能算法带来的信息不对称、不透明、歧视（包容不够）等问题，因此需要建立对称、透明、包容的算法规则。

[3] ［德］克劳斯·施瓦布：《第四次工业革命：转型的力量》，李菁译，中信出版社 2016 年版，第 9 ~ 12 页。

[4] 2017 年全球最大的职场社交平台领英发布《全球人工智能领域人才报告》，根据该报告全球人工智能领域人才超过 190 万人，中国只有不到 5 万人。

[5] “Communication Artificial Intelligence for Europe”，https：//ec. europa. eu/digital － single － market/en/news/communication － artificial － intelligence － europe，https：//edps. europa. eu/sites/edp/files/publication/15 － 11 － 19_ big_ data_ en. pdf，2021 年 12 月 20 日访问。

[6] 我国专家已经在关注人工智能时代的劳动法或劳动权问题。参见涂永前：《人工智能“抢饭碗”，〈劳动法〉的变革该顺势而为》，载《社会科学报》2018 年 4 月 6 日；林嘉：《回应信息时代的新问题在技术进步中更好保护劳动者权利》，载《人民日报》2019 年 7 月 25 日。

[7] ［德］克劳斯·施瓦布 、［澳］尼古拉斯·戴维斯：《第四次工业革命——行动路线图：打造创造型社会》，世界经济论坛北京代表处译，中信出版社 2018 年版，第 10 ~ 11 页。

[8] ［美］罗宾·汉森：《机器时代：机器人统治地球后的工作、爱情和生活》，刘雁译，机械工业出版社 2018 年版，第 22 页。

工智能发展与风险防范的并举要求，即“把握人工智能技术属性和社会属性高度融合的特征。既要加大人工智能研发和应用力度，最大程度发挥人工智能潜力；又要预判人工智能的挑战，协调产业政策、创新政策与社会政策，实现激励发展与合理规制的协调，最大限度防范风险”。[1]

其次，人工智能可能的负外部性，更多是具体的，体现在人工智能特定化的具体应用场景。所以，场景细分研究很重要。例如，在人工智能决策领域，可能导致的负效应包括问责不合理、引发失业、诱发网络入侵和网络犯罪、缺乏责任、义务和治理约束、决策过程不透明或难以理解、加剧该领域的不平等、对人性化形成根本威胁等；在人工智能替代白领工作领域，可能导致的负效应主要包括失业、问责和义务不合理、法律财务信息披露风险加剧、工作自动化等；在人工智能服务领域，其负效应则可能有失业、责任和义务不合理、向全天候服务转变、诱发黑客和网络安全风险等。[2]具体场景中，至于无人机、自动驾驶汽车、警务机器人、自动致命武器等则更加复杂，正处于热议之中，目前的研究似乎离形成清晰化认识还有很大差距。限于篇幅，这里不予赘述。

上面这些社会问题，还不是人工智能科技最复杂的消极问题。人工智能新科技与其他许多科技有一个很不同的特点，就是它是一种以认知能力为基础的技术，具有与人相通的特点，因此引发极强的伦理关切。在应用面向上说，这种与人的相通性可能带来不可估量的潜在效用，能够替代人类发挥智慧作用，从经济增进上来说功效可期，厚利在望。但是，它以与人相通性，以及以人机互动或者对人的替代作为效用设计的特点，也可能导致对人的混淆甚至取代的后果。由此，引发令人困惑的人与人造物的关系难题，导致人自身存在危机感，这是前所未有的问题。第四次工业革命的新科技之中，能与人工智能科技对人自身形成威胁近似的，还有生物科技、神经科技。以生物科技为例，生物技术经过过去20年的发展，在数字技术和新材料的支持下，基因组、基因工程、诊断学、制药开发等方面都取得了质的飞跃，出现了能够改变生物系统的技术或生物设计技术，在DNA测序、DNA合成等DNA操纵下，转基因植物技术、干细胞技术、克隆技术、胚胎技术、基因治理技术、基因编程技术等可谓层出不穷，这些对于生物工程、精密医学、农业、环境、人体健康等显然具有极大的应用价值，但是它们同时带来了对于人本的威胁，因为极有可能改变人之为人的原样，所以也引发了极为深刻的人本主义观念下的伦理和

---

[1] 国务院：《新一代人工智能发展规划》，http://www.gov.cn/xinwen/2017-07/20/content_5212064.htm，2021年12月20日访问。

[2] [德] 克劳斯·施瓦布：《第四次工业革命：转型的力量》，李菁译，中信出版社2016年版，第161~166页。

安全危机。[1]神经科技，也有类似之忧。[2]伦理性问题不好处理，值得加强研究，要尽快拿出确信的兼顾伦理设计的方案来。固然不能过于保守地处理人工智能带来的“人的危机”问题，但是引入必要的监管设计不可避免。遗憾的是，目前各国和有关国际组织虽然在倡导一些人工智能伦理标准，包括所谓机器人安全原则，但还没有形成总括性的行之有效的全球标准。

上述人工智能科技在“技术—经济”模式下可能形成的负效应，可以归结为人工智能的科技社会风险。科技如果仅在经济主义的刺激下，作为改善物质需求加以发展和应用，基本脱离对社会价值的考量，就必定会使得技术与社会严重脱节，导致严重的社会风险，广义上包括对人自身的风险。自近代以来，科技风险概念就以特殊的形态不断升级，这都与所谓科技现代化采取单边经济主义相关。风险社会理论家贝克称之为“工业社会的自反性”或“自反性现代化”。即“生产力在现代化进程中的指数式增长，使风险和潜在自我威胁的释放达到了前所未有的程度”；“在工业社会中，财富生产的‘逻辑’支配风险生产的‘逻辑’”；“从现代化进程自反性角度来看，生产力丧失了其清白无辜的面目。技术—经济‘进步’带来的力量，日益为风险生产的阴影所笼罩。”[3]科技社会风险演进到今天，早已不再是从前的某种潜在的副作用，而是达到极端泛滥或突变的程度；这种风险也显然不同于20世纪上半叶的工厂或职业危机，而是成为对于自然界和人类自身包括生命重大威胁，且成为跨越国界和族群的全球性危害。[4]

人工智能科技的强社会面相，除了上面的消极方面之外，也体现在其积极方面的协同需要。人工智能无论从研发还是应用，都包含了巨大的共享和协同需求，同时也蕴含了巨大的共享和协同价值，还暗含新时代的普惠追求。因此，人工智能无论是其自身的研发、应用的开展，还是对于其他领域的渗透，都高度依赖于一种协同性的资源配置安排或者运行合作。人工智能开发和应用需要的协同，包括基础方面的协同，如数据协同、平台协同、管理协同，也包括具体应用功能和主体的协同，还包括人机协同等。甚至要落到具体行为、管理、权利、义务、责任的协同上来，导致人工智能相关的权力、职责、权利、义务、责任等不会简单地像既有范式那样去设计，而是需要基于协同的要求做出必要合理的变化。仅以数据资源为例，

---

〔1〕［德］克劳斯·施瓦布、［澳］尼古拉斯·戴维斯：《第四次工业革命——行动路线图：打造创造型社会》，世界经济论坛北京代表处译，中信出版社2018年版，第187页及以下。

〔2〕［德］克劳斯·施瓦布、［澳］尼古拉斯·戴维斯：《第四次工业革命——行动路线图：打造创造型社会》，世界经济论坛北京代表处译，中信出版社2018年版，第199页及以下。

〔3〕［德］乌尔里希·贝克：《风险社会：新的现代化之路》，张文杰、何博阁译，译林出版社2018年版，前言第7页。

〔4〕［德］乌尔里希·贝克：《风险社会：新的现代化之路》，张文杰、何博阁译，译林出版社2018年版，前言第7页，正文第3页。

人工智能的开发和应用，离不开大数据集聚和及时更新，数据越丰富越动态越好，因此有必要通过设计为人工智能开发者创造合理获取数据的机会，除了尽可能开放可公开资源之外，也需要为人工智能开发者提供在具体场景中动态获取必要数据的便利。但是这些会与数据管理、数据权属、个人信息保护等既有法律秩序产生冲突，因此需要进行巧妙的协同设计，实现双赢，以便最终使得协同成为可能并且圆满。[1]目前，存在一种因关注共享而完全否认数据权属化的观点，笔者认为这种观点对于共享设计架构有简单化嫌疑，难以提供合理的主体间数据合作的根源和动力。[2]基于人工智能的信任机制也很重要，应当配合协同需要完善相应的信任机制。马克·格兰诺维特在《社会与经济：信任、权力和制度》一书中，就提到个人行为虽然存在自利和受规则与价值体系影响之间的微妙关系，但信任和权力也会潜移默化地塑造个人的心智结构，所以信任是个人行为非常重要的社会因素。[3]人工智能的信任机制体现在许多方面，但往往是具体场景化的，如在人工智能决策领域，理性的数据驱动，决策过程的透明、可理解，以及决策可问责等，大概都具有增进信任的功效。[4]目前人工智能自动驾驶汽车行业或企业也比较注重在关键的点上，如在隐私问题上，通过宣示自律措施确立信任机制。

总之人工智能科技以一种强社会面相，展示了前所未有的社会规范需求性，这既是科技经济主义发展到今天，导致科技应用势必陷入极大风险的警示结果，也是人工智能科技自身发展到现阶段，需要更加特殊的社会协作和信任机制加以支持的要求使然。可见，人工智能科技立法作为科技立法发展到当下的特殊新领域，其转型势在必行。由上述论证逻辑可知，应当超越既有科技立法的“技术—经济”范式，而以兼顾社会的新面相，跨入“经济—社会+经济”的新阶段。

（二）人工智能立法“技术—社会+经济”新范式的开展

人工智能立法的新范式，以技术社会性的兼顾，从架构上总体需要坚持两重性。一方面，仍然致力于促进人工智能科技的经济意义。人类在很长一个时期之内，需要通过科技提升自己的经济能力，这本身并没有错。只要还存在物质短缺或财富增长的需求，那么科技的经济效应就值得追求。今天还没有到可以摒弃科技经济效用的时候，只是不宜单取经济主义，而是应予制度创新，兼顾必要的社会性以

---

[1] 关于数据财产权及其协同机制的研究，可参考龙卫球：《数据新型财产权构建及体系研究》，载《政法论坛》2017年第3期；龙卫球：《再论企业数据财产权化机制》，载《东方法学》2018年第3期。

[2] 梅夏英：《在分享和控制之间数据保护的私法局限和公共秩序构建》，载《中外法学》2019年第4期。

[3] ［美］马克·格兰诺维特：《社会与经济：信任、权力和制度》，王水雄、罗家德译，中信出版社2019年版，第91~140页。

[4] 在某种意义上，人工智能的系统安全包括依赖的网络安全，也属于可以增进信任的范畴。

有所节制。何况，目前阶段，人工智能科技只是形成了巨大的潜力，还有重要的技术突破和扩展时期，从经济意义上说，国家处于机遇期需要提升竞争力，还存在一个关键的需要鼓励和引导的期间。当然，不同国家或在不同阶段存在差异性，导致经济需求的迫切程度、正当化程度会有所不同。例如，发达国家经历两三百年工业化的经济主义追求之后，经济增长进入一个新的阶段，而发展中国家却仍然有不少还挣扎在贫困线上。[1]这恐怕也是国际之间就科技事项进行平衡规范难以取得合作共识的原因之一。另一方面，必须引入和提升人工智能科技社会规范。这是极为急迫而重要的。对应社会积极和消极的规范需求，体现为两大方面。一是积极的人工智能科技社会规范，重点是其合理研发和应用需要的社会协作、信任的规范体系建设。二是消极的人工智能科技社会规范，重点是如何防范和应对前述人工智能可能带来的社会问题。这一部分其实就是人工智能科技及社会风险立法范畴。通过加强并且系统化防范和治理的方式，达成风险可控。按照贝克的说法，就是要将过去稀缺社会的财富分配逻辑，向发达现代性的风险分配逻辑转变，或者说从财富生产支配风险控制的逻辑，转变为风险控制支配财富生产的逻辑。[2]

人工智能立法新范式的两重性布局，应以全新的价值观和更加合理的原则体系作为基础。鉴于人工智能巨大科技风险，特别是基于其具有与人的相通的认知能力，对于人本身构成了混淆或者替代威胁。所以一种正在成为主流的声音认为，关于人工智能立法的价值基础，需要提升一个高度，即应从最基本的人本主义来思考，以确保人的基本安全为底线，提出人与人工智能这种特殊人造物（也可以是“人造人”）的最低关系准则。学者和机构将之称为人工智能和机器人应用的基本伦理框架，作为人工智能规范和政策的最高指导。当然，也有还在观望之中的。[3]坚持人的价值观的重点是，坚持人的价值的原初本体性，坚持人工智能的价值与人的价值一致性，在二者发生冲突时以人的价值为优先。《联合国世界人权宣言》和一系列相关文本宣示的，是人的价值的重要国际规范来源，但人的价值性应该不限于此。这也是第四次工业革命的新价值观。施瓦布研究第四次工业革命的实践时，呼吁要“确保对第四次工业革命由人类主导、以人文本。技术的开发必须尊重人类

---

〔1〕［德］乌尔里希·贝克：《风险社会：新的现代化之路》，张文杰、何博闻译，译林出版社 2018 年版，第 5 页。

〔2〕［德］乌尔里希·贝克：《风险社会：新的现代化之路》，张文杰、何博闻译，译林出版社 2018 年版，第 3～48 页。

〔3〕2016 年英国下议院科学与技术委员会《机器人与人工智能》认为，虽然现在为这个新兴领域制定全行业法规还为时过早，但开始仔细审查人工智能系统的道德，法律和社会影响至关重要（报告第 25 页）。建议在艾伦图灵研究所设立一个常设人工智能委员会，以检查人工智能近期和潜在的社会，伦理和法律影响，https：//publications. parliament. uk/pa/cm201617/cmselect/cmsctech/145/145. pdf，2021 年 12 月 20 日访问。

价值观本身，而不是只考虑经济价值。此外，以人为本意味着赋能于人，而不是支配人类的命运。”[1]

虽然在人工智能立法的价值体系中，人的价值观居于最高位阶，但还存在对于其他功能性或类型化价值追求。比如，从人工智能作为科技自身角度的促进科技创新与竞争力的价值，从经济角度的提升生产力和经济效率的价值，从社会意义角度的维护社会基本公平与安全的价值等。这些价值之间存在平衡关系，发生冲突时，社会价值应该具有优先适用性。但是，这些功能性价值，最终要服从于居于上位的人的价值，后者具有终极性、本位性和优先性。另外，仅从人工智能的社会价值角度，笔者认为，广义上至少包括伦理、安全、公平、包容四个方面，它们之间存在交叉重叠。其中，伦理既包括关于人的尊严，也包括一般社会伦理。目前，除了关注人的混淆和替代之外，重点关注的还有使用人工智能导致的过度监控问题、全景智能问题等。安全，既包括个人及人类的安全，也包括社会安全。公平，指社会不同人之间出现的机会或利益极差的情况。包容，则指平等、开放对待别人，歧视是其重要反例。[2]此外，我国《新一代人工智能发展规划》强调的社会价值，还包括人工智能对于社会建设的功能在内。[3]

人工智能立法的上述价值观，应当通过一系列原则在人工智能的内在架构中予以进一步贯彻。这些原则成为全部规则设计和体系解释的原理基础。基于上述价值的逻辑展开，最少可以包括：其一，坚持维护人的尊严的原则。这是由坚持人的价值性推论出来的，毫无疑问是最主要的原则。其二，坚持技术创新、经济效率和社会保护一体化原则。人工智能立法应该做到三个功能价值的协调。目前的重点是矫正既往科技立法的习惯，重点对前两项功能有所限制，以彰显必要的社会保护。其三，坚持科技风险和监管一体化原则。或者叫科技风险和安全防范一体化原则。越是风险系数高的科技开发和应用，越应当增加风险的监管强度。此外如果应用于权力和责任更加重要的职位或情形，就应该引入更严格的监管甚至控制。鉴于人工智能存在较高风险性，

---

[1] [德] 克劳斯·施瓦布、[澳] 尼古拉斯·戴维斯：《第四次工业革命——行动路线图：打造创造型社会》，世界经济论坛北京代表处译，中信出版社 2018 年版，第 11 页、第 32～55 页。

[2] 欧盟委员会的人工智能高级专家组 2018 年 12 月发布的《可信人工智能伦理指南》提出，实现可信人工智能的七大关键为：个人主体与监督；稳定与安全；隐私与数据治理；透明；多样、非歧视和公正；社会与环境发展；责任。这主要是从可信伦理角度出发的构建，值得研究，https://ec.europa.eu/digital-single-market/en/news/ethics-guidelines-trustworthy-ai，2021 年 12 月 20 日访问。

[3] 国务院《新一代人工智能发展规划》第一部分“战略态势”第四段，描述了这种社会建设要求：“人工智能带来社会建设的新机遇。我国正处于全面建成小康社会的决胜阶段，人口老龄化、资源环境约束等挑战依然严峻，人工智能在教育、医疗、养老、环境保护、城市运行、司法服务等领域广泛应用，将极大提高公共服务精准化水平，全面提升人民生活品质。人工智能技术可准确感知、预测、预警基础设施和社会安全运行的重大态势，及时把握群体认知及心理变化，主动决策反应，将显著提高社会治理的能力和水平，对有效维护社会稳定具有不可替代的作用。”

今后还会发展为极高，因此有必要建立与其风险级别相应的确保其安全可靠的监管体系，包括引入与风险相适应的监管系统和方法。比如，划分不同主体或产品风险等级，进行相应资质管理。引入风险监测体系，进行相应的监测、预警或应急管理。建立内外结合互动的安全管理体系。引入利益相关者决策和反映程序等。其四，坚持行为治理和技术治理协同的原则。人工智能作为一种复杂技术，其治理与对于一般的行为治理不同，存在技术专业化的特殊性，从科学的角度来说，除了通常法律的行为治理模式，应当针对技术架构的特点引入技术治理。[1]例如，为了达到更好地贯彻价值的效果，应当在人工智能设计环节就为技术赋予价值观，把必要的人本要求、社会需要预先嵌入进去，使其成为“价值—技术”“社会—技术”系统。[2]现在的“隐私设计保护”就有这种妙用。在重大决策、执法（警务机器人）或者致命效应（自动化致命武器）的人工智能系统设计中，安全技术同步设计、价值和社会功能预先嵌入设计、运行与风险评估会同设计等，都是十分必要的。

最后，人工智能立法作为科技立法的特别领域法，从立法范畴看，应当注意一般与具体的结合，还要注意自身与其他法律的交叉。前者，体现为人工智能立法存在一般规范与具体规范的合理分置问题。人工智能一般法，通常包括人工智能一般市场规范、一般风险规范以及一般政策规范的内容；而人工智能特别法，目前存在不同划分方法，现在的一种趋势是，按照人工智能具体场景或者应用功能类型做出进一步细分，如人工智能传媒、内容分发、电商平台、社交平台、搜索算法、公共服务（广义包括政务、司法等）、交通（无人机、自动驾驶）、智能辅助、医疗诊断、法律助手等。后者，则指应当注意人工智能立法与宪法、行政法、民商法、刑法、诉讼法、经济法、环境法、知识产权法、国际法等既有法律的交叉关系，它主要是以与普通法有重要区别的科技特别法而定位。所以，一方面人工智能领域存在传统法律部门的交叉适用，另一方面却在很多地方需要具体化、特殊化、进一步场景化。以经济法领域为例，最近几年围绕人工智能和大数据的使用，开始产生大数据、人工智能与竞争政策的新问题，出现了数据驱动型、人工智能驱动型的反竞争行为甚至是垄断行为。[3]

---

〔1〕 人工智能的技术治理这一点，与互联网治理具有的技术复杂性非常相似。

〔2〕［德］克劳斯·施瓦布、［澳］尼古拉斯·戴维斯：《第四次工业革命——行动路线图：打造创造型社会》，世界经济论坛北京代表处译，中信出版社2018年版，第11页、第42～48页。

〔3〕［美］莫里斯·E. 斯图克、［美］艾伦·P. 格鲁内斯：《大数据与竞争政策》，兰磊译，法律出版社2019年版。作者在2019年6月应邀参加斯坦福大学法学院召开的“数据经济最佳实践国际会议”上，注意到来自全球的学者和实务专家在很大一个环节讨论了人工智能和大数据引发的新型反竞争和垄断问题，值得关注，https://conferences.law.stanford.edu/bestpractices2019/，2021年12月20日访问。

五、结论：人工智能立法转型引领科技与法律新型关系

近代以来科技立法以经济主义之名，在“技术—经济”轨道上走了很久，两三百年以来收获了巨大的技术经济红利。但也为之付出了不菲的代价，特别是在近年以来越来越感受到科技对人类安全的威胁、对于社会公平和安定的不断冲击。进而，自主化技术和技术垄断成为时代标签，而我们在其中正在失去作为人的自主性，被裹挟。

那么，人工智能时代，还应该这样吗？当然不应该。人工智能科技以其潜在的威力正在塑形一个新的时代；而人类法律智慧在这个时刻应该感受自身的召唤。我们期待见证人工智能新经济的时刻，也应担心，这种与人类具有认知能力相通的人工智能科技，会使得人类被混淆和取代吗？“人性”会被挤出这个世界的主要位置吗？进而开始思考，应该如何应对和布局，才算是理顺了人与人造物的基本关系？我们能够接受或容忍与人工智能进行何种相通呢？值得深入研究。

本文正是在这个意义上，提出人工智能立法应当跳出路径依赖，全新打量技术社会场域，告别“技术经济人”简单假设，兼顾经济与社会，从“技术—经济”向“技术—社会+经济”转型。既拥抱人工智能的经济福利，又发展和保全人类自身和社会。总之，这种新范式，体现着当代科技立法的新趋势，演绎着科技新人文主义，引领着法律与科技的关系新型化，由单一经济主义，向社会和经济并重转变，成就第四次工业革命中法律变革的精彩。

人工智能立法规范对象与规范策略*

一、问题的提出：人工智能发展应用不断蔓延的规范需求

人工智能领域过去十几年最重要突破就是近年来机器学习特别是其中深度学习的出现。[1]人工智能（Artificial Intelligence，AI），公认是计算机科学的一种旨在使得机器能够实现人类智慧的科学技术；所谓机器学习，是指一种在计算机上运行能够从数据中识别和提取有用的模式的算法。[2]近年来，在不断加速的信息互通基础上，随着计算能力的进步和大数据集的可用性增加，深度神经网络的训练更加可行，得以构建具有适当泛化能力而不只是记忆能力的生成模型，成为可以“自动改进经验的计算机程序”或者说“根据自己的输出而改变的算法”。[3]通过它，不仅获得基于海量数据的分析能力，还形成了机器自身前所未有的一种与人类认知能力相通的自动学习和决策能力。[4]人工智能深度学习技术的出现，挑战了我们对计算机的作用和我们与它们的关系的一些假设，它不只是对现有过程的简单自动化，而是一种创造性的通过设定结果和让计算机程序在那里找到自己的方式。这种基于大

---

* 载《政法论丛》2020 年第 3 期。

〔1〕关于人工智能的历史，可以参见［英］彼得·本特利：《计算机：一部历史》，顾纹天译，中国工信出版集团、电子工业出版社 2015 年版，第 237～284 页。

〔2〕［爱尔兰］约翰·D. 凯莱赫、布伦丹·蒂尔尼：《人人可懂的数据科学》，张世武、黄元勋译，机械工业出版社 2019 年版，第 77 页以下。严格的人工智能作为计算机科技的分支，研究、开发用于模拟、延伸和扩展人的智能，企图了解智能的实质，并生产出一种新的能以人类智能相似的方式做出反应的智能机器，包括机器人、语言识别、图像识别、自然语言处理和专家系统等，可以对人的意识、思维的信息过程的模拟，能像人那样思考，也可能超过人的智能。但长期以来，统计、计算机科学和认知心理学等许多不同的研究领域出现了不同的统计技术，也统称为“人工智能”。由于这些技术已应用于不同的业务领域，它们已经与其他任务相关，因此它们也很可能在讨论“数据挖掘”和“预测分析”中发挥作用。

〔3〕［爱尔兰］约翰·D. 凯莱赫、布伦丹·蒂尔尼：《人人可懂的数据科学》，张世武、黄元勋译，机械工业出版社 2019 年版，第 77 页以下。

〔4〕John D. Kelleher, Brian Mac Namee, and Aoife D’Arcy, Fundamentals of Machine Learning for Predictive Data Analytics, MIT Press (2015), p. 1－5.

数据和算法的自动化决策能力或认知能力，对于实体经济和各种类型的管理导致新的巨大赋能可能性，因此引发世界范围对这种新型科技的激烈竞争。

我国以后发优势，紧抓人工智能科技发展新机遇，国务院2017年出台《新一代人工智能发展规划》（以下简称《规划》），提出深入实施创新驱动发展战略，以加快人工智能与经济、社会、国防深度融合为主线，以提升新一代人工智能科技创新能力为主攻方向，发展智能经济，建设智能社会，维护国家安全，并设定了2020年、2025年和2030年目标，核心产业规模分别为1500亿元、4000亿元和1万亿元。[1]

2018年，我国开始跨越成为人工智能投入布局的主要大国。[2]目前，人工智能开发应用呈多方位蔓延趋势，覆盖经济运行、社会服务管理等领域，并基于信息科技跨界融合能力而形成交叉渗透趋势。一边，它与传统行业生产和经营发生巨大融合效应；另一边，又不断跨界、拓宽人工智能新经济版图乃至形成许多全新领域。2019年艾瑞咨询发布的《2019年中国人工智能产业研究报告》显示，中国2019年人工智能赋能实体经济产业规模接近570亿元，包括安防、金融、客服、医疗健康、零售、广告营销、教育、城市交通、制造、农业等传统领域都形成了人工智能产业化链条，融合路径多样，包括与loT结合的AloT、与平台能力结合的AI PaSS、与产业全面联通相结合的“AI+产业互联网”等；下一步，将是更加快速地渗透与场景应用优化，预测2022年达到1573亿元。[3]

笔者认为，从目前人工智能开发和应用的蔓延态势而言，人工智能立法已经到了应当提上日程的阶段。既有科技法治经验表明，科技发展与法律应当同步，法律与科技发展应用良性互动，是近代以来科技有效转化或赋能经济社会发展的有力支持和基本保障，而且只有如此科技才能真正得到合乎人类价值的促进和应用。人工智能当前发展应用不应例外。人工智能发展应用的迅速蔓延，使得人工智能的法律

---

〔1〕国务院：《新一代人工智能发展规划》（国发〔2017〕35号），载中国政府网，http：//www. gov. cn/zhengce/content/2017－07/20/content_ 5211996. htm? from＝timeline&isappinstalled＝0，2020年4月5日访问。该规划提出三阶段目标：2020年，“人工智能产业竞争力进入国际第一方阵。初步建成人工智能技术标准、服务体系和产业生态链，培育若干全球领先的人工智能骨干企业，人工智能核心产业规模超过1500亿元，带动相关产业规模超过1万亿元”；2025年，“人工智能产业进入全球价值链高端。新一代人工智能在智能制造、智能医疗、智慧城市、智能农业、国防建设等领域得到广泛应用，人工智能核心产业规模超过4000亿元，带动相关产业规模超过5万亿元”；2030年，“人工智能产业竞争力达到国际领先水平。人工智能在生产生活、社会治理、国防建设各方面应用的广度深度极大拓展，形成涵盖核心技术、关键系统、支撑平台和智能应用的完备产业链和高端产业群，人工智能核心产业规模超过1万亿元，带动相关产业规模超过10万亿元”。

〔2〕乌镇智库：《全球人工智能发展报告（2018）》，载搜狐网，http：//www. sohu. com/a/312958560_100065989，2019年10月8日访问。

〔3〕艾瑞咨询：《2019年中国人工智能产业研究报告》，载艾瑞网，http：//report. iresearch. cn/report/201906/3396. shtml，2019年12月15日访问。

需求也日益迫切。目前相关研究有风起云涌之势。[1]人工智能发展应用具有许多新的特点，既有科技法规则虽然可以发挥一定的作用，却明显不敷其用，因此需要及时加以改进甚至做出创制。[2]本文认为，在廓清人工智能立法为新型科技基本立法路径和应当采取“经济—社会”模式基础上，制定一部人工智能法最需要明确的是其规范对象与规范策略问题。人工智能科技基于自身属性及其实现要求，其开发和应用等活动形成了相当复杂的合理需求和利益风险关系，特别是出现了迥然不同的活动划分以及伴随而来的极其复杂的赋能应用场景问题，使得以往科技法关于规范对象及相关规范策略的认识，不宜简单套用，而需要做出合理调整和发展。本文研究，除了关注当下人工智能科技活动的特点和实际应用场景，也关注未来一个时期人工智能科技活动的特点变化和可预见的应用场景。

二、人工智能立法的规范对象及其确定方法

人工智能立法必须明确自己的规范对象是什么。很难想象一个特定法域或者一部特定立法没有明确的规范对象的情况；否则，既无法确定自己的适用定位，也无法形成正确的调整方法。任何立法的规范对象都应该说是指向特定社会活动，根据既有的立法经验，科技本身不会成为规范对象，需要规范的是科技活动及其产生的社会问题。人工智能立法也不例外，同样不是以人工智能科技本身作为规范对象，而是应以人工智能科技活动及由此引发的特定社会问题作为规范对象。

但是，人工智能立法的规范对象不易确定。这是因为，人工智能科技活动作为当代科技最为前沿的实践活动之一，是迄今为止最为复杂的科技活动之一。归纳起来，法学领域用来认识特定社会规范对象的方法有二：一是本质论角度的，20 世纪初期之前十分盛行，这种法学认识论根基于 20 世纪之前主流哲学的认识论，如柏拉图的理念论，康德的先验观念论，马克思的历史规律论等；二是非本质论角度的，大概在 20 世纪初期开始作为一种反思理论出现，其根基于 20 世纪以来的哲学

---

〔1〕 笔者在中国知网检索的结果：2019 年 12 月 15 日，输入“人工智能，法律”得到 1625 条结果，输入“人工智能，政策”得到 460 条结果，输入“人工智能，立法”得到 152 条结果，输入“人工智能法”得到 292 条结果。2020 年 3 月 31 日，输入“人工智能，法律”得到 1970 条结果，输入“人工智能，政策”得到 636 条结果，输入“人工智能，立法”得到 204 条结果，输入“人工智能法”得到 1319 条结果。

〔2〕 笔者在此前的相关研究中提出，鉴于人工智能作为新兴科技的本质，其立法与既有科技法存在内在的关联，总体上应当归入科技法范畴，从其与既有的科技法律体系衔接来说，也可以划分为人工智能市场法、风险治理法以及政策法三个细分领域；从规范模式来说应当从“技术—经济”向“技术—经济 + 社会”迭代，突破单一技术经济思维，强化技术社会思维，重视技术安全和社会风险规制。参见龙卫球：《科技法迭代视角下的人工智能立法》，载《法商研究》2020 年第 1 期；以及龙卫球：《人工智能立法的“科技—社会 + 经济”范式——基于引领法律与科技新型关系的视角》，载《武汉大学学报（哲学社会科学版）》2020 年第 1 期。

思想，如胡塞尔的现象学、海德格尔的存在论、后马克思主义者的实践论等。比较起来，前一种方法通常指向一种简明的认识效果，而后一种方法往往导致繁复凌乱的认识效果。但是，人类走到今天，试图抓住本质、化繁为简的努力往往不易成功，很多时候是表面上似乎对认识对象一目了然了，但是实际上却并没有真实反映复杂社会的实际情况，相反导致认识对象被过度简化，包括对许多重要特殊或分叉情况的不当忽略。所以，现代认识范式越来越偏爱运用后一种方法，希望通过揭示更多复杂性、多样性，甚至希望深入到具体现象或者存在场景之中来细化理解。但是，后一种方法又有明显不足，特别是在应用于确定规范对象时，不仅容易挂一漏万，更是难以聚焦、过于分散，容易导致认识碎片化，进而模糊价值问题。为此，当代立法认识论通常立于二者之间，来回于本质和现象、理性与经验、价值与问题之间，追求抽象与具体结合，重视类型化区分方式，关注结构稳定与动态实践的互动。[1]

人工智能科技活动作为当下最具前沿的科技活动极具复杂性，使得其研发、生产和部署具有复杂性和较大不确定性风险，对其认识无法依赖简单的本质化方法。可以比照美国经济学家布莱恩·阿瑟的复杂经济学（Complexity Economic）理论来看待人工智能科技活动的复杂性对于其确定性的挑战。布莱恩·阿瑟提出，当代经济是一个不均衡的、不确定的、非线性的、永远在进化的复杂系统。市场中个人行为也往往都是根据当前的环境做出自以为是的最优行为，消费者、企业、银行和投资者都在不断获取信息，每个人都在不断适应变动的市场形势，作出自己对于市场的判断和预测，然后以此调整策略与他人交易；而且个体和系统的影响是相互的，整个市场也因此不断迭代和进化。[2]

人工智能科技活动的复杂性，有过之而无不及。前已述及，人工智能科技最新发展是对机器学习算法的引入，是一种具有自动决策功能的技术系统。这是前所未有的一种技术迭代，内部关系构造更加复杂，也促进了一种全新的应用效应，因此导致比以往科技活动更加复杂的规范要求。人工智能立法规范对象的确定，应该认

---

〔1〕 邓正来教授较早提出对法学本质主义方法的反思。参见邓正来：《中国法学向何处去》，商务印书馆2006年版，第6页。但费小兵、文正邦商榷认为，阻碍中国法学发展的，应该存在三个误区，以“本质主义”为名的窒息创造，以“非本质主义”为名的向恶的演化，导致片面追求法令滋彰。参见费小兵、文正邦：《走出中国法学学派发展的三个误区——关于反对“本质主义”与邓正来先生商榷》，载《学术界》2010年第1期。

〔2〕 布莱恩·阿瑟（W. Brian Arthur）：《复杂经济学——经济思想的新框架》，贾拥民译，浙江人民出版社2018年版。布莱恩·阿瑟认为，复杂经济学与经典经济学对立，真正反映了现实经济变化，特别是真正考虑了市场中每个人的行为以及市场的交互性和动态演化，认为“经济学更像生物学而不是物理学”。按照经典经济学观点，所有的经济现象会在均衡值的附近波动，市场也总是可以在其附近实现稳定的发展。但是复杂经济学注意到当代经济其实是不确定、不均衡且进化的复杂系统，经济体系一直向均衡靠拢，但是从来不可能达到均衡，因为经济活动中的人不能完全理性，经济系统中有着大量的互动，非均衡才是常态和现实。

识到人工智能科技活动作为当代最具前沿的表征科技的实践活动，并不是像简单世界时代里发生的人与人之间的科技活动那样，具有相对确定、相对稳定的特点，而是从内到外都体现出许多不确定和动态变化的特点。

首先，人工智能属于计算机信息技术中最为复杂的系统化技术，内部由众多技术节点构成，运行中存在技术多节耦合和多主体互动配合的复杂要求，在这种情况下人工智能仅从自身内部系统的组织和运行而言，已是一种典型的“社会技术系统”，具有内部系统复杂性和运行安全的极大不确定性，应十分谨慎，尤其要注意系统确定性和安全性的保障问题，避免在“节点耦合”或“主体互动”上出现问题，导致整个系统的“闪电崩溃”效应。[1]

其次，人工智能科技作为一种以机器深度学习和人机互动为特征的新型信息科技，其应用极具广泛性，从而导致了基于多样性的特殊复杂性和不确定性。人工智能因具有支持自动决策能力，除了自身作为专业定向科技的研发、生产和部署，同时也作为赋能科技可以广泛应用于相关经济或管理的多种场景。这种广泛应用，表面上呈现为从场景到场景的现象罗列，但实际上彼此之间各自功能、结构乃至其中的主体互动关系千差万别，从规范上来说极具挑战性，极大增加规范的困难性。此外，在人工智能科技活动，人与人的关系开始模糊，机器自主出现了，介入不同形态的所谓人机关系；而在此前的科技活动，基于科技活动所形成的生产、商业和管理等社会关系，主要是通过人与人的相互沟通进行，中间可能借助市场、借助身份或借助物质。

三、人工智能规范对象的区划：专业科技活动与赋能科技活动

人工智能立法的规范对象的确定，与以往科技法还存在一个重要差异，就是要注意到人工智能科技及其活动所具有的双重性。人工智能与互联网、云计算、大数据、区块链一样，属于计算机科技领域发展到信息科技阶段的重要新型科技，具有专业科技和赋能科技的双重性，其据以实现的科技活动也体现出相应的双重性。科技大体可以区分专用科技和通用科技两种类型。前者使用范围相对狭窄，如机械科技、化工科技、生物科技，本质上都是专业定向科技，其影响基本上是领域性的，虽然随着科技应用交叉也产生了某种程度的跨用效应，但其本身并不具有通用性；后者则属于通用性的或者说在许多领域具有应用可能的科技，典型的是所谓“赋能科技”（enablingtechnology，也有译为“使能科技”），以应用面广、具有多学科特性、为完成任务而实现目标为技术特点，能够被广泛地应用在各种产业上，并能协助现有科技作出重大的进步，而且其每一次迭代往往都会在政治和经济的整体格局

---

〔1〕［美］温德尔·瓦拉赫：《科技失控：用科技思维重新看透未来》，萧黎黎译，江苏凤凰文艺出版社2017年版，第33页以下。

上产生影响。两种不同科技属性，其实现所要求的活动类型自然不同，前者需要通过对自身专有的科技开发和部署加以实现，后者则需要通过赋权应用促成其功效，因此二者存在性质、功效和实现手段的根本差别，涉及的活动特点、主体结构、利益关系和风险情况也不同。

人工智能科技在信息化背景下，首先具有专业科技的特点，其实现体现为一种专业科技活动。人工智能依据自身专业科技要求进行的相关科技产品或技术系统的研发、生产和部署活动，属于众多专业科技活动的一种类型。人工智能作为一种专业科技，本身是在"要让计算机像人类一样推理思考"的目标下发明的一种技术系统，从专业技术特点上来说不仅建立在以往的计算机和信息科技的基础上，目前随着机器学习算法的发明和不断提升要求，更体现了以研发和改进承载这种机器学习运行为中心的新技术系统的要求。[1]人工智能在当今代表了信息科技的最前沿发展，其自身研发、生产和部署，也属于信息科技领域最具先进性的专业科技活动。人工智能作为一种复杂前沿技术，其开发并不容易，依赖于许多环节和条件。从环节上来说，不限于成型的成果生产和部署，也不限于相对确定的产品或者技术的研发，还要求将相关科技活动有效投入到基础前沿理论攻关和重大关键共性技术解决上；从条件上说，这种复杂前沿技术的研发、生产和部署，需要相应创新平台的支持，特别是依赖于快速信息联通基础上的计算能力提升和大数据集增强，需要专业人才的支持等。

人工智能科技作为信息科技，同时兼具赋能科技的属性。前已述及，人工智能科技近年取得重大新发展，特别是在机器深度学习方面取得重大进步，使得人工智能科技产生了极大的赋能应用价值。人工智能兼具赋能科技的属性，使得其除了在信息技术专业化领域应当依据固有功效加以研发和部署之外，还可以突破技术设计之初的目的限制，作为一种通用的或者说泛在的技术加以开发和应用，对相关事物产生赋能或增强的效果，即赋能科技活动。[2]这是一类特殊科技活动，旨在发挥人工智能的赋能作用，体现为可以采取"人工智能＋"的方式应用于广泛场景，不仅

---

〔1〕［英］彼得·本特利：《计算机：一部历史》，顾纹天译，中国工信出版集团、电子工业出版社2015年版，第239页；［爱尔兰］约翰·D. 凯莱赫、布伦丹·蒂尔尼：《人人可懂的数据科学》，张世武、黄元勋译，机械工业出版社2019年版，第77页。

〔2〕这种赋能或增强，最终是要具体表现为不同能力形态。如在工业应用中，可能体现为增强跟踪、控制的能力，"Cogiscan Will Exhibit at SMTAI and Discuss Track, Trace & Control: The Enabling Technology for Industry 4.0", inSMTnet, https://smtnet.com/news/index.cfm?fuseaction=view_news&news_id=18913, 2020年4月10日访问；而在国防和情报系统的运用中，则主要是增强数据收集和分析能力，Vijay Gadepally, Justin Goodwin, Jeremy Kepner, Albert Reuther, Hayley Reynolds, Siddharth Samsi, Jonathan Su, David Martinez, "AI Enabling Technologies: A Survey" (Submitted on 8 May 2019), inarxiv.org, https://arxiv.org/abs/1905.03592, 2020年4月10日访问。

在经济领域应用，也可以在管理领域应用，还可以跨界应用。[1]现在人工智能发展从定位上而言，还存在一个相当漫长的通过制度鼓励和引导人工智能科技不断发展而提升赋能的时期。[2]从发展阶段来看，人工智能技术目前仍然处于爆发初期即所谓“弱人工智能”（Weak AI）时期，借用一种形象说法，人类刚刚走到人工智能大山脚下，从经济与社会等赋能的角度来说还存在巨大的上升空间，需要很长时间才能推进到更加高级的人工智能阶段。目前表面看虽然在某些感知识别技术等方面也已经有所突破，但强人工智能（Strong AI）基本上还可以说是遥遥无期。

即便如此，近年来可以看见人工智能相关赋能应用场景的快速落地和席卷。通过人工智能开发应用，普通人可以与智能手机交谈，通过它推荐喜欢的音乐、描述照片；办公人员可以将归档、筛选和排序等日常认知工作自动化；管理者可以改善服务，克服视觉障碍，优化交通管理，避免火灾隐患，合理化能源网格，更加有效利用资源和保护环境，促进智能医疗，消灭传染病；环境或经济部门通过人工智能识别变化和发展的模式，可以用来处理数以百万计的卫星观测的数字图像，分析环境或社会经济趋势；交通管理者通过嵌入式传感器和神经网络系统，可以构建智能公路，反馈道路状况，预测和管理交通流；金融顾问通过使用预先确定的决策标准，引入高频交易算法，在金融市场作出比人更快的自动反应；目前，人工智能也在努力开发相应系统并且希望不久的将来就可以部署在无人机和无人驾驶汽车上，形成机器自主飞行或驾驶状态。[3]

四、人工智能规范对象区划下的相应规范策略

人工智能科技活动发生区划的后果，使得其作为立法规范对象产生了一种需要遵循区划而加以规范调整的要求。以往科技法规范对象指向的通常是专业科技为实现自身固有科技价值的开发和应用的科技活动；但现在人工智能立法规范对象指向的科技活动，基于其双重性特点，除了需要为实现自身专业科技属性而开展的开发和应用活动（可称专业科技活动）之外，同时还包括为了实现其巨大赋能功能而做出

---

〔1〕 弱人工智能，仅增加了计算机部分的思维特征，本身仍然是完成或者解决特定任务的工具，并不包含人类的情感更遑论智慧层级的认知能力。强人工智能，则无论是否以配置机器的形态出现，本身作为一种新型计算机技术，拥有思考的智慧和能力，与人类无异甚至可能超越，包括拥有对突发事件的自我决策能力和应变能力，且认识到了自我的存在。参见搜狗网“强人工智能”词条，https：//baike.sogou.com/v64496945.htm？fromTitle=%E4%BA%BA%E5%B7%A5%E6%99%BA%E8%83%BD。

〔2〕 总的来说，许多计算机学家和信息科技家相信，人工智能和机器人具有意识只是时间早晚的问题；但也存在不同看法。参见［英］彼得·本特利：《计算机：一部历史》，顾纹天译，中国工信出版集团、电子工业出版社2015年版，第110页。

〔3〕［德］克劳斯·施瓦布、［澳］尼古拉斯·戴维斯：《第四次工业革命（实践版）——行动路线图：打造创新型社会》，中信出版社2018年版，第141～155页。

开发和应用活动（可称赋能科技活动）。人工智能科技活动的这种区划性，导致需要面向迥然不同的两类科技活动分别做出规范的必要。遗憾的是，目前国内外对于人工智能立法的研究，许多对于人工智能科技活动的这种区分性似乎意识不足，不少研究往往以列举特定法律问题为路径，但很少深入论证这种区分基础。〔1〕

（一）人工智能专业科技活动的相应规范策略

人工智能专业科技活动，与以往专业科技活动具有许多共通性，从规范策略上说，当然可以援引或者根据自身情况转化适用以往科技法形成的相关市场规范、风险规范和政策规范。近代起，既有科技法对于科技的开发和应用，通常是在科技市场化的基本意识下，以科技市场法作为重点发展起来，并立足科技驱动经济的效率思想形成基本规范。既有科技法通常依据科技市场化一般规律设计相关制度，不过也兼顾科技公益。以专利权制度为例，从促进科技开发和应用的角度设计专利权，但同时也从科技共益的角度（科技社会利益的角度）对专利权做出必要限制，包括专利期限、使用人的积极权利（affirmativeuserrights）等。〔2〕以往科技法仅在偶尔的时候才会兼顾技术安全和风险：早期主要是工业应用领域，当时在劳工保护运动推动下逐渐关注了工厂事故；后来在化工领域，特别是核科技的应用领域，基于人类安全威胁意识逐渐关注特殊科技安全问题，逐渐发展出科技安全和风险法。〔3〕20 世纪 50 年代以后，随着知识经济时代的到来，各国又启动对科技市场传统模式的调整，不断开展国家之间的科技竞争，引入科技促进、转化和创新公共政策机制，加强政府的参与和管理。〔4〕

但是，人工智能立法对其专业科技活动也应根据自身特点，为适应合理变化而

---

〔1〕例如，以关于人工智能的法律地位问题研究为例，可发现多数研究尚未注意这种区分。参见何炼红、王志雄：《人工智能医疗影像诊断侵权损害赔偿法律问题》载《政治与法律》2020 年第 3 期；刘洪华：《论人工智能的法律地位》，载《政治与法律》2019 年第 1 期；许中缘：《论智能机器人的工具性人格》，载《法学评论》2018 年第 5 期；杨立新：《人工类人格：智能机器人的民法地位——兼论智能机器人致人损害的民事责任》，载《求是学刊》2018 年第 4 期；等等。

〔2〕美国著名知识产权法学者罗伯特·P. 莫杰思在其《知识产权正当性解释》一书中，提出在“效率作为中层原则”与“关于基础理论的多元主义或者底部空间”之间存在一种复合关系。他认为，这个底部空间，其正当性不能简单用关于净社会效用（deontological foundations）的功利主义论加以解释，而应该看成是罗尔斯所说的那样的一个“重叠共识”（overlappingcongsensus）意义上的“公共空间”（public-space）。对于知识产权的底部空间而言，就是“对于个人才能所投入的开发与应用，就产生了一种合法奖赏的主张，并因此……就是一种对知识产权的正当性主张。然而……许多的个人行为其实是无所不在的社会影响的结果，因此社会对于个人的创造成果也享有一种合法利益（legitimateinterest）——但并非一种同等的权利（coequalright）”。参见［美］罗伯特·P. 莫杰思：《知识产权正当性解释》，金海军、史兆欢、寇海侠译，商务印书馆 2019 年版，第 20 页、第 25 页、第 26 页、第 42 页、第 43 页。

〔3〕龙卫球：《科技法迭代视角下的人工智能立法》，载《法商研究》2020 年第 1 期。

〔4〕陈劲等编著：《科学、技术与创新政策》，科学出版社 2013 年版，第 2 页。

作出必要规则变通或创制要求。例如，人工智能科技本身是一种以计算能力、大数据为条件和以算法为基础的信息技术系统，因此需要法律提供适合于促进和保护提升计算能力、改进大数据集以及完善算法的规则。通过深入规范对象的特点和需求分析，不难发现，既有的财产权制度、合同制度、专利制度、公平竞争制度、商业秘密制度、侵权责任制度、计算机及其软件保护制度、网络安全制度甚至个人信息保护制度等并不完全契合其合理需要。例如，人工智能产品严重依赖网络，因其高度信息化和复杂化而面临巨大的网络安全隐患，需要更加严格的网络安全制度：比如，智能网联汽车就需要加强通信、系统与硬件层面的安全技术保障，保证认证、访问、关键节点的安全性，这就使得加强对人工智能相关网络安全管理至关重要。〔1〕又如，人工智能依赖于大数据集，但是对于人工智能技术系统开发者而言，往往缺少足够的数据集，因此需要数据协同，但是现在这种协同存在个人信息保护和企业数据保护的双重障碍，因此需要有所调整，在保护个人信息和企业数据的同时也能够有利于合理形成大数据集。〔2〕再如，人工智能的机器自主学习不断提升使得其越来越具有与人相通的认知能力，却导致了由此而来的特殊安全和伦理风险，因此需要特别应对。这些都是之前法律考虑不足或者根本没有考虑到的。总之，关于人工智能专业科技活动的规范策略，应该体现为一般规范与特殊规范的结合。〔3〕

此外，各国目前都将人工智能科技视为对当前正在爆发的第四次科技革命具有决定性影响的表征科技之一，因此立于国家科技竞争战略高度对于人工智能专业科技水平的提升予以重点支持，更加注重发挥政策机制的作用，而不是简单地依赖于市场化机制。各国在此领域既注重市场力量，积极鼓励人工智能企业自主投资研发

---

〔1〕 我国虽然出台了《网络安全法》，但该法是否能够适用人工智能产品，则有待斟酌。根据《网络安全法》第10条，建设、运营网络或者通过网络提供服务应履行相关网络安全保障义务，智能硬件的生产商是否属于“通过网络提供服务”？从主体视角出发，第76条第3项规定“网络运营者”指网络的所有者、管理者和网络服务提供商，因人工智能硬件应用生产厂商不属于网络的所有者、管理者，那么其是否被包括在《网络安全法》“网络服务提供商”之中？对主体界定不清，将直接影响《网络安全法》相关规则的适用。人工智能硬件应用是否为《网络安全法》的监管对象，何谓“网络服务、产品”？“网络服务提供商”是否包含了这些人工智能硬件的生产厂商？这些都需要进行进一步的明确。

〔2〕 我国法律在这方面已经有一定滞后性。不过，2021年出台的《个人信息保护法》布局了人工智能开发和应用对于个人信息和企业数据保护的合理要求。这里不妨比较一下目前欧盟相关立法和政策的情况。为了应对人工智能对个人数据保护的挑战，欧盟法律事务委员会（JRUI）在2017年2月通过的关于机器人民事责任的决议（Civil Law Rules on Robotics）中，要求在对人工智能和机器人制定政策时，必须按照必要性原则和比例原则，进一步完善通过设计保护隐私（privacy by design）、默认保护隐私（privacy by default）、知情同意、加密等制度，保障个人数据。2016年公布、2018年生效的《个人数据保护条例》也规定了数据匿名化、个人的数据权利、设立数据保护顾问和数据保护局等制度规则，强化对个人数据的保护。

〔3〕 关于人工智能基于专业科技活动的一般规范和特殊规范的研究，可参见龙卫球：《科技法迭代视角下的人工智能立法》，载《法商研究》2020年第1期；以及龙卫球：《人工智能立法的“科技—社会+经济”范式——基于引领法律与科技新型关系的视角》，载《武汉大学学报（哲学社会科学版）》2020年第1期。

和转化部署相关人工智能科技产品与服务，同时意识到单个企业、研究机构的力量难以突破基础和前沿理论以及关键共性技术，基于国家战略布局考虑，均在不同程度引入战略规划和政策扶持机制，在基础前沿理论和关键共性技术上毫不犹豫加大政府支持，有的采取公私协力机制。我国也采取了相似做法，《规划》在第三部分重点任务之一“构建开放协同的人工智能科技创新体系”部分，提出将人工智能自身作为一类新兴产业进行开发应用布局，强调了要发挥战略和政策引领机制的重要性，要求“围绕增加人工智能创新的源头供给，从前沿基础理论、关键共性技术、基础平台、人才队伍等方面强化部署，促进开源共享，系统提升持续创新能力，确保我国人工智能科技水平跻身世界前列，为世界人工智能发展作出更多贡献”。[1] 其中前沿基础理论攻关，包括突破应用基础理论瓶颈、布局前沿基础理论研究、开展跨学科探索性研究三大领域；关键共性技术，体现为以算法为核心，以数据和硬件为基础的旨在以提升感知识别、知识计算、认知推理、运动执行、人机交互能力为重点的一套具有开放兼容、稳定成熟特点的技术体系，包括知识计算引擎与知识服务技术、跨媒体分析推理技术、群体智能关键技术、混合增强智能新架构与新技术、自主无人系统的智能技术、虚拟现实智能建模技术、智能计算芯片与系统、自然语言处理技术等。

（二）人工智能赋能科技活动的相应规范策略

人工智能赋能应用目前形成了丰富多样的场景，而且存在不断扩展之势。随之而来的，便是对于这些赋能科技活动的规范问题。在以往科技法所见到的科技市场法、科技风险法、科技政策法的策略，基本上是按照专业科技活动的合理需要而设计的，对于赋能科技活动基本上没有多少涉及。从这个意义上说，人工智能赋能科技活动的规范问题具有新颖性，也存在较大的挑战性。法律作为最重要的社会规范，最终要来源于社会存在的合理要求，而不应该来自空洞的想象力。人工智能赋权科技活动的规范策略也是一样，应当建立在对赋能科技活动自身特点及其存在规律的准确分析基础上，合理规范策略就隐藏在这种赋能活动的事理之中。

通过与专业科技活动比较，不难发现人工智能赋权科技活动，其关键结构就在于特殊的叠加结构：“人工智能 + 应用场景”。在这一结构里面，前者代表赋能行动，后者代表被赋能的本体（也可以称为被赋权事项或者领域），形成了一种“赋能”与“本体”的叠加关系或结合关系。在这种认识意义上，对于人工智能赋能科技活动，合乎逻辑地产生了一个基本规范策略，即必须在赋能和被赋权的本体之

---

〔1〕 国务院：《新一代人工智能发展规划》（国发〔2017〕35 号），载中国政府网，http://www.gov.cn/zhengce/content/2017-07/20/content_5211996.htm?from=timeline&isappinstalled=0，2020 年 4 月 5 日访问。

间作出一种合理平衡。人工智能科技赋能代表效率工具，应用场景则代表价值功能，它们之间是作为人工智能科技赋能产生的效率与作为应用场景蕴含的本体价值功能的关系，二者之间如何合理对接并不简单。人工智能虽然具有赋能的无限可能，但开展“人工智能+”的政策，并不是毫无节制或限制的。例如，在证券交易市场，监管部门可否通过人工智能赋能加强自己的监管能力？〔1〕相反，又是否允许交易者使用人工智能机器帮助炒股？〔2〕类似地，在保险市场，是否允许保险公司开发和应用人工智能装置来支持自己精确估算投保人？〔3〕航空公司是否可以通过人工智能赋能对乘客实施动态定价或者价格区分策略？〔4〕打车软件平台公司为了服务便利或者用户乘车安全，使用人工智能赋能时可以在多大程度上收集用户数据或者用来进行所谓的动态定价？〔5〕政府税务部门可否使用面部识别方式来加强自己的收税能力？是否允许自动驾驶的系统开发者为了自动驾驶汽车可以开到每小时200公里以上，添加相应的人工智能支持装置？等等。这些问题都不容易回答，需要通过复杂的“赋能+应用场景”的结构分析来做出具体权衡。这种规范策略是人工智能作为专业科技活动这一面所不需要的，但是却又是其作为赋能科技活动所必不可缺的。

---

〔1〕《如何起破获利4亿操纵大案？大数据+人工智能，技术画像揪出幕后黑手》，载证券时报网，http://news.stcn.com/2020/0107/15586782.shtml，2020年4月10日访问。我国证券监管部门已经使用人工智能来帮助监管，并且认为这种加强是合法的。但是显然也存在某种边界限制，不能过度，如证券监管权力不意味着可以任意分析或调取投资者在股票市场的财产信息。

〔2〕《人工智能炒股的新时代的来临，散户将被取代》，载搜狐网，https://www.sohu.com/a/237271257_182615，2020年4月10日访问；参见《全球最大基金用人工智能炒股试验》，载大辰投资网，http://www.shdachen.com/news/detail.aspx?ID=35，2020年4月10日访问。

〔3〕赵正堂、阳梦舒：《美国保险科技案例介绍》，载中国保险报网，http://chsh.sinoins.com/2019-05/28/content_292612.htm，2020年4月12日访问。同时，参见《保险业牵手人工智能 看腾讯金融云科技赋能场景落地》，载科技网，http://prnews.techweb.com.cn/qiyenews/archives/75159.html，2020年4月10日访问；《人工智能在保险业中有哪些应用 将或解决保险业痛点问题》，载金投网，https://insurance.cngold.org/c/2019-07-22/c6477929.html，2020年4月10日访问；《〈福布斯〉解析“人工智能+医疗保险”四大应用场景，撬动3.5万亿美元的庞大产业》，载动脉网，https://36kr.com/p/5185559，2020年4月10日访问。目前的报道多是积极的，无论传统保险公司还是新型互联网保险公司，似乎都在努力将人工智能等运用于保险，优化保险经营流程，改善客户在保险报价、承保、理赔和客户服务等过程中的体验，让保险变得简单、透明、高效。但是否也存在对于保险法律关系特别是投保人一方不合理的人工智能科技运用呢？值得关注。

〔4〕美国民航产业是较早从动态定价中获利的行业，如在周末高峰期采取高价策略的定价，这种情况被认为不等于区分定价。其中，美国航空公司（AmericanAirline）自20世纪90年代开始率先采取动态定价，通过这种动态定价每年可以额外获得5亿美元的回报动态定价。Barry C. Smith, John F. Leimkuhler, and Ross M. Darrow, “Yied Management at American Airlines”, Interfaces 22, no.1 (1992), pp.8-31; Paul Davies, “Airline Ties Profitability Yield to Management”, SIAM News 27, no. 5 (1994).

〔5〕［英］阿里尔·扎拉奇、［美］莫里斯·E. 斯图克：《算法的陷阱：超级平台、算法垄断与场景欺骗》，余潇译，中信出版社2018年版，第68页、第212页。［美］凯文·米特尼克、罗伯特·瓦摩西：《捍卫隐私》，吴攀译，浙江人民出版社2019年版，第179~198页。

首先，为了做好这种结构分析和权衡，必须面向赋能的具体应用场景，或者说深入应用场景之中，具体理解和把握被赋权本体的内在平衡需要。[1]这是因为，每一种作为现象的应用场景背后，都隐藏着被赋权本体自身的独特功能和相关利益风险的具体预设，由此对于特定的被赋权本体来说，因其特定功能和利益风险的具体预设，对于来自外部的赋能总是存在某种既定承载空间和方式限制，有时可能非常敏感，并非任何时候都是欢迎的。人工智能赋能科技活动规范策略在这一面向的要求，具体又包括三个方面：其一，尊重应用场景既有法律秩序的功能、利益、风险设定和基本边界，以此来权衡实施人工智能赋能的可行性、限度及其方式。其二，应该着力避免因为引入赋能而导致被赋权本体价值功能偏移或异化，或者导致利益、风险关系的严重失衡。赋能的结果，不能简单地有利于一方而损害另一方，特别是导致特定个人隐私、财产、自由乃至人格的丧失或减损等。相反，应该增进彼此的合理价值、合法利益，或者减少彼此不合理风险。这里，所谓利益风险通常是具体的，但在某些具有重大意义的应用场景，也可能引发整体意义的生产、商业或管理模式的不当影响和风险。此外，还应注意，人工智能科技作为赋能科技还有另一层含义，就是由于它具有的与人相通的认知能力，在某些赋能应用场景还可能导致对人类自身的替代，产生替代或者超越人自身的效果。这种情形还会导致极其敏感的人类伦理或安全问题。例如，产业机器人大量替代工作岗位导致的劳动者伦理和安全问题，警用机器人或军用机器人代行特殊职责导致特定职业人的伦理和安全问题，将来仿真人替代人类某些人格功能可能导致人类局部或者根本伦理和安全问题，等等。[2]

我国《规划》在第三部分“重点任务”，规划了目前和未来一个时期的应用，其中包括对赋能活动领域的区分，往下根据领域性质的不同又区分了“人工智能+经济领域”和“人工智能+社会服务和管理”两大领域。其中，第2项为“培育高端高效的智能经济”，将相关赋能应用场景主要归类为经济和社会两大领域，各自在项下又作出更进一步的细分。首先是经济领域，特别提出了要发展“人工智能+”的赋能式产业应用，以便加快产业智能化升级，范围很广，即“推动人工智能与各

---

〔1〕 我国学者虽然关注到了人工智能应用场景问题，但是相关研究通常没有深入赋能与应用场景的复杂结构关系之中，因此往往难以切中要害。类似研究，例如：佴澎、杨丰合：《我国证券市场中人工智能的应用与法律监管问题研究》，载《人工智能法学研究》2019年第1期；钟凯、刘章荣：《人工智能在城市交通领域应用的法律问题研究》，载《人工智能法学研究》2019年第1期；金春林、何达：《人工智能在医疗健康领域的应用及挑战》，载《卫生经济研究》2018年第11期；刘建利：《医疗人工智能临床应用的法律挑战及应对》，载《东方法学》2019年第5期等。

〔2〕 [美] 温德尔·瓦拉赫：《科技失控：用科技思维重新看透未来》，萧黎黎译，江苏凤凰文艺出版社2017年版，第156~160页。瓦拉赫指出，关于对于人类增能的价值争论，一直存在保守主义者（最典型的是所谓卢德派）和超人类主义者的对立。相关争论，除了涉及人工智能增能，也涉及正在兴起的生物科技增能。到目前为止，相关的讨论主要是在关注社会影响和哲学意义之间摇摆。类似的思考，也可参见 [德] 克劳斯·施瓦布：《第四次工业革命：转型的力量》，李菁译，中信出版社2016年版，第102页。

行业融合创新，在制造、农业、物流、金融、商务、家居等重点行业和领域开展人工智能应用试点示范，推动人工智能规模化应用，全面提升产业发展智能化水平”；此外可以改进企业管理本身，使其成为智能企业，还可以从产业布局平台上优化环境，打造人工智能创新高地。第3项为社会服务和管理的智能化，列举了“人工智能+”在这一领域的应用。包括：在教育、医疗和养老等社会领域发展便捷高效的智能社会服务；围绕行政管理、司法管理、城市管理、环境保护等社会治理的热点难点问题，促进人工智能技术应用，推动社会治理现代化；促进人工智能在公共安全领域的深度应用，提升公共安全保障功能，推动构建公共安全智能化监测预警与控制体系；促进社会交往共享互信等。[1]可见，《规划》关注赋能领域并且予以充分重视，但遗憾的是，《规划》在相关人工智能立法规划要求中却没有明确提出应当区分规范策略。

其次，人工智能赋能应用规范策略，为了做好基于“赋能+应用场景”的结构分析与权衡，除了面向赋能的具体应用场景外，还必须注意到赋能的作用方式，简称赋能方式或赋能模式。人工智能赋能科技活动并不是单一的，赋能主体往往会就在应用场景使用人工智能预设特定目标，由此出发选择自认为合适的赋能方式。在这种情况下，对于人工智能赋能活动的规范不能忽视对赋能方式的关注，因为这些赋能方式侧重不同、强弱不一，不同赋能方式对于应用场景的影响差别很大，有的甚至完全不同，所以有必要结合起来考量。所谓“赋能+应用场景”的结构，其实应该是“具体的赋能方式+具体的应用场景”的结构。现实中，将具体赋能方式应用于不同应用场景，必须十分慎重，配置不当很可能引发方式与合法目的脱节，导致应用场景功能异化或者削弱，或者导致利益风险关系失衡，甚至产生人工智能究竟是“工具还是武器的两面性”的困惑。[2]例如，人工智能基于技术发展已经可以开发识别功能，包括图像和语音识别、面部识别、音频和声音识别、文本识别等，可以将之称为识别模式，对于这种方式的使用，从赋能功能上说可以增强准确发现和识别对象或事物的能力。但是，如果出现“控制蔓延”式滥用，则可能导致个人无法匿名、无处遁形的全监视社会后果[3]，或者说产生自由公民变成边沁所说的

---

〔1〕 国务院：《新一代人工智能发展规划》（国发〔2017〕35号），载中国政府网，http：//www.gov.cn/zhengce/content/2017－07/20/content_ 5211996.htm？ from = timeline&isappinstalled = 0，2020年4月5日访问。

〔2〕［美］布拉德·史密斯、［美］卡罗尔·安·布朗：《工具还是武器？直面人类科技最紧迫的争议性问题》，杨静娴、赵磊译，中信出版社2020年版，第275页。

〔3〕［美］凯文·米特尼克、［美］罗伯特·瓦摩西：《捍卫隐私》，吴攀译，浙江人民出版社2019年版，第264页以下。我国人工智能视频监控产业发展趋势，参见《人工智能将如何变革视频监控产业》，载电子发烧友网，http：//www.elecfans.com/rengongzhineng/628406.html，2020年4月10日访问。我国学者的观点，可参见顾理平、王飓濛：《社会治理与公民隐私权的冲突——从超级全景监狱理论看公共视频监控》，载《现代传媒》2017年第6期。

囚徒效应。[1]目前人脸识别技术成为各国关注热点，我国对于人脸识别在规范适用上一直存在较大困惑，虽然从理论上看公民生物识别信息至少应该纳入现行法律中的个人信息保护，但是现实中许多公共机构、事业单位甚至企业存在几乎无节制使用脸部识别技术的情况。[2]相比较，一些国家已经注意到这种赋能方式不加节制使用可能导致的负效应，特别是对于个人生物识别信息保护带来的冲击，逐渐建立对这种赋能方式的应用控制底线。[3]又如，人工智能基于深度自主学习能力，正在探索一种完全自主模式，这种模式被认为可以用来增强机器自主的决策和执行能力，尽量减少人甚至无须人的参与。现在正在探索开发应用于不同场景，例如智能合

---

〔1〕［爱尔兰］约翰·D. 凯莱赫、布伦丹·蒂尔尼：《人人可懂的数据科学》，张世武、黄元勋译，机械工业出版社 2019 年版，第 155～156 页。

〔2〕劳东燕：《人脸识别技术运用中的法律隐忧》，载爱思想网，http：//www. aisixiang. com/data/118805. html，2020 年 4 月 10 日访问。在此不妨对比英国的一个案例：2019 年 9 月 4 日，英国的英格兰和威尔士高等法院行政庭通过一个上诉判决，明确了警方使用人脸技术的合法界限。威尔士警方以“AFRLocate”方式部署自动人脸识别技术，对从闭路电视中获取的公众人脸进行识别，对比监视名单，若匹配不成功抽取的面部数据和相关照片不会存储，匹配成功的相关数据也最多会被保留 24 个小时，而闭路电视记录根据相关标准可以保留 31 天。法院认为，个人面部信息作为个人生物识别信息并不属于《2018 年数据保护法》下的敏感信息，而且警察具有法律框架权力如此以公开部署而不是隐蔽监视的方式使用这种设备，因此认定警方具有合法性。R（Bridges）v CCSWP and SSHD，［2019］EWHC 2341（Admin），11 September 2019，Data Protection #Information Technology，https：//www. judiciary. uk/wp－content/uploads/2019/09/bridges－swp－judgment－Final03－09－19－1. pdf，2020 年 4 月 10 日访问；Chrysilla de Vere，“Case Analysis：R（Bridges）v CCSWP and SSHD［2019］EWHC 2341”，https：//www. clarkslegal. com/Blog/Post/Case_ Analysis_ R_ Bridges_ v_ CCSWP_ and_ SSHD_ 2019_ EWHC_ 2341，2020 年 4 月 10 日访问。

〔3〕一些国家就人脸识别技术正在试图从应用限制角度建立基本底线规范。2019 年 11 月，欧盟基本权利局发布了《人脸识别技术：执行中的基本权利考虑》报告，明确人脸识别技术中涉及的基本权利的含义，并重点关注将该技术用于执法和边境管理的目的，提出欧洲需要更加严格监管其在国家边境及公共场所的应用，避免带来的诸如数据歧视、侵犯隐私和未成年者权利的风险，并提醒当局使用该种技术时应确保使用性质“特定、明确、合法”。“Facial recognition technology：fundamental rights considerations in the context of law enforcement”，https：//fra. europa. eu/sites/default/files/fra_ uploads/fra－2019－facial－recognition－technology－focus－paper. pdf，2020 年 4 月 12 日访问。2019 年 11 月，法国数据保护机构 CNIL 也发布了关于面部识别的报告，梳理了相关风险和法律框架，讨论监管机构的角色，呼吁关注这一主题。“Facial recognition：for a debate living up to the challenges”，https：//www. cnil. fr/en/facial－recognition－debate－living－challenges，2020 年 4 月 12 日访问。2020 年 3 月 12 日，美国华盛顿州参众两院通过第 6280 号参议院议案，将于 7 月 1 日生效。该州法明确了州或地方机构在满足特定条件下能够使用脸部识别技术；对政府机构使用提出了一系列规制要求，包括应向相应的立法机构提交意向通知，准备责任报告，使用该技术做出决策时应当进行有意义的人工审查和运营测试，培训相关人员，对使用情况进行披露、记录、审计和汇报；同时严格限制用来持续、实时的监视和追踪，除非获得许可或者紧急情况下才能用于上述目的。美国除了上述华盛顿州，据学者统计还有伊利诺伊州（2008 年颁布《生物信息隐私法案》）、得克萨斯州、俄勒冈州、新罕布什尔州、加利福尼亚州旧金山市、马萨诸塞州的萨默维尔市制定了相关规定。参见洪延青：《人脸识别技术的法律规制研究初探》，载《中国信息安全》2019 年第 8 期。

约、交通工具[1]等。但是，人们也需要担忧，如何才能避免因为应用不合理或者不慎而导致难以预测的灾难。特别是在军事领域，人工智能进步不断催生新的军事能力，韩国、以色列等国已经开发出了放哨机器人，这些机器人甚至可以自主决定是否开火；需要格外注意的是，民用人工智能技术也具备军用的可能性。[2]那么，对于人工智能军事赋能是否应当予以某种控制，或者说如何避免因引入人工智能自主模式而发生机器人自动或者错误发动军事行动的恶果呢？[3]

一直以来，人工智能随着自身技术发展并针对各种应用需要，不断开发相应赋能手段，迄今为止已经形成了较为丰富的技术模式。知名研究企业 Cognilytica 最近发布了一份名为《全球 AI 法律法规（Worldwide AI Laws and Regulations）》的报告，探讨了世界各国采取的最新法律法规举措，涉及九个 AI 相关领域，其中分析了人脸识别与计算机视觉应用、无人驾驶汽车的操作与开发、AI 相关数据隐私问题、

---

[1] 不同国家关于自动驾驶立法侧重虽有不同，但都关注交通安全问题。例如，2014 年，荷兰就修订交通法律，以便在公路上展开大规模的自动驾驶卡车测试。英国 2018 年 7 月通过《自动与电动汽车法案》，明确了适用于自动驾驶汽车的保险和责任规则。瑞典 2016 年制定《自动驾驶公共道路测试规范》（2017 年 5 月 1 日生效），确定了隐私保护的一般要求，即测试单位确保测试数据采集、保存符合国际相关法规，并且保护个人隐私信息。芬兰法律并没有特别要求机动车必须有驾驶员，2016 年 7 月 15 日，芬兰交通安全局批准了无人驾驶公交车在芬兰上路，为无人驾驶车合法上路扫除了障碍。联合国相关机构为适应自动驾驶发展的需要，2016 年年初起就调整修改《维也纳公约》在内的一系列国际道路交通安全法规，3 月正式确认自动驾驶合法，在最新修订生效的法规中写明允许驾驶员适时接管车辆的驾驶，不必随时自行驾驶汽车。参见腾讯研究院：《 2018 全球自动驾驶法律政策报告》，载微信公众号“腾讯研究院”，2018 年 9 月 21 日访问。美国也一直在探索单独立法模式，众议院 2017 年一致通过两党法案《自动驾驶法案》（Self Drive Act ，H. R. 3388 法案），试图建立一个联邦框架，以确保自动驾驶汽车的安全性，并防止各州制定有关这类车辆的设计、制造和性能的法律。但参议院的补充法案“AV START”未能通过，民主党人提出反对意见，认为该法案在解决安全和责任方面做得不够。以及 H. R. 3388，SELF DRIVE Act，https：//www. cbo. gov/publication/53067，2020 年 4 月 10 日访问；中文译评，参见《美国第一部自动驾驶法案——Self Drive Act 全文解读》，载搜狐网，https：//www. sohu. com/a/162518719_ 526275，2020 年 4 月 10 日访问。

[2] 哈佛大学肯尼迪政治学院贝尔弗科学与国际事务中心 2017 年 7 月发布的《人工智能与国家安全》注意到了人工智能技术的军民两用特征，因此从安全的视角提出对此应当进行一定的国家安全层面的管理；同时建议国防部开展聚焦于人工智能的军事演习，以确定潜在的颠覆性军事创新，资助多种形式的、长期的关于人工智能技术及其应用的战略分析，重点投资在攻防两端“反人工智能”的能力。Gregory C. Allen and Taniel Chan，“Artificial intelligence and national security”，https：//thebulletin. org/2018/02/artificial－intelligence－and－national－security/，2020 年 4 月 12 日访问。中文评述参见《美国报告关注人工智能安全问题》，载《中国信息安全》2018 年第 5 期。

[3] 有识之士对于这种人工智能军事化的开展，表现出极大忧虑。参见［德］克劳斯·施瓦布：《第四次工业革命：转型的力量》，李菁译，中信出版社 2016 年版，第 88 页。作者认为，“自动化战争”将对战争法则提出现实挑战。参见［美］温德尔·瓦拉赫：《科技失控：用科技思维重新看透未来》，萧黎黎译，江苏凤凰文艺出版社 2017 年版。作者认为，部署和使用目标可能对准非战斗人员的 ADS（主动拒止武器）违反了《武装冲突法》（LOAD）（第 190 页）。作者还介绍了一直以来，包括人权观察组织在内的许多非政府组织关注和呼吁禁止致命自主机器人（LARS），越来越多的国际专家也支持有必要控制机器人手臂。2014 年 5 月联合国在日内瓦举行关于特定常规武器公约（CCW）的会议上，讨论了自主武器带来的危险，这是正式承认这一议题重要性的开始（117 个国家加入了 CCW，该公约旨在限制使用视为对战斗人员或平民造成不合理的损害的特定武器）。但机器人武器反对者认为，这种武器的使用可能降低开始新战争的门槛（第 208 页）。

对话系统与聊天机器人引发的挑战、AI 应用可能引发的人身财产威胁等法律法规议题，同时从法律层面讨论了自主武器系统（LAWS）、AI 伦理与偏见问题、AI 支持型决策、对 AI 技术的恶意利用可能性及方式、AI 系统创建及交互等问题。[1] Cognilytica 公司这份报告在列举上述法律问题的背后，也明显关注了相关的赋能技术架构基础，大体可以归纳七种不同赋能模式。(1) 个性化服务模式。包括浏览模式和搜索创建个性化推荐，可以对客户提供个体化的体验或推荐，或者建立个体化联系。(2) 对话模式。包括聊天机器人、语音助手等，可以使机器与人交流互动，或者促进人际交互。(3) 辅助预测分析和决策模式。包括搜索和检查、预测行为、预测故障、识别对象、优化或提出建议、智能导航等，可以帮助人类做出更好决定。(4) 识别模式。例如图像和语音识别、面部识别、音频和声音识别、文本识别等，可以帮助准确发现和识别对象或事物。(5) 异常识别模式。包括欺诈和风险检测，可以发现异常，避免风险，优化应急。(6) 解决难题模式。包括玩游戏、优化资源、解决问题以及机器投标和拍卖等，旨在强化目标驱动机器的学习和处理能力。(7) 加强自主或者完全自主模式。包括机器自主实现系统、汽车等交通工具的自动驾驶系统，旨在减少人的手工劳动或参与。[2] 可以预计，随着人工智能科技进一步发展和赋能应用需要，相关赋能方式会更加丰富。

五、代结语：认识人工智能立法规范对象特殊性及其影响

人工智能因为自身科技的特点在应用上极具特殊性和复杂性。人工智能，建立在会模仿人类学习思考的相关统计模型基础上，其实是一系列算法，或者说计算机可以按照步骤执行的指令来完成的自动化程序，通过排序数据、发现模式和预测技术，选择一系列规则来应用于输入，从而引导特定的输出。这种技术特点导致提供丰富赋能的可能。例如，可以支持业务工作数字化使其更快和更一致，可以开发在线学习语言的翻译和语音识别服务，可以对用户提供相关性的搜索引擎服务，可以基于用户体验做出个性化产品推荐，可以基于以前的例子识别垃圾邮件的过滤器，可以通过分析数据来模拟世界的某个方面，还可以用这些统计模型的推论来预测未来可能发生的事件，包括建立医学自我诊断系统或者设计交易智能合约等。人工智

---

[1] Cognilytica，“Infographic：Worldwide AI Laws and Regulations”，in cognilytica. com ，https：//www. cognilytica. com/2020/03/05/infographic – worldwide – ai – laws – and – regulations/，2020 年 4 月 10 日访问。中文介绍参见《研究公司统计了 9 大 AI 领域，分析了世界各国 AI 法律举措》，载 51CTO 网，https：//ai. 51cto. com/art/202003/613473. htm，2020 年 4 月 10 日访问。

[2] Cognilytica，“Infographic：Worldwide AI Laws and Regulations”，in cognilytica. com ，https：//www. cognilytica. com/2020/03/05/infographic – worldwide – ai – laws – and – regulations/，2020 年 4 月 10 日访问。相关译评，参见 AI 译团：《关于人工智能法的未来前景》，载 AIJUS 应用研究微信号，2020 年 4 月 3 日发布。

能赋能可能，导致了“人工智能+”的现实驱动。

人工智能应用的特殊性和复杂性导致了立法特殊性和复杂性，首先便反映在其规范对象的认识和确定上。人工智能科技具有专业性和赋能性的双重性，使得其据以实现自身属性的科技活动也相应区分为专业科技活动和赋能科技活动两大类型，前者是其作为信息科技领域的一项前沿专业科技，需要通过有效的专门化活动促进和提升自身研发、生产和部署，后者则是为了发挥作为新型信息科技具有的特殊赋能功能所形成的开发和应用活动。二者呈现出性质、功能和结构形式等方面的重要差异，因此要求迥然不同的规范策略。特别是对于后者而言，在“人工智能+”的架构下存在“赋能”与“应用场景”的叠合关系，需要通过复杂的结构分析与权衡才能把握合理规范界限。一方面，要紧密结合具体应用场景，尤其要注意维护关于功能、利益和风险的预设要求；另一方面，要重视如何选择好赋能方式，注意处理好赋能方式与应用场景的正向衔接，避免超越关系界限的滥用。

人工智能立法规范对象的双重区划及其导致规范策略差异，使得人工智能立法在体系上出现了一种“和而不同”的内在分化特点。制定人工智能法必须面对两个不同的领域、区分两种不同的规范策略来进行，而不能忽略其中任何一个领域，否则，不能达成规范体系的完整。但是，两个范畴差异又是如此明显，统合在一部法律之中，十分考验智慧。特别是在赋能应用情况，且不说“人工智能+经济”与“人工智能+社会”之间存在巨大鸿沟，即使是经济领域或社会领域各自内部同样存在多样化的差异，不同具体应用场景之间往往存在重要差别，因此在这一领域能够形成统一的规范有限，存在进一步分类规范的要求；此外，对于某些极其特殊的应用场景，有必要单独规范。例如，对于人工智能在交通工具（自动驾驶汽车）的应用，我国2017年年底开始陆续出台关于自动驾驶道路测试的地方性的监管规范，2018年正式出台中央级别的管理办法。[1]

---

〔1〕 2017年12月18日，北京市交通委正式印发《北京市关于加快推进自动驾驶车辆道路测试有关工作的指导意见（试行）》和《北京市自动驾驶车辆道路测试管理实施细则（试行）》，为北京地区的自动驾驶测试活动提供正式管理规范，为国内首次关于自动驾驶测试的规定。意见和细则定义自动驾驶并要求：申请方需要是中国境内的公司，每家公司最多申请5台车；测试主体需要向第三方授权监管机构申请测试资格，并定期上传测试数据；每台测试车需要购买不低于500万元的交通事故责任保险；每辆车必须在驾驶座上配备测试员，不能搭乘无关人员；出现事故后，按照交管规定处理，但需要由测试员承担相应的法律责任；测试车辆需要申请专用的测试牌照并张贴，并需要先通过封闭场地的测试才能进行公开道路测试；对违反细则规定的行为，测试主体的自动驾驶测试资格将被取消、公示，被禁测至少一年。2017年12月29日，工信部、国家标准化管理委员会共同组织制定了《国家车联网产业标准体系建设指南》系列文件，旨在发挥标准在车联网产生生态环境构建中的顶层设计和基础引领作用。2018年4月11日，由工业和信息化部、公安部、交通运输部共同印发了《智能网联汽车道路测试管理规范（试行）》，2018年5月1日起施行，该规范主要明确了测试主体、测试驾驶人及测试车辆应具备的条件，以及测试申请及审核，测试管理，交通违法和事故处理等内容。参见《国内自动驾驶相关政策一览》，载知乎网，https：//zhuanlan. zhihu. com/p/48679589，2020年4月10日访问。

无论如何，在各国将人工智能视为战略竞争科技的当下，为了更好促进人工智能科技快速发展和有效推进人工智能合理应用，一部高水平的人工智能法值得期待。

我国智能制造的法律挑战与基本对策研究*

2015年5月19日国务院发布《中国制造2025》行动纲领[1]，公布了9大任务、10大重点领域和5项重点工程，以此拉开了我国从“制造大国”向“制造强国”转变的序幕。在9大任务当中，纲领着重指出“智能制造”是推进信息化和工业化融合的主攻方向，因此要研究制定智能制造发展战略，加快发展智能制造装备和产品。

一定意义上说，国家下发文件要求发展“智能制造”是回应金融危机以后世界制造业发展转型的产物。在2011年，德国提出了“工业4.0”发展计划。从那一刻起，“工业4.0”几乎成为德国的另一代名词。[2]“工业4.0”是德国为了回应第四次工业革命而提出的高科技计划，其核心是通过智能集成感控系统（Cyber－Physical System；CPS）实现人、设备与产品的实时连通、相互识别和有效交流；通过“智能工厂”和“智能生产”实现人机互动，构建一个高度灵活的个性化和数字化的智能制造模式。[3]在这一背景下，就在德国提出“工业4.0”发展计划的同一年，美国总统奥巴马推出了“先进制造伙伴计划”（Advanced Manufacturing Partnership；AMP）以期提升本国对先进技术的投资和拓展水平。2013年2月奥巴马政府又推出了AMP2.0。AMP2.0委员会致力于维持美国在科技和创新领域的投资；建立全国范围内的以公私合作为标志的制造业创新联盟；改善社区大学劳动力培训项目，培养复合型人才；通过赋税、法规、能源和贸易改革等改善美国制造业投资环

---

* 本文系作者与林洹民博士合著，载《法学评论》2016年第6期。

〔1〕《国务院关于印发〈中国制造2025〉的通知》（国发〔2015〕28号）。

〔2〕 Henning Kagermann/Wolf－Dieter Lukas，Industrie 4.0：Mitdem Internet der Dinge auf demWegzur 4. industriellen Revolution，http：//www.vdi－nachrichten.com/Technik－Gesellschaft/Industrie－40－Mit－Internet－Dinge－Weg－4－industriellen－Revolution，2016年6月27日访问。

〔3〕 ZukunftsprojektIndustrie 4.0，https：//www.bmbf.de/de/zukunftsprojekt－industrie－4－0－848.html，2016年6月27日访问。

境，等等。[1]可见，美国实际赋予了智能制造业以发展的优先权。除此之外，俄罗斯、印度等国也先后出台政策以推动本国制造业升级，其中日本更是早在1989年就已经着手布局。[2]

《中国制造2025》的出台从一开始就面临着巨大的国际压力。一方面，以美德为代表的世界制造强国正在紧锣密鼓地抢占新一轮的工业革命的制高点；另一方面，我国在“以智能制造为主攻方向”的同时，还必须打好自身的传统工业基础。[3]我们在还没有彻底实现工业2.0（流水线式）、3.0（自动化）的基础上就要跨越发展到工业4.0的阶段，无疑是极为不易的。然而，想循序渐进是不可能的。新一轮的技术革新已经开始，已经没有填补过去的时间了。在这一背景下，为了实现跨越性发展，就必须动用国家的发展力量，全力推动我国制造业的信息化和智能化。

那么我国该如何通过国家力量推动制造业的智能化？政府能够做点什么？而法律又该扮演什么样的角色？本文意图针对上述问题贡献些许拙见，以为抛砖引玉之用。

一、智能制造背景下的法律和科技

法律和发展似乎是一对永恒的矛盾。法律是对过去经验的总结，其往往难以预测未来的发展趋势。而法律的国家强制性又使得人们必须遵守法律。这一现象的自然结果便是，滞后的法律往往成为改革的羁绊。正是注意到了这一点，在改革开放初期，彭真同志强调立法应“宜粗不宜细、宜短不宜长、成熟一个制定一个”[4]，从而使得社会主义经济体制改革可以“摸着石头过河”。但是，改革本身往往也始于法律的变革。历史上的重大改革无不始于“新法”。而我国社会主义改革也与1982年修宪、《民法通则》的制定等密不可分。而2007年生效的《物权法》规定了对个人所有权的平等保护也进一步为社会主义市场经济的发展推波助澜。

法律和科技的关系亦是如此。一方面，科技发展本身的不可预期性，使得人们很难精确地为科技而量身定做法律；但在另一方面，科技发展也需要法律跟进以填

---

〔1〕 President Obama Launches Advanced Manufacturing Partnership Steering Committee “2.0”, https://www.whitehouse.gov/the-press-office/2013/09/26/president-obama-launches-advanced-manufacturing-partnership-steering-com，2016年6月27日访问。

〔2〕 汪逸丰：《日本“智能制造系统”国际合作计划及其创新体系概述（一）》，http://www.istis.sh.cn/list/list.aspx?id=10073，2016年8月2日访问。

〔3〕《苏波就〈中国制造2025〉答中外记者问》，http://news.xinhuanet.com/info/2015-03/30/c_134108773.htm，2016年8月2日访问。

〔4〕《总则来了，民法典还远吗》，http://www.legalweekly.cn/index.php/Index/article/id/15757，2016年8月2日访问。

补漏洞，从而为科技发展提供一个可靠、安全的外部环境。法律处理的是人与人之间的关系，其有助于形成人与人之间的基本信任。而任何一种投资本质都是一种信任关系。工业的发展、科技的研发等都需要一种信任模式的建立和良性运作。在这种背景下，应当如何协调法律和科技发展的矛盾？为了应对这一问题，立法者首先尝试通过创新立法技术的方法对此进行协调。例如，日落规则（Sunset Rules）的设立使得特定法律可能只在一定时间段内有效，从而使得立法者可以针对特殊的问题而为“权宜之计”；智能预期草案（intelligent anticipatory drafting）的提出，也使得立法者可以首先允许进行特定科技开发和应用，但是政府一旦发现其中存在问题，就可以要求企业或研究机构在一段时间内停止开发或应用，并且思考立法的可能性；[1]反思“技术中立”，承认技术无法在监管缺位的情况下真正“中立”，从而使得法律制度为技术研发设定不违背基本价值观念的宏观框架等。[2]然而，通过上述介绍也可以清晰地发现，这种立法技术使得法律大多只能起到缰绳的功效，而无法积极推动科技的发展。更何况，法律特定的程序要求也使得其运行起来仍然不够灵活。

在这种背景下，政府政策或许更有利于协调法律和科技发展的关系。毕竟，政府政策的“立法程序”没有制定法那么严格，这使其可以迅速地填补法律漏洞，以捍卫人格尊严、人身安全以及环境保护等重要利益。在特定历史发展阶段，政策是可以起到类似于法律的作用的。例如，在改革开放初期，我国对于私人财产的保护即是通过政策实现的。再者，政府也可以灵活地通过与科技代表人士进行协商以调整政策本身，从而避免政策的“滞后性”。这使得政府政策似乎成为最受喜爱的对科技发展的调整工具。然而，鉴于政策本身的宽泛性，这使得通过政策很难建构出一套统一的、细致的规则框架。更何况，政策本身是否蕴含了除了技术以外的其他价值，这些价值是否与民主社会的其他理念相一致，也颇为值得怀疑。即政策制定本身的合法性和透明性也并非没有疑问。[3]

就法律和科技间的协调而言，无论是修法、新法还是行业标准都可能有诸多不足。然而，如果法律在风起云涌的技术革新面前进展缓慢，那么就使得人们只能在一个模糊的环境内行为——在这个环境里权利和义务都是没有明晰的。无疑，这并不利于科技的长远发展。但同时需要注意的是，适当的滞后却并不必然是一种缺陷。法律的滞后已经被证明是一种睿智的停顿。法律人应该给予实践以探索的时间，待对问题的认知较为成熟后，再将之上升为法律。更何况，目前的法律框架被

---

〔1〕 C. Reed, Taking Sides on Technology Neutrality?, 4 SCRIPTed 263. (2007).

〔2〕 House of Commons Science and Technology Committee, Government proposals for the regulation of hybrid and chimera embryos, April 2007.

〔3〕 Carola Glinski, Recht und globale private Risikosteuerung: Ein Drei – Stufen Modell, in: Jörg Scharrer (Hrsg.), Risiko im Recht – Recht im Risiko, 1. Aufl., 2011, Nomos Verlag, S. 260.

基本证明是有助于创新和技术发展的。这从我国改革开放以来近40年的经济奇迹中即可见一斑。无独有偶，德国司法部长也认为，不应该仓促出台法律以规范工业4.0的发展，因为“未来尚未清晰，人们不应僵化发展路径或者阻碍发展进程”。相反，他认为应该首先借助既有的法律制度，部分进行调整——如数据保护制度和知识产权制度——以回应工业4.0的规范需求。[1]因此，本文认为，在对未来发展脉象尚未清晰的情况下，不宜过早地修法或出台新法，以免桎梏了工业的发展。相比较而言，通过政府政策推动《中国制造2025》的实现，却更为可取。通过政策的指引性和灵活性可以在不束缚市场自由的情况下，集中力量干大事，促进我国制造业的跨越式发展。更何况，第四次工业革命也内在地寻求政府的支持和引导。智能制造的实现依赖于一系列基础设施的进一步完善和先进技术的突破性发展。前者突出表现为网络带宽等，而后者则包括智能集成感控系统（Cyber—Physical System）、物联网（the Internet of Things）、云计算（Cloud Computing）、移动计算和普适计算（Mobile Computing，Ubiquitous Computing）以及对大数据的分析和使用等。[2]《中国制造2025》需要上述软硬件互相配合方能实现，缺一不可。这就使得第四次工业革命成为一个依靠单个或数个大企业无法实现的系统性工程——且不论企业自身的技术能力和资金储备不足，技术研发的漫长周期和伴随而来的巨大机会成本使得企业往往没有动力进行长期、深入的科研攻关。此时，只有借助于政府的力量，打造研发平台，整合科研力量，增加融资渠道，方能解决产学研所面临的众多问题。其次，智能制造是对生产力的巨大提升。在生产力进步过程中，资金力量和人才储备雄厚的大企业可能会很快实现自身的工业模式转型，并且享受技术鼎革的红利。而中小企业则可能因为自身实力不足而无力承担“极高的初创成本”，从而导致行业垄断的事实形成。[3]最后，我国制造业发展水平不均，东部省份发展较好，中西部很多省份则还没有实现工业2.0或工业3.0。在这一背景下，如果没有政府的支持和引导，智能制造本身可能会进一步加大我国东西部的贫富差距，进而引发众多社会问题。一言以蔽之，“市场失灵”使得政府必须有所作为。有鉴于此，本文认为，我国也应当如同美德等制造业大国一样，通过出台政策的方式推动智能制造的发展。此外，本文主张法律不可轻动，并不意味着法律就要对智能制造所带来的法律问题听

---

[1] Industrie 4.0：Welche Gesetze brauchen wir?，http：//politik - digital. de/news/bdi - veranstaltung - zum - rechtsrahmen - digitaler - wirtschaft - 148456/，2016年7月31日访问。

[2] Baum，G.，Innovationen als Basis der nächsten Industrierevolution，in：Sendler，U.（Hrsg.）：“Industrie 4.0 - Beherrschung der industriellen Komplexität mit SysLM”，Springer Vieweg，2013.

[3] 德国在计划推广工业4.0计划时，曾经对工业4.0可能带来的影响进行了详细的评估。德国人认为企业发展工业4.0的一大不利因素即是“初创成本极高”，这使得中小企业可能有心无力，最终只能被“优胜劣汰”。Bundesministerium für Wirtschaft und Energie（BMWi），Industrie 4.0：Volks - und Betriebswirtschaftliche Faktoren für den Standort Deutschland，Berlin，2015.

之任之。恰恰相反，法律人应当始终跟进智能制造的发展进程，在这个过程中思考对于疑难问题的解决之道。当然，前提首先必然是，明确随之产生的具体问题和研究思路为何。而这，亦是本文的写作目的之一。

二、我国智能制造应有的促进政策

为了推动《中国制造 2025》的进行，我国已经成立了“国家制造强国建设领导小组”，统筹发展全局，重点审批决策。这使得我国制造业的跨越式发展有了统一的指导机构。除此之外，《中国制造 2025》行动纲领也明确指出为了推动智能制造，应当研究制定智能制造发展战略、加快发展智能制造装备和产品、推进制造过程智能化、深化互联网在制造领域的应用、加强互联网基础设施建设等。这些无疑都具有明显的积极意义。然而，相较于其他各国而言，在研发及科技成果转化制度以及资金支持方面，我国还显得过于粗线条，缺乏具体的制度建构。

（一）政府引导、公私结合

自第二次工业革命开始，技术的研发就不再仅依赖于个人的力量。为了抢占技术制高点，各国无不利用国家机器投入巨资，整合人才资源，全力推进技术研发。例如，仅在 2013 年一年，美国政府就投入了 10 亿美元以建置“国家制造创新网络体系”（National Network for Manufacturing Innovation；NNMI）。[1]该创新网络体系目前包括：国家添加剂制造创新研究院、数字化制造与设计创新研究院（DMDII）、美国轻质材料制造创新研究院（ALMMII）、下一代电力电子制造业创新研究院、清洁能源制造业复合材料和结构创新研究院以及制造创新集成光子研究所（IP - IMI）等机构。除该体系外，美国还提议进行材料基因组计划、国家机器人计划以及国家纳米技术计划（NNI）等项目，利用国家机器集中力量促进技术革新。[2]值得注意的是，美国并不是生硬地成立新的研究机构，而是希望借助于已有的资源，将研究中心、大学和企业的研发机构整合起来，提供更好的条件和信息以推动技术发展。

英国政府也早在 2011 年就直接注资成立了高价值制造技术中心（High Value Manufacturing Catapult Center）。[3]该中心是一个由公权力部门、大学与企业共同运作的研发协调中心：它由“科技策略委员会”（Technology Strategy Board；TSB）设立和监督，由先进设计研究中心（Advanced Forming Research Center）、先进制造研

[1] ADVANCED MANUFACTURING NATIOANL PROGRAM OFFICE, National Network for Manufacturing Innovation: A Preliminary Design (2013).

[2] Industry 4.0: Manufacturing in the United States, http://ostaustria.org/bridges-magazine/item/8310-industry-4-0，2016 年 8 月 3 日访问。

[3] High Value Manufacturing Catapult Centre, https://hvm.catapult.org.uk/，2016 年 8 月 3 日访问。

究中心（Advanced Manufacturing Research Center）、程序创新中心（Center for Process Innovation）、制造技术中心（Manufacturing Technology Center）、国家综合中心（National Composites Center）、核子先进制造研究中心（Nuclear AMRC）和华威制造集团（WMG Catapult）七个研发机构组成。[1]该中心作为英国政府与私部门间之双向沟通渠道，尤其着重于公私部门合作并投入研发资金。而其下辖的每一中心则分别坐落于不同地区，并且在各自不同的领域，为企业提供设备、专业知识和信息等，甚至帮助企业制订商业计划和辅助创新。[2]

在大势面前，欧盟当然也不甘落后。在 2013 年，欧盟提出了 8 项公私部门协力（Public—Private Partnerships；PPPs）策略，即“展望 2020”（Horizon 2020）研究计划，公权力部门将投入 60 亿欧元以发展新技术、产品与服务，借由企业与欧盟之间的公私协力以提升欧洲制造业在国际舞台上的竞争力。[3]而在 2014 年，欧盟又进一步提出投入 1150 亿欧元的预算进行“未来工厂”计划（Factories of the Future；FoF），[4]支持相关研究机构进行制造业相关技术的研究。此外，欧盟还启动了“欧洲数字化议程”（Digital Agenda for Europe），推广“数字未来计划”（Digital Futures Project）。该计划由其所设立之“Futurium”在线研发平台支持。[5]尤其值得一提的是，欧盟还特别重视与中小企业的合作。欧盟认为，通过与中小企业的公私合作能够有效地提升中小企业的研发能力和技术转化能力，从而提升整个欧洲先进制造领域的国际竞争力。[6]

由此可见，世界制造业大国多通过由政府注资成立或整合研究机构的方式，打造统一的制造业先进技术研发平台，进而通过这些平台促进本国制造业的智能化和信息化发展。为了实现我国制造业的跨越式发展，我国政府也必须有所作为。建议由政府引导，公私协力，整合相关领域的研究中心、大学研究所以及先进企业的研发部门，打造统一的研发平台，提供良好的产学研基础设施与环境，以此有效地解决困扰产业界和学术界的种种难题。而将众多研究机构连接起来，为一个共同目标而发挥各自所长，也将有效地推动技术进步，促进制造业创新，并加快商业化之期

---

[1] HVM Centres, https://hvm.catapult.org.uk/hvm-centres/, 2016 年 8 月 8 日访问。

[2] Catapult, High Value Manufacturing Catapult, https://www.catapult.org.uk/high-value-manufacturing-Catapult.

[3] HORIZON 2020 The EU Framework Program for Research and Innovation, https://ec.europa.eu/programmes/horizon2020/, 2016 年 7 月 1 日访问。

[4] European Commission, MEMO: Advancing Manufacturing paves way for future of industry in Europe, Mar. 19, 2014.

[5] Futurium, https://ec.europa.eu/futurium/en, 2016 年 8 月 9 日访问。

[6] European Commission, Advancing Manufacturing - Advancing Europe - Report of the Task Force on Advanced Manufacturing for Clean Production, Mar. 19, 2014, http://ec.europa.eu/DocsRoom/documents/4766/attachments/1/translations/en/renditions/native, 2016 年 8 月 9 日访问。

程。在这个过程中，切忌忽视和智能制造领域的中小企业的合作。否则，技术的革新反而会导致“技术垄断”——这在产业转型时期往往特别明显；而大量的中小企业难以实现产业升级也不利于提升我国整体制造业的科技水平和国际竞争力。

（二）促进科技成果转化

我国目前科研的一个重大难题便是科技成果转化问题。在《中国制造 2025》的背景下，这一问题更是格外显眼。只有及时促进科研成果的转化，才能使得产学研无缝链接，而科技成果也能尽快接受实践的检验并且转化为现实的生产力。促进科技成果转化的一个重要路径，便是公私协力——政府、事业单位（高校等）和企业的通力合作。公私协力将有助于解决研发与商业间之隔阂：一方面使得研发本身有着清晰的现实诉求和实践导向，另一方面也使得企业自身得以了解技术，进而渴望获得先进技术。除此之外，以产业为导向的政策指引也是不可或缺的。例如，欧盟就创设了以产业为导向的“欧洲技术平台”（European Technology Platforms; ETPs），[1]引导研发成果运用至商业上。除此之外，欧盟还规划设立“欧洲科技移转中心圈”（European Technology Transfer Office Circle）[2]，汇集欧洲各大公共研究机构并主导欧洲技术移转。该科技移转中心圈在协助公权力部门之研发商业化中占有重要地位。在先进制造领域存在大量的、多样化的专利技术，通过“欧洲技术平台”和“欧洲科技移转中心圈”计划将有效地促进技术向产业领域进行移转。

正是注意到了促进科技成果转化的重要意义，《中国制造 2025》行动纲领也明确提出要“完善科技成果转化运行机制，研究制定促进科技成果转化和产业化的指导意见，建立完善科技成果信息发布和共享平台”。本文认为，为了推动产学研的无缝链接，促进科技成果尽快转化为生产力，我国应当一方面尽可能地鼓励公私协力——鼓励企业自身参与到技术研发过程当中；另一方面应当打造专门的信息共享平台。我国应当仿效欧盟，以政府为主导，汇集各大公共研究机构以组建统一的技术转化平台，从而积极鼓励、引导先进技术走出实验室。不能否认的是，如果成果不能得到积极转化，那么智能制造只能是一纸空文。

（三）增加融资渠道

欧盟《先进制造先进欧洲》报告指出，欧洲制造业在发展智能制造上所遇到之

---

[1] European Technology Platforms, http://ec.europa.eu/research/innovation-union/index_en.cfm?pg=etp，2016 年 8 月 4 日访问。

[2] European Technology Transfer Offices Circle, https://ec.europa.eu/jrc/en/tto-circle，2016 年 8 月 4 日访问。

最大障碍在于资金的不足，特别是欧洲的中小企业并不具备足够的财务来源，可以升级先进制造设备。有鉴于此，欧盟提出必须强化与欧洲投资银行（European Investment Bank）间的合作，由银行提出新的手段为智能制造提供资金。欧盟认为应当出台区域性策略，如“欧盟2014年至2020年结构基金”（Structural Funds 2014～2020），“欧盟区域发展基金”（European Regional Development Fund），对不同区域的欧洲企业有侧重、有倾斜地提供资金支持，以此促进全欧的制造业智能化。除此之外，欧盟还要求投资行为必须遵守四项关键目标规则：“创新与研究”、“数字化进程”（Digital Agenda）、“支持中小型企业”以及“低碳经济”[1]，以此规范投资行为，引导资金向中小企业和环境友好型企业流动。

我国早在《中国制造2025》出台之日起就已经注意到了资金对于制造业升级的重要意义。这从我国财政部副部长兼任国家制造强国建设领导小组成员即可见一斑。而行动纲领也明确提出要“深化金融领域改革，拓宽制造业融资渠道，降低融资成本。积极发挥政策性金融、开发性金融和商业金融的优势，加大对新一代信息技术、高端装备、新材料等重点领域的支持力度”。对于科技的研发，财政部当然可以直接投资为公共科研机构扫除财务障碍。但是，应当如何解决私人企业尤其是中小企业的资金需求？通过税收，可以一定程度上减轻中小企业的财政负担，但是恐怕远远不足以满足企业的融资需求。有鉴于此，本文建议我国应当首先通过有效的措施鼓励、诱导银行提供研发贷款，降低先进制造领域企业的贷款门槛；其次，考虑到我国各地制造业发展水平参差不齐，应当进行适当的省际倾斜，对中西部省份给出更多的融资优待，使得智能制造成为一次后发省份赶超式发展、平衡我国东西部财富分布不均的良机；最后，可以考虑通过适当的政府采购的方式，有重点、有倾斜地扶持特定地区、特定行业和特定规模的企业的科技研发或成果转化。

（四）小结

智能制造是21世纪的大势所趋。但能否站在时代的风口浪尖，成为21世纪的弄潮儿，则要各使其能，各显神通。美国、欧盟等制造业老牌中心早在数年以前就已经通过政策手段奋勇争先。相比较而言，我国可谓已经落后于起跑。在这种背景下，我国政府应当采取更积极、更主动的姿态，大力扶持制造业进行工业化和信息化的结合，从而最终实现智能化。如上所述，我国政府目前应当采纳的策略包括：政府引导、公私结合打造技术研发平台；促进科技成果积极向产业转化；扩宽融资渠道，解决资金难题等。

---

[1] Europa. eu, The Funds: European Regional Development Fund, http://ec.europa.eu/regional_policy/thefunds/regional/index_en.cfm, 2016年8月4日访问。

三、智能制造对既有法律制度的挑战

如前所论，本文认为，我国当下应当主要通过政府政策的方式推动智能制造的发展。然而，这不意味着法律就应当无所作为。恰恰相反，法律，作为控制社会的主要手段，对历史发展的影响绝不亚于历史发展对法律的影响。[1]本文并不是反对法律变革——可以预见，“大数据时代”“智能制造”“虚拟与现实模糊化”背景下的社会现实必然要求不同于当下的崭新的法律制度。然而，法律乃国之重器，岂可轻动？本文反对的只是仓促的法律修改和制定。对于法律人而言，当务之急并不是出台新法，而是反思《中国制造 2025》可能带来的法律难题，并对之进行及时但不冒进的研究。本文认为，智能制造带来的法律问题主要包括：企业数据保护问题、个人数据保护问题、法律责任承担问题、网络安全、网络平台和共享经济、《标准化法》修改、劳动法改革以及既有法律、法学理论与时俱进的问题。

（一）企业数据保护问题

智能制造要实现机器、设备、原材料、工厂以及消费者等“万物互联”，有效的数据交通是必不可少的。然而，相应的重点和难点就在于：如何保护企业数据？如何在保障数据流动性的同时，捍卫数据背后的对企业至关重要的商业情报？

智能工厂的设立和推广将创造海量的有价值的商业数据，如操作程序数据、从机器感应器中收集的数据以及软件、CAD 制图等。这些数据一方面与产品制造有关，另一方面也可以与其他数据结合使得他人轻易地洞悉企业的商业策略等重要情报。更何况，工业 4.0 下的商业模式就是将众多企业动态地连接在一起，通过全新的价值创造链条——如 RAN Project——以实现生产的智能化和个性化。这一模式天然地要求着数据跨企业的在整个系统范围内进行流通。这就进一步地放大了企业商业秘密被窥探的危险。然而，企业只有在自身的商业秘密是安全的、数据交换是合理的情况下，才会愿意参与工业 4.0 的“互联”。例如，工厂经营者只有在确保数据不会被泄露或转售给竞争对手的情况下，才会允许一些小公司分析自己的能源使用数据；高科技企业也只有在确保自身的商业情报不会变成“公开的秘密”的情况下才愿意以收费的方式授权他人使用自己的数据。而这对中小企业更是影响巨大。在工业 4.0 背景下，中小企业只有借助于特定的技术、经验或创新观念才能在激烈的市场竞争中存活。如果他们认为自身的“秘密”得不到有效保护，那么他们宁愿

[1] ［美］伯纳德·施瓦茨：《美国法律史》，王军等译，中国政法大学出版社 1989 年版，正文第 1 页。

故步自封，也不愿实现数据共享。

遗憾的是，在目前的框架之下，很难对智能生产中的商业情报进行有效的保护。专利权的高门槛使得很难将所有的商业技术都认定为专利权以进行保护；而商业秘密制度通常只有在非法泄露的情况下才有适用的空间——企业要主张商业秘密保护的重要前提是，其必须证明自身已经采取了充分的措施以保护商业秘密不被泄露。矛盾的是，工业 4.0 时代中的企业数据将更多的是在自愿的情况下被主动授权给他人使用的。当然，企业也可以通过合同以约束相对方，如通过保密协议来排除不合目的的数据使用。合同制度提供了充分的灵活性，以满足不同情况下合同当事人的利益保护诉求。然而，这种约定一方面容易受到格式条款规则的限制，[1]在另一方面也不一定能有效地保护“数据财产”。举例而言，一旦发生数据未经许可被转售给他人，企业是否能够追回？依据合同相对性原则，此时企业只能要求自己的合同相对方损害赔偿，但这恐怕并不是企业真心想要的结果。再者，在工业 4.0 背景下，如果考虑到成千上万的企业在进行数据授权使用，如果要求每个企业都进行复杂的风险评估和合同谈判，那么整个社会为之付出的交易成本将是一个天文数字。因此，有必要形成一套法律规则——或者至少是一种新的格式化的通用合同模板——使得在保障企业对自身数据的所有权的同时，也能满足企业商事活动的所需的灵活性要求。

针对企业数据的保护问题，本文认为至少有待在下列几个方面进一步地展开研究：(1) 公司数据应当在哪些原则的基础下进行交换；(2) 是否需要设立一个专门机构对公司数据交换进行评估、监督等；(3) 对企业“数据财产权”需要有更多的研究、调研和法律论证；(4) 企业数据流通也需要配套的数据安全制度支持。

（二）个人数据保护问题

在《中国制造 2025》的背景下，随着员工和智能集成感控系统（CPS）之间的互动增加，系统内员工个人数据的规模和详细程度也将大幅度提升。这首先表现在企业对辅助系统的使用上。通过该系统，可以准确地记录有关员工的位置、生命体征或工作质量。这将对员工的个人数据保护产生重大威胁。更为严重的是，大数据时代下的数据处理经常交由他国境内的数据分析公司。且不论云计算使得数据处理的“外包特征”进一步模糊化，本地数据保护标准通常不能适用于他国，这就使得合同相对方可以完全不遵守他国的数据保护标准，从而使得员工数据存在被滥用的危险。

在这一背景下，“数据财产权”思想在全世界范围内引发了激励的争论。是否应该通过设立数据所有权的方式，通过财产权的路径保护员工的个人数据，并以此

〔1〕 Bundesverband der Deutschen Industrie e. V. Noerr, Industrie 4.0—Rechtliche Herausforderungender Digitalisierung, S. 13.

实现数据使用和数据保护之间的平衡？这些即使在强调人格尊严的德国也已经在被激励地争论着，遗憾的是他们至今也未达成共识。[1]更何况，在工业4.0时代，对于个人数据保护的讨论至少应该在三个维度之内展开：个人数据、公司数据和公共数据。在智能制造背景下，哪些数据属于个人数据？数据财产权的疆界在哪里？这些都需要进一步的研究。

（三）法律责任承担问题

“万物互联”背景下，一家工厂的智能设备的缺陷将不仅对自身产生影响，也可能因为其是整个系统中的成员而引发系统内部其他环节的不良生产或服务。然而，源于生产链条的不透明性，要精确地定位整个价值制造链条上的责任人就变得难上加难。生产、销售末端的违约或侵权行为可能是因为上游智能工厂的缺陷而引起的。但究竟是哪个环节出现问题，则难以探知。当末端企业以自身无过错为由提起抗辩时，此时应当如何维护其相对方的合法权益？

也许产品责任（无过错责任）是一种选择。然而，产品责任的逻辑基础在于，其假设任何损害都可归结于人类的行为，进而进行责任的分配。而智能制造却是基于能够自我控制和自我学习的智能系统在网络当中自动交换信息。人工智能控制下的机器将不再依据特定的程序运作，而是基于具体的情事，以数据结构为基础做出决定——该数据结构极有可能是由网络中的未知的第三方提供的。这在使得责任主体难以被识别的同时，也使得让终端企业承担责任变得有些难以接受——终端企业可能是无过错的，而因为责任主体难以识别它甚至都很难向上游追责。在工业4.0时代，机器的功能越是取决于数据，那么责任就越难从数据流和算法中被识别。

不无疑问的是，在责任分担领域，网络安全法、数据所有权和认证制度等都发挥着重要的作用。然而，如何建构出一套有效的制度以解决智能制造中的法律责任承担问题，恐怕还需要更多的时间和精力。再者，技术和商业模式的不断发展也使得寻找出一种有效的归责进路更为艰难。然须自省的是，在没有对经济和创新进行有效的评估的基础上，径自适用严格责任是不可取的。商业模式的创新和对新技术的采用不应当被分配以高额的赔偿风险，进而阻碍了其发展。必须进行充分的风险评估，才能设计出一套有效的责任分担制度。退一步讲，即使真要适用严格责任，为了鼓励人工智能的发展，也应当运用责任限额制度（Haftungshöchstgrenzen）以防

---

[1] Kraus, DSRI Tagungsband 2014, 377 (381 f.); Zieger/Smirra, MMR 2013, 418 (419); Roßnagel, SVR 2014, 281 (282 f.); Hoeren, Fragenkatalog für das öffentliche Fachgespräch des Ausschusses Digitale Gesellschaft, Ausschuss Dr. 18 (24) 43, 8; Hoeren, MMR 2013, 486; vgl. Peschel/Rockstroh, Chancen und Risiken neuer datenbasierter Dienste für die Industrie, DSRI Tagungsband 2014, 309 (312); Dorner, CR 2014, 617 (626).

止人工智能公司损失巨大，以致无以为继。当然，保险制度的跟进，也能成功地起到转嫁风险的作用。[1]

《中国制造2025》的背景下，谁应当对机器造成的损害负责？程序员、提供数据的云端服务者还是生产者、销售者自身？在由外部入侵导致损害发生的情形下，也应当由产品制造相关者承担责任吗？本文认为，对上述问题不能仓促给出答案。在技术变革初期，应当坚持下列原则以分配责任：（1）立法者应当保持一定的克制，不仓促地出台法律以免阻碍智能制造的动态发展；（2）严格责任或连带责任的适用与否必须在考虑经济影响的基础上进行进一步的论证，初期应当有所限制；（3）智能制造网络的参与者必须可以识别，这是判断合适的责任承担者的前提和基础。

（四）网络安全

第四次工业革命将极大地提升一国的制造业水平。但是，这种通过网络将各种机器设备、工厂和销售端连接的做法也带来了巨大的安全隐患——一旦遭受网络攻击，整个国民经济都可能被重创。因此，必须提前布局网络安全防御计划，以之为《中国制造2025》保驾护航。可以说，网络安全的实现与否，将是决定我国能否成为制造强国的重要前提。在德国，为了给工业4.0创造安全的外部环境，联邦经济与能源部专门委托专业机构对如何应对工业4.0时代的网络安全问题进行研究，并且形成了《工业4.0的网络安全报告》（IT—Sicherheitfür die Industrie 4.0）一书，指导政府、行业组织和企业捍卫和工业4.0有关的网络安全。在报告当中，研究机构认为确保智能生产中的网络安全之关键措施之一在于实现统一但又兼顾个别行业需求的安全防护标准。智能工厂无论从自身的组织构建、设备采购还是智能产品制造等都应当符合标准地具备一定的“防破坏性”。本文认为我国也应当为智能制造量身打造合适的制造业网络安全标准体系。该体系的塑造应当保证以下两点：（1）应当在本国内部实现统一的标准规制；（2）同时也必须考虑到特殊行业的利益，并且适当地考虑行业标准的作用。在一些特殊领域，网络安全标准应当远远高出通用标准，因此应当在坚持统一化的同时确保标准本身的灵活性和妥当性。而在未能统一网络安全标准的当下，应当鼓励企业首先使用经过工信部有关部门认证的厂商的产品，以此防微杜渐，避免追悔莫及。

（五）网络平台和共享经济（Sharing Economy）

随着大数据时代的来临，数据交换、客户联系和服务平台显得越来越重要。原

---

[1] Bundesverband der Deutschen Industrie e. V. Noerr, Industrie 4.0—Rechtliche Herausforderungender Digitalisierung, S. 13.

则上说，网络平台的设立有助于降低市场准入门槛、降低交易成本并且鼓励新的商业模式的创制。更何况，以平台为基础、以数据为驱动的商业平台本身也是智能制造的重要组成部分。例如，根据用户的数据，机械公司可以为客户提供量身定制的维修和各种优化服务。因此，智能制造必然要鼓励网络平台的发展。

然而，平台本身也带来了新的威胁和挑战。在工业4.0时代，平台上的用户信息泄露、滥用风险以及平台本身对于数据市场的垄断正在变成一个亟须解决的难题。工业网络平台相较于目前的个人使用平台而言，其利益链条更为复杂，也往往和实体经济——尤其是具体的产业部门——相关联。这就使得平台信息一旦泄露，无数企业的重要情报就可能被他人窃取。网络平台的安全性和保密性成为制约《中国制造2025》的一大难题。

此外，平台本身也会钳制企业。兹举一例，通过不允许企业“撤回数据”的方式可以成功地将企业钳制在特定平台之上。[1]生产、销售链条的数据化和网络化将使得制造业有呈现垄断的危险——数据无法“带走”，销售者和生产商都无法随意更换数据平台。值得借鉴的是，《一般数据保护条例》创制了“数据可携带权”（Right to Data Portability）这一特殊的制度，使得个人随时可以要求平台将数据以通用的、可下载的方式移交给自身，从而实现个人数据在不同平台之间移转。《一般数据保护条例》主要侧重于对个人数据的保护。然而，其基本思路也值得扩张到对企业数据的管理上。通过赋予企业以选择的自由，可以有效地避免平台垄断，鼓励行业竞争，进而保护制造企业的利益。然而，“数据可携带权”或许走得太远了。是否应该采纳权利化的路径，一概赋予所有的数据主体要求任何存储自身数据的评估提供合规的数据包，这还有待于进一步的观察。因为一旦将之权利化，如果平台不能满足这些要求，那么就要对数据主体承担相应的损害赔偿责任。这可能会对平台，尤其是初创的平台造成巨大的负担，进而桎梏了经济发展和技术创新。[2]

正是看到了智能制造可能导致垄断这一危险，《中国制造2025》行动纲领也明显指出要“严厉惩处市场垄断和不正当竞争行为”。为了贯彻《中国制造2025》这一行动纲领，规范平台的运营和操作，本文认为对于智能制造网络平台的管理应当坚持以下几点：（1）网络平台本身必须为新型商业模式提供发展的空间；（2）力保平台数据使用的透明度；（3）为了促进自由竞争，鼓励数据可携性；（4）网络平台的安全性和保密性必须得到维护。

---

〔1〕 Vgl. Europäische Kommission, Pressemitteilung v. 06.05.2015, IP/15/4921, Rn. 420 ff.

〔2〕 Peter Swire &Yianni Lagos, Why the Right to Data Portability Likely Reduces Consumer Welfare: Antitrust and Privacy Critique, 72 Maryland Law Review 341. (2013).

（六）《标准化法》修改

在21世纪，万物互联的“物联网”将成倍地增加网络接口的数量。这些接口应当被规范化，最好被标准化。智能制造要想成功地实现“物联网”，接口的非抵触性应当是必不可少的。因此，应当为《中国制造2025》打造普适的标准；而标准的普适性也内在地要求标准制定的民主化。然而，目前“标准”的制定却往往是由大企业主导。为了解决这一难题，德国的DKE/DIN标准化路线图（die DKE/DIN—Normungs—Roadmap）力图使得中小企业都能参与到工业4.0标准的制定当中。中小企业将会得到“中小企业数字化”这一支持制度的大力扶持，从而选择适合自身的数字化技术。[1]标准化专利（StandardessentiellePatente）将在工业4.0当中扮演着越来越重要的角色。然而，专利的排他性可能会产生过高的准入门槛。有鉴于此，应当保障所有的市场参与者在合理的条件下都能够得知标准的内容，从而顺利地进入市场。

21世纪是标准化的时代。然而我国关于标准化的主要规制却是主要通过1988年颁布的《标准化法》以及1990年发布的《标准化法实施条例》。标准制定的现代化和国际化是我国标准化立法改革的重要任务。在正在进行中的《标准化法》修改当中，建议首先确保标准制定的民主性，着重考虑中小企业的利益；进而避免“标准垄断”，确保标准专利使用许可的合理性。如此，方能为智能制造的实现扫清障碍。

（七）劳动法改革

智能化生产给中小企业创造了巨大的机遇——他们可以凭借专业人才与大型企业竞争，进而迅速崛起。事实是，在德国有五分之一的中型企业已经开始创设新的岗位以招纳新型复合型人才；而信息处理的分散化、信息技术的去中心化也使得小企业乃至初创公司获得了巨大的发展空间，相应地，初创公司数目明显增加。[2]然而，同样不容忽视的是，智能制造要求劳动者具备复合型知识背景的现实也对目前的劳动力资源提出了新的挑战——劳动者可能因为不符合技术要求而大量下岗。

为了回应这一问题，德国掀起了大规模的员工再培训浪潮。仅在2014年，就有29%的员工接受了再培训。也就是说，差不多三个德国雇员里就有一个在该年正在接受再培训。[3]然而，德国的经验表明，并不是所有企业都已经认识到了人才再培训的重要性——超过100人规模的企业往往比小公司在培训员工、吸纳新型人才方面更加

---

[1] Friederike Welter/Christian Schröder, Digitalisierung ja – Industrie 4.0 bislang unter Vorbehalt, ZfWP 2016, S. 64.

[2] Friederike Welter/ Eva May – Strobl, Mittelstand im Wandel, in: IfM Bonn, IfM – Materialien Nr. 232, Bonn 2014, S. 32 – 35.

[3] Christian Schröder, Digitalisierung, Denkpapier des IfM, Bonn 1/2015: S. 1 – 16.

迟钝。[1]另外，智能生产并不是要求吸纳或培训更多地了解 IT 技术的员工，毋宁接受或培训更多的跨专业、跨学科背景的人才。相应地，一方面有关员工培训的规则必须被修改，另一方面高校的教育制度也必须跟上时代的潮流——目前需要的不是精通 IT 的信息科学人才，而是跨学科的、有“互联”观念的人才。[2]

值得注意的是，这在对教育、培训制度提出挑战的同时，也使得雇佣关系可能趋于紧张。而员工不能胜任工作甚至不能较好地完成工作就可能被辞退。[3]在产业转型的情况下，恐怕会有大量的员工不能符合劳动能力要求，此时是否即允许企业将之解聘？在转型期应当如何处理雇员和雇主之间的劳动关系？这些都有待进一步的研究。

（八）检视民法等法律部门的既有规则

智能制造着眼于第四次工业革命，致力于实现虚拟与现实之间的模糊化。这种客观实践势必会对我国现行的法律框架产生冲击。因此，应当检视既有的规则，发现其中的不合时宜之处，进而做出相应的删减或变通。兹以民法为例介绍之。智能制造的一个重要特点就是生产设备之间的关联性。在不远的将来，智能设备可能会自动搜索合作伙伴、自动下单，如果一旦机器运算发生错误或者整个智能数据交换系统出现故障，那么企业是否还要为错误下单负责？[4]我国现行民法中的要约、要约邀请、承诺和意思表示瑕疵等制度都是建立在以人为参照的基础之上的。如果人和人之间的交易，变成人和机器之间的交易，那么其中的意思表示错误怎么来理解？如果变成双方都是机器来进行交易，那么又该如何判断机器之间的要约、承诺和错误？[5]在根据程序进行交易的计算机之间，又该如何认定格式条款的适用与否？[6]这些无疑都对我国现行民法制度产生了冲击。再者，智能制造时代的侵权归责也是未来研究的重点和难点之一。如果智能产品发生安全事故，产品生产者和销售者是否需要承担无过错责任？产品生产者和销售者是否可以产品本身符合安全标准为由进行抗辩？如果事故主要是由于黑客入侵引起的，那么又当如何？[7]目前的

---

〔1〕 Siegrun Brink, BDI – PwC – Mittelstandspanel: Die Digitalisierung im Mittelstand. Berlin/Frankfurt 2015, S. 20.

〔2〕 Christian Schröder, Herausforderungen von Industrie 4.0 für den Mittelstand, Bonn 2016, S. 11ff.

〔3〕 孙光宁：《“末位淘汰”的司法应对——以指导性案例18号为分析对象》，载《法学家》2014年第4期。

〔4〕 Sven Hötitzsch, Juristische Herausforderungen im Kontext von, Industrie 4.0, in: Eric Hilgendorf/ Sven Hötitzsch (Hrsg.), Das Recht von den Herausforderungen der modernen Technik, 1. Aufl., Nomos 2015, S. 85.

〔5〕 《大胆假设，小心求证——周学峰、丁海俊谈网络时代的民法典制定》，http://www.duxuan.cn/doc/9668067.html，2016年8月4日访问。

〔6〕 Sven Hötitzsch, Juristische Herausforderungen im Kontext von, Industrie 4.0, S. 86.

〔7〕 Gerald Spindler, Verantwortlichkeiten von IT Herstellern, Nutzern und Intermediären, 2007, Rn. 119.

侵权法理论解决了产品购买者及其“亲密之人”使用产品时的风险分担问题，但是并没有规范第三人从外部侵入产品并进行违法行为的情形。[1]这些都有待进一步的研究。

四、对新问题应有的研究思路和基本路径

21 世纪智能化、数字化背景下的生产模式必然要求不同于以 19 世纪的流水线和 20 世纪的自动化为规范对象的法律理念和法律制度。如前所述，法律应当在企业和个人的数据保护、网络安全、法律责任承担、劳动法改革、反垄断、《标准化法》改革以及改革传统民商法律体系等领域进行及时但不冒进的研究，以期形成妥当的研究成果为《中国制造 2025》的推进保驾护航。那么，针对上述问题，又该如何进行法学研究呢？换言之，在 21 世纪法律人对制造带来的挑战的研究思路和基本路径是什么？本文认为，在新的时代，法律人也必须“跨界”。

目前的世界是一个现代化的、全球化的以及数字化的，高度分散、高度网络化的世界。这个世界太复杂了，以至于人们不能希冀通过单纯的法律知识而精确地控制它。[2]在 21 世纪，不同系统、不同领域之间的相互作用、相互关联比以往任何一个时代都更为频繁、更为复杂也更为深入。而法律人囿于自身知识谱系的单一性，往往很难对高技术催生的新事物有相对完整和清晰的认识。法律通过概念规范行为。然而，如果立法者并不了解客观实践，那么概念规范的结果就可能会适得其反。这从我国个人数据保护以“用户同意”为原则即可见一斑。该原则的结果使得企业几乎可以随意地收集个人数据——几乎没有人会去阅读所谓的“隐私声明”，为了使用软件或程序，人们只会机械地点击“同意”与“下一步”。有鉴于此，21 世纪的立法就不能像 20 世纪初的《德国民法典》那样，主要由法学家和法官来完成。相反，其必须与政治家、经济学家、科技专家以及代表劳动者的群体等进行全面、长期的沟通和交互，如此才能避免法律人自身的“隧道视角”，进而实现不同社会系统之间的通力合作。即使是在强调“封闭的法律体系”的德国，法学家们也没有自大到认为通过法学家内部的几次会议就能应对工业 4.0 的挑战。恰恰相反，德国大力鼓励、支持不同行业之间频繁“跨界”，使得彼此都能了解对方的逻辑体系或利益诉求。如德国工业 4.0 平台就召开了多次由政治家、经济学家、技术专家

---

[1] Zuletzt im “Airbag” Urteil, BGHZ 181, 253 = NJW 2009, 2952; dazu Klindt/Handorn, NJW 2010, 1105. Palandt/Sprau, § 3 ProdHaftG Rn. 6; BGH, NJW 1981, 2514; Lenz, Produkthaftung, 2014, Rn. 317; Foerste in Graf v. Westphalen, Produkthaftungshandbuch, 3. Aufl. 2012, § 24; Moseschus, Produkterpressung, 2004.

[2] Volker Boehme-Neßler, Unscharfes Recht, Überlegungen zur Relativierung des Rechts in der digitalisierten Welt, 1. Aufl., Duncker & Humblot 2008, S. 640.

和公会代表组成的会议，对相关的所有问题都争取通过一致表决的程序进行解决。会议涉及的具体议题包括：数据安全、数据保护、民法和民事程序法改革、产品责任法和劳动法等。[1]除此之外，德国还鼓励一些以理工科见长的学校的法学院充分发挥自身的优势，在与其他系所合作的基础上展开对前沿问题的研究。例如，Würzburg 大学法学院即在依托本校强势学科基础上展开了对“机器人法”的研究；明斯特大学则侧重于对于电信法和传媒法的研究；Passau 大学则在利用现行法回应工业 4.0 需求的同时，反思私法的基础理论问题。

在频繁与其他领域人才互动的同时，法律人也必须懂得克制自身的“狂妄”——不要希冀通过法律解决所有问题，有时其他手段比法律手段更为有效。早在 20 世纪末，哈佛大学法学院 Lessig 教授就指出，对于具体问题的解决可以有技术、法律、社会规范和市场四种规制路径。[2]法律知识规范事物的一种选择，且有时并不是最好的选择。例如，在很多时候，技术手段比法律手段成本更低、绩效更好。通过“自设计保护隐私”（Privacy by Design）、“默示隐私保护”（Privacy by Default）以及“自设计保护网络安全”（IT—Security by Design）等技术手段，可以有效地通过事前设置的方式来保护个人数据和数据安全。就“自设计保护隐私”而言，该理念自 2006 年被英国信息委员会提出之后，就被越来越多的学者所认可。学者们认为，通过将匿名系统、加密工具、Cookie 阻碍工具、严格的准入系统等隐私增强技术（PETs）植入产品设计当中，将使得数据保护从反应型（reactive）转变为主动型（pre—emptive），有利于将危险从根源当中消弭，从而更有利于保护个人自由。[3]学者们的观点逐渐地被立法部门所重视。在 2008 年，英国信息委员会办公室成立了专门的隐私保护项目以研究如何通过设计保护隐私。安大略信息和隐私委员会也提出了通过设计保护隐私的七大原则，如隐私保护必须是默认设置，具备可视性和透明性，尊重用户隐私等。随着国际隐私保护委员会、隐私权保护公益组织乃至一些大型公司的积极响应，通过设计保护隐私的理念逐渐被全世界所接受。2016 年 4 月通过的《一般数据保护条例》更是明确规定了该制度。值得一提的是，该条例注意到了“隐私保护”和“数据保护”之间的差异性，因此将之更改为通过设计和默示保护数据（Data protection by design and by default）。[4]这等于进一步扩宽了数据保护的范围，使得全欧洲范围内的数据保护得到了进一步的加

---

[1] Hintergrund zur Plattform Industrie 4.0, http://www.plattform-i40.de/I40/Navigation/DE/Plattform/Plattform-Industrie-40/plattform-industrie-40.html; jsessionid=3E2AB1039DC8E7C5AFB25C38629502BB，2016 年 8 月 2 日访问。

[2] Lawrence Lessig, Code 2.0, Basic Books.（2006）.

[3] Benjamin J. Goold/Daniel Neyland, New Directions in Surveillance and Privacy, WillanPublishing, pp. 18-38.（2009）.

[4] General Data Protection Regulation, Art. 25.

强。通过该制度，内置程序将自动阻止对个人数据的收集，从而有效地保护个人数据。相较于数据泄露或被滥用后的法律追责而言，技术手段使得个人数据的收集严格受到限制。这种事情预防的手段，从绩效上恐怕是法律望尘莫及的。

21 世纪是跨界的时代。而企业和个人的数据保护、网络安全、法律责任承担、劳动法改革、网络平台反垄断、《标准化法》改革以及改革传统民商法律体系等法律难题，先天地就具备着涉猎范围的多元性和专业性。以网络安全为例，建构一个妥当且符合社会发展程度的智能制造网络安全规则，离不开网络技术专家、机器制造专家、法律工作者、经济专家、企业代表、劳动者代表乃至中央和地方政府代表等人士的多方沟通和合作。通过沟通，法学家们也能开阔视野，明晰法律的边界——规制事物的手段有多种，而法律只是其中的一种且不一定是最优的一种。对 21 世纪法律新问题的研究，应当也必须“跨界”。而为了实现跨界交互，可以考虑构建合适的沟通平台——或由政府出面组建专门的涵盖多种学科的智库，或由综合性大学牵头依托自身的理工科优势思考法律的现代化问题。以此避免法律人受限于固有视野而南辕北辙。

五、结论

能否抢占智能制造的制高点，将成为“大国崛起”的关键一环。在“智能工厂”时代，当奉何种理论为圭臬呢？笔者认为，在对智能制造的发展方向和基本路径都未能达成共识的当下，切忌将某种学说、规则奉为纲领。因为，一旦制度定型，则国人行为皆受其所限制；而一旦制度有误，我国将错失发展良机。亚当·斯密的自由放任主义在 20 世纪 30 年代被“大危机”证明只是一种一厢情愿；而凯恩斯的国家大规模干预经济理论也在 20 世纪 70 年代的“滞胀危机”中被证明并非一种绝对真理。理论是无法完美的。但理论却又是必不可少的。同样是“自由放任主义”却缔造了大英帝国百年的繁荣，“看不见的手”成功地推动了工业革命的发展；凯恩斯的学说虽然已经不再被奉为圭臬，但他的理论和因此促成的“看得见的手”也成功地帮助了美国和其他国家走出了大危机，并且在战后推动了整个世界的经济复苏。理论的指引作用可见一斑。其实，亚当·斯密和凯恩斯并没有错，他们都是在特定环境下给出了自己时代的较优解。真正奇妙的是时代——所以因时制宜十分重要。在珍妮纺纱机时代自由放任是最好的调整生产关系的法律政策；在流水线生产时代，国家大规模引导、干预经济发展也具备着一定的合理性。但是，当生产关系过渡到自动化时代时，陈旧的学说就无法适应新的社会图景了。

我国现阶段对于智能制造的发展，应当通过积极的法律政策加以推动和促进。相比于其他大国，我国制造业的智能化和信息化才刚刚起步，可以说在起跑上已经落后于其他制造业强国。这种劣势使得我们必须奋起直追，从国家发展权的高度抓住机遇期，充分发挥国家战略促进和政府引导、支持作用，同时注意培植市场推进的主体功能。我国法律制度经过近 40 年的发展基本可以被认为是适应于转型和有利于技术创新的。在此前提下，可以考虑“政策试验先行、法律巩固后进”的策略，初期首先借助于政策的手段，集中力量试验性地推动和调整智能制造的发展。具体而言：首先应当通过有效政策体制运行，发挥政府引导，推进公私结合，整合相关领域的研究中心、大学研究所以及先进企业的研发部门，打造统一的研发平台，提供良好的产学研基础设施与环境，有效地解决产业界和学术界所面临的种种难题。在这个过程中，要加强和先进制造领域的中小企业的合作，以促进中小企业的发展。其次，应该积极促进科技成果转化，汇集各大公共研究机构组建和创设统一的技术转化平台，积极鼓励、引导先进技术走出实验室。最后，应当增加融资渠道，通过有效的措施鼓励、诱导银行提供研发贷款，降低先进制造领域企业的贷款门槛；适当进行省际倾斜，对中西部省份给出更多的融资优待，使得智能制造成为一次后发省份赶超式发展、平衡我国东西部财富分布不均的良机；也可以考虑通过适当的政府采购的方式，有重点、有倾斜地扶持特定地区、特定行业和特定规模的企业的科技研发或成果转化。

同时，法学界也应当积极面对新的挑战，研究智能制造可能带来的法律问题。这些问题包括企业和个人数据保护问题、法律责任分担问题、网络安全问题、规范平台以防止数据垄断问题、《标准化法》修改问题、劳动法改革问题以及调整既有民法制度等问题。法学家要勇于“跨界”研究，应当通过与其他领域专家的互动和交通，明确法律手段的适用领域和疆界。围绕“智能制造”的法理重点和法律难点众多，本文仅为抛砖引玉。

新时代加快我国工业信息化法律政策建设的策略*

一、加快新业态法律政策供给的必要性

当今信息技术不断迭代发展，随着云计算、大数据、人工智能、物联网的信息技术发展，其应用面向的新业态呈现十分繁荣又十分复杂的局面，重点领域，包括“互联网+”、大数据、人工智能、自动驾驶、无人机等。这些新业态，在法律政策问题上存在巨大的不确定性，为了更好使其发展走上高效、合理、安全、可控的发展轨道，面临法律政策机制的对策研究和应对的急迫需要。

每一次工业革命都有属于自身时代的法律要求，此次以信息化或者高速信息化为特点的第四次工业革命更不例外。鉴于其周期更加匆促，对于立法政策的需要也更加急迫。工业和信息化部处在对于新型工业的特殊主管部门位置，确有必要尽早系统或重点研究，形成必要法律政策规划布局，适时推出立法项目或政策项目，加快推进整体和相关重点领域的法律政策修改和建设。

二、新时代法律政策供给的特点和内容

新时代在现行法律政策格局之下，形成了一种革新发展的急迫需求，表现在法律的各个领域。新时代工业革命重点基础是工业化和信息化的快速融合，在经济法领域，体现为新信息科技产业法的特点，提出对快速融合的促进和保障的双重需要。

首先，高新信息化科技，作为一种先进生产力代表，需要我们加以促进。不然，就不能抓住与世界同步或领先的机会。但是，此次促进与以往历次工业革命促进对象和国际国内法律背景不同，因此必须重新考量制度机制。

其次，高新信息科技及其应用，导致更加复杂、难以预测和难以控制的工业安

---

* 2017 年 11 月 14 日工信部政策法规司新业态重点领域法律制度供给专家研讨会的发言。

全、经济安全甚至社会安全问题，此种更加复杂的新安全保障问题就产生了，需要加以应对，特别是事先、事中防治。

新时代经济法的内容，包括整体促进和保障先进制造业合理信息化的工业促进和保障法，以及重点领域的促进和保障法。

在目前的条件下，鉴于法律政策的急迫性，可以先从规范意见的级别开始，逐渐升级。

三、关于整体意义的先进制造业促进和保障立法

（一）立法定位

整体意义的先进制造业促进和保障立法，应以智能制造的促进和安全保障为出发点。

（二）立法目标和步骤

立法目标上，坚定不移贯彻创新、协调、绿色、开放、共享的新发展理念，服务于国家供给侧结构性改革的总体目标，致力于促进制造业提质增效，培育经济增长新动能，打造制造业竞争新优势，促使我国从“制造大国”转型成为“制造强国”。具体步骤为，2025 年前，推进智能制造发展实施“两步走”战略：第一步，到 2020 年，智能制造发展基础和支撑能力明显增强，传统制造业重点领域基本实现数字化制造，有条件、有基础的重点产业智能转型取得明显进展；第二步，到 2025 年，智能制造支撑体系基本建立，重点产业初步实现智能转型。

（三）法律促进手段和途径

1. 促进的原则

立足本土、放眼国际；以创新驱动为动力，以人才兴国为基础；发掘市场力量，善用行政引导；坚持以质量取胜的发展道路；坚持整体规划和重点发展结合；坚持事前事中事后结合；坚持分地域、分行业管理，因地制宜，量体裁衣。

2. 立法依据

宪法第 15 条。在《智能制造发展规划》的政策基础上，结合《促进科技成果转化法》等法律法规，向前发展，为智能制造打造全面可靠的法律促进和保障保护网，细化对智能制造工程全方位的促进和保障。

3. 立法内容

（1）战略管理机制：政府统筹规划。政府承担顶层设计、统筹全局、协调各方、长远规划的职责，集聚各方资源和力量，推进智能制造战略实施。发挥国家制造强国

建设领导小组的领导作用，发挥国家制造强国建设战略咨询委员会的顾问作用，发挥智能制造工程专家咨询组的智库作用，发挥以工业和信息化部门牵头、由相关部门参加的部门联席会议的组织作用。指导和鼓励各地方政府出台因地制宜的支持政策。

（2）重点促进和保障机制。涉及企业和个人数据保护、网络安全、反不正当竞争、海外投资规范、《标准化法》修改等问题。

（3）引入新的促进和保障措施。构建适应于智能制造工程的互联网系统。研发符合工业制造业特性的网络设备与系统，推动制造企业开展工厂内网络升级改造。构建工业互联网试验验证平台和标识解析系统。鼓励电信运营商改良工厂外网络，开展工业云和大数据平台建设。研发安全可靠的信息安全软硬件产品，搭建面向智能制造的信息安全保障系统与试验验证平台，建立健全工业互联网信息安全风险评估、检查和信息共享机制。

加快智能制造标准体系建设。依据国家智能制造标准体系建设指南，凝聚国内外标准化资源，加快标准制（修）订，在制造业各个领域全面推广。成立国家智能制造标准化协调推进组、总体组和专家咨询组，多部门协调、多标委会协作，形成共同推进的工作机制。

推进智能制造示范试点工作。完善公正客观的评选程序，明确或者量化评选指标，选择合适地区、行业，遴选骨干企业，展开智能制造试点示范，总结准确适用的经验和模式，在相关行业进行移植、推广。进一步加强对智能制造试点示范企业的规范化引导与培育支持。

完善知识产权利用和保护体系。完善智能制造知识产权利用和保护体系，实施重大关键技术、工艺和关键零部件专利布局，形成一批产业化导向的关键技术专利组合。在集成创新、工程应用、产业化等支持产学研用市场主体建立知识产权联合保护、风险分担、开放共享的协同运用机制。在知识产权利用和保护方面开展全球交流与合作。

完善金融扶持。扩宽智能制造工程融资渠道，建立智能制造多元化投融资体系。充分利用现有政府财政资金，完善落实支持创新的政府采购政策，吸引企业资本、社会资本进入，鼓励建立按市场化方式运作的各类智能制造发展基金，鼓励社会风险投资、股权投资向智能制造领域倾斜。引导金融机构提供符合智能制造业特点的金融产品和服务。

激发企业活力。综合运用多种政策工具鼓励和引导企业开展智能制造创新行动，提升企业在智能制造创新发展中的活性和动力，为其创造行政审批、信息服务、财税金融等方面的便利条件和优惠。

鼓励社会参与。支持建立行业协会、产学研用合作组织和产业创新联盟。促进建设和完善智能制造公共服务平台、行业协同创新平台、产业供需对接平台。提升行业协会、专业团体、中介组织的服务和组织能力。建设和资助特色性、专业性公共智库、企业智库。

发挥民间力量。按照《十六部门关于印发发挥民间投资作用推进实施制造强国战略指导意见的通知》，破解制约民间投资的体制机制障碍，发挥民营企业在制造业领域主力军和突击队的作用，激发民间投资活力，培育壮大新动能，改造提升传统产能，促进制造业向高端、智能、绿色、服务方向发展。

开展国际合作。结合“一带一路”倡议，支持同国外企业及行业组织开展智能制造技术交流与合作，既鼓励跨国公司、国外科研机构等在华设立研发机构、人才培训中心，也支持中国企业进行海外并购，积极引入外国专家和引导海外优秀留学人员参与，充分利用国际创新资源。加强对智能制造业国际合作服务和中介机构的发展建设。

建设人才队伍。建立全面、多类型、多层次的智能制造人才大军，主要包括高层次领军人才、管理组织型人才、技术业务型人才。突出培育工匠精神、企业家精神、职业精神。推进人才团队、人才基地、人才培训机构的建设。鼓励有条件的高校设立智能制造的对口专业和配套课程。发展高校、科研机构和企业实务界协作的人才双元培养机制。指导建立各类人才数据库和需求信息平台，便利人才招聘和求职。同海外和国际企业、机构开展人才合作培养，注重引进国际高端人才和紧缺人才。对在智能制造有优异表现和突出共享的优秀人才进行大力表彰。

四、重点领域的促进和保障立法：以无人机为例

（一）立法定位和范围

民用无人机的界定：没有机载驾驶员，由驾驶员远程操作的最大起飞重量为250 克以上（含 250 克）的民用航空器。

促进无人机产业的健康发展，切实保障无人机操作安全，保护人民的合法权益，维护社会和谐稳定。

坚持生产、设计、维修等活动一体化规范。

（二）主要法律措施

1. 尽快设立无人机产业管理局

无人机产业管理局负责发布、修改或撤销无人机的设计、生产、维护和使用的管理性要求，并负责为相关活动提供认证。

2. 扶持无人机产业的发展

政府支持构建适用于先进无人机的整体工业物联网系统。

对于中小企业应予以数据方面的优惠分享和特殊照顾。

实现技术中立和标准化。应当大力支持技术中立，确保无人机网络、软件、无线电通信等系统的兼容性。应当确保标准化建设，信息的传输应当采用通用格式，使得信息传输能够通过智能手机等其他利用网络链接的设备实现。

推广企业责任保险。鼓励无人机企业责任保险的设立和推广，切实建立有效的无人机保险市场。目前的保险市场基本针对载人飞机，无人机保险市场的构建，将有助于在实现损害救济的同时，减轻企业的运营压力。

3. 建立企业主体监管机制

无人机产业认证机制。应当在参考无人机活动对他人影响、无人机本身的性能、飞行的目的和使用的空域类型等因素的基础上建立无人机产业认证制度。无人机的设计、制造、维修和操作都应予以认证，并颁发认证证书。证书应规定与安全有关的限制性设计、无人机操作条件等内容。

强化企业资质管理。涉及无人机设计、生产、维修、运营以及相关服务和培训的企业应当具备下列条件：（1）企业必须具备工作所要求的一切必要能力，企业活动必须遵守国家对于无人机管理的相关要求；（2）企业必须建立和运行有效的安全管理体系，以确保符合相关基本要求，控制安全风险，并且持续改进该安全管理体系；（3）企业应当建立安全事故报告系统，及时修改、完善自身的生产或服务体系，确保产品或服务的安全性；（4）安全管理制度和安全事故报告系统应当与企业的活动类型和经营规模相匹配。

强化企业的信息说明义务。生产或销售无人机的企业组织必须提供无人机的设计操作类型以及安全操作所必需的信息，包括操作和环境性能、适航限制和应急程序等。这些信息应以清晰、一致和明确的方式给出。

强化无人机企业的责任追究。涉及无人机设计、生产、维修、运营以及相关服务和培训的企业如果违反本规范意见，应当根据情节程度处以罚款、撤销认证证书、吊销营业执照的处罚。

4. 强化无人机设计、生产和系统的安全性。

强化无人机设计、生产过程中的安全意识。（1）无人机的设计必须在合理地考虑了包括人为因素在内的所有因素下，是安全可控的；（2）无人机及其相关设备，如远程遥控装置，必须根据对地面和空域活动的影响程度而合理地差别设计；（3）无人机的设计应当采取预防措施，以尽量减少内部和外部风险对无人机及其系统的影响，例如电子干扰等；（4）无人机的生产程序、材料和部件也必须符合设计特性所要求的适当性能。

确保无人机的可识别性。无人机必须建立远程追踪和可识别系统，确保自身的可识别性。无人机机身需有明确的标识，注明该无人机的型号、编号、所有者、联系方式等信息。必须进一步落实《民用无人驾驶航空器实名制登记管理规定》对于无人机登记和可识别性的要求，强化法律责任。

确保无人机安全飞行软件的安装。无人机的设计、制造必须符合《轻小无人机运行规定（试行）》对于无人机分类安装电子围栏、接入无人机云的相关规定，否则应当追究相应法律责任。

确保通信安全。无人机的安全飞行管理依赖于实时的、可靠的通信系统的建立。实现通信系统的安全性是所有相关参与者的法律义务。无人机设计、生产商以及电信服务提供商应当采取有效措施确保自身通信系统的安全性。

五、强化人机互动系统建设和个人数据保护

强化人机互动系统建设，促进劳动效率和安全。

强化对个人数据的保护。无人机的设计应当充分考虑保护个人数据的合理要求。但无人机对个人数据特别是劳动者的收集应当满足国家对于数据活动管理的基本规则。

六、实现无人机的环境友好型

大力实现降低无人机的噪声和废气、废液排放量。无人机的设计应当确保无人机飞行噪声和废气、废液排放量的最小化。在确保噪声和排放最小化时，应当切实考虑无人机的正常飞行条件和所影响的地理区域的现实情况。

企业应当提供环境友好型指导手册。企业应当将环境友好型的指导手册以清晰、易懂的方式提供给用户。

七、强化无人机行业的自我监管职能

应当鼓励、推进无人机行业的自律和自治。行业协会可以发布关于无人机安全设计、质量保障程序的具体要求；可以要求协会成员在产品或产品包装上提供具体的安全指示，或者在企业网页提供安全指导课程等。

附：关于民用无人机产业的规范意见
（学者建议稿）

为促进无人机产业的健康发展，切实保障无人机操作安全，保护人民的合法权益，维护社会和谐稳定，提出以下规范意见。

本规范意见适用于没有机载驾驶员，由驾驶员远程操作的最大起飞重量为 250 克以上（含 250 克）的民用航空器的生产、设计、维修等活动。

一、建立无人机产业认证机制

（一）全面建立无人机产业认证机制

应当在参考无人机活动对他人影响、无人机本身的性能、飞行的目的和使用的空域类型等因素的基础上建立无人机产业认证制度。无人机的设计、制造、维修和操作都应予以认证，并颁发认证证书。证书应规定与安全有关的限制性设计、无人机操作条件等内容。

（二）尽快设立无人机产业管理局

无人机产业管理局负责发布、修改或撤销无人机的设计、生产、维护和使用的管理性要求，并负责为相关活动提供认证。

二、强化对无人机企业经营活动的管理

（三）强化企业资质管理

涉及无人机设计、生产、维修、运营以及相关服务和培训的企业应当具备下列条件：1. 企业必须具备工作所要求的一切必要能力，企业活动必须遵守国家对于无人机管理的相关要求；2. 企业必须建立和运行有效的安全管理体系，以确保符合相关基本要求，控制安全风险，并且持续改进该安全管理体系；3. 企业应当建立安全事故报告系统，及时修改、完善自身的生产或服务体系，确保产品或服务的安全性；4. 安全管理制度和安全事故报告系统应当与企业的活动类型和经营规模相匹配。

（四）强化企业的信息说明义务

生产或销售无人机的企业组织必须提供无人机的设计操作类型以及安全操作所必需的信息，包括操作和环境性能、适航限制和应急程序等。这些信息应以清晰、一致和明确的方式给出。

三、强化无人机的安全性

（五）强化无人机设计、生产过程中的安全意识

1. 无人机的设计必须在合理地考虑了包括人为因素在内的所有因素下，是安全可控的；2. 无人机及其相关设备，例如远程遥控装置，必须根据对地面和空域活动的影响程度而合理地差别设计；3. 无人机的设计应当采取预防措施，以尽量减少内部和外部风险对无人机及其系统的影响，例如电子干扰等；4. 无人机的生产程序、材料和部件也必须符合设计特性所要求的适当性能。

（六）确保无人机的可识别性

无人机必须建立远程追踪和可识别系统，确保自身的可识别性。无人机机身需有明确的标识，注明该无人机的型号、编号、所有者、联系方式等信息。必须进一步落实《民用无人驾驶航空器实名制登记管理规定》对于无人机登记和可识别性的要求，强化法律责任。

（七）确保无人机安全飞行软件的安装

无人机的设计、制造必须符合《轻小无人机运行规定（试行）》对于无人机分

类安装电子围栏、接入无人机云的相关规定，否则应当追究相应法律责任。

（八）大力维护通信安全

无人机的安全飞行管理依赖于实时的、可靠的通信系统的建立。实现通信系统的安全性是所有相关参与者的法律义务。无人机设计、生产商以及电信服务提供商应当采取有效措施确保自身通信系统的安全性。

四、大力支持无人机产业的发展

（九）实现技术中立和标准化

应当大力支持技术中立，确保无人机网络、软件、无线电通信等系统的兼容性。应当确保标准化建设，信息的传输应当采用通用格式，使得信息传输能够通过智能手机等其他利用网络链接的设备实现。

（十）推广企业责任保险

鼓励无人机企业责任保险的设立和推广，切实建立有效的无人机保险市场。目前的保险市场基本针对载人飞机，无人机保险市场的构建，将有助于在实现损害救济的同时，减轻企业的运营压力。

五、大力保护个人数据

（十一）强化对个人数据的保护

无人机对个人数据的收集应当满足国家对于数据活动管理的基本规则。无人机的设计应当充分考虑保护个人数据的合理要求。

六、实现无人机的环境友好性

（十二）大力实现降低无人机的噪声和废气、废液排放量

无人机的设计应当确保无人机飞行噪声和废气、废液排放量的最小化。在确保噪声和排放最小化时，应当切实考虑无人机的正常飞行条件和所影响的地理区域的现实情况。

（十三）企业应当提供环境友好型指导手册

企业应当将环境友好型的指导手册以清晰、易懂的方式提供给用户。

七、强化行业监管与责任追究

（十四）强化无人机行业的自我监管职能

应当鼓励、推进无人机行业的自律和自治。行业协会可以发布关于无人机安全设计、质量保障程序的具体要求；可以要求协会成员在产品或产品包装上提供具体的安全指示，或者在企业网页提供安全指导课程等。

（十五）强化无人机企业的责任追究

涉及无人机设计、生产、维修、运营以及相关服务和培训的企业如果违反本规范意见，应当根据情节程度处以罚款、撤销认证证书、吊销营业执照的处罚。

第四部分

网络安全法与网络安全治理

《网络安全法》的正当化基础和适用界限

——管制基础、架构与限定问题*

一、导言：网络安全管制的释义问题

关于网络安全管制的认识极具争议，特别是就网络安全治理建立国家主导的专门管制必要性及其范围，一直存在法理认识的犹豫和立法决断的困难。人们存在一种疑虑：网络安全治理虽然必要，但从管制方法和范围来说，是只需将一般法律关于安全的治理规则推及于网络空间，还是有必要专门确立一套网络安全规制体系呢？如果是后者，又需要在多大程度引入政府管制这种方式呢？如何平衡网络安全管制、网络自由和网络发展的关系呢？[1]

近年来网络安全管制观念有了重要发展。随着全球范围移动互联网、云计算、大数据、物联网等新一代信息技术风起云涌，网络空间发展提升到一个前所未有的新阶段。网络普及化、商业化、实境化程度远非以前可比，不仅人们一般的生产生活网络化，个人财产和隐私与网络系统紧密相连，而且国家的重要基础设施运营越来越依赖于网络信息系统，国家安全、社会安全和经济安全也越来越与网络信息系统相关。此外，网络的国际关联性和互动也愈加复杂，导致复杂的网络空间国际竞争和合作的要求。这些，使得网络安全事件的破坏性和威胁程度更加严重，网络安全建设的基础性、保障性更加凸显。

这种背景下，主要网络国家一反过去对于网络安全专门立法的犹豫，在构建网络安全管制体系方面似乎有了默契，纷纷出台网络安全法，以专门立法方式赋权，确立国家网络安全管制的正当性，建立一套更加强调国家管制作用的网络安全管制

---

* 载《暨南大学学报（哲学社会科学版）》2017 年第 5 期。

〔1〕 国际上关于网络安全管制一直存在尖锐的对立见解，参见维基百科“Cyber - security regulation”，https：//en. wikipedia. org/wiki/Cyber - security_ regulation，2017 年 2 月 13 日访问。

体系。例如，日本在2014年11月正式出台了《网络安全基本法》，提出网络安全政策的基本理念，加强政府与民间协调，更好应对网络攻击，明确国家和地方政府等管理职责和保障网络安全的主要措施等。美国在2015年12月18日通过了《网络安全法》，作为《2016年综合拨款法案》中的一部分，重点确立了规制网络安全信息共享的较为完备体系，首次明确网络安全信息共享的范围包括“网络威胁指标”（Cyber Threat Indicator，CTI）和“防御性措施”（Defensive Measure）两大类，规定网络安全信息共享的参与主体、共享方式、实施和审查监督程序、组织机构、责任豁免及隐私保护规定等，同时通过修订纳入2002年《国土安全法》的相关内容，规范国家网络安全增强、联邦网络安全人事评估及其他网络事项。在2016年7月6日，欧盟议会正式通过了一部《网络与信息系统安全指令》，8月8日正式生效，责令欧盟国家必须在此后21个月内转化为国内法，并确立了多项制度，包括：实行网络与信息安全国家战略管理、增强欧盟国家间网络安全战略合作与跨境协作、建立计算机安全事件响应团队并建立欧盟合作网络、区分基本服务运营者和数字服务提供者分别赋予不同监管义务（前者为重监管，后者为轻监管）、针对不同主体建立不同程度的网络安全事件报告制度、鼓励产业发展并将小微企业排除监管之外等。[1]

我国在2016年11月7日也出台了《网络安全法》，2017年6月1日起正式施行，堪称一部全面规范网络空间安全管理方面问题的基础性法律。这部立法比起其他国家，可以说确立了一个更加系统、更加强大的国家网络安全管制框架，因此也受到国内外同行的密切关注。全法分7章，总计79个条文，第一章总则，第二章网络安全支持与促进，第三章网络运行安全，第四章网络信息安全，第五章监测预警与应急处置，第六章法律责任，第七章附则。

网络安全专门立法的出台，从立法上固然赋予了网络安全管制的正当化依据，然而从法律实施的角度来说，却依旧存在不少疑惑：从世界网络发展和治理的过程来看，当前的网络安全法本身是从历史争议中一路走来的，确立专门网络安全管制框架特别是赋予国家和政府主导之权力，毕竟是一种重大观念和体制突破，但是这种突破绝对不会是没有边界的。那么，应该如何准确把握此种界限，掌握好立法赋予的国家管制内涵和界限呢？对于这种管制框架及其范围，恐怕需要立足相关法理或政策的嬗变、结合立法规范目的进行分析，才能做出真正合理的解读。本文下面拟就我国《网络安全法》确立的网络安全管制基础、框架内容及其界限等进行探讨，以期为接下来的法律实施提供些许有益参考。

---

〔1〕关于主要国家网络安全立法的介绍，可参见沈玲、何波：《网络安全》，收录中国信息通信研究院互联网法律研究中心、腾讯研究院法律研究中心主编：《网络空间法治化的全球视野与中国实践》，法律出版社2016年版，第140～145页。

二、网络安全管制正当化基础的法理和政策嬗变

（一）网络可管制性问题的观念和实践

网络泛自由主义的理想情况，很快被网络接下来的发展所打破。网络泛自由主义的不可管制以及不受管制思想在网络现实的面前也逐渐变得不切实际。随着网络普及社会的方方面面，并且不断升级换代，网络空间变得复杂起来，不仅产生了网络复杂的人际关系，还与真实世界互动日益密切。原先的资讯网站、资讯社区以及如雨后春笋般发展起来的各种虚拟生活社群（MOO 的不断升级、复杂化）日益发达之后，实名或者匿名成员之间开始就网络言论、虚拟生活而频生纠葛、频发冲突。有些是民事领域的，网民因为他人网上言论发言认为侵害了自己的名誉、隐私等，或者因为网上邻居的恶意行为（种植毒花、杀死爱狗、盗取积分或者武器等）感觉自己受到某种损害。〔1〕有些甚至牵涉到了刑事领域，因为宣扬网络暴力言论或者制造残忍的网络虚拟实境，而被要求对簿公堂。〔2〕这些，不仅导致关于既有网络空间本身的观念发生变化，也使人们认识到网络普及化之后网络世界和真实世界之间存在越来越多的交集。于是网络可管制以及应该受到管制的思想逐渐兴起。首先是在网络社区内部，不断提出规范彼此行为的要求，体现为网络社区规范的自身建设不断加码，出现了大量的网络社区自我规范，并引发出现了大量的网络社区的“社会议题”，包括“社会秩序控制”“集体行动”“社群结构及动力”“身份认同”等讨论。〔3〕其次，网络冲突的规范要求不断溢出网络社区或社群规范本身，转而诉诸法律规制需

---

〔1〕我国南京市鼓楼区人民法院2001 年张某诉俞某网络环境中侵犯名誉权纠纷案就是这种类型的案件，法院做出了网络社区成员即使属于匿名状态，其不当发言在相互之间也可以成立名誉侵权的判决。判决认为，网络空间尽管是虚拟的，但通过网络的一举一动折射出来的人的行为，却是实实在在的，作为现代社会传播媒介的网络空间，既是人们传播信息和交流的场所，更是一个健康有序的活动空间，应当受到道德的规范和法律的制约，绝不能让其发展成为一些人为所欲为的工具，因此利用互联网侮辱他人或者捏造事实诽谤他人，侵犯他人合法权益构成侵权的，应当承担民事责任。本案在论证中，借用了网络空间与真实世界的可转换关系的说法，即认为本案原告、被告虽然各自以虚拟的网名登录网站并参与网站的活动，但在现实生活中通过聚会，已经相互认识并且知道网名所对应的人，且原告的网名及其真实身份还被其他网友所知悉，因此网名不再仅是网络上的虚拟身份，此时的交流已经不局限于虚拟的网络空间，交流对象也不再是虚拟的人，而是具有了现实性、针对性。参见张某诉俞某网络环境中侵犯名誉权纠纷案判决书，载中国电子法律网，http：//www. chinaeclaw. com/show. php？ contentid =580，2017 年2 月16 日访问。

〔2〕美国较早的一个公法案例，United States v Baker，890 Fsupp 1375，1390（Edmich 1995）。印第安纳大学的学生贝克尔在网络社区书写宣扬对女人仇恨的故事，因网友投诉而受到警方逮捕拘留，联邦政府指控其传播具有威胁性的讯息而构成犯罪。贝克尔认为，自己所写的故事只是一些文字而已，属于言论自由的范围。最后，法院没有支持联邦政府的指控。可见，美国法院早期在刑事方面采取的态度较为宽松。不过，这种刑事立场情况在恐怖主义出现之后，在这些言论领域则出现了变化。

〔3〕Marc A. Smith 和 Peter Kollock 较早对网上社区、社群的内部规范问题进行了资料收集和研究。参见 Marc A. Smith and Peter Kollock，Communities in Cyberspace，New York：Routledge，1999。

求——真实世界的既有法律或需要建构的网络法律。

到了网络出现商业化之后，网络不能被管制或者不应受到管制的理念愈加因为不现实而受到激烈抨击。网络发展与商业化结合，是网络发展中的一个必然，也是网络空间一次质的演化。网络商业化利用出现之后，建立在追求所谓“最小化”的、以技术中立、开放共享为表达的 TCP/IP 通信协定基础上的网络空间，其发展越来越呈现一种经济利益主导的受商业利益控制的倾向。新的网络系统，为迎合商业化的需要，不断地被在应用层加入各种控制结构，以便有效益地促进特定的商业活动，达到具体的商业目的，由此基于商业的可控制性成为网络空间的一种新特点。[1]在这种情况下，政府针对这种网络控制的介入控制就似乎很有必要，以便监督作为经济活动的隐蔽结构，避免现实中经济关系的扭曲。这种监督，除了将一般性商业活动的监督投射于这种网络商业活动之外，还要专门就那些满足商业化需要的控制网络装置本身进行格外关注（如是否存在屏蔽现实法律监管的嫌疑，是否隐含了违法或歧视的前提）。监督涉及的范围，开始主要是传统法律的一些必要事项，如将反对不正当竞争、反垄断、反暴利和保护消费者权益等移植到网络商业保护中来；渐渐地，随着网络数据技术的复杂应用和发展，出现了全新的如何在网络关系中维护用户隐私和个人信息、如何处理商业数据以及如何处理政府介入关系等网络管制课题。[2]近来，随着网络平台化的发展，关于媒介平台[3]、约车平台[4]等网

---

〔1〕 Henry H. Perritt Jr. , Lawrence Lessig, Code and Other Laws of Cyberspace, 32 Conn. L. Rev, 99 - 100 (2000).

〔2〕 针对网络商业发展中如何保护用户隐私和信息，如何规范政府对于商业数据介入等方面的研究，可参见印第安纳大学网络法专家 Fred Cate 教授的作品，包括：Looking Beyond Notice and Choice, Privacy & Security Law Report, March 29, 2010; Private Data in Public Hands, February 2010; Security, Privacy, and the Role of Law, IEEE Security & Privacy, September 1, 2009; White Paper: Provincial Canadian Geographical Restrictions on Personal Data in the Private Sector September 2008; Strategic Information Management, BNA Privacy and Security Law Report, September 15, 2008; Information Security Breaches: Thinking Back and Looking Ahead, September 2008; Government Data Mining: The Need for a Legal Framework, Harvard Civil Rights - Civil Liberties Law Review, June 2008; The Failure of Fair Information Practice Principles, Consumer Protection in the Age of the Information Economy, June 2006; Legal Restrictions on Transborder Data Flows to Prevent Government Access to Personal Data: Lessons from British Columbia, August 26, 2005 等。

〔3〕 关于广告媒介的平台地位和责任的讨论，载中国法院网，http: //www. chinacourt. org/article/detail/2015/04/id/1598744. shtmlf。

〔4〕 关于网络车平台地位和责任问题特别是其与司机是否成立劳动关系的问题，美国加利福尼亚州的一个案件作出了肯定回答，在这个案件中，加利福尼亚州劳动委员会认为约车平台公司的司机是受雇者而非其独立合同关系人。参见 Berwick v. Uber Technologies Inc. , Case No. 11 - 46739 - EK (June 3, 2015), http: //www. scribd. com/doc/268946016/Uber - v - Berwick, 2017 年 2 月 16 日访问。但也有评论者批评这个判决，认为这个判决挑战了网约车平台作为新兴的分享经济的一种商业典型的本质，参见 Stephanie K. Rawitt, “‘Employee - ification’ of a Sharing Economy? Uber Ruling Highlights Independent Contractor Classification Debate”, http: //www. law. com/sites/stephaniekrawitt/2015/06/18/employeefication - of - a - sharing - economy - uber - ruling - highlights - independent - contractor - classification - debate/, 2017 年 2 月 16 日访问。

络平台规制问题日益备受关注。

网络可管制和应当受管制问题，今天毫无疑问成为一种确信。但是，关于网络管制的规范方式和范围仍然存在不同观点。一种观点认为，网络固然应当管制，但是网络管制并无特殊性，只需将现实世界的法律移植到网络世界即可，如侵权法、合同法、知识产权法、反不正当竞争法、消费者权益保护法甚至刑法等，它们在网络空间具有一体的适用性，而且足够。但是随着对网络空间具有特殊性的认识深化，人们产生了有关网络空间的新管制观念。一种更激进的观点认为，网络空间是一个全新空间，应该进行全新的法律设计。但是，目前占据主流的是一种更加稳妥的混合观点，认为网络空间和真实空间存在一种交叉互动关系，所以网络规制既有真实世界法律移植适用的必要，又有专门属于网络空间的规范的创制必要。一方面，网络空间本身存在与真实世界的各种交集，存在特殊性，因此应当正视网络空间与真实世界的可交换性、互动性，不能把网络空间简单隔绝在真正世界法律之外；但是，另一方面应当充分尊重网络架构和网络活动的特殊性，学会透过网络的特殊架构、针对网络活动的特殊属性来考虑对网络施加规范。从法律调整的角度来说，既有真实世界的法律如何透过网络架构对网络活动的移植适用问题，同时也因为网络空间不断发展导致了许多未曾预见的模糊性问题乃至新问题，进而需要进行规范选择或规范创制。从管制框架来说，应当是法律、社会规范、市场、网络技术和组织架构多管齐下，互动配合。[1]此外，网络管制的内容和要求，也会随着网络发展和应用日趋丰富复杂，有具体公法领域的需求，有具体私法领域的需求，有交叉意义的新型化需求，甚至也有上升为宪法价值和原则的发展需求[2]。

（二）网络安全管制正当化的复杂性及其基础演化

网络安全管制是网络管制诸课题中最为敏感的问题之一。网络安全管制区别于

---

〔1〕 Henry H. Perritt Jr.，Lawrence Lessig，Code and Other Laws of Cyberspace，32 Conn. L. Rev，84 (2000)．关于潜在模糊性的分析。该书在第三部分针对知识产权、隐私、言论自由、主权这些论题上，深刻地分析了法律移植适用和法律选择的关系。

〔2〕 对于这种新型的宪法价值层次的网络管制需求展望，可参见德国社会团体于2016年12月1日向欧盟提交的《欧盟数字基本权利宪章》的倡议，该倡议提出数字化发展应当推动基本权利变革，包括确立维护尊严、确保自由、平等参与的原则，确立言论和表达自由、居家自由的权利、个人数据保护和数据权、信息自决权等基本权利，确立要求个人境内外的安全、严格规制用户画像处理活动、提高信息透明度、规制人工智能和计算算法的特殊要求、加强网络中立、多元化与竞争、弱势群体保护等多种制度。观察者认为，这一提案充分考虑了数字技术的使用和发展对个人基本权利的影响，并相应提出了新的管理要求。但也有批评者认为，现有立法规定和对公民的赋权已经足够，没有必要再提出这样的宪章。参见何波：《欧洲提出〈数字基本权利宪章〉强化数字时代权利保护》，中国信息通信研究院互联网法律研究中心官方微信文章，2017年2月13日访问。

网络其他可管制事项，在于网络安全保障被认为对于网络空间本质而言具有根本性，因此格外重要，也就格外敏感。

网络安全问题是网络的同生事物，在早期虽然也时有发生，但是并不受重视，大概是因为当时的网络更像是一种自娱自乐空间而尚未汇集复杂的利益关系。当网络技术和应用发展到一个阶段之后，特别是随着网络空间不断社区化、商业化乃至实境化，网络空间滋生出各种利益关系且不断复杂化，网络空间与真实空间的互动也日趋密切起来，网络空间安全问题的影响也就越来越大，关于应对网络安全问题的意识随着网络安全事件不断升级也就不断得到强化。[1]网络安全具有重要性的认识，已经成为网络主要国家的共识。有关资料显示，美国联邦政府明确坚信，网络和计算机的安全十分重要，其原因至少体现在两个方面：一是信息技术进步和电子商业发展起着越来越重要的作用，使得网络安全成为经济的一个关键要素；二是网络安全对于美国应急反应等安全系统和国家能源设施等关键系统来说已经至关重要。[2]

网络安全问题首先作为一种事实得到认识，作为一种存在现象，网络安全成为进入网络时代以来的不可避免的一种灾害或危害事实，并且不断升级、复杂化，形成了网络设备安全、网络软件安全、网络信息安全等形态。但是，如果从具体的原因来看，网络安全问题则存在区分，这些作为事实形态而表现出的网络安全问题，既可以是纯技术的安全事实，如基于技术原因而产生的各种网络漏洞、网络缺陷；也可以是人为的安全事实，从黑客入侵、爬虫搜索、病毒攻击（如蠕虫病毒、木马病毒）等，到通过网络或介入网络，针对他人的财产、人身进行攻击、侵害甚至犯罪。所以，应对网络安全问题，往往不能局限于事实层面而应该深入到原因中去思考。

人们虽然相信网络安全重要，却对于是否需要制定专门的网络安全立法赋予政府特殊的管制权力，一直存在疑虑。早期，网络泛自由主义反对一切的可管制，自然不会容忍以网络安全为理由的管制了。随着网络受管制观念的出现和发展，网络安全需要管制应对似乎也应顺理成章，但是人们却对于是否应该基于网络安全而进

---

[1] 关于网络安全的历史，参见 Ted Julian，“Defining Moments in the History of Cyber – Security and the Rise of Incident Response. All the milestone incidents from the past 25 years”，https：//www. infosecurity – magazine. com/opinions/the – history – of – cybersecurity/，2021 年 2 月 16 日访问。

[2] Kirby，C.，“Forum focuses on cybersecurity”（2003，December 4，2003），San Francisco Chronicle；“Rise Is Seen in Cyberattacks Targeting U. S. Infrastructure”，July 26，2012，New York Times；Homeland Security，Written testimony of U. S. Department of Homeland Security Secretary Janet Napolitano for a Senate Committee on Homeland Security and Governmental Affairs hearing titled “Homeland Threats and Agency Responses”，https：//www. dhs. gov/news/2012/09/19/written – testimony – secretary – napolitano – senate – committee – homeland – security – and，2017 年 2 月 13 日访问；Marshall Brain & Wesley Fenlon，“How Computer Viruses Work”，http：//computer. howstuffworks. com/virus. htm，2017 年 2 月 13 日访问。

行专门立法和做出政府管制主导的制度设计，疑虑重重。这里，产生疑虑的原因，既有管制理论上的判断困惑问题，更有政治上的对于担心政府借用安全问题而可能擅用扩权的畏惧。

很长时期以来，一种观点认为，网络安全的治理也不应该有特殊性，从管制基础和范围来说，只需将一般法律关于安全的治理规则推及网络空间即可，这些法律如国家安全法、刑法、侵权法中的有关安全的规则等，没有必要通过专门立法来确立一套所谓的网络安全专门管制体系。这种观点担心，通过专门的网络安全法确立一套国家或政府主导的网络安全管制体系，易于导致不当的管制，包括任意增加政府权力而没有效率、添加网络负担，甚至妨碍网络发展。[1]例如，美国网络信息技术机构许多代表和网络政治家，就坚决反对政府方面的管制做法，美国信息技术协会主席 Harris Miller[2]、TechNet 的总裁 Rick White[3]等就认为，在所谓网络安全问题上，过多的政府规制，会对于网络企业通过革新提升网络安全能力，带来阻碍或限制，或者影响其灵活性。所以，美国国会和联邦政府早期虽然试图发起一些网络安全管制方面的立法，但是多数没有成功，那些立法议案失利的主要原因，是遭到了网络企业代表等方面对于政府管制的警惕和反对。

但是，由于网络安全的恶性事件不断，特别是在 2010 年之后大量的全球范围网络安全事件的发生和带来的巨大破坏促使人们反思，仅寄希望于网络企业和民间力量似乎是不够的，在市场力量和政府力量之间应该有所平衡。此外，人们甚至一些国家政府意识到，网络安全应对的还有国家任意行为问题，网络安全管制包括对国家行为的管制。在这种背景下，一种关于通过专门的网络安全立法，确立一套国家和政府主导的管制体系以便更加有效应对网络安全问题的观点，逐渐占据上风。这些支持通过立法建立政府主导网络安全管制的主张，有的是从网络活动的

---

〔1〕 这些包括：较早时期，国会提出《消费者数据安全和知情法案》（Consumer Data Security and Notification Act），旨在增补 Gramm - Leach - Bliley Act，要求金融机构应当披露安全违反信息；国会议员也提出扩展 Gramm - Leach - Bliley 的议案，旨在适用于所有接触消费者财务资料的工业领域包括通过信用卡接收付款的所有企业；国会也提出了与加利福尼亚州的《公司违反安全通知法》相近的旨在适用于企业以保护个人信息的网络安全规制法案；《信息保护和安全法案》（The Information Protection and Security Act）要求数据经纪人“确保数据准确、可信、真实，可以追踪使用者，发现和阻止未授权的行为，以及降低对个人潜在的损害”；国会为了要求公司提升网络安全，还建议了网络攻击有罪化的法案，《禁止网络侵入安全保护自己法案》（The Securely Protect Yourself Against Cyber Trespass Act ，SPY ACT）就是这样一类。2005 年 5 月 23 日，一部聚焦于钓鱼和间谍软件的法案由众议院通过，可惜夭折于参议院，其旨在使未授权的电脑使用构成违法，包括控制、修改设置、收集或导致他人泄露个人身份信息，安装未被要求的软件，进行安全、反间谍软件或反病毒软件的篡改等。以上资料参见：维基百科“Cyber - security regulation ”，https：//en. wikipedia. org/wiki/Cyber - security_ regulation#endnote_ kirby，2017 年 2 月 16 日访问。

〔2〕 维基百科“Harris Miller”，https：//en. wikipedia. org/wiki/Harris_ Miller，2017 年 2 月 16 日访问。

〔3〕 维基百科“Rick White”，https：//en. wikipedia. org/wiki/Rick_ White_ （politician），2017 年 2 月 16 日访问。

价值追求角度思考的，也有从管制技术效用角度本身思考的，最终归结为关于网络安全专门立法和政府介入管制的一种正当化辨识。如在美国，许多政府官员和网络安全专家，代表人物如 Richard Clarke〔1〕、Bruce Schneier〔2〕、Rick Boucher〔3〕等，就认为应当通过政府特别管制的方式来提升网络安全。他们认为，私有机构已经失败于自己解决网络安全问题，所以需要引入政府的规制，通过具有威胁性的规则或者经济刺激等办法，以便让私有机构有压力或动力去采用或写出更加安全的软件或代码。

最终，主要网络国家包括日本、美国、欧盟、中国等，在 2014 年之后纷纷做出决断，果断制定专门的网络安全法，尽管架构和范围不尽相同，但都是以专门立法方式强化应对网络安全及其威胁，明确网络安全管制的理念和目标要求，并且确立了自己所认定的网络安全管制基本架构和运行机制等。我国《网络安全法》的立法理由按照起草说明，强调了旨在应对三类网络安全威胁问题："一是，网络入侵、网络攻击等非法活动，严重威胁着电信、能源、交通、金融以及国防军事、行政管理等重要领域的信息基础设施的安全，云计算、大数据、物联网等新技术、新应用面临着更为复杂的网络安全环境。二是，非法获取、泄露甚至倒卖公民个人信息，侮辱诽谤他人、侵犯知识产权等违法活动在网络上时有发生，严重损害公民、法人和其他组织的合法权益。三是，宣扬恐怖主义、极端主义，煽动颠覆国家政权、推翻社会主义制度，以及淫秽色情等违法信息，借助网络传播、扩散，严重危害国家安全和社会公共利益。网络安全已成为关系国家安全和发展，关系人民群众切身利益的重大问题。"〔4〕但是对于确立国家管制本身的更加深层次正当化的基础说明似乎尚未规定。

三、《网络安全法》的管制架构：原则和内容

（一）《网络安全法》管制架构原则

《网络安全法》依据统一管理和分工协作、战略管理与具体管理结合、社会共

〔1〕"Interview Richard Clarke"，http：//www. pbs. org/wgbh/pages/frontline/shows/cyberwar/interviews/clarke. html，2017 年 2 月 16 日访问。

〔2〕"Schneier on Security"，https：//www. schneier. com/blog/about/，2017 年 2 月 16 日访问。

〔3〕Menn，J. "Security flaws may be pitfall for Microsoft". Los Angeles Times（2002，January 14，2002），pp. C1，2017 年 2 月 16 日访问。

〔4〕《关于〈中华人民共和国网络安全法（草案）〉的说明》第一部分"关于制定本法的必要性和起草经过"，载国家互联网信息办公室，http：//www. cac. gov. cn/2015 －07/08/c_ 1115858135. htm，2017 年 2 月 18 日访问。

治、国际协同合作、加强未成年人等特殊保护等，确立了我国网络安全管制架构的原则基础。应该说和其他国家大体相近，不过却也有不少专属于自己的体制和观念特色。

首先是网络安全的统一管理和分工协作的架构。旨在使网络安全管理与网络安全事项本身的层级性和复杂多样性相适应。体制上，既有担当统筹、协调、监督的统一权威架构，即国家网信部门负责统筹协调网络安全工作和相关监督管理工作；又有从合理分工需要、现有职权配置和分层的现实出发的区分式具体管理架构，即国务院电信主管部门、公安部门和其他有关机关依照本法和有关法律、行政法规的规定，在各自职责范围内负责网络安全保护和监督管理工作，同时规定县级以上地方人民政府有关部门的网络安全保护和监督管理职责，按照国家有关规定确定。[1]

其次是网络安全战略管理与一般管理结合的架构。《网络安全法》引入了网络安全的战略管理体制，应对网络安全治理需求。《网络安全法》第4条规定："国家制定并不断完善网络安全战略，明确保障网络安全的基本要求和主要目标，提出重点领域的网络安全政策、工作任务和措施。"当前各国无一例外将网络安全问题上升到国家战略高度，这种战略管理权与其他为数不多的一些领域的战略管理权一样（如国防军工、航空航天等），是一种国家高度干预网络空间的一种抽象治理权力。网络安全治理上升到战略的正当性和必要性在于：网络安全治理体系不同于一般治理体系，网络安全对于所置身的网络信息化事业本身具有战略基础价值，是关系国家网络事业发展、维持和强化国家竞争力的基础和保障，因此网络安全治理本身也同样必须具备与这种基础性相匹配的战略高度。这种网络安全战略的权力，究其范围，虽然仁者见仁智者见智，但不是绝对的，而是体现为目标引导、关于重点领域的安全政策、特定的安全支持和促进措施等。网络安全战略通常是防御性的，但为确立威胁必要也有进攻性的，包括通过提升进攻性网络能力和加密技术等，应对网络恐怖，打击严重的网络犯罪，适时反击国外敌对活动。[2]《网络安全法》同时也规定了一般管理，主要体现为网络运行管理（重点为关键信息基础设施管理）、网络信息安全、监测预警与应急处置等内容。

再次是网络安全的多方共同治理的架构。鼓励政府部门、网络运营者、网络行业组织、用户等多方共同参与，根据各自的角色参与网络安全治理工作中来。政府和网络运营者共治是网络空间治理的共识，因为网络空间具有建立在代码基础上的架构特殊性，所以网络安全管制仅依靠政府单方面的行为往往无法实现，必须开展

---

〔1〕《网络安全法》第8条。

〔2〕《英国新版〈网络安全战略〉彰显雄心》，来源 http：//mt. sohu. com/20161112/n473017982. shtml，2017年2月18日访问。

政府与网络企业或机构的合作。[1]《网络安全法》接受了这种观念，为此规范了网络运营者的共治义务，强调网络运营者自身必须遵循合法运营和标准化经营要求。[2]同时，《网络安全法》基于网络活动和行为多主体的复杂性，还从增进管制效率出发，确立了网络利益相关者共同参与网络安全的保障义务。[3]

又次是网络安全的国际合作治理的架构。目标在于推动构建一个和平、开放、安全的国际网络空间。[4]网络空间日益成为各个国家重要的战略资源，也成为各国交往和利益博弈的重要空间，随着网络技术不断革新，网络应用不断国际互通，网络安全威胁包括网络违法犯罪的安全威胁日趋国际化，网络威胁日益成为全球性难题，网络安全问题显然很难依靠一个国家解决，需要利益相关方国家共同配合。[5]所以，网络安全的国际合作成为必要，不仅是为了平衡好网络空间中各国的利益，更为重要的是需要通过合作创造和保障安全的共同网络环境。我国通过此次立法承诺，以积极的姿态，包括积极开展网络空间治理、网络技术研发和标准制定、打击网络违法犯罪等方面的网络安全国际交流与合作，来推动构建和平、安全、开放、合作的网络空间，建立多边、民主、透明的网络治理体系。[6]

最后是网络安全的强调未成年人特别保护等特殊架构。就特殊利益的网络安全，应建立特别的保护机制和规则。《网络安全法》对未成年人的身心健康活动给予高度的关注，强调对未成年人应当进行特殊保护。第 13 条规定："国家支持研究开发有利于未成年人健康成长的网络产品和服务，依法惩治利用网络从事危害未成年人身心健康的活动，为未成年人提供安全、健康的网络环境。"遗憾的是，目前对于国外特别关注的电信领域用户通信自由和秘密安全特殊保护问题尚未足够关

---

〔1〕 美国学者莱斯格深刻阐述了网络的基础是代码的思想，由此提出网络管制仅依靠政府的直接管制方式是不可能有效的，需要政府和可以操纵网络空间特殊架构即代码的网络机构或企业进行合作，应当透过控制代码而进行管制，或者根据不同代码而进行不同的管制区分（如公开代码和封闭代码就政府行为作用影响差别很大）。参见 Henry H. Perritt Jr. , Lawrence Lessig, Code and Other Laws of Cyberspace, 32 Conn. L. Rev, 79（2000）。

〔2〕《网络安全法》第 9 条规定："网络运营者开展经营和服务活动，必须遵守法律、行政法规，尊重社会公德，遵守商业道德，诚实信用，履行网络安全保护义务，接受政府和社会的监督，承担社会责任。"第 10 条规定："建设、运营网络或者通过网络提供服务，应当依照法律、行政法规的规定和国家标准的强制性要求，采取技术措施和其他必要措施，保障网络安全、稳定运行，有效应对网络安全事件，防范网络违法犯罪活动，维护网络数据的完整性、保密性和可用性。"

〔3〕 谢永江：《〈网络安全法〉专家笔谈》，载光明网，http：//law. law－star. com/cac/4360137320. htm，2017 年 2 月 18 日访问。《网络安全法》第 6 条强调净化网络环境和鼓励社会监督；第 11 条明确行业自律在网络安全保障中的重要地位；第 12 条规定了依法使用网络的权利以及守法、遵守公共秩序和尊重社会公德的要求；第 14 条规定了个人和组织的举报义务。

〔4〕 左晓栋：《网络安全法（草案）评述》，载《中国信息安全》2015 年第 8 期。

〔5〕 崔聪聪：《〈网络安全法〉专家笔谈》，载光明网，http：//law. law－star. com/cac/4360137320. htm，2017 年 2 月 18 日访问。

〔6〕《网络安全法》第 7 条。

注，期望在接下来的电信立法中得到关注和改进。

（二）《网络安全法》管制架构内容

1. 网络安全的战略管理

《网络安全法》在总则第4条确立了国家就网络安全具有战略管理权力。其主要内容是通过制定并不断完善网络安全战略的方式，明确保障网络安全的基本要求和主要目标，提出重点领域的网络安全政策、工作任务和措施。

2016年12月27日，国家互联网信息办公室经中央网络安全和信息化领导小组批准，发布了我国首份《国家网络空间安全战略》，确立了总体目标、原则和战略任务。其中，目标为“推进网络空间和平、安全、开放、合作、有序，维护国家主权、安全、发展利益，实现建设网络强国”；原则包括尊重维护网络空间主权、和平利用网络空间、依法治理网络空间、统筹网络安全与发展；战略任务包括坚定捍卫网络空间主权、坚决维护国家安全、保护关键信息基础设施、加强网络文化建设、打击网络恐怖和违法犯罪、完善网络治理体系、夯实网络安全基础、提升网络空间防护能力、强化网络空间国际合作等。[1]

2. 网络安全的支持与促进

《网络安全法》专章对网络安全支持与促进，设定了国家和政府相关的一些措施权力。此处涉及“国家”表述时，意味着立法机构、行政机构、司法机构均有相应职权。这种国家依法具有的可以采取促进和支持措施的权力，观念上其实可以归属于战略权力的层次，是与战略贯彻直接相关的一类重大权力。我国《网络安全法》赋予的此类权力，包括：

（1）国家具有基于促进和支持网络安全需要的标准化的权力。体现为通过网络安全的标准化建设，促进网络安全。[2]

（2）省级以上政府具有通过统筹规划、支持研发、保护知识产权和支持创新等促进网络安全技术的权力。[3] 这种权力扩展到网络数据安全保护和利用的技术。[4]

---

〔1〕 国家网络信息办公室：《国家网络空间安全战略》。

〔2〕《网络安全法》第15条规定：“国家建立和完善网络安全标准体系。国务院标准化行政主管部门和国务院其他有关部门根据各自的职责，组织制定并适时修订有关网络安全管理以及网络产品、服务和运行安全的国家标准、行业标准。国家支持企业、研究机构、高等学校、网络相关行业组织参与网络安全国家标准、行业标准的制定。”

〔3〕《网络安全法》第16条规定：“国务院和省、自治区、直辖市人民政府应当统筹规划重点网络安全技术产业和项目，支持网络安全技术的研究开发和应用，推广安全可信的网络产品和服务，保护网络技术知识产权，支持企业、研究机构和高等学校等参与国家网络安全技术创新项目。”

〔4〕《网络安全法》第18条规定：“国家鼓励开发网络数据安全保护和利用技术，促进公共数据资源开放，推动技术创新和经济社会发展。国家支持创新网络安全管理方式，运用网络新技术，提升网络安全保护水平。”

（3）国家还赋有推进网络安全社会化服务体系建设的权力。体现为认证、检测、风险评估、支持管理创新等手段。[1]

（4）国家还具有开展安全宣传和支持网络安全人才培养的权力。[2]

（三）网络一般运行的安全保障

《网络安全法》第三章网络运行安全，包括一般运行安全和关键信息基础设施运行安全两个方面，旨在赋予了国家相关的网络运行安全保障权力。

其中对于网络一般运行安全，《网络安全法》赋予国家以下保障权力：

（1）国家实行网络安全等级保护。网络运营者应当按照网络安全等级保护制度的要求，履行相应安全保护义务，保障网络免受干扰、破坏或者未经授权的访问，防止网络数据泄露或者被窃取、篡改（第21条）。

（2）网络产品、服务提供者应当承担网络安全保障若干义务。包括：应当符合相关国家标准的强制性要求，不得设置恶意程序，发现安全缺陷、漏洞等风险应当立即补救并按照规定及时告知用户并向有关主管部门报告，应当为其产品、服务持续提供安全维护并在期限内不得终止，网络产品、服务具有收集用户信息功能的应当向用户明示并取得同意，涉及用户个人信息的还应当遵守本法和有关法律、行政法规关于个人信息保护的规定（第22条）。

（3）网络关键设备和网络安全专用产品实行安全认证合格或者安全检测（第23条）。

（4）网络运营者应当要求用户提供真实身份信息（第24条）。

（5）网络运营者应当制定网络安全事件应急预案，及时处置安全风险（第25条）。

（6）国家保障开展网络安全认证、检测、风险评估等活动，向社会发布网络安全信息，应当依法进行（第26条）。

（7）国家保障任何个人和组织禁止从事危害网络安全的活动，禁止提供危害网络安全活动的程序、工具或明知的帮助（第27条）。

（8）国家保障网络运营者应当为依法维护国家安全和侦查犯罪的活动提供技术支持和协助（第28条）。

（9）国家支持网络运营者之间通过合作提高安全保障能力，支持行业组织建立健全本行业的网络安全保护规范和协作机制等（第29条）。

---

[1]《网络安全法》第17条规定：“国家推进网络安全社会化服务体系建设，鼓励有关企业、机构开展网络安全认证、检测和风险评估等安全服务。”

[2]《网络安全法》第19条规定：“各级人民政府及其有关部门应当组织开展经常性的网络安全宣传教育，并指导、督促有关单位做好网络安全宣传教育工作。大众传播媒介应当有针对性地面向社会进行网络安全宣传教育。”第20条规定：“国家支持企业和高等学校、职业学校等教育培训机构开展网络安全相关教育与培训，采取多种方式培养网络安全人才，促进网络安全人才交流。”

（10）网信部门和有关部门在履行网络安全保护职责中获取的信息，只能用于维护网络安全的需要，不得用于其他用途（第30条）。

与其他国家和地区的规定相比，我国《网络安全法》在网络一般运行安全要求方面较为严格，确立了较多的管理权利和刚性义务，这些权利和义务可能会给网络经营者和用户带来一些负担。如在欧盟指令（NIS Directive），其适用于数字服务提供者的网络安全监管义务，相当于我们的网络一般运行安全义务，总体上较轻且具有灵活性（关于与程度适应的要求），多属于事后监督。[1]欧盟指令还特别鼓励小微企业（工人在10～50人之间，且年营业额或资产总额在200～1000万欧元之间为小型，之下为微型）的发展，将之排除在监管之外，明令对于数字服务提供者的网络安全监管义务不适用于小微企业。[2]许多国家包括欧盟都没有像我国《网络安全法》第28条那样宽泛规定一种为依法维护国家安全和侦查犯罪而提供技术支持和协助的义务。

（四）关键信息基础设施运行的安全保障

各国都将关键信息基础设施视为网络安全保障的核心部分。这是因为关键信息基础设施不仅对于具体的运营者和用户而言，而且对于整体的经济安全、社会安全甚至对于国家安全而言，都具有至关重要性，与国家安全和社会公共利益息息相关，因此国家重点保障其运行网络安全非常必要。[3]

我国《网络安全法》与其他国家一样，特别强调保障关键信息基础设施运行的网络安全的要求。我国《网络安全法》第31条对“关键信息基础设施”采取了列举加限定的办法，为“公共通信和信息服务、能源、交通、水利、金融、公共服务、电子政务等重要行业和领域，以及其他一旦遭到破坏、丧失功能或者数据泄露，可能严重危害国家安全、国计民生、公共利益的关键信息基础设施”，并且授

---

〔1〕 NIS Directive, Art. 4, 5, 14－17, 19, 20. 总体来说，欧盟指令NIS纳入监管的数字市场主体分为“基本服务运营者”（operators of essential services，包括能源、运输、银行、金融市场基础设施、医疗卫生领域、饮用水供应及分配、数字基础设施）和“数字服务提供者”两类，分别赋予不同的监管义务，前者相当于我们后面的关键信息基础设施。欧盟指令要求二者都应履行以下义务：采取适当的和成比例的技术和组织措施来管理网络安全风险；采取适当的措施防止和最小化网络安全事件的影响，以确保这些服务的持续性；应当向主管机构或计算机安全事件响应团队及时报告具有较大影响的网络安全事件。但是，欧盟指令却区别规定了不同程度的义务和责任要求，对数字服务提供者施以“轻监管”，判断其是否履行网络安全风险管理义务；对数字服务提供者在程序上采取事后补救措施，但对基本服务提供者，除了事后监管，还有事前监管和事中监管的要求。此外，规定了不同程度的网络安全事件报告制度，基本服务提供者需要报告的是“服务持续性具有重大影响的”网络安全事故，数字服务提供者需要报告的是“对其服务提供具有实质影响的”网络安全事故。

〔2〕 见NIS Directive, Art. 11, 16。

〔3〕 刘金瑞：《我国网络关键基础设施立法的基本思路和制度建构》，载《环球法律评论》2016年第5期，第116页。

权关键信息基础设施的具体范围和安全保护办法由国务院制定。从比较法上看，不同国家对于“关键信息基础设施”范围理解并不一致，但大都是从国计民生的角度来界定。比如，欧盟界定为能源、运输、银行、金融市场基础设施、医疗卫生领域、饮用水供应及分配、数字基础设施等领域。[1]

我国《网络安全法》赋予国家在此事项保障运行安全的强大权力或职责。除了网络一般运行安全的保障职责之外，还具有以下多项重大保障权力，对于这些特殊权力，一种观点认为这些保障措施特别是其中的审查机制、境内存储要求等过于严苛，但没有被最终立法采纳。[2]

（1）实行重点保护。国家对关键信息基础设施，在网络安全等级保护制度的基础上，实行重点保护。对于关键信息基础设施以外的网络运营者，国家只是鼓励自愿参与关键信息基础设施保护体系而已（第31条）。

（2）明确专门机构负责规划和监管。特定负责机构应当编制和组织实施安全规划，指导和监督关键信息设施运行安全保护工作（第32条）。

（3）确保设施性能和保证安全技术措施同步。建设关键信息基础设施应当确保其具有支持业务稳定、持续运行的性能，并保证安全技术措施同步规划、同步建设、同步使用（第33条）。

（4）运营者应当履行特别安全保护义务。包括设置专门安全管理机构和安全管理负责人（业经安全审查）、定期对从业人员进行网络安全教育、技术培训和技能考核、对重要系统和数据库进行容灾备份、制定网络安全事件应急预案并定期进行演练等（第34条）。

（5）实行国家安全审查。采购网络产品和服务可能影响国家安全的，应当通过国家网信部门会同国务院有关部门组织的国家安全审查（第35条）。

（6）采购网络产品和服务应签订安全保密协议。运营者采购网络产品和服务，应当按照规定与提供者签订安全保密协议，明确安全和保密义务与责任（第36条）。

（7）实行境内个人信息和重要数据境内存储。除非依法可例外，因业务需要，确需向境外提供的，应当进行安全评估（第37条）。

（8）实行运营者安全年检和报告（第38条）。

（9）国家网信部门还应统筹协调有关部门采取其他安全保护措施，包括抽查检测、定期组织运营者进行网络安全应急演练、促进网络安全服务机构等之间网络安全信息共享、对网络安全事件的应急处置与网络功能的恢复等提供技术支持和协助（第39条）。

---

[1] DIS Directive, Art. 4 point (4), Annex Ⅱ.

[2] 关于此处有关权利和义务规定的争议，参见刘金瑞：《我国网络关键基础设施立法的基本思路和制度建构》，载《环球法律评论》2016年第5期，第116页。

（五）网络信息安全保障

从比较法上看，网络信息安全保障重点在用户或个人信息安全保障上面，而且相对而言是网络安全管制中走得较快、立法上比较容易达成妥协的领域。欧盟较早就制定了《个人数据保护指令》。[1]在许多立法支持者看来，网络信息安全保障规制问题，是处理用户私的权利对网络商业私的权利的关系，和其他问题涉及可能会武断赋予政府权力不太一样。以对网络安全立法比较谨慎的美国为例，关于网络信息安全这一块除了得到许多州法支持之外[2]，也比较早就获得联邦立法支持。比较起来，从制度设计上看，就个人信息安全保护而言，欧盟关于个人信息安全保护措施比较明确，甚至建立了一些新型权利，比如可携带权、遗忘权等；而在美国，有关联邦立法还是很有阻力，难以明确确立施加所有互联网企业的相应保障义务，还只是笼统地规定有关特殊机构（医疗、金融、联邦机构等）需要承担信息安全的保护义务，且缺少具体措施和标准，只要求达到所谓“合理水平”，实践中其用户信息保护目前主要靠各州法律、判例和企业自律。

美国联邦在一个时期，其关于网络安全规制的立法主要存在和聚焦于特殊产业领域，主要有三个法律，1996 年《健康保险可携性与责任法》（HIPAA）、1999 年《金融服务现代化法》（Gramm – Leach – Bliley Act）以及包含《联邦信息安全管理法》（Federal Information Security Management Act，FISMA）在内的 2002 年《国土安全法》（Homeland Security Act）。这三部管制法律要求健康机构、金融机构和政府部门必须保护其系统和信息。[3]例如，《联邦信息安全管理法》就适用于所有政府部门，“要求发展和执行关于信息安全的强制政策、原则、标准和指南”。但是，这些规制法没有提到众多与计算机相关的生产企业如互联网服务供应商（Internet Service Providers，ISPs）和软件公司，也没有明确具体地规定应该采取什么网络安

---

〔1〕欧盟最早在 1995 年 10 月 24 日通过了《个人数据保护指令》（EU Data Protection Directive）。2016 年修订通过了一部新的《一般数据保条例》，取代原来的指令，将于 2018 年 5 月 25 日正式生效。

〔2〕如加利福尼亚州在 2003 通过了《安全事件通知法》（the Notice of Security Breach Act），要求所有公司必须保护加利福尼亚州公民个人信息，在发生安全违反时必须披露该事件的细节。个人信息包括名称、社会安全号、驾驶执照号码、信用卡号码或者金融信息。2014 年，加利福尼亚州立法机构决定，1950 年加利福尼亚州集会法也适用于拥有或者占有加利福尼亚州居民个人信息的商业机构，该法要求商业机构应当保持一个安全的合理水平，这个标准是联邦标准的改进，因为其扩张了需要维护一个可接受的网络安全标准的企业数量，但不管怎么样还是和联邦法律一样要求的是一个网络安全“合理”水平，导致了一个巨大的解释空间。参见“Notice of security breach – civil code sections 1798.29 and 1798.82 – 1798.84.”（2003），Retrieved October 23，2005；Rasmussen，M.，& Brown，A..“California Law Establishes Duty of Care for Information Security”（2004），Retrieved October 31，2005。

〔3〕Heiman，B. J..“Cybersecurity regulation is here”，RSA security conference（2003），Washington，D. C. Retrieved October 17，2005.

全措施，而仅是要求“安全合理性水平”（reasonable level of security）。这些规制的模糊语言导致实践解释的较大空间。库比蒂诺反面互联网安全公司（Cupertino's Counterpane Internet Security）的创始人 Bruce Schneier 就认为，除非政府强迫必须这样做，公司并不需要在网络安全上进行大量的投资，他还认为即使政府付出努力，那些成功针对政府系统做出网络攻击的事件还是会出现。[1] 此外，《数据质量法》（Data Quality Act）也被认为授权预算管理局（the Office of Management and Budget）通过行政程序法制定程序制定需要执行关键设施保护的规则。[2]

我国《网络安全法》第四章第41～50条确立了网络信息安全保障制度。但是，《网络安全法》在此部分引入了多层次的信息安全概念。除了对于用户个人信息安全（立足个人隐私和身份信息利益的安全角度）的重点保障之外，还涉及对所谓禁止信息的安全监管，后者立足的不再是个人信息利益保护，而是法律和行政法规上的社会安全、经济安全、国家安全的需要，实践中甚至可能超出一般意义的法律范围，扩展到政治安全、文化安全、意识形态安全。[3]比较起来，国外在网络安全法的领域，关于网络信息安全的监管，内容上看它们都是以个人信息保护为限定的，而不是一个广义的多层次的网络信息安全概念。对于所谓禁止信息问题，则通过纳入一般法律框架处理即可，原则上并不需要特别摘出立法，此外涉及敏感的网络言论、商业经营权等问题。

所以，我国《网络安全法》第四章网络信息安全保障规定，应当区分解读。第一部分是用户信息安全保障，第二部分是禁止信息管制保障。

1. 用户信息安全保障

我国《网络安全法》这一部分以保障用户信息安全为重心，通过设定网络运营者若干信息安全保障义务、用户享有特别保障权利、禁止窃取等非法针对信息活动以及对接触用户信息的管理机构设置特别保障义务多个方面建立保障体系。

首先，规定网络运营者负有多项信息安全保障义务。包括：(1) 严格保密信息和健全信息保护制度。[4](2) 合规收集和使用信息。[5]即应当遵循合法、正当、必要、

---

[1] Kirby, C.,“Forum focuses on cybersecurity”(2003, December 4, 2003), San Francisco Chronicle; Lemos, R.,“Bush unveils final cybersecurity plan”(2003), Retrieved December 4, 2005.

[2] 以上关于美国联邦信息安全保护立法资料的介绍，载维基百科：“Cyber－Security Regulation”，https：//en. wikipedia. org/wiki/Cyber－security_ regulation#endnote_ rasmussen，2017年2月17日访问。

[3] 王强春：《网络传播与国家信息安全保障》，载《上海政法学院学报（法治论丛）》2013年第1期。

[4] 《网络安全法》第40条：“网络运营者应当对其收集的用户信息严格保密，并建立健全用户信息保护制度。”

[5] 《网络安全法》第41条：“网络运营者收集、使用个人信息，应当遵循合法、正当、必要的原则，公开收集、使用规则，明示收集、使用信息的目的、方式和范围，并经被收集者同意。网络运营者不得收集与其提供的服务无关的个人信息，不得违反法律、行政法规的规定和双方的约定收集、使用个人信息，并应当依照法律、行政法规的规定和与用户的约定，处理其保存的个人信息。”

公开、明示、用户同意的原则和要求，禁止超出服务范围收集、违反法律或者约定收集或使用，应当依照法律和约定处理其保存的信息。(3) 妥当保全信息。[1]包括：禁止泄露、篡改、毁损收集的个人信息；禁止未经同意向他人提供收集信息。应当采取技术等必要措施确保信息保全，发生泄露、毁损、丢失的信息安全事件应当立即补救并告知用户和向主管机构报告。不过，前两项保全规定不是绝对的，考虑到数据产业的发展，立法为合理加工数据和合法数据交易留下余地，第 42 条第 1 款最后一句立法表述为“但是，经过处理无法识别特定个人且不能复原的除外”。

其次，规定用户享有多项特殊保障权利，包括删除权和更正权。[2]对于运营者违法或者违约收集、使用信息可以要求删除；发现运营者收集、存储信息错误可以要求更正。注意，这里的删除权与欧盟指令的遗忘权有相似之处，但并不相同，是有条件的即以运营者违法或违约为前提。此外，我们没有规定欧盟和其他国家的可携带权。

再次，禁止针对信息的非法活动。[3]包括：任何组织不得以窃取或其他非法方式获得信息；不得非法出售或提供个人信息。这一规定在《网络安全法》属于不完整规定，其本身在法律责任部分并没有对应的特别责任规定，因此需要依据法律责任部分的第 74 条[4]等转接规定，作为确立一种法定义务的基础规范而链接其他法律的适用。

最后，设定管理机构和人员的尽职管理的保障义务。[5]监管机构和人员对于知悉的信息严格保密，不得泄露、出售或非法向他人提供。

2. 禁止信息管制保障

《网络安全法》从第 46～50 条建立了中国特色的禁止信息管制制度，涉及发布违法犯罪活动的信息或者其他法律和行政法规禁止的信息的，受到这一制度管制。

首先，禁止发布涉及犯罪或者违法的有害信息，包括直接行为，也包括间接行

---

[1] 《网络安全法》第 42 条：“网络运营者不得泄露、篡改、毁损其收集的个人信息；未经被收集者同意，不得向他人提供个人信息。但是，经过处理无法识别特定个人且不能复原的除外。网络运营者应当采取技术措施和其他必要措施，确保其收集的个人信息安全，防止信息泄露、毁损、丢失。在发生或者可能发生个人信息泄露、毁损、丢失的情况时，应当立即采取补救措施，按照规定及时告知用户并向有关主管部门报告。”

[2] 《网络安全法》第 43 条：“个人发现网络运营者违反法律、行政法规的规定或者双方的约定收集、使用其个人信息的，有权要求网络运营者删除其个人信息；发现网络运营者收集、存储的其个人信息有错误的，有权要求网络运营者予以更正。网络运营者应当采取措施予以删除或者更正。”

[3] 《网络安全法》第 44 条：“任何个人和组织不得窃取或者以其他非法方式获取个人信息，不得非法出售或者非法向他人提供个人信息。”

[4] 《网络安全法》第 74 条：“违反本法规定，给他人造成损害的，依法承担民事责任。违反本法规定，构成违反治安管理行为的，依法给予治安管理处罚；构成犯罪的，依法追究刑事责任。”

[5] 《网络安全法》第 45 条：“依法负有网络安全监督管理职责的部门及其工作人员，必须对在履行职责中知悉的个人信息、隐私和商业秘密严格保密，不得泄露、出售或者非法向他人提供。”

为。第46条规定禁止设立用于违法犯罪活动的网站、通信群组，禁止利用网络发布涉及违法犯罪活动的信息。[1]第48条规定，禁止利用应用软件或设置恶意程序发送禁止信息。[2]

其次，规定网络经营者负有监管有害信息的义务。第47条规定网络运营者对有害信息有加强管理义务，发现情况应当立即停止传输，采取措施防止扩散，保存记录并报告。[3]第49条规定网络运营者应当设置网络信息安全投诉、举报机制，包括建立制度，公布信息、及时受理和处理等要求，这既适用于用户信息保护，也应该适用于有害信息管制；同时应当配合有关部门的监督检查。[4]

最后，规定管理机构依法监管和采取特殊措施的权力。[5]网信部门和相应机构依法履行监管，发现问题信息，应当要求运营者停止传输或采取消除等处置措施、保存有关记录；对于境外来源信息应当通知有关机构通过技术等必要措施阻断传播。应该说，这是非常强大的一种准司法权力。

（六）网络安全监测预警与应急处置

我国《网络安全法》第五章专章建立监测预警与应急处置制度。应该说，这一制度在国际上属于网络安全增强制度的范畴，已经成为应对网络安全问题的一种非常必要机制的共识要求。但是，对于应该如何建构（刚性还是柔性），以及是否得以赋予国家或政府单方面强大行动权力，则存在不同观点。欧盟和美国在此往往采取双管齐下：一方面，借助其他法律特别是国土安全法等，将其效用延伸到网络安全上来，因为网络上也有国土安全问题；另一方面，基于网络的架构的特殊性，除了对政府主导的网络可以直接立法强化其安全增强要求之外（如美国《网络安全法》相关规定，包括政府之间网络信息共享、国家应急响应、安全评估和报告、安

---

[1] 《网络安全法》第46条："任何个人和组织应当对其使用网络的行为负责，不得设立用于实施诈骗，传授犯罪方法，制作或者销售违禁物品、管制物品等违法犯罪活动的网站、通信群组，不得利用网络发布涉及实施诈骗，制作或者销售违禁物品、管制物品以及其他违法犯罪活动的信息。"

[2] 《网络安全法》第48条："任何个人和组织发送的电子信息、提供的应用软件，不得设置恶意程序，不得含有法律、行政法规禁止发布或者传输的信息。"

[3] 《网络安全法》第47条："网络运营者应当加强对其用户发布的信息的管理，发现法律、行政法规禁止发布或者传输的信息的，应当立即停止传输该信息，采取消除等处置措施，防止信息扩散，保存有关记录，并向有关主管部门报告。"

[4] 《网络安全法》第49条："网络运营者应当建立网络信息安全投诉、举报制度，公布投诉、举报方式等信息，及时受理并处理有关网络信息安全的投诉和举报。网络运营者对网信部门和有关部门依法实施的监督检查，应当予以配合。"

[5] 《网络安全法》第50条："国家网信部门和有关部门依法履行网络信息安全监督管理职责，发现法律、行政法规禁止发布或者传输的信息的，应当要求网络运营者停止传输，采取消除等处置措施，保存有关记录；对来源于中华人民共和国境外的上述信息，应当通知有关机构采取技术措施和其他必要措施阻断传播。"

全人事计划等），对于政府控制以外的网络空间，则或基于最大限度尊重商业经营自由和选择的考虑，或基于规则有效的考虑，转而寻求政府与企业共治，通过立法引导和建议，在此问题上引导建立信息共享、应急响应、企业安全人事等机制。

我国《网络安全法》关注到了网络的技术架构的特殊性以及由此决定的网络企业自身的巨大潜能优势，确立了我国网络安全管制中的两大特殊权力：监测预警权与应急处置权，充分赋予国家和政府在事先管理、事中管理（应急管理）中的行动力。《网络安全法》第5条原则宣示了这种立场及其目的所在："国家采取措施，监测、防御、处置来源于中华人民共和国境内外的网络安全风险和威胁，保护关键信息基础设施免受攻击、侵入、干扰和破坏，依法惩治网络违法犯罪活动，维护网络空间安全和秩序。"

1. 网络安全预测预警机制

授权国家应建立预测预警和信息通报制度，并且授权由国家网信部门统筹协调此项机制[1]；授权负责关键信息基础设施的部门也应当建立相应机制，包括建立健全制度和按照规定报送监测预警信息。[2]

2. 网络安全应急处置机制

首先，建立网络安全事故风险评估和应急工作机制。授权国家范围建立统筹机制，包括制定具有分级特点的应急预案并演练；也授权负责关键信息基础设施的部门建立相应机制。[3]

其次，建立政府在网络安全事故风险增大时的应对机制。授权省级以上政府在事故风险增大时，应当通过收集和报告信息加强监测，组织专业评估机制，以及更重要的还有向社会发布网络安全风险预警，发布避免、减轻危害的措施的权力。[4]

最后，建立网络安全事故发生应急处理机制。管理部门在发生网络安全事件时，

---

[1] 《网络安全法》第51条："国家建立网络安全监测预警和信息通报制度。国家网信部门应当统筹协调有关部门加强网络安全信息收集、分析和通报工作，按照规定统一发布网络安全监测预警信息。"

[2] 《网络安全法》第52条："负责关键信息基础设施安全保护工作的部门，应当建立健全本行业、本领域的网络安全监测预警和信息通报制度，并按照规定报送网络安全监测预警信息。"

[3] 《网络安全法》第53条："国家网信部门协调有关部门建立健全网络安全风险评估和应急工作机制，制定网络安全事件应急预案，并定期组织演练。负责关键信息基础设施安全保护工作的部门应当制定本行业、本领域的网络安全事件应急预案，并定期组织演练。网络安全事件应急预案应当按照事件发生后的危害程度、影响范围等因素对网络安全事件进行分级，并规定相应的应急处置措施。"

[4] 《网络安全法》第54条："网络安全事件发生的风险增大时，省级以上人民政府有关部门应当按照规定的权限和程序，并根据网络安全风险的特点和可能造成的危害，采取下列措施：（一）要求有关部门、机构和人员及时收集、报告有关信息，加强对网络安全风险的监测；（二）组织有关部门、机构和专业人员，对网络安全风险信息进行分析评估，预测事件发生的可能性、影响范围和危害程度；（三）向社会发布网络安全风险预警，发布避免、减轻危害的措施。"

应当立即启动事件应急预案，进行调查和评估，要求网络运营者采取必要措施。[1]

管理部门上述网络安全预测预警和应急处置的权力，非常强大。除了上述措施之外，省级以上部门在履职过程中发现风险或发生事故时，还可以约谈运营负责人和责令其整改。[2]政府部门对于导致发生突发事件和生产安全事故的网络安全事件，援引《突发事件应对法》《安全生产法》等处置。[3]经国务院决定或批准，为维护国家安全和社会公共利益，基于处置突发社会安全事件的需要，可以在特定区域对网络通信采取限制等临时措施，这相当于一种准司法权力。[4]

四、我国网络安全管制适用的限定问题

（一）网络安全管制适用限定的原因

我国《网络安全法》建立的上述网络安全管制体系，一方面，在管制架构构建上吸收了关于网络安全治理复杂性的许多先进思想，包括确立战略管理，注重目标和重点安全政策的引导，在关键信息基础设施、用户信息安全保障、监测预警和应急处置机制等方面予以增强设计，同时注重网络架构特殊性加强政府和企业合作、网络运营者安全保障义务等。但另一方面也是非常明显的，该法在全球网络安全法格局中独树一帜，试图通过强大的国家管制功能达成关系到国家安全高度的网络安全保障的需求，在全球网络安全监管格局中可以说是一个强监管体系。该法特别强调国家的管制作用，不仅在第4～8条对于国家几大管制权力进行了宣示，而且也确实通过具体设计赋予了国家在广泛管制领域的强大管制力，相关规范要求较高且普遍刚性[5]，还特别关注了网络空间国际管制等。可谓一种模式特色，受到不同评价和关注，其功效也有待观察。

对于这样一部强监管法律，基于其以刚性管制为主导的法律属性，在法律适用中必须特别注意相关管制规范的边界问题，特别是其中有关国家或政府管制权力的限制问题。从法律适用基本原理出发，至少存在两个不可避免的限定问题。一个是

---

[1] 《网络安全法》第55条："发生网络安全事件，应当立即启动网络安全事件应急预案，对网络安全事件进行调查和评估，要求网络运营者采取技术措施和其他必要措施，消除安全隐患，防止危害扩大，并及时向社会发布与公众有关的警示信息。"

[2] 《网络安全法》第56条："省级以上人民政府有关部门在履行网络安全监督管理职责中，发现网络存在较大安全风险或者发生安全事件的，可以按照规定的权限和程序对该网络的运营者的法定代表人或者主要负责人进行约谈。网络运营者应当按照要求采取措施，进行整改，消除隐患。"

[3] 《网络安全法》第57条。

[4] 《网络安全法》第58条。

[5] 《网络安全法》在第六章有针对性地对管理机构执行管制权力、经营者履行保障义务规定了警告、罚款、责令补救等行政处罚的法律责任，作为具体的责任保障，使这些管制规范具有更明显的刚性。

从法律体系出发来说的，任何规范需要通过体系解释加以适用，管制规范就其特性来说更需要如此，这就带来许多体系的解释限定或适用限定。另一个是从行政权力性质和原理出发，作为管理者的行政权力或者对应的经营者的法定义务，存在行使和理解上的特殊限制问题，包括必须严格遵循“法律保留”“比例适中”等原则，相关管制权力在适用中必须十分严格把握其界限，避免任意和超出应有的法律限度而成为一种没有节制的权力。

（二）网络管制规范适用的体系限定

《网络安全法》确立的管制规范，从法律体系上说，应当受到《网络安全法》之外的广义法律体系的限定，也应当受到《网络安全法》本身体系的限定。对于《网络安全法》之外的限定，如宪法作为其上位法的优位性，其与刑法、民法、诉讼法等基本法律的关系，与一般行政法和其他像《国家安全法》等具体行政法的关系等，非常复杂，限于篇幅在此不展开解释。这里只简单阐述网络安全法本身体系的限定性要求。从法律适用的体系角度来说，本法管制规范的适用，无论是机构管制权力或职责、运营者的法定义务还是其他主体的对应义务或特殊保障权利，首先应该合乎处于法律体系最高位置的目的事项、适用范围和原则，它们构成一部法律的基本限定；此外，具体规范之间发生冲突时也存在适用中的体系利益衡量问题。

1.《网络安全法》的目的限定[1]

《网络安全法》从规范目的和立法定位角度来说，顾名思义是一部专门明确以网络安全为规范对象的特别法，定位以管理法为主，旨在确立一套基本的网络安全管制规范。所以它从目的上说，直接服务于保障网络安全，该法中的那些规范特别是管制规范应当限于这个目的事项本身而加以适用。《网络安全法》虽然关系到法律利益保护效果，但它不是追求保护这些法律利益本身，否则会导致网络安全法适用的泛化。[2]

应当立足严格的目的限定，而不能间接从规范内容或效果出发加以理解，否则很容易就导致一种过宽理解网络安全法的可适用性的误读。如果从规范内容来看，《网络安全法》范围涉及网络主体、管理机制、行为方式、保护范围、义务要求、责任、人才培养等，从规范的效果来看，既有助于维护网络秩序，也维护了国家、

---

[1] 此处的目的限定不是法律适用解释中的基于主观目的解释的限制，而是从广义体系解释角度理解的基于法律中的目的条款来展开的客观目的解释。也就是说，本文使用的体系解释本身包含法律体系内的客观目的解释。

[2] 我国《网络安全法》第1条注意到了网络安全和法律利益的关系，但其表述本身却容易引起适用范围的歧义。该条规定：“为了保障网络安全，维护网络空间主权和国家安全、社会公共利益，保护公民、法人和其他组织的合法权益，促进经济社会信息化健康发展，制定本法。”可见，表述上将作为直接适用对象的网络安全与作为适用而取得的法律效果一体化并列，如此不免模糊了法律适用范围的限定性。

社会、个人以及法人和其他组织的合法利益。[1]

2.《网络安全法》的适用范围限定

《网络安全法》的适用范围是限定的，即严格应对网络安全问题，旨在通过规制和调整达到网络安全。第2条规定："在中华人民共和国境内建设、运营、维护和使用网络，以及网络安全的监督管理，适用本法。"但该条规定不能被理解为所有的网络事项都在本法调整范围，否则会使得本法成为网络管理法而不是名称上的网络安全法，所以应当结合本法第1条目的条款限定其范围：网络安全事项。换言之，本法有关规范对象能泛化适用，只能限于网络安全事项。由此限定，《网络安全法》设定的一切管制权利和一切受管制义务，其行使指向必须结合本法为应对网络安全本身的事项范围而加以严格解释。管理机构不得脱离网络安全规制的直接必要目的和规制范围，简单以保护国家、社会或他人权利的需要为借口而行使该法赋予其权力，受规制的网络运营者、服务者和用户等，也无须基于对一般法律秩序或者他人权利尊重和保护本身而便需要承担此中的强力管制义务和责任。

《网络安全法》既然以管制"网络安全"作为安全法适用目的和范围的双重限定，可见该概念的界定处于体系解释的中心位置。《网络安全法》第76条对"网络"和"网络安全"进行了法律界定，意在避免法律适用的模糊性。即"网络，是指由计算机或者其他信息终端及相关设备组成的按照一定的规则和程序对信息进行收集、存储、传输、交换、处理的系统"。"网络安全，是指通过采取必要措施，防范对网络的攻击、侵入、干扰、破坏和非法使用以及意外事故，使网络处于稳定可靠运行的状态，以及保障网络数据的完整性、保密性、可用性的能力。"该条关于网络安全的定义方式，是一种技术事实层面的描述，立足网络安全实施主体的行为和能力的角度。这一定义与欧盟指令的相关界定极为近似[2]，应该说这是一种比较可观、容易把握的定义。

但是，从法理上来说，这个定义存在进一步加以解释限定的必要，因为该定义所称的网络安全，实际上并不是简单的行为事实（攻击、侵入等）或者技术事实（数据完整性、保密性、可用性等）就够，还存在所要防范的和所要保障的对象限定问题。试想，那些客观上或主观上与法律利益完全没有关系的网络安全，应该对我们来说并无意义，那还需要纳入本法所谓的网络安全范畴吗？当然应该排除。网

---

〔1〕刘黎明、辛力：《网络安全法（草案）》评析，载《上海政法学院学报（政法论丛）》2016年第9期。

〔2〕2016年欧盟《网络与信息系统安全指令》所界定的"网络与信息系统安全"是指"在一定可信水平下，网络与信息系统抵抗破坏其所存储、传输、处理之数据或者相关服务的可用性、真实性、完整性或者保密性行为的能力"。参见 The Directive on security of network and information systems（NIS Directive），Art. 4，https：//ec. europa. eu/digital - single - market/en/network - and - information - security - nis - directive，2017年2月15日访问。

络安全法作为一部法律，其所谓的网络安全，是要从法律体系出发追求法律意义的，所以应该进一步地限定为与法律利益具有相关性，即与法律利益保护结合起来，是一种涉及法律利益保护目标的网络安全。也就是说，网络安全不只是某种绝对单纯的技术安全或行为安全，而应该是网络空间产生的或带来的与法律利益息息相关的网络安全，这些法律利益或者存在于网络空间本身，或者透过网络介入或者活动而被链接到。

从概念的技术内涵上说，还应当注意“网络安全”的内涵非常复杂，存在多层次、多角度的理解必要，需要借助相关的知识和规范加以补充丰富。[1]首先，网络安全包括网络物理安全和信息安全两个方面。《网络安全法》出台前，我国法律政策文件多使用“网络与信息安全”的表述，如《国家安全法》使用的就是“网络与信息安全”。但应注意信息安全是重心所在，作为网络的传输、应用对象，网络信息的安全性问题必然构成网络安全问题的核心部分。狭义的信息安全强调的是防止不良的外来信息的入侵，防止信息的泄露、修改和破坏等。广义的信息安全既有网络的运行安全（防止入侵），也有信息本身的安全（信息加密等），此外也间接包括构成网络的设备本身的安全。

其次，《网络安全法》从网络安全的行为或实现环节，还隐含了技术安全、管理安全、内容安全的区分。再次，我国《国家网络空间安全战略》还使用了政治安全、经济安全、文化安全、社会安全和国际安全的分类描述。其中，政治安全针对网络渗透，经济安全针对网络攻击，文化安全针对网络有害信息，社会安全针对网络恐怖分子和违法分子，国际安全指网络空间的国际竞争。[2]另外，我国《网络安全法》及时关注了数据时代的网络数据安全问题。网络安全存在数据安全的升级问题，网络安全本质上是一个具有发展属性的概念，其中数据安全成为当前网络安全规制与重点关注的新代际问题。

最后，也是非常值得重视的，我国关于网络主权安全的网络空间意识非常敏感，主张要从网络主权意识层面来看网络安全，存在网络一般安全和网络主权安全（属于国家安全的重要部分）的区分。[3]我国网络理论界也呼应认为，随着全球信息化的深入发展和持续推进，以数字化、网络化、智能化、互联化、泛在化为特征的网络社会逐渐向国际空间化方向发展，为网络安全带来了主权空间化意义的新内

---

〔1〕 龙卫球、林洹民：《我国网络安全立法的基本思路和制度建构》，载《南昌大学学报（社会科学版）》2016 年第 2 期。

〔2〕 国家网络信息办公室：《国家网络空间安全战略》，载中国网信网，http：//www. cac. gov. cn/2016 - 12/27/c_ 1120195926. htm，2017 年 2 月 17 日访问。

〔3〕 国外学者一种比较流行的看法是，网络空间与真实世界存在主权竞争关系，应当重点关注如何处理好这种竞争关系，这使得网络空间的主权问题远比真实世界国际法上的主权问题复杂。参见 Henry H. Perritt Jr. ，Lawrence Lessig，Code and Other Laws of Cyberspace，32 Conn. L. Rev，465（2000）。

涵。[1]2016年12月我国首份《国家网络空间安全战略》出台，明确提出我国国家主权的新疆域包括网络空间，宣示“网络空间已经成为与陆地、海洋、天空、太空同等重要的人类活动新领域，国家主权拓展延伸到网络空间，网络空间主权成为国家主权的重要组成部分。尊重网络空间主权，维护网络安全，谋求共治，实现共赢，正在成为国际社会共识”。[2]总之，“网络空间安全”成为我国主权安全观念的新领域，也是我国国际关系观念新领域。[3]

3.《网络安全法》的原则限定

《网络安全法》采取了总则加具体章节的结构，除了第1条和第2条（目的条款和调整对象条款）之外，第3条以下均为原则表述或概括性规定。原则在制定法的体系之中，是用来概括或构筑法律基本价值的[4]，其本身不能直接援引作为管制授权基础，但是应当作为具体规范包括管制规范的体系限定基础。即，原则构成法律体系中的内在价值体系，对于法律外在体系具有限制功能。[5]

《网络安全法》的所有原则条款中，第3条规定了网络安全与信息化发展并重的原则，网络安全与信息化发展是本法平行追求的价值，二者绝对不能偏废。[6]这一原则作为彰显价值的条款居于诸原则条款的突出位置，最具有优先性；其他多数是管制抽象授权条款（第4～8条，第13条，第14条）或者法定义务概括条款（第9～12条），构成管制架构的原则基础，而第3条从排序和彰显价值的特点来看，属于管制架构原则基础之基础。在涉及网络安全规制的事项上，按照该条彰显的价值，必须取得一致安全保障和网络发展的平衡，而不是简单追求安全保障为唯一，这里至少包含了两层含义：其一，网络安全保障应当兼顾信息化发展，应当采

[1] 王世伟：《论信息安全、网络安全、网络空间安全》，载《中国图书馆学报》2015年第3期。

[2] 国家网络信息办公室：《国家网络空间安全战略》，载中国网信网，http：//www.cac.gov.cn/2016-12/27/c_1120195926.htm，2017年2月17日访问。

[3] 国内网络主权观念又可区分为两种不同观点。一种观点认为，网络空间存在积极的网络主权安全问题，一国可以像海陆空领土主权一样，将网络空间纳入主权范围，通过行使主权保障空间安全。另一种观点则认为，网络空间主权意识应该有所节制，应该是在消极层面展开，一国不能在网络空间简单宣布主权，而是在尊重网络空间具有公共领域属性的基础上，对这一领域可能出现的加害或威胁主权安全的行为加以防御（预防、阻遏和打击），在这一意义上，网络空间颇似公海、外空本身非属于主权范围，却涉及主权安全问题，具有在这一领域实施主权防御的必要性。笔者赞成后一种观点，参见龙卫球、赵精武：《网络安全规制的治理思维和基本原则》，载中国互联网协会主编：《互联网法律》，电子工业出版社2016年版。

[4] 欧洲民法典研究组、欧洲现行私法研究组：《欧洲示范民法典草案：欧洲私法的原则、定义和示范规则》，高圣平译，中国人民大学出版社2012年版，第8页。

[5] 拉伦茨：《法学方法论》，陈爱娥译，商务印书馆2003年版，第348页以下。

[6]《网络安全法》第3条规定：“国家坚持网络安全与信息化发展并重，遵循积极利用、科学发展、依法管理、确保安全的方针，推进网络基础设施建设和互联互通，鼓励网络技术创新和应用，支持培养网络安全人才，建立健全网络安全保障体系，提高网络安全保护能力。”

取积极的方式，不能因噎废食地片面追求安全，特别是不能动不动采取不联网、不共享、建立封闭防火墙等落后方式，以限制或者放弃信息化发展为代价来确保网络安全。其二，信息化发展离不开网络安全保障，网络安全问题是信息化发展中的基础保障问题，实现“以安全保发展、以发展促安全”。具体到网络发展上，应该同时考虑网络安全因素，从网络技术到网络运行都要坚持安全保障必要的设计和机制配置。所以，网络安全管制的实施，存在有利于信息化发展的限定，以有利于网络繁荣发展和信息化为方向依法管制，通过努力体制机制创新、管理和技术创新，不断提升维护网络安全的治理能力和技术水平，不断形成维护网络安全的新思路、新方法、新举措，在维护网络安全的同时应当尽量降低网络运行成本，尽量不干扰正常的网络商业和网络活动。

（三）网络管制规范适用的行政原理限制

网络管制规范本身主要是一套行政法规范，其确立的管制权力许多是刚性的行政权力，根据其本性因此应该受到基于现代行政原理的特别限制，这些包括“法律保留原则”“行政比例原则”等。首先，是法律保留原则。法律保留的思想产生于19世纪初，公认是德国行政法学之父奥托·迈耶所倡，其含义是指在特定范围内排除行政自行作用。因此，法律保留原则，意味着立法权与行政权的分界，进而决定了行政自主性的大小。这一原则本身要求行政必须在获得法律的明确授权后才能行为，这种明确授权只可能来自实定法，而不可能是超实定的法。具体到网络安全管制上，每一具体权利的行使，或者法定义务的执行，必须依据规范所明确确立的具体条件和程序行为。其次，是行政比例原则。比例原则是行政法上控制自由裁量权行使的一项重要原则，着眼于不同法益的均衡，要求行政主体实施行政行为，应兼顾行政目标的实现和保护相对人的权益，如果行政目标的实现可能对相对人的权益造成不利影响，则这种不利影响应被限制在尽可能小的范围和限度之内，二者有适当的比例。应该说，这一原则和本法第3条设定的网络安全与信息化并重原则有所兼合。具体到网络安全管制上，任何具体的管制都应顾及保护网络机构和用户的利益，应该尽量减少对于相对人的不利影响。

（四）网络安全管制适用的技术组织架构限制

最后是网络技术架构和组织架构的限制，这是一种非常重要又非常复杂的限定，但是却最容易被忽略。正因如此，不少网络政治家和产业代表根本不信任通过简单推行政府管制就可以产生管制作用，从网络是一种特殊架构的角度，他们更加相信只有那些写出或者采用嵌入代码的网络机构本身心甘情愿配合网络安全才能真正达成网络安全保障的效果，所以设计有效的网络安全治理体系不能忽视网络技术架构的存在，否则规则不仅无益而且还导致不必要的负担。[1]例如，美国政府克林顿时期曾经就解密晶片使用加密技术同时应当为政府预留后门问题，最早打算通过直接管制的方式达成，但是在遇到产业界和理论界广泛质疑之后，明智地转向更加间接也更具有优势的市场策略方案。[2]可见，从网络的技术组织架构特点和管制执行的效率角度来看，网络管制很多情况下并不适宜直接化，而是需要更多与控制网络技术架构的机构合作。

我国《网络安全法》相当程度注意到了网络空间的技术架构和组织架构的复杂性，在一些方面引入了政府与网络运营者合作治理的思想，也试图通过一些激励机制的方式来鼓励、引导网络运营者重视网络安全。例如，在关键信息基础设施安全保障上，就规定要“促进有关部门、关键信息基础设施的运营者以及有关研究机构、网络安全服务机构等之间的网络安全信息共享”，这就是一种符合网络技术架构特点的设计，也是全球普遍的做法。例如，美国《网络安全法》的重点就是对于信息安全共享的机制确立，将多年来争议很多的问题立法明确下来。[3]可惜，我国此次立法对此规定还过于粗略，只有留待以后再细化了。总体上，我国这部立法还是更加依赖国家单方面的管制力，直接管制规范较多且比较刚性，因此在实践中可以预见其与网络技术架构、互联网商业利益的协调会更加复杂。这种情况，除了将来通过立法进一步完善之外，如可以更多引入责任减轻等激励机制来支持企业自觉加入安全信息共享、应急响应，或者投入更多成本研发和应用网络安全技术、提升网络安全管理水平，更加必要的是在接下来的法律实施中，要保持关注网络技术架构的意识，注意法律实施的网络技术组织架构的特殊环境，也就是说在实践中要更有“审慎式”的特质，密切注意管制和技术架构的关联，必要时还要注意善于调用法律、社会规范、市场和技术架构密切互动的多重思维。

五、结论

网络安全问题在网络空间日趋发达的当下显得如此突出，以至于最近几年，成为网络安全立法的兴盛之年，许多国家纷纷出台了具有各自特色的网络安全法。我国出台的《网络安全法》就是其中之一。

比较起来，我国《网络安全法》是一部强监管的法律，在当今世界的网络安全专门立法中可谓独树一帜。首先，它建立在一个更加多层次的网络安全管理的概念

---

〔1〕 Brendan Sasso, “After defeat of Senate cybersecurity bill, Obama weighs executive – order option” (August 4, 2012), The Hill, Accessed August 20, 2012.

〔2〕 Stewart A. Baker and Paul R. Hurst, The Limits of Trust: : Cryptography, Governments, and Electronic Commerce, Kluwer Law International, 1 edition (August 1, 1998), pp. 15 – 22.

〔3〕 美国《网络安全法》第一编即为“网络信息共享”。

基础上，这就使得它的面向较多。其次，也是比较重要的，它富有旨在以一种强化国家管制力的方式实现治理网络安全的愿景，因此确立了一个广泛而刚性的国家管制架构，而这一点不像其他主要网络国家那样表现得比较犹豫。但是实际上，从纸上的法律到实际的法律，却需要许多实际的努力。我国《网络安全法》肩负规制当今复杂多变的网络安全问题、匡扶网络空间善治的美好愿望出世，我们也期望其实施顺利而有效。

本文对于我国《网络安全法》确立的网络安全管制体系进行了一个比较细致的审视研究，立足规范分析、比较分析和政策分析的多角度，就网络安全管制基础、架构以及限定性进行研究，特别是旨在就网络安全管制基础正当化问题、网络管制框架体系化基础和内容以及适用中的相关限定因素做出了较为深入的整理和研究。本文通过研究，揭示和挖掘了网络安全管制基础的两种不同思想的论证方式以及我国的思考情况，整理分析了我国网络安全管制架构的原则基础和内容构成，特别是各种具体规制的权力束及其机制特点，并且特别研究了导致这一管制架构在适用中应当予以限定的主要因素，包括体系因素、行政限制因素以及技术架构因素等。笔者期待，这些研究对于我国《网络安全法》接下来的实施具有一定的指导价值。

网络安全立法的基本思路和制度建构*

前言

2015年6月底《网络安全法（草案）》（以下简称《草案》）提交全国人大常委会审议。[1]该《草案》共七章六十八条，从保障网络产品和服务安全，保障网络运行安全，保障网络数据安全，保障网络信息安全等方面进行了具体的制度设计。该草案的提交标志着我国网络安全立法进入体系化阶段。《草案》的一些设计是值得充分肯定的。例如，该《草案》将我国网络安全管理的一些成熟的实践经验予以制度化、法律化，体现了坚持从国情出发、实事求是的精神。这些经验包括建立关键信息基础设施保护制度、网络安全监测与应急响应制度、网络安全等级保护制度、网络实名制度等。然而，如同历史上任何重大的法律在完成之初总是存在诸多不足一样，《草案》的立法设计和若干规定也存在一些需要完善之处。何况，网络作为一新事物正在日新月异地蓬勃发展，有关网络的新问题也层出不穷，人们对于网络的认识还远未达到了然的境地。源于人类的有限理性，制定一部先知先觉般的法律以应对不断变化的网络安全问题，恐怕也有些困难。基于上述思考，本文意图在借鉴《草案》智慧的基础上，试论我国的网络安全立法的基本思路和制度建构。

一、立法应当明晰网络安全等概念

立法之际，首要的便是明晰法律概念，以此成为立法得以展开的形式基础。而有关法律概念又必须准确且全面反映规范对象，如此方能获得经由概念规范而达成

---

* 本文系作者与林洹民博士合著，载《南昌大学学报（人文社会科学版）》2016年第2期。本文研究系针对《草案》一次审议稿提出完善和修改建议，关于管理与赋权并重、突出程序性等意见得到采纳，《网络安全法》最终在2016年11月正式出台。

[1] 我国拟制定网络安全法，http://news.xinhuanet.com/zgjx/2015-06/25/c_134353838.htm，2015年7月1日访问。

对象规范的效果。《草案》附则当中规定了一些重要的概念，如“网络”“网络安全”和“网络运营者”等。但让人遗憾的是，这些概念作为规范对象在界定上似乎并不准确。《草案》规定：“网络，是指由计算机或者其他信息终端及相关设备组成的按照一定的规则和程序对信息进行收集、存储、传输、交换、处理的网络和系统。网络安全，是指通过采取必要措施，防范对网络的攻击、入侵、干扰、破坏和非法使用以及意外事故，使网络处于稳定可靠运行的状态，以及保障网络存储、传输、处理信息的完整性、保密性、可用性的能力。”由上述定义可以看出，网络和网络安全的概念，在此立法界定中强调的是对基础设施和网络层的安全保护，而并不包括对于信息安全的保护。信息安全主要发生在应用层，它强调的是防止不良的外来信息的入侵，防止信息的泄露、修改和破坏等。由此可以判断，《草案》所指的网络安全其实并不包括信息安全，《草案》认为网络安全强调的是使网络正常运行得以处理信息的能力，而信息安全则指保障信息自身不被篡改、泄露等。然而，网络安全和信息安全二者相互关联、相互影响，是无法进行区分的。信息安全首先要建立在网络安全之上，信息安全的内容既有网络的运行安全（防止入侵），也有信息本身的安全（信息加密等），此外还包括构成网络的设备本身的安全。因此，在我国先前的法律政策文件中多使用“网络与信息安全”的表述，如《国家安全法》使用的是“网络与信息安全”，但在成立中央网络安全和信息化领导小组以后，大约为了简略起见，将“网络与信息安全”的提法统一为“网络安全”。[1]《草案》却似乎只打算在极狭义的范围界定网络安全，这恐怕会人为地制造割裂，不利于对信息安全的保护。

《草案》规定：“网络运营者，是指网络的所有者、管理者以及利用他人所有或者管理的网络提供相关服务的网络服务提供者，包括基础电信运营者、网络信息服务提供者、重要信息系统运营者等。”《草案》提出了网络运营者这一概念以和网络管理者、网络用户进行区分。但是，“网络运营者”这一概念既非法律术语，也非技术术语，横空出世让人极为费解。而且“网络运营者”这一概念的内涵极为广泛，包括基础电信运营者、网络信息服务提供者、重要信息系统运营者等。在具体法律条文当中，也统一使用网络运营者这一概念。例如，《草案》规定网络运营者具备着实名认证的义务（第20条）、网络运营者负有设立应急方案的义务（第21条）、负有保护个人信息的义务（第33条）等。如果基础电信运营者和网络信息服务提供者之间具备着同质性，那么使用统一概念包含两者也无可厚非。然而，在对网络安全的维护，对基础电信运营者和网络信息服务提供者的要求却是不一致的。对

---

〔1〕 丁道勤：《“上天入地”，还是“度权量利”——〈网络安全法〉（草案）述评》，http://www.vchale.com/iPolicyLaw/209238633_1_b0a591c570b0ddca1856f86ebd871aef.html，2015年8月12日访问。

于网络信息服务提供者而言，其具体义务主要包括保障数据安全[1]、区分等级保护[2]、网络监测和通报[3]、不非法使用他人数据[4]、不传播不良信息[5]等义务；而对于基础电信运营者而言，其网络安全义务集中表现在提供稳健的通信服务[6]、维护设施安全义务[7]、区分等级保护制度[8]、实名认证义务[9]、日志保存和追溯义务[10]、服务中断通知义务等。两者之间的义务类型也有交叉之处，但差别却更为明显。因此，本文认为应当取消"网络运营者"这一概念，而区分网站经营者和网络服务商，分别规范两者的义务类型。

二、立法应当管理与赋权并重

《网络安全法》作为规范网络安全的基本法，其必须致力于在公权与私权之间达到一种平衡。在美国，一直有所谓的"东海岸派"和"西海岸派"之争。美国的议会出台法律规范生活，因为华盛顿位于美国的东海岸，所以主张出台法律管理网络的被归属于东海岸派（East Coast）。而网络技术职业者往往先天性地崇尚自由，反对政府对网络的监管。源于技术人员集中的硅谷、斯坦福大学等都位于美国的西海岸，因此主张将网络自由的流派称为西海岸派（West Coast）。"东海岸派"认为，网络犯罪、网络欺诈、网络战争威胁等正在呼吁政府的全力介入，只有加强公权力对网络的监管，才能保障网络在河道里运行，而不至于改道决堤，成为洪水猛兽。因此，其一方面通过管理商业公司等方法，借助商业的力量，改变或增加新的代码程序；而另一方面则试图通过国家权力直接深入网络内部，实现自身对于网络规制的目的。[11]而"西海岸派"则强调网络设计之初的理念就是防止网络成为他人得以规制的工具，因此强调"去中心化"和"程序平等"；其致力于实现网络的末端对末端对话，使其在数据传输过程的监管变得不可能。对于网络安全问题，西海岸派主张应该通过技术进步予以解决，而不应该通过公权力路径。他们认为，公权力深入网络才是真正的"安全威胁"——完全地监控将使得自由不复存在。无

---

〔1〕《互联网电子邮件服务管理办法》第9条、第10条。

〔2〕《国家信息化领导小组关于加强信息安全保障工作的意见》（中办发〔2003〕27号）。

〔3〕《互联网网络安全信息通报实施办法》。

〔4〕《电信和互联网用户个人信息保护规定》。

〔5〕《互联网信息服务管理办法》第15条。

〔6〕《电信条例》第29条。

〔7〕《计算机信息网络国际联网安全保护管理办法》第9条、第10条；另参考《电信条例》第59条。

〔8〕《通信网络安全防护管理办法》第7条。

〔9〕《全国人民代表大会常务委员会关于加强网络信息保护的决定》第6条。

〔10〕《互联网安全保护技术措施协定》第8条。

〔11〕Lawrence Lessig, Code, Basic Books Press, pp. 72–74（2006）.

疑，“西海岸派”的主张是有一定意义的，因为自由正是创新的源泉，也是网络得以繁荣的根本原因；而“东海岸派”的主张也未必无因，现如今很少有用户没有受到病毒、诈骗和垃圾邮件等网络问题的困扰。于是，问题也就在于如何实现两者之间的平衡。笔者相信在当下之社会，没有谁会主张对网络的彻底放任或彻底监管，没有谁会反对应当实现网络自由与网络监管之间的平衡。于是，“自由”和“安全”这对古老的哲学矛盾再次出现在了人类的视线当中，也使得立法者步履维艰：既要有所作为，同时又不能“矫枉过正”。

令人遗憾的是，《草案》却似乎片面侧重于对网络的管理。整篇草案几乎都是政府授权性条款和相关主体的义务性条款。仅在第 9 条提到“国家保护公民、法人和其他组织依法使用网络的权利”，以及第 54 条及相关条款中提到了“保护公民个人信息的权利”。《草案》全篇主要描述政府如何管理，以及其他网络主体应该如何配合政府管理。毫不夸张地说，这种立法模式已经将《网络安全法》变成了“网络安全管理法”。在没有明确的网络赋权基础设计的情况下，单纯强调安全管理而忽视对私主体权益的尊重和保护，恐怕不但无助于网络安全问题的解决，弄不好会阻碍网络社会的发展。另需注意的是，《草案》大量使用“有关部门”这一表达。例如，第 6 条规定，国务院工业和信息化、公安部门和其他有关部门依照本法和有关法律、行政法规的规定，在各自职责范围内负责网络安全保护和监督管理工作。第 12 条规定，国务院通信、广播电视、能源、交通、水利、金融等行业的主管部门和国务院其他有关部门应当依据国家网络安全战略，编制关系国家安全、国计民生的重点行业、重要领域的网络安全规划，并组织实施等。这种立法表达留下了巨大的权力行使空间，使得行政管理部门可能借由这一媒介行使管理权。

三、立法应当突出程序性管理

对于一个法治国家而言，程序扮演着极为重要的角色。程序一方面有助于人们达成共识，保障决策的权威性；另一方面则有助于限制公权，保障私权。但是，《草案》却恰恰忽视了管理程序的构建。如果不通过程序来约束、限制权力机构行使权力，那么行政机关极有可能恣意干涉私权，严重影响行政相对人的合法权益。因此，必须通过建构出一套合法、科学的程序来拘束有关部门。《草案》第 23 条规定：“为国家安全和侦查犯罪的需要，侦查机关依照法律规定，可以要求网络运营者提供必要的支持与协助。”在对该草案的说明上，起草者表示这是出于“维护国家安全和侦查犯罪的需要”。但是，《草案》对于应当依据何种程序申请侦查、实际侦查、保留侦查档案等，并未提及。在 21 世纪，技术使得政府完全可以在不被公民知晓的情况下探索公民的隐私，监控公民的日常行为。因此，必须建构出一套明确、透明的程序来拘束权力部门行使权力。

还需要强调的是，程序必须是合理、有效的。无效的程序反而会使得权力部门披着合法的外衣而践踏私权。因此，必须建构出一套妥当、科学、缜密、有效的程序，一方面保障我国管理程序的有序运作，另一方面也得以保护人们的合法权益。

四、立法应当设立统一的、立体化的网络安全管理制度

2014 年年初，我国成立了中央网络安全和信息化领导小组，以宏观统筹网络安全工作。这使得我国的网络安全管理有了统一的常设机构进行统筹安排。根据 2015 年 7 月最新的指示，我国已经将信息化推进、网络信息安全协调等职责划给中央网络安全和信息化领导小组办公室（国家互联网信息办公室）。具体由工业和信息化部负责网络强国建设，致力于维护网络安全。[1]在这一背景下，《草案》第 6 条也建议，由国家网信部门负责统筹协调网络安全工作和相关监督管理工作，而国务院工业和信息化、公安部门和其他有关部门依照本法和有关法律、行政法规的规定，在各自职责范围内负责网络安全保护和监督管理工作。[2]确立一个统一的管理协调部门以保障网络安全，有利于我国网络安全的维护，也符合国际网络安全保护的基本趋势。例如，美国在白宫内专门设立一个总统特别助理兼“网络安全协调官”，旨在提高机构间的协调效率，并且制订网络安全长远规划，统揽美国网络安全管理。[3]《草案》主张专门成立一个部门管理网络安全，这点是值得充分肯定的。然而，《草案》似乎将网信部门定性为网络安全的“统筹协调部门”和“监督管理部门”。这不由得使笔者思考，网信部门和其他部门到底是什么职权关系？他们又该如何相互配合？

目前我国无论出现何种形式的网络违法活动，都可以找到多个部门进行监管。这使得我国的网络监管过于烦琐的同时，也使得网络安全监管存在职权不明，多头领导的现象。因此，我国应当设立一个职权在各部门之上的协调机构，统一协调网络安全事宜。然而，就具体的监管而言，本文认为应该交由各个部门进行监管，专设机关应该仅起到协调作用。其个中原因在于，网络安全事项极为复杂，通过统一的机关进行监督管理，恐怕力不从心。根据 2014 年《中国互联网发展报告》，我国目前的网络安全问题主要包括：基础网络的安全问题、无线门户问题、网络设备漏洞、操作系统漏洞、恶意应用软件、网站威胁、管理制度不健全、国家级监控和网

---

〔1〕《中央编办关于工业和信息化部有关职责和机构调整的通知》，http：//www. miit. gov. cn/n11293472/n11459606/n11459642/11459720. html，2015 年 7 月 10 日访问。

〔2〕网络安全法（草案）公布并征求公众意见，http：//www. npc. gov. cn/npc/xinwen/lfgz/flca/2015 - 07/06/content_ 1940614. htm，2015 年 7 月 8 日访问。

〔3〕美国网络安全管理评估报告，http：//m. sohu. com/n/391605057/，2015 年 8 月 12 日访问。

民安全意识不强九大问题。[1]前六种问题涉及网络安全技术标准问题，后三种则有着强烈的“人为”色彩。就前六种网络安全问题而言，他们也并非在同一网络分层上发生的，如域名威胁主要发生在网络层、无线传输问题主要发生在传输层，操作系统漏洞主要发生在应用层等。[2]而不同的网络层级又对应了不同的治理原则和规制方法。因此，通过统一的机构监督、管理网络，恐怕是不现实的，应当仍然由各个部门监督各自职权范围内的网络安全管理状况。而这是符合世界网络安全管理的基本趋势。俄罗斯在成立了国家信息安全与信息对抗领导机构，统一指导信息斗争的准备工作之后[3]，进一步将网络监督工作下放到各具体部门。俄罗斯曾设置过类似于美国国家安全局的机构，即联邦政府通信与信息局，集情报收集和信息安全两项职责于一身。2004 年该机构被撤销，职能分散到联邦安全局和联邦保卫局等机构。目前，俄罗斯联邦通信传媒监督局主要负责对传媒、信息和通信技术进行监控；俄罗斯联邦内务部特种技术措施局具体负责网络安全，治理网络犯罪，并接受网民关于不良网络信息及程序的举报；俄罗斯联邦内务部网络监控中心主要负责监控等网络新媒体。2013 年 1 月，俄总统普京签署总统令，责成俄罗斯联邦安全局建立国家计算机信息安全机制，以监测、防范和消除网络信息安全隐患。俄罗斯外交部也成立国际信息安全司，主要职责便是维护俄罗斯网络空间的安全。

有鉴于此，本文认为，我国的《网络安全法》应当首先设立统一的协调机构协调网络安全管理，其次分别规定工信部、标准委、公安部和国安部、保密局、军队网络部门、国务院其他部门、联合执法部门等部门的网络安全管理职责，建构出统一化、立体化的网络安全治理结构。

五、立法应当在体例上具备科学性

立法本身既是一门技术，也是一门科学。法律的科学性要求法律在实质上反映人们对事物的认识规律，使得法律成为解决问题的良方；在形式上，则要在法律条文上保持一定的抽象性和逻辑性。保持抽象性将使得法律能够适用于复杂的、千差万别的事项，并且能够迎接新事物的挑战，从而做到一次又一次的“新生”；保持

---

[1] 中国互联网协会、中国互联网络信息中心：《中国互联网发展报告 2014》，电子工业出版社 2014 年版，第 131 ~ 173 页。

[2] ISO 提出了互联网的七层结构（OSI）：由上到下分别为：应用层（Application layer）、表示层（Presentation layer）、会话层（Session layer）、传输层（Transport layer）、网络层（Network layer）、数据链路层（Data link layer）和物理层（Physical layer）。此外，也存在其他的分层方式，如 TCP/IP 协议将网络分为四层（也有主张三层和五层），分别为应用层（对应最上面 3 个层），传输层，网络层，网络接口层（对应数据和物理层）。

[3] 宫小雄、公晓燕：《俄罗斯〈国家信息安全学说〉当议》，载《现代国际关系》2000 年第 8 期。

逻辑性——要求法律的篇章、条文之间具备内在的关联性和一致性——将使得人们可以借助于法律内部的逻辑消除歧义和矛盾，使得法律可以借助法学方法论的力量在法律人中间达成共识，定分止争。可以说，法律的科学性是法律成熟的基本标志之一。然而，《草案》在体例设计上的科学性应当加强。《草案》分七章，包括：总则，网络安全战略、规划与促进，网络运行安全、网络信息安全、监测预警与应急处置、法律责任和附则。各个章节之间的逻辑关联，不是那么清晰合理。《草案》在说明中强调，该草案重点对网络自身的安全作出制度性安排，同时在信息内容方面也作出相应的规范性规定，从网络设备设施安全、网络运行安全、网络数据安全、网络信息安全等方面建立和完善相关制度，体现“中国特色”。“中国特色”是必要的，但不意味着可以忽视科学性。更何况，网络本就无国界，网络安全问题是在全世界范围内无差别地发生的。在网络社会趋同化的背景下，这种立法体例为何和其他诸国又如此的不同?

我国的网络安全立法，既要有“中国特色”，又要有“科学性”。本文认为，立法可以选择两种立法思路。一种是真正的问题导向，针对前文提及的九大网络安全问题，就管理机构、职责范围、权利义务和法律责任等一一进行规范。另外一种，则是研究网络的具体参与主体，通过赋予不同主体的权利义务的方法，同时考虑网络中的行为管制，综合管理网络安全问题。就第一种方案而言，法律文本将缺乏弹性，很难对新问题做出回应；鲜明的问题导向也不符合《网络安全法》作为基本法的立法定位。因此，可以考虑采取第二种立法路径，首先考虑网络安全涉及主体的基本类型——具体包括网络管理者（国家有关部门）、网站经营者、网络服务商、一般用户、网络设备制造者和网络行业组织等——结合他们在网络中扮演的角色，分别规范不同主体的权利义务；同时在“主体路径”之下兼顾行为路径，针对特定行为设计规则，如对国家级监控的程序设计、对钓鱼网站和信息泄露的法律责任等，综合管理网络安全。在这种路径之下，网络安全相关主体权利义务关系明显，层次清晰，更容易被人们理解和掌握。目前对于网络安全管理的成熟经验，如关键信息基础设施保护制度、网络安全监测与应急响应制度、网络安全等级保护制度、网络实名制度等，也可以被一一包含入权利义务体系当中。即使有需要特别规范之处，也可单设条文通过规范行为的方式予以解决。

六、立法应当推进行业自律，促进标准化建设

源于互联网的高度技术性和专业性，对网络安全的管理需要借助于行业协会的力量，“以网治网”，以行家管理行家。互联网安全组织对于维护我国的网络安全扮演着极为重要的角色。目前，我国互联网行业安全组织发展迅速。根据 2009 年《互联网网络安全信息通报实施办法》，国家计算机网络应急技术处理协调中心、中

国互联网络信息中心等机构开展了全国性的信息通报，分享网络安全信息。其中国家信息安全漏洞平台（CNVD）联合重要信息系统单位、基础电信企业、网络安全厂商、软件厂商和互联网企业等，共同开展漏洞信息的收集、汇总、整理和发布工作，建立了漏洞统一收集验证、预警发布和应急布置体系。中国反网络病毒联盟（ANVA）则广泛联合基础电信企业、互联网内容和服务提供商、网络安全企业等行业机构，积极动员社会力量，通过行业自律机制共同开展互联网病毒信息收集、样本分析、技术交流、防范治理、宣传教育等工作，以净化公共互联网网络环境，提升互联网网络安全水平。面对移动互联网安全隐患，2013 年 ANVA 组织 23 家国内主要的移动应用商店成为 ANVA 应用商店自律组，并大力开展“移动互联网应用自律白名单”工作，成立了 11 家安全企业组成的白名单工作组。此举有力地整顿了移动互联网应用市场，有利于移动互联网安全的实现。[1]此外，从 2004 年开始，国家互联网应急中心选拔了一批国家级、省级公共互联网应急服务试点单位，借助社会的力量，在推动了我国网络安全服务行业发展的同时，也促进了公共互联网网络安全应急技术体系的发展。

鉴于行业协会对于网络安全管理的重要地位，《草案》第 8 条也规定，网络相关行业组织要按照章程，加强行业自律，制定网络安全行为规范，指导会员依法加强网络安全保护，提高网络安全保护水平，促进行业健康发展。然而，从条文本身当中便可以清晰地看出，《草案》对行业协会的规定仅具备宣示性的作用，对行业协会在网络安全管理当中应发挥的职责只字未提。这不得不说是一种遗憾。本文认为，立法应当明确网络安全行业协会对于网络安全的风险评估和等级保护评估职能。应当要求网络安全组织建立本行业的网络安全保护规范和协作机制，建立网络安全风险评估机制，定期向成员进行风险提示，协助成员应对网络安全风险。此外，源于对不同的客体的保护等级不同，行业协会还应当指导、协助成员评估自身系统对应的保护等级，从而建立和自身系统相匹配的等级保护体系。[2]

值得一提的是，行业自律组织在行业标准化方面具备着不容取代的地位。这在网络安全领域更是如此，没有行业组织的大力发展，网络安全标准化将成为无源之水无本之木，最终只能成为一种空谈。因此，应当同样立法规定，网络安全组织应当积极开展网络行业安全标准的制定，推动网络管理的标准化建设。

目前我国网络安全组织的发展出现了一些问题。如协会多依托于政府而建立，其职能及具体运作受到政府的层层控制或钳制；协会经费多依赖于政府的财产资助，对政府的依赖性高等问题。正是因为注意到了这些问题，在 2015 年 7 月中共

---

〔1〕 http：//white. anva. org. cn/introduction#background，2015 年 7 月 6 日访问。

〔2〕 根据《关于信息安全等级保护工作的实施意见》，我国把信息和信息系统划分为五个保护等级，从低到高依次为：自主保护级、指导保护级、监督保护级、强制保护级和专控保护级。

中央办公厅、国务院办公厅印发《行业协会商会与行政机关脱钩总体方案》，明确提出要进行行业协会商会改革，建立政社分开、权责明确、依法自治的现代社会组织体制；并要出台配套政策，促进行业协会的发展，具体包括：完善支持政策、完善综合监管体制等。[1]本文认为，行业协会的改革对于我国的网络安全建设意义重大，应当通过立法的方式深化网络安全行业协会的改革。这一方面能够为互联网安全组织的设立和发展提供法律保障，另一方面也能够规范互联网安全组织的日常运行和组织架构，最终保障网络安全。如同《律师法》和《会计师法》借助于协会的力量规范行业自身一样，在网络安全领域，也应当通过法律和行业协会的共同作用，实现网络安全的落实和维护。

七、立法应当改造传统法律部门

对网络的管理涉及宪法、行政法、民商法、刑法和诉讼法等诸多法律。因此对网络安全的管理一定是一套系统工程。《网络安全法》是一部网络安全的基本法，但是对于网络安全法具体规范的落实则需要其他法律的配合。更何况，我国一直都是通过"渗透型"立法的方式，将涉及网络安全的立法内容渗透融入若干相关的法律、行政法规、部门规章和司法解释之中。可以说，我国现行法已经对网络安全问题进行回应，例如《刑法》即通过第285条、第286条、第287条规范网络安全犯罪等，而《刑法修正案（九）》也在进一步地扩充和完善网络犯罪类型。然而，源于在制定部门法之初，网络安全问题尚未不明显，立法者未对之给予充分的重视，使得部门法的立法体系还是传统工业社会的基本模式。既有法律不但不能解决我国的网络安全问题，反而成为阻碍《网络安全法》规范实现的绊脚石。因此，我国的网络安全立法不能仅关注《网络安全法》，还应当修改既有法律，使得法律之间可以和谐一致。

囿于篇幅，下文仅给出对刑法、行政法和民法的具体修改建议。

（一）刑法

我国现有刑法体系是传统工业社会的刑法模式，这使得其在解决网络安全的问题中有着明显的不足。我国《刑法》对于网络和信息安全的规范只有三条法条：第285条、第286条、第287条。这三条法条分别规定了非法侵入计算机信息系统罪，非法获取计算机信息系统数据、非法控制计算机信息系统罪，提供侵入、非法控制计算机信息系统程序、工具罪；破坏计算机信息系统罪以及利用计算机实施金融诈

---

[1] 中共中央办公厅、国务院办公厅印发《行业协会商会与行政机关脱钩总体方案》，http：//www.gov.cn/zhengce/2015-07/08/content_2894118.htm#rd，2015年7月9日访问。

骗、盗窃、贪污、挪用公款、窃取国家秘密罪等。笔者认为，应当进一步完善我国的刑法规范，具体建议如下：

1. 修改相关条文，扩大规范对象

例如，《刑法》第285条“非法侵入计算机信息系统罪”规定的犯罪对象过于狭窄，只限于“国家事务、国防建设、尖端科学技术领域”，而第286条“破坏计算机信息系统罪”只有在“造成计算机信息系统不能正常运行”等严重后果的情况下，才对犯罪分子予以追究，这导致人民法院对部分侵犯网络安全的案件束手无策。如1998年4月，上海市两名犯罪嫌疑人通过向证券营业部拷入一个自编的密码追踪程序，发现了该营业部内部网络的客户账号、资金资料，并具有了自由转划资金的能力，但因其未侵入“国家事务、国防建设、尖端科学技术领域”，也未“造成计算机信息系统不能正常运行”等严重后果，因而逮捕后无罪释放。[1]此外，该两条规定的犯罪主体仅限定为自然人，但从实践看，确实存在诸多由法人实施的网络犯罪。为此，《刑法修正案（九）》（草案）正确地在刑法第286条中增加了一款专门规定单位犯罪。这是值得肯定的。然而，目前第286条规定的破坏计算机信息系统罪只限于故意犯罪，对于那些因严重过失导致某些重要的网络系统遭受破坏，造成严重后果的，却无法予以刑事制裁。这些都充分说明了我国网络安全刑事立法规范对象过于狭窄，无法满足惩处侵入或破坏网络系统行为的需要。因此，有必要修改相应的法律条文，使其规范对象能够适应新时代的要求。

2. 细化法律条文，明确定罪量刑标准

2011年《最高人民法院、最高人民检察院关于办理危害计算机信息系统安全刑事案件应用法律若干问题的解释》规定了对于网络犯罪的具体量刑标准。但是源于网络犯罪既可以侵害网络系统硬件设施等有形资产，也可以侵害在网络上传播的信息等无形资产，因此其损害结果没有统一的计算标准。实践中，在对损害结果进行评估时存在较多问题，如对无形资产的计算、是否包括间接损害、损害结果的评估机构等。

3. 设立新型犯罪类型，保护网络安全

在大数据时代背景下，数据正在成为一种有极大社会价值的资产。而我国《刑法》第286条规定的非法获取计算机信息系统数据罪，是指违反国家规定，侵入国家事务、国防建设、尖端科学技术领域以外的计算机信息系统或者采用其他技术手段，获取该计算机信息系统中存储、处理、传输的数据，情节严重的行为。根据该罪，只有进入信息系统内部，为信息系统的功能实现而存储、处理和传输的内部数据，才是刑法条文所保护的对象。更广泛的数据来源和更多样杂乱的数据结构，只

---

〔1〕 宗建文：《我国信息安全立法的两个基本问题》，http：//www. iolaw. org. cn/showarticle. asp？ id = 1097，2015年7月8日访问。

要未存储到系统内部，未按照系统的组织目标进行规整和排列，都被排除在刑法的保护范围之外。而根据2011年《最高人民法院、最高人民检察院关于办理危害计算机信息系统安全刑事案件应用法律若干问题的解释》对《刑法》第285条第2款的“情节严重”的进一步解释，《刑法》第285条第2款所保护的数据，是限于计算机信息系统内部的、侧重于信息系统自身功能维护的、以访问控制为主要考虑的数据。这种规定显然无法保护大数据时代背景下的数据价值。

4. 考虑网络发展需要，避免法律阻碍社会发展

以《刑法修正案（九）》草案为例。该草案第25条在《刑法》第286条后增加一条，作为第286条之一：“网络服务提供者不履行法律、行政法规规定的信息网络安全管理义务，经监管部门通知采取改正措施而拒绝执行，有下列情形之一的，处三年以下有期徒刑、拘役或者管制，并处或者单处罚金：（一）致使违法信息大量传播的；（二）致使用户信息泄露，造成严重后果的；（三）致使刑事犯罪证据灭失，严重妨害司法机关依法追究犯罪的；（四）有其他严重情节的。单位犯前款罪的，对单位判处罚金，并对其直接负责的主管人员和其他直接责任人员，依照前款的规定处罚。”该法条亦在规范网络服务提供者不履行法律、行政法规规定的信息网络安全管理义务的情形，情节严重的应当借助于刑法来进行管制。因此，该法条有一定的积极意义。然而，网络行业发展瞬息万变，既有管理制度和行业标准很快就会滞后于时代的发展。有鉴于此，法律往往宏观上规定一些安全义务。这就使得“不履行法律、行政法规规定的信息网络安全管理义务”很难界定。更何况，我国目前相关监管部门的监管权限不清，处罚标准不明，如果在还没有设立有效的行政管理体系的基础上，就先在刑法上设置罪名，恐怕会导致处罚泛滥，进而阻碍网络的发展。[1]

（二）行政法

由于网络环境是一种虚拟社会，现实社会和生活中的诸多问题在这个虚拟社会中都有所表现，现实社会中各行政主管部门多年来已经形成的管理职能也必然向这一虚拟社会延伸。为了调整这一虚拟社会的各种社会关系，规范管理秩序，制定相应的行政法规或规章就成为各行政主管部门的必然选择。然而，我国目前对于网络安全的行政立法却需要进行深度的改革。

1. 简化审批程序

我国网络安全行政立法总体上强调了行政机关与行政相对人之间的对立和矛盾，忽视了二者之间的协调和统一。在立法规定和执法实践中，片面注重事前审批、发

---

〔1〕 周光权：《网络服务商的刑事责任范围》，载微信公众号“中国法律评论”，2015年7月10日访问。

证、收费，事后追究、处罚，没有寓服务于管理、寓监督于保障。缺乏从行政相对人的利益和需要角度出发，积极向社会提供便捷、高效的网络服务的理念。[1]

以《互联网上网服务营业场所管理条例》等行政法规和部门规章为例，其中涉及网络安全的行政审批事项主要包括：（1）公安部的计算机信息系统安全专用产品销售许可证，互联网上网服务营业性场所审批文件；（2）原信息产业部（现工信部）的国际联网经营许可证、经营性互联网信息服务许可证、非经营性互联网信息服务备案文件、互联网上网服务营业性场所经营许可证、基础电信业务经营许可证、跨地区增值业务电信业务经营许可证；（3）文化部的互联网上网服务营业性场所审批文件；（4）国家保密局的涉及国家秘密的计算机信息系统审批、涉密计算机信息系统建设资质审查；（5）国家密码管理机构的商用密码科研和商用密码产品的生产指定、商用密码产品销售许可证、商用密码产品的许可使用；（6）国务院新闻办公室的互联网站从事登载新闻业务的审批；（7）国家信息安全测评认证。上述审批事项共计7个部门16项之多，特别是互联网上网服务营业性场所的行政审批有公安、文化部门的审核批准文件、文化部门的经营许可证等3项。过多的审批部门和审批事项虽然对加强和规范行政管理发挥了一定作用，但“审批多、限制多、处罚多”的色彩过浓，也会制约网络产业的蓬勃发展。因此，应当简化行政审批程序，避免以网络安全为名阻碍了网络自身的发展。

2. 消除行政文件之间的重复和矛盾

如《互联网上网服务营业场所管理条例》第14条规定：“互联网上网服务营业场所经营单位和上网消费者不得利用互联网上网服务营业场所制作、下载、复制、查阅、发布、传播或者以其他方式使用含有下列内容的信息：（一）反对宪法确定的基本原则的；（二）危害国家统一、主权和领土完整的；（三）泄露国家秘密，危害国家安全或者损害国家荣誉和利益的；（四）煽动民族仇恨、民族歧视，破坏民族团结，或者侵害民族风俗、习惯的；（五）破坏国家宗教政策，宣扬邪教、迷信的；（六）散布谣言，扰乱社会秩序，破坏社会稳定的；（七）宣传淫秽、赌博、暴力或者教唆犯罪的；（八）侮辱或者诽谤他人，侵害他人合法权益的；（九）危害社会公德或者民族优秀文化传统的；（十）含有法律、行政法规禁止的其他内容的。”《电信条例》第56条规定，任何组织或者个人不得利用电信网络制作、复制、发布、传播含有上述内容的有害信息。上述行政法规或规章均为近几年制定，由于缺乏统筹规划，造成了法律条款重复，规定冗余。[2]上述情形不仅造成了法律资源的浪费，也导致各部门

---

[1] 赵林、李菁菁：《我国信息网络安全的立法现状与完善》，载《网络安全》2003年第10期。

[2] 除此以外，《电信条例》所定义的“电信”概念过于宽泛，导致有关网络安全的监管重复。《电信条例》第2条规定，本条例所称电信，是指利用有线、无线的电磁系统或者光电系统，传送、发射或者接收语音、文字、数据、图像以及其他任何形式信息的活动。这一定义涵盖网络的基础内容，而电信监管不应当包括对广播电影电视等视听节目的传输、发射或者接收活动的监管，这也是国际惯例。

之间产生了更多的职能交叉，协调难度进一步加大，影响了网络安全的整体管理和执法效果。因此，有必要整理既有网络安全文件，消除冗余，协调矛盾。如此，不仅能够节省行政成本，同时更有利于高效、便民地保障网络安全。

3. 明确行政处罚主体

在管辖方面，《计算机信息系统安全保护条例》（以下简称《安全条例》）、《计算机信息网络国际联网管理暂行规定》（以下简称《暂行规定》）、《计算机信息网络国际联网安全保护管理办法》（以下简称《安全办法》）规定网络安全工作统一由公安机关管理执罚，而《电信条例》、《互联网信息服务管理办法》（以下简称《服务办法》）又规定主要由电信机构管理执法。这样，依照不同的条例、办法，不论是公安机关还是电信机构，似乎都能够进行管辖和执罚，实践中，可能会因涉及经济利益而出现争相管理或双重执罚的问题。如对于"采取租用电信国际专线、私自转接设备或者其他方法"擅自经营电信业务的，按《电信条例》第70条规定，由国务院信息产业主管部门或各级电信管理机构执罚。而对于《暂行规定》"自行建立或者使用其他信道进行国际联网"的处罚，则在第14条明确指出由"公安机关"执行处罚。在这种背景下，《草案》规定的由"有关机关"或"主管机关"进行处罚，恐怕最终无法实现网络安全处罚的有序化。

（三）民法

网络的发展使安全成为网络环境下民法所应追求的主要和基础性价值之一。网络的虚拟性使网络环境展现出不同于现实环境的特征，客观上也为不法民事行为提供了很好的隐蔽条件，进而成为其保护伞和避难所。我国先后颁布了《最高人民法院关于审理涉及计算机网络著作权纠纷案件适用法律若干问题的解释》及其修改决定、《电子签名法》《电信和互联网用户个人信息保护规定》等与网络安全相关的民事法律规范，为解决网络环境下民事领域的安全问题提供了依据。但也应看到，相较于瞬息万变的网络技术的发展，我国有关的民事法律规范还存在诸多不足。本文认为，民法法律规范应当进一步修改和完善，具体建议如下：

1. 明确赋予数据以财产地位

网络的无边界性能够给所有的用户提供分享网上一切信息的便利，并进一步使这些信息演变为信息产品，这使得信息的商业价值迅速膨胀，成为商家竞相追逐的稀缺资源。换言之，在大数据时代，个人数据商品化和价值化。只要掌握了信息，商人就把握了消费者的消费方向，从而实现精准营销；企业家就能把握经济发展的脉搏，始终抓住经济热点，从而实现"长盛不衰"。个人数据的价值不仅体现在商业方面，其还具备"公共管理价值"，是一国政治文明的关键依托之一。但是，个人数据一旦被泄露，也可能会极大地干扰私人生活的安宁。尤其是敏感信息的泄露，将给数据主体带来无法挽回的损害。因此，个人数据还具备着鲜明的"人格尊严和自由价值”。[1]个人数据对企业和政府是如此的重要——尤其是企业从中直接获利——但是个人却要承担信息泄露的风险，这似乎也有些不公。2015年6月30日，中国Cookie隐私第一案终审判决某网站不构成侵权。某网站利用用户的浏览记录，将这些信息提供给某网站网盟里面的商家，从而使商家得以提供精准的营销服务。而关于Cookie收集使用的说明又在网站极为隐蔽之处，一般用户根本无从查知。用户不堪其扰，遂以侵犯隐私权为由提起诉讼。[2]然而，该案并不符合对于隐私权的侵犯情形，因此二审判决某网站的行为合法。某网站利用个人数据获利，而个人却要忍受数据被他人使用带来的苦恼。在信息泄露几乎成为家常便饭的今天，个人还要负担信息大规模泄露的风险。在现代社会，风险的另一面即是财富。个人也应当能够从企业的盈利行为当中获得一些对价或者补偿，才符合衡平之理。

在大洋彼岸的美国，早在20世纪末法学家们就已经开始讨论如何保护个人数据的问题。哈佛大学的Lawrence Lessig教授系统地提出了数据财产化的思想。在Lessig教授的著作问世之前，美国法律对于信息使用的规范重点在于促使数据使用者“自我规范”，即数据使用者应当通知数据主体数据的使用情况，并且征得对方的同意或者要求对方明确表示不同意。Lessig教授认为，这种“通知和同意”（notice and consent）规则实际并不利于公民的数据保护，因为数据使用者往往会设计不同意就不接受服务的条款（take it or leave it），使用户只好同意他人使用自身的数据。这实际上使得数据主体处于极端不利的状态。为了保护数据主体的利益，法律不能无所作为。Lessig教授认为，如果将个人数据认定为数据主体的一种财产，那么企业从数据主体那里收集、使用和处理数据等就必须获得数据主体的明确同意，且必须支付对价，否则就构成了对数据主体财产权的侵犯。其认为，如此改变了用户在数据市场被忽视的境地，使用户获得了一定的议价能力（bargaining power）。而如果欠缺对数据的财产化保护，企业会乐于免费地使用个人信息。[3]数据财产化自提出以后，一直被法学界所热烈讨论。我国于2015年4月14日成立了首个数据交易所——贵阳数据交易所，公开进行数据的买卖。有关人员预计其在今年的数据交易额为170亿美元。数据是一种资产，这种理念似乎已经被很多人所接受。这对于公民个人数据的保护，提供了一种值得思考的借鉴路径。

2. 立法确定网络名誉侵权与言论自由的划界标准

传统法律体系下，作为消息发布的主要载体——新闻媒体，承担法律责任的尺度相对严格。新闻媒体往往会因报道的内容失之偏颇而被判承担侵权责任，即使是

---

〔1〕 张新宝：《从隐私到个人信息：利益再衡量的理论与制度安排》，载《中国法学》2015年第3期。

〔2〕《中国Cookie隐私第一案终审：法院判网站不构成侵权》，http://china.cnr.cn/xwwgf/20150630/t20150630_519018110.shtml，2015年7月6日访问。

〔3〕 Lawrence Lessig, Code and Other Laws of Cyberspace, Basic Books, pp. 160 - 61. (1999).

转述当事人意见也不例外。但在网络法律环境下，作为消息发布的主要载体——BBS 和论坛，承担法律责任的尺度相对宽松。即使是刊登了侵权消息，只要 BBS 和论坛的管理人员及时将其删除，一般就可免除侵权责任。此即为我国侵权法所规定的“避风港原则”。然而，在新的时代背景下，该原则过分保护网络服务商的利益，不利于人们的名誉保护。此外，在传统法律体系中，常见侵权行为有侮辱、诽谤等，往往是积极的、主动的、有针对性的行为。但在网络法律环境下，这种情形发生了变化。由于网络是一个开放式的虚拟空间，任何人可以在上面自由发言，如果这个空间的提供者对发表在上面的言行放任不管的话，无异于以消极的、被动的方式帮助其他人实施了侵权行为，导致被侵权人受损害的后果不断扩大。[1]如何确定网络上言论自由与名誉侵权的界限，也是我国民事立法必须解决的问题。

判断充满价值的事物的合法性与否，往往需借助多种因素进行综合分析。因此，不妨借鉴“动态系统论”（Bewegliches System）的观点，立法给出几种考量因素，交由司法工作者综合判断之。[2]这样一方面可以给予司法实践以相对确定的指引，另一方面也使得制度具备着灵活性和延展性，不至于过于阻碍网络自由。

3. 立法确立法律规则，追究责任人的民事责任

我国网络安全民事责任散见于法律、行政法规中。《计算机信息系统安全保护条例》第 25 条规定：“任何组织或者个人违法本条例的规定，给国家、集体或者他人财产造成损失的，应当依法承担民事责任。”《关于维护互联网安全的决定》规定：“利用互联网侵犯他人合法利益，构成民事侵权的，依法承担民事责任。”《互联网电子公告服务管理规定》第 19 条规定：“违反本规定第十二条的规定，未经上网用户同意，向他人非法泄露上网用户个人信息的，由省、自治区、直辖市电信管理机构责令改正；给上网用户造成损害或者损失的，依法承担法律责任。”综观这些规定，如何认定损害结果，从哪些方面认定；是否包含对用户有形资产、无形资产的损害或者直接、间接损害等；参照什么标准；如何计算、评估这些损害；用户是否可以向服务平台请求损害赔偿？这些问题都没有给出明确的答复。

《草案》中也侧重强调对于网络安全的行政处罚，然而对于民事赔偿却几乎只字未提。而时代的发展使得因网络安全原因导致的民事纠纷愈演愈烈。例如，早在 2012 年我国就发生了车主个人信息遭到泄露，车主将车管所、4S 店和保险公司诉之于法庭的案件[3]；2014 年年初，我国又发生了酒店 2000 多万条开房信息泄露，

---

〔1〕马民虎：《互联网安全法》，西安交通大学出版社 2003 年版，第 384 页、第 385 页。

〔2〕有关动态系统论的介绍，参见［日］山本敬三：《民法中的动态系统论——有关法律评价及方法的绪论性考察》，谢亘译，载梁慧星主编：《民商法论丛》（第 23 卷），法律出版社 2002 年版。另参见［奥］海尔穆特·库奇奥：《动态系统论导论》，张玉东译，载《甘肃政法学院学报》2013 年第 4 期。

〔3〕《车主个人信息被泄露，车管所 4S 店保险公司遭起诉》，http://zqb.cyol.com/html/2012-08/03/nw.D110000zgqnb_20120803_7-03.htm，2015 年 7 月 8 日访问。

受害人因此向酒店索赔20万元的案件。[1]因此，有必要确立明确的民法规则，追究责任人的民事责任，保护数据主体的数据安全。

尾 论

在当下之中国，网络安全问题已经极为严重，几乎成为制约我国经济社会发展，阻碍和谐社会建设乃至危及国家安全的关键问题。对此，党和政府以及社会各界都已经有了充分的认识。在这种背景下，《草案》的审议和公开征求意见无疑牵涉着社会各界人士的心。笔者认为，对网络安全的保护和规范，殊为必要。但是，制度乃国之重器，不可不慎。对网络安全的管理，必须妥当进行：如果对网络安全管制过宽，那么将会危及国本——国家安全将岌岌可危；如果对网络安全管制过严，则可能会阻碍互联网的发展，最终使得我国落后于网络时代发展的大势。

我国的网络安全立法，首先，应当明确网络安全、网站经营者等具体概念，避免定位失准，人为制造混乱。其次，应当兼顾管理和赋权，明确管理的具体程序，防止公权肆意干涉私权，阻碍了网络社会的发展。再次，网络安全管理应当建构统一的、立体化的管理制度。对于网络安全的保护和治理应当成为一项系统工程。立法应当设立专门的网络安全协调机构，同时明文规定工信部、保密局、公安部和国安部等部门的管理和监督职责。实践当中，网络安全问题的复杂化和多样化，使得单独通过一部《网络安全法》不足以解决网络安全问题。网络安全管理也应该坚持科学立法，以网络安全相关主体为切入点建构体系化的网络安全规范制度。建议以相关主体的权利义务为核心，同时兼顾行为监管，综合管理网络。此外，还应当大力推动行业协会发展，明确行业协会的具体职权，鼓励行业自律，鼓励行业协会参与标准制定，推动网络安全的标准化建设。具体而言，协会应有的职权包括安全风险评估、等级保护评估以及标准制度建设等。最后，为了保障《网络安全法》这一基本法制度的具体落实，还应该修改刑法、民法、行政法以及诉讼法、环境法等传统法律中的相关规范，消除法律体系内部的矛盾，促进网络安全管理目标的实现。

---

[1] 《2000万人开房信息泄露案开庭，原告起诉索赔20万》，http：//news. sina. com. cn/c/2014－02－14/140629471382. shtml，2015年7月8日访问。

网络安全的治理思维与规制重点*

“在现实空间里，我们明白法律的规制机理——通过宪法、法律以及其他规范性文件来规制。在网络空间里，我们必须明白代码的规制机理——那些造就网络空间的软件和硬件如何来规制该空间。”[1]

一、绪论：网络安全与法律规制

人类用个人只能仰望的财富力量，用钢筋铁骨，铸造了这恢宏的聚合。今天，一个时代理所当然动摇了。[2]这一切都是因为网络革命，网络科技正在显著改变时空，也正在改变人类的国家、社会和个人，包括关于生存、活动、利益和安全的概念和方式。

计算机网络[3]虽然发源时间有限，但其间已经历了多个时期。首先是阿帕网（Advanced Research Projects Agency Network，ARPANET）时期，其基于冷战需要而诞生；此后，则因为技术、文化、社会等多重因素的作用，不断向更加开放、更加功能化、更加技术化、更加社会化方面发展，如今已进入可以连接每个人的“互联网”时代。中国互联网络信息中心（CNNIC）发布报告显示，到2015年6月底，我国互联网普及率为48.8%，网民总数达6.68亿，手机网民达5.94亿，手机网民

---

* 本文系作者与赵精武博士合著，第一到四部分载《互联网法律》，电子工业出版社2016年版，第五部分载《中国信息安全》2016年第6期。

[1] ［美］劳伦斯·莱斯格：《代码：塑造网络空间的法律》，李旭、江雨楼、王文英译，中信出版社2004年版；［美］劳伦斯·莱斯格：《代码2.0：网络空间中的法律》，李旭、沈伟伟译，清华大学出版社2009年版，第6页。

[2] 中央电视台大型纪录片《互联网时代》主创团队：《互联网时代》，北京联合出版公司2015年版，第4页。

[3] 如无特别说明，后文中出现的“网络”概念即指“计算机网络”。

占整体网民比例从2014年的85.8%提升至88.9%。[1]近年来，互联网的用户群呈量级上升趋势。聊天、购物、通信、理财、缴费、看病挂号、打车出行、餐饮旅游等，互联网技术渗透生活的方方面面。

互联网背景下的计算机网络，呈现出一种空间化的特点。早期，以联机为构成特点；今天，随着无线移动技术的发展呈现出一种无限延展、难以固定的构成特点，并且以其扁平化、去中心以及自组织等特性，重塑社会结构。近年来，随着数据技术和经济的发展，物联网络化的普及，网络空间由某种程度“想象的虚拟”，进一步变成无所不能的“真实的虚拟”。在这种“真实的虚拟”的网络空间里，国家、社会和个人以新的组织形态和组织方式，进行生产生活要素重组，塑造新的政治、社会和个人活动形态和关系，包括经济领域的产业生态、新经济模式和具体经济关系。互联网的每一次进步都驱动着人们生活模式的变化，当前线下的生活场景大规模地复制到线上完成，在人类历史发展的浪潮中，互联网正在谱写着改变世界的新奇迹。

网络空间的普及和扩张，各种生产生活方式和关系的改变，这些要求必须以恰当及时的方式补充或者修正既有的规范体系，建立和发展与时俱进的对应新规范体系，才能解决现实问题。一方面，网络时代，代表一个旧时代及其规范世界正在动摇着、瓦解着；另一方面，又代表一个新时代及新规范体系正在酝酿着、建设着，但是这种过渡本身就存在多种可能性，存在成功、挫折以及挣扎的多种形态。对于中国来说，崛起的梦想当然希望是快速进入一种理想形态，建立合理网络规范体系因此成为基本国策。

网络规范体系中，网络安全的规范问题十分突出。这是因为尽管相较于网络相关的其他问题，如网络的基本结构、活动、利益问题等，网络安全问题本来只是其中一个重点问题而已，但是由于网络空间的复杂性，它以一种重则倾覆网络空间的相关性而显得尤为重要，因而成为网络规范的不可或缺的另一面，即以否定性治理方式发挥保障功能。从这个意义上说，网络安全保障具有不可或缺的直接服务和支撑网络自由健康发展的特点。所以，网络安全规范问题具有从基本保障的角度服务支撑网络空间的复杂特点。而且，随着互联网技术不断开发和应用，网络安全问题不断增大，例如，目前移动社交媒体的广泛应用，就加剧了网络安全问题。网络安全规范复杂性还在于，与网络不断发展的特点一致，其具有动态的特点，不断迭代升级。从世界范围看，网络安全规范，逐渐从一般意义的网络物理安全即所谓的

---

〔1〕 2015年《通信运营业统计公报》，http://www.miit.gov.cn/n1146312/n1146904/n1648372/c4620679/content.html，2016年5月4日访问。

“面向网络安全”[1]，到超越网络物理安全的所谓“面向内容安全”[2]，再到今天大数据崛起之后的超越一般内容安全的“面向数据安全”[3]的变革[4]，今后还要不断应对不断频发的新型安全问题。

世界范围内的网络规范模式，大体可以划分为两大体系，一种是在基础面从自由和公平出发，一种是在基础面从限制和垄断出发，但都不约而同注意网络安全的重点规范问题，当然前者代表一种勇敢迎接网络技术挑战、创造人类网络福利的进步方向，但却因此面临更大的挑战性。我国在网络经济领域属于愿意面向网络发展的进步国家之一，近年来尤其注重发挥网络空间的市场基础性作用，这也使得我国网络社会经济因此焕发巨大的正面能量，催发出巨大的后发国家的优势。由此，在我国，对于网络安全规范的水平和能力也就提出极高的要求。在这个层面来说，网络安全问题是我国开放拥抱网络社会，积极发挥网络功能，更大范围享受网络空间福利应该付出的一种对价，需要我们积极、正面加以合理应对和设计。

我国关于网络安全的专门立法，最早可以追溯到2003年中办27号文《国家信息化领导小组关于加强信息安全保障工作的意见》提出“抓紧研究起草《信息安全法》”的动议。2014年2月27日，中央网络安全和信息化领导小组成立，宏观统筹网络安全和信息化工作，下设领导小组办公室并与2011年5月国务院设立的国家互联网信息办公室合署，确立了我国网络安全和信息化最高领导体制和常设管理机制。这标志着互联网安全治理上升为国家战略，实现了网络治理机构由行政到政行合一的重大转变，网络整治的政治性进一步增强、方式更加灵活。2015年3月，政府工作报告提出，“制定‘互联网+’行动计划，推动移动互联网、云计算、大数据、物联网等与现代制造业结合，促进电子商务、工业互联网和互联网金融健康发展，引导互联网企业拓展国际市场”。显然，这是在经济市场方面，引导网络企业向市场基础性方面发展。2015年7月领导小组做出新指示，将信息化推进、网络信息安全协调等职责明确赋予中央网络安全和信息化领导小组办公室（国家互联网信息办公室），同时具体由工业和信息化部负责网络强国建设，致力于维护网络安全。[5]在这一背景下，《网络安全法》紧急提上日程。从这个背景出发，我国在法律政策上高度重视网络安全立法，实为应时之举，正在

---

[1] 《反恐怖主义法》《网络安全法（草案）》等。

[2] 《互联网著作权行政保护办法》《互联网新闻信息服务管理规定》《互联网视听节目服务管理规定》等。

[3] 《全国人民代表大会常务委员会关于加强网络信息保护的决定》。

[4] 苗国厚：《互联网治理的三个阶段》，载《新兴传媒》2014年11月下。

[5] 《中央编办关于工业和信息化部有关职责和机构调整的通知》，http：//www.miit.gov.cn/n11293472/n11459606/n11459642/11459720.html，2016年5月4日访问。

起草的《网络安全法》是否合理，关系到我国正在高速发展的网络空间的安全保障问题。[1]

二、网络安全的法律界定探析

（一）网络安全界定的复杂性

对于网络安全的定义，目前理论界和实务界众说纷纭，究其原因，除了关于网络安全规范本身的基础模式思考不同之外，即使在采取积极拥抱网络空间的基础模式的多数国家，包括中国、欧盟、美国在内，也存在许多感到难以确定的困难。

这种难以确定的困难，最少体现在三个方面：第一，网络安全在功能、利益、领域不同的区划方面存在复杂性，这使得网络安全本身存在内部分类的不确定性和标准的多样性，由此统一定义十分困难，往往只能选择一种主要的分类出发进行指导性界定；第二，这种困难也体现在前面所说网络安全本身是动态发展的概念，因此具有开放性；第三，在不同国家，还存在有关网络安全与意识形态、基本社会制度联系的差别，导致是否应该在政治和非政治的领域做出网络安全区分的特殊问题。

不妨分析一下相关的一些定义。

维基百科定义认为，网络安全指的是“网络系统的硬件、软件及其系统中的数据受到保护，不因偶然的或者恶意的原因而遭受到破坏、更改、泄露，系统连续可靠正常地运行，网络服务不中断”。[2]这种定义方式，显然是选择了网络安全的功能层次分类进行的一种指导性定义，也就是说把网络安全区分为物理的安全和数据的安全两个方面，前者是指网络系统的硬件、软件的安全，后者是指系统中的数据安全。

2013 年欧盟议会及欧盟理事会颁布的（EU）No 526/2013 号条例（以下简称《条例》）大体就是这样的一种分类界定方式，但是重点放在信息安全上，该法就“网络与信息安全”的定义作了如下规定：“指在给定的可置信水平（level of confi-

---

〔1〕 从目前网络规范政策的角度来看，在网络经济层面，我国总体上采取了一种鼓励互联网技术自由开发和应用的态势，互联网监管呈现为一种越来越向以市场发展为基础而注重负面防治的安全“治理”模式的趋势；不过在网络政治和社会的层面，基于自身体制的追求和特殊考虑，有关体系仍然采取了比较传统的管理思路，尤其注重意识形态的引导和管控作用，并且体现为强化主体资格管理、推行信息正面宣导、加强针对违法信息的行政治理等机制措施。目前来看，这二者之间存在体制上的运行统一的困难，有必要进行适度的体制分离。

〔2〕 http：//baike. baidu. com/link？ url ＝ 0DZgiS2CN5AdtTG7StQFczNdKLL5bdAZE Jtu － Um8 － VET7UWj9JvyOq6gVXxaeFnp，2016 年 5 月 4 日访问。

dence）上，网络或者信息系统抵抗意外事件、非法的或者恶意的行为的能力。这些意外事件、非法的或者恶意的行为可能损害已储存或已传输数据的可用性、完整性和机密性，以及通过网络或信息系统提供的或者获得的服务。”[1]《条例》前言部分，对电子通信领域的安全保护也有相关阐述，主要包括电子通信及其基础设施服务的安全，包括对其完整性、有效性、保密性的保护等，特别是对个人数据免遭丢失、变更、无授权的使用或披露以及传输过程中的安全保密性，也有所提及。

（二）我国学者关于网络安全的各种定义

比较流行的专业辞典，通常受到欧盟定义的影响，从网络安全功能层次划分出发，区分狭义网络安全和信息安全，并以信息安全为重点界定广义的“网络安全”。其中，信息安全意指保障国家、机构、个人的信息空间、信息载体和信息资源不受来自内外各种形式的危险、威胁、侵害和误导的外在状态和方式及内在主体感受。[2]

部分学者注重对于英美的借鉴，从保障利益的角度对于网络安全进行区分界定，即区分对国家的安全、对公共和社会的安全以及对个人的安全。但是这种划分同时又融入了非常浓厚的主权意识，极力强调在我国要将网络安全放到网络空间以及网络空间主权的高度来理解。这种观点提出，应将网络安全问题与主权问题联系起来，应特别强调网络的空间性并认识到这种空间也属于主权范畴。在这种思维下，网络空间主权思维因此凸显，网络安全的侧重点是与陆、海、空、太空等并行的网络空间安全（Security in Cyberspace）概念，并一开始就具有军事安全和主权安全性质。在这种观点下，通常被其他国家（如欧盟）从层次区分的角度置于较重位置的信息安全，被放到了不起眼的位置。因为，“与信息安全相比较，网络安全与网络空间安全反映的信息安全更立体、更宽域、更多层次，也更多样，更能体现出网络和空间的特征，并与其他安全领域更多地渗透与融合”[3]；而与网络安全相比较，网络空间安全作为一个相对的概念，具有针对性和专指性，与网络安全有细微的差别。尽管两者都聚焦于网络，但所提出的对象有所不同；较之“网络安全”，“网络空间安全”更注重空间和全球的范畴。[4]

由于受到网络主权意识的影响，我国还有学者提出，应从混合的角度，对“网络安全”的要素构成进行非规则描述，认为网络安全应当由网络系统安全、网络数据安全、网络信道安全及网络主体秩序安全这四个要素构成，任一要素缺失，都是

---

[1] 崔亚冰译：《欧盟议会及欧盟理事会（EU）No 526/2013 号条例》，载《互联网法律通讯》第9卷第2期。

[2] 上海社会科学院信息研究所：《信息安全辞典》，上海辞书出版社2013年版。

[3] 王世伟：《论信息安全、网络安全、网络空间安全》，载《中国图书馆学报》2015年3月。

[4] 王世伟：《论信息安全、网络安全、网络空间安全》，载《中国图书馆学报》2015年3月。

网络安全体系的疏漏。尤其网络信道安全一直是目前法律法规中比较忽视的要素，认为之前朝鲜遭受国外的网络攻击正是通过恶意流量网络出入口节点，实际上其国内各地司法部门正在处理多起利用 DDOS 封者网络信道的网络攻击。[1]

近年来，还有学者提出，应从不同时期就网络安全所对应的对象进行阶段划分，将网络安全划分为三个发展阶段。即区分第一代，包括系统安全、信息安全和应用安全；第二代，包括使用安全和内容安全；第三代，空间安全（见下表）。[2]

网络安全时代	安全类型	主要内容
第一代	系统安全	黑客入侵和破坏
	信息安全	合法和有用信息侵害
	应用安全	程序和软件安全
第二代	使用安全	利用网络侵犯传统法益
	内容安全	违法和有害信息传播
第三代	空间安全	与国家安全和公共安全交叉融合

（三）本文关于网络安全定义的分析

从上述国内外的网络安全定义可以看到，对网络安全形成一致接受的概念几乎是不可能的，其原因在于网络安全本身存在多类型区分的必要，有的是是从功能层面，有的是从保护利益层面，有的则从主权意识出发，有的甚至从行为出发，进行网络安全的描述，但是这些描述都只是网络安全的某个方面，需要拼合起来且动态地看待才可能较为完整把握住网络安全的含义。从这个意义上说，网络安全本身作为对象具有交织多样性，规范把握起来比较困难，不能简单依据一种分类把握就达到全面定义和系统规范的效果，而有必要对几种分类交错展开，通过多角界定方式、交织规范的处理，才能达到合理、全面规范的效果。

除了静态的内容界定上的困难，网络安全还存在动态发展的复杂性，这就使得其界定不得不保持开放性。仅就信息安全而言，其伴随信息化的进程而不断变化，以其载体和内容不同，可以划分六个阶段，如下表所示。

---

〔1〕 谢君泽：《关于〈网络安全法（草案）〉的几个重大问题》，http：//infolaw. fyfz. cn/b/860312，2016 年 5 月 4 日访问。

〔2〕 郭旨龙：《网络安全的内容体系与法律资源的投放方向》，载《法学论坛》第 6 期。

阶段	标志及特征
文书安全	此时的安全主要用于战争，例如：战时的暗语，暗号等
通信安全	1949 年香农（Shannon）发表《保密系统的通信理论》阐明了关于密码系统的分析、评价和设计的科学思想，标志着密码学的诞生，人类进入通信保密阶段。
计算机安全	1977 年《国家加密标准》和 1985 年《可信计算机系统评估标准》，此阶段主要侧重信息的完整性，因为计算机尚未实现网络化的发展。
网络安全	20 世纪 90 年代以来，局域网技术、高速互联网技术及新多媒体网络的发展。特别是 internet 的普及，使得商业网络得到迅速发展，计算机安全进入网络安全阶段。此阶段不仅关注信息的存储、处理、传输等过程的非法访问和篡改，更要关注数据的可信。
信息安全	1995 年美国国防部在吸收“信息安全防护应该从静态转向动态”的理论基础上提出了信息安全保障的概念。其强调对信息安全事件的防御能力、发现能力、应急能力及对抗能力，网络安全等级保护制度产生。
网络空间安全与信息安全	网络空间主权的提出与网络信息安全观念交织在一起
数据安全	个人数据保护、数据财产化的观念日益增强

2015 年 6 月，全国人大常委会提交审议《网络安全法（草案）》（以下简称《草案》），试图对网络安全的概念进行界定。附则第 65 条规定：“网络，是指由计算机或者其他信息终端及相关设备组成的按照一定的规则和程序对信息进行收集、存储、传输、交换、处理的网络和系统。”“网络安全，是指通过采取必要措施，防范对网络的攻击、入侵、干扰、破坏和非法使用以及意外事故，使网络处于稳定可靠运行的状态，以及保障网络存储、传输、处理信息的完整性、保密性、可用性的能力。”

这个定义是从网络安全实施主体的行为或能力的角度，对网络安全进行定义，可谓独辟蹊径，大概是意识到网络安全原本定义的复杂性。但是，这种界定从治理行为或治理能力的角度出发，使得规范对象本身变得更加不清晰。实际上，该定义还是间接从这种网络安全治理能力的针对范围，对网络安全进行了范围界定，界定方式是接近功能描述式的，仍然可以划分为网络物理安全和网络信息安全两个范畴。而且，从表述上看，应该是侧重于强调对基础设施（物理层）和网络层的安全保护，即对构建网络的各项设施以及网络本身的保护，至少对于信息安全本身没有重点强调。我国先前的法律政策文件多使用“网络与信息安全”的表述，如《国家安全法》使用的是“网络与信息安全”，但在成立中央网络安全和信息化领导小组以后，大约为了简略起见，将“网络与信息安全”的提法统一为“网络安全”。[1]这一点与比较法上更加落实在关注信息安全不同。作为网络的传输、应用对象，网络信息的安全性问题必然构成网络安全问题的核心部分。信息安全强调的是防止不良的外来信息的入侵，防止信息的泄露、修改和破坏等。广义的信息安全既有网络的运行安全（防止入侵），也有信息本身的安全（信息加密等），此外也间接包括构成网络的设备本身的安全。

当然，这个定义也忽略了通过其他分类如保护利益不同的分类所具有的特定内涵揭示意义，此外也不具备动态开放的特点。

网络安全的定义在今天还应该具备网络空间意识。随着全球信息化的深入发展和持续推进，数字社会在各个领域所占的比重越来越大，量变引发质变，以数字化、网络化、智能化、互联化、泛在化为特征的网络社会逐渐向空间化方向发展，这为网络安全带来了空间化意义的新挑战，甚至出现全球化的互联互通空间。[2]因此，“网络空间安全”逐渐从一般的网络安全中分化出来，成为新的安全领域，甚至成为国际关系空间。

网络空间论导致网络主权意识出现。这种网络主权观念反映到网络安全空间的治理上，会产生两种思维分歧。一种认为，网络空间存在积极的网络主权安全治理问题，一国可以像海陆空领土主权一样，将网络空间纳入主权范围，通过行使主权保障空间安全。另一种认为，网络空间主权意识应该有所节制，从互联网的空间安全治理而言，涉及的主权问题应该是在一个消极层面展开的，一国不能在网络空间简单宣布主权，即不能简单通过宣布主权方式对网络空间圈地，相反只能在尊重其具有公共领域属性的基础上，对这一领域可能出现的加害或威胁主权安全的行为加以预防、阻遏和治理——在这一意义上，网络空间颇似公海、外空，本身非属于主权范围，却涉及主权安全问题，具有在这一领域实施主权防御的必要性。

所以，网络安全的界定方法可以多样，包括以信息安全统和论为重心的功能的划分，以保护利益为基础的目的的划分，以时间或技术发展过程为线索的迭代的划分，以构成要素为依据的内容的划分，以及注重网络空间安全统和论的以主权为考虑的政治的划分，等等。但是，上述分类观点各具意义，任何一种都不足以完备。总结来看，网络安全的界定和规范，应该依据功能的划分为主，必要时同时辅助以不同分类，必须适应网络本身的不确定性和动态性，保持足够的包容性、开放性。

---

〔1〕丁道勤：《“上天入地”，还是“度权量利”——〈网络安全法〉（草案）述评》，http：//www.vchale.com/iPolicyLaw/209238633_1_b0a591c570b0ddca1856f86ebd871aef.html，2015年8月12日访问。

〔2〕王世伟：《论信息安全、网络安全、网络空间安全》，载《中国图书馆学报》2015年3月。

网络安全本质上是一个具有发展属性和不断升级的概念，其中数据安全将是下一步网络安全规制与重点关注的全新代际问题。

三、网络安全规制的治理思维

（一）网络安全规制的治理观念

网络安全的治理观念，是一种通过治理达成安全的思维观念，体现为以网络事业全部范围为指向的一种通过特定管理体系运用公共权威去维护其安全运行以满足事业需要的思维。它在特点上同样必须具备规制对象的领域性而非个别性、规制方法的体系性而非简单手段性、目的的事业性而非个别利益性、规制运行机制的互动性而非简单命令性等。

网络安全规制，其规范对象网络安全本身发生在人们的网络活动之中，本身涉及行为人之间复杂的利益关系。因此，其具有活动属性并在某种具体当事人之间的利害关系中展开，应该呈现一种行为规制的特点。但是，这种具体行为最终附属于网络领域事业活动的开展，属于整体领域的具体化部分，且当事人具体利益关系的背后受制于制度整体配置的复杂性，简单的行为规制本身是绝对不够的。这种情况，就不应该是那种简单适用以某种具体行为、具体利益关系为对象的单纯的行政法规制、侵权法规制、刑法规制手段等就可以实现关于安全的规制，而毋宁说，必须同时也从网络事业概念出发，引入行业治理或领域治理的概念，进行一种立体意义的网络安全规制，即应当引入网络安全治理思维。

有关治理思维，最早在行业管理领域出现，随着工业革命以来社会事业分工日趋发达，这种行业管理的治理观得到极大的蔓延，包括各种产业、事业领域，前者如矿业，后者如金融、医疗、环境保护等。现代“治理原则”滥觞于1989年世界银行对非洲经济危机（Crisis in governance）的形容，从此治理被广泛用于政治学、社会学、经济学的研究中。[1]政治学者俞可平认为治理一词的基本含义是指官方民间的公共管理组织在一个既定的范围内运用公共权威维持秩序，满足公众的需要。[2]治理的目的是在各种不同的制度关系中运用权力去引导、控制和规范公民的各种活动，以最大限度地增进公共利益。治理与管理最大的不同在于其自身的高度包容性，其具有吸收非正式制度作为公共秩序规则补充的能力，[3]且参与主体多元、以自身的过程性实现对静态命令与服从关系的超越。此外，治理本身还有善治与非善治的区别。

---

[1] 俞可平主编：《治理与善治》，社会科学文献出版社2000年版，第1页。

[2] 俞可平：《全球治理引论》，载《马克思主义与现实》2002年第1期。

[3] 周辉：《变革与选择：私权力视角下的网络治理》，北京大学出版社2016年版，第19页。

（二）网络安全规制的治理价值

诸多领域或实际部门对于网络安全治理的基本价值或必要性，已经从各自的视角进行了广泛而深入的研究和讨论。

计算机专家侧重于标准与应用技术的开发，如 XML 和 Java。[1]电信专家侧重从发展基础设施的角度加强网络安全治理。通信专家侧重于沟通安全的保护。这些表明，网络安全的价值问题是个各种领域安全需求的组合问题。政治家通常更加重视媒体和选民所关心的话题，如技术乐观主义（更多电脑＝更多教育机会）和威胁（在线儿童保护）等。[2]人权专家和自由主义者多侧重于言论自由等基本人权看待网络安全治理。[3]外交家更加侧重于对国家利益的实现和保护。法学家则是从维护网络空间不同主体合法、正当利益的角度对于网络安全治理的基本价值加以认识。

我国《草案》在第1条规定了立法目的或价值，即“为了保障网络安全，维护网络空间主权和国家安全、社会公共利益，保护公民、法人和其他组织的合法权益，促进经济社会信息化健康发展，制定本法”。在我国，在当今网络空间时代，网络安全治理问题还具有特别的时效性，应作为国家治理体系的重要一环，即在全面走向依法治国背景下，网络安全治理体系和能力成为国家治理体系和治理能力现代化的一种新要求、新内涵。

（三）网络安全规则规制的治理重点

网络安全治理体现为战略、体制、机制三个重点要求。

首先是战略层面。网络安全体系与其他管理体系比较，具有战略的高度。当前世界各国认识到，这种网络安全本身不仅包含国家安全维度，同时网络安全所置身的网络信息化事业本身更是具有战略基础性价值，所以为了维护网络安全自身涉及的国家安全，以及为了通过网络安全保障更好维护网络信息化事业基础，各国无一例外将网络安全问题上升到国家战略高度，将网络安全治理视为维护和强化国家竞争力、维护国家安全和主权安全的重大战略问题，在确立网络战略、网络空间战略和网络安全战略的基础上，进行这种治理体制布局。

我国也不例外。2015 年 7 月 1 日，我国颁布《国家安全法》（第29 号主席令），

---

[1] 周辉：《变革与选择：私权力视角下的网络治理》，北京大学出版社 2016 年版，第 20 页。

[2] ［塞尔维亚］库巴利加、［英］盖尔博斯坦：《网络治理》，中国互联网协会译，人民邮电出版社 2005 年版，第 7 页。

[3] 对于网络空间安全问题，极端的代表是美国社会活动家约翰·P. 巴洛。他于 1996 年起草一份“网络独立宣言”（A Declaration of the Independence of Cyberspace），其反对网络空间“主权”，主张网络安全绝对的自由不受任何现实世界干预。参见周辉：《变革与选择：私权力视角下的网络治理》，北京大学出版社 2016 年版，第 20 页。

将网络安全上升为国家安全战略的内容，其地位不容小觑。该法第25条规定，国家建设网络与信息安全保障体系，维护国家网络空间主权、安全和发展利益。《草案》也确立和突出了网络安全的战略性，具体分为总则，网络安全战略、规划与促进，网络运行安全，网络信息安全，监测预警与应急处置，法律责任，附则七大板块，认为此种结构是“根据我国网络安全面临的严峻形势和网络立法的现状，充分总结近年来网络安全工作经验，确立保障网络安全的基本制度框架”。我国同样也重视网络军事安全。

其次是体制层面。网络安全治理需要进行主体设置，为了使治理成为一种可能，必须设计主体机制并赋予其治理之权，具体包括其组织形式、权力依据、权力范围等制度规定。除了一般管理体系，各国大都设立国家级的网络与信息安全战略协调机构，强化集中领导和综合协调。美国设有直接面向总统的网络安全协调机构，领导白宫网络安全办公室，协调军民各部门工作。英、俄、日等国均设立相关的管理机构，完善分工协作机制，全面统筹和协调网络空间各方力量。我国关于网络安全的战略思维，有一个形成过程，2014年2月27日，中央网络安全和信息化领导小组成立，标志着互联网安全治理上升为国家战略层次。2015年7月领导小组做出新指示，将信息化推进、网络信息安全协调等职责明确赋予中央网络安全和信息化领导小组办公室（国家互联网信息办公室），同时具体由工业和信息化部负责网络强国建设，致力于维护网络安全。[1]从体系的角度，网络安全治理体系在很大程度有着行业自律的要求。鉴于网络安全保障很大程度依赖于网络经营者、从业者的自觉性和合作立场，有必要发挥行业协会对于网络安全管理的重要自律作用。《草案》第8条参照了其他国家的做法，规定了这种行业自律机制，网络相关行业组织要按照章程，加强行业自律，制定网络安全行为规范，指导会员依法加强网络安全保护，提高网络安全保护水平，促进行业健康发展。然而，遗憾的是，《草案》对行业协会的规定从表述上看仅具备宣示性的作用，对行业协会在网络安全管理当中应发挥的职责意识也尚未不足。这不得不说是一种遗憾。理想的做法是，立法应当明确网络安全行业协会对于网络安全的风险评估和等级保护评估职能，应当要求网络安全组织建立本行业的网络安全保护规范和协作机制，建立网络安全风险评估机制，定期向成员进行风险提示，协助成员应对网络安全风险。此外，源于对不同的客体的保护等级不同，行业协会还应当指导、协助成员评估自身系统对应的保护等级，从而建立和自身系统相匹配的等级保护体系。[2]

---

[1] 《中央编办关于工业和信息化部有关职责和机构调整的通知》，http://www.miit.gov.cn/n11293472/n11459606/n11459642/11459720.html，2016年5月4日访问。

[2] 根据《关于信息安全等级保护工作的实施意见》，我国把信息和信息系统划分为五个保护等级，从低到高依次为：自主保护级、指导保护级、监督保护级、强制保护级和专控保护级。

最后是机制方面。网络安全治理存在运行问题，需要通过特定手段、措施包括依据程序，促成运行方式和行动，达成各种实际的及时的治理效果。这些机制，可以针对网络安全的功能分类，体现为物理安全的保障机制，也可以体现为信息安全方面的保障机制。它们依据手段本身的性质和特点，又可以或者表现为纯粹技术的手段，或者表现为行为规制的手段。应特别注意的是，网络空间本身是技术的产物，所以，无论是物理的安全治理还是信息的安全治理，本身都需要依赖技术的改进和应对。此外，这些机制，也可以针对网络安全的利益保障性质，表现为不同法律保障机制的设计，如民事保障机制、行政保障机制、刑事保障机制，分别针对网络侵权或违约，网络行政违法，网络犯罪。它们也可以从治理阶段的角度，区分为预防手段、惩治手段和完善手段，包括系统建立网络安全促进技术发展机制、监管机制、应急保障机制和安全人才培养机制。[1]

网络安全治理机制，应该具有较大的灵活性。针对网络空间的复杂性和动态性，法律应当赋予网络安全治理机构必要的政策规章制定权以及管理上的灵活机动性。法律制定程序相对烦琐以至于很难及时应对网络技术对法律的冲击，诸多互联网领域的新问题尚无现行法依据，游走于法律的灰色地带，需要治理机构积极依据程序运用体制赋予的灵活性加以及时决断。严格遵循以教义学为出发点的传统法律规制路径，很难适应日新月异的网络安全治理要求，所以不能简单理解“依法行政”“依法治理”。以反不正当竞争法为例，“流量劫持、深度链接、竞价排名”，本身没有得到立法明确，这就需要网络安全治理机构动用灵活性及时、合理加以解决。

四、网络安全法的原则和体系构成

（一）网络安全法的原则

网络安全法作为网络安全法律规制的基本法，体现为以治理思维为基础的综合、动态立法，从治理原则上来说至少覆盖四个方面，包括应该明确与网络基础规范的关系的原则、网络安全的目的与结构的原则、网络安全体制的原则以及网络安全运行机制的原则。

1. 与网络基础规范的关系原则

体现为网络运营、公平与安全相结合的原则。在今天的网络技术高度发展的背景下，必须适应网络技术的发展趋势，并且以充分享受网络福利、合理追求网络创造为基础尊重其自由开发与应用，特别是应极大发挥其对于商业、社会、文化、政

---

〔1〕 崔聪聪：《中国信息安全立法的宏观分析与制度设计探究》，载《苏州大学学报》2014 年 1 月。

治等方面带来促进不断开放的自由功能。但是，网络科技开发及其应用，本身具有复杂面向，可以在积极方面也可以在消极方面对经济、社会、文化乃至政治产生巨大作用力，所以，又必须在鼓励其极大自由地开发和应用的同时，注意消除或者克制其副作用的一面，这就需要同时做到确保网络公平和安全。所以，第1条原则即为网络运营、公平与安全相结合，应该同时处理好运营、公平、安全三个主要维度的关系，三者不能相互孤立，缺一不可。

《草案》第3条[1]规定了“国家坚持网络安全与信息化发展并重”，第7条规定了“建设、运营网络或者通过网络提供服务……保障网络安全、稳定运行”，第9条规定“国家保护公民、法人和其他组织依法使用网络的权利……保障网络信息依法有序自由流动”，这些都不同程度涉及网络自由与网络安全的协同问题，但是并未上升到一个更加宏观整合的高度，同时忽略了网络公平问题。所以不意外的是，在具体展开中，《草案》多为管理授权条款及运营者和用户义务规定，仅有寥寥法条阐述运营者、用户的权利（比较典型的为第54条和第9条），颇有将网络安全法完全建立在绝对的管理权力基础上之嫌，而忽视了运营、公平与安全的协同基础。

2. 维护网络安全的目的与结构原则

体现为目的上确保网络系统和活动中国家、社会和个人正当利益的安全以及结构上确保国家、社会、个人正当利益的安全一致受保护的原则。前已述及，网络安全可以从不同角度加以理解，如目的、功能等，但是从价值原则上说应该立足目的角度，如此才能上升到法律精神的高度。从目的上说，网络安全的法律规制应该致力于确保网络技术和开发应用给人类带来积极福利的同时，积极避免其对于国家、社会和个人正当利益的危害和破坏，这种正当利益既包括具体利益，也包括整体上的政治、经济、社会、文化等利益。此外，要注意这一目的原则是一种结构的存在，国家、社会和个人均需尊重，不得偏废，这就使得网络安全法在保护利益体系上存在一种复合利益多重交织的特点和要求。《草案》在第9条涉及网络安全问题上国家、社会和个人的正当利益一体保护问题，该条规定了两款，但是表述上非常不清晰。[2]

---

[1] 《草案》第3条：“国家坚持网络安全与信息化发展并重，遵循积极利用、科学发展、依法管理、确保安全的方针，推进网络基础设施建设，鼓励网络技术创新和应用，建立健全网络安全保障体系，提高网络安全保护能力。”

[2] 《草案》第9条第1款为，“国家保护公民、法人和其他组织依法使用网络的权利，促进网络接入普及，提升网络服务水平，为社会提供安全、便利的网络服务，保障网络信息依法有序自由流动”。第2款为，“任何个人和组织使用网络应当遵守宪法和法律，遵守公共秩序，尊重社会公德，不得危害网络安全，不得利用网络从事危害国家安全、宣扬恐怖主义和极端主义、宣扬民族仇恨和民族歧视、传播淫秽色情信息、侮辱诽谤他人、扰乱社会秩序、损害公共利益、侵害他人知识产权和其他合法权益等活动”。

3. 维护网络安全的体制原则

体现为治理体制上的统一领导与分工协作监管相配合的原则。网络安全治理作为一个科学可行有效体系，从功能上而言要做到与网络系统、网络运行结构的实际特点相符，也就是说治理机制应该覆盖全面、纵横交错，同时又要突出必要层次与事项的区分。确保网络安全是网络的基本价值之一，为了使得这一基本价值得到实现，在治理机构、职责以及管理事项上，提升保障配置层次，就此基本价值保障，确立统一领导机制和战略管理机制。许多国家为此设立高级别的领导体系，确立战略管理架构。我国也不例外，中央网络安全与信息化领导小组的成立，就是其体现，此次应该借助《网络安全法》立法在治理体制层面予以清晰化，使得其作为政治的体系能够与国家的体系相对接。此外，网络安全事务非常复杂，涉及基础、运行、管理和信息不同类型的安全，也涉及经济、社会、政治、文化等不同领域的安全，涉及国内和国外不同的关系，涉及合法与违法、一般违法与犯罪等不同情况，这些都使得统一领导难以化为统一管理，所以，应该依据现行机构体制的科学特点建立一个严密合理的分工协作的管理体系，配置必要的职责，明确清晰的程序。

4. 维护网络安全的运行机制原则，体现为治理体系上战略管理与具体管理相配合、重点管理与一般管理相配合的原则

网络安全治理体制体现的是网络安全功能承担主体的配置，网络安全治理机制体现的则是功能具体实施途径和方法的配置。这种配置设计，必须通过科学的思维，针对网络科技和网络空间的特殊性进行多功能、多层次、多维度、多环节、宏观与微观结合、事先预防与事后解决结合、一般处置与应急处置结合的机制交织，分别需要借助不同的途径和方法，并且进行重点突出与一般管理的合理布局。

《草案》没有明确规定战略管理与具体管理相配合、重点管理与一般管理相配合的原则，但是在具体体例安排上一定程度体现了这一原则。可以从第二章“网络安全战略、规划与促进”和其他章节的区分看到这种处理，但是总体上意识不足，体例安排的科学性也就存在不足，如具体管理应该依据功能以及重点，区分“网络基础设施”“网络运行、技术与运营管理”“个人信息与数据资产保护”“行业组织和自律管理”“网络监测、预警与应急管理”“网络开放与国际合作”等。此点前面已经提及，不复赘言。

（二）网络安全法的体系构成

目前的《草案》中具体分为总则，网络安全战略、规划与促进，网络运行安全，网络信息安全，监测预警与应急处置，法律责任，附则七大板块。这种架构注重体系化，如区分了作为原则规定的总则（第一章）和作为规则的具体规定（其他章节）；在动态化搭建方面存在一定的意识，比如在相当程度突出了体制、机制

配置的要求；此外，在治理机制上，突出了网络安全的战略性，并且按照管理的机制需求安排篇章。但是，上述体例安排，并未完全凸显网络安全法作为因高科技应用和活动而形成的现代治理型法的复杂要求。

网络安全法是网络安全法律规制的基本法，从作为治理法的组织化、体系化、动态化视角，其基本的法律框架应该体现一种治理架构加治理规则的体系。一方面，这种复杂治理应突出体制性、动态性的治理要求，网络活动具有稳定性、重复性、过程性、空间性的特点，应当引入积极治理组织体系，进行科学的动态管理的组织配置。《草案》一定程度上体现了体制的要求，也有意从功能角度布局动态治理的若干机制，但是体制仍然不清晰，没有通过专章明确，机制存在较明显的不足，例如体现为“网络安全战略、规划与促进”“网络运行安全”“网络信息安全”“监测预警与应急处置”“法律责任”几个方面，区划上较为简陋而且较为理论化（如网络运行安全和网络信息安全的区分）。另一方面，网络安全问题是由网络活动产生的，作为一种以复杂科技活动为背景的安全问题立法，从治理规范的角度而言，存在技术应用及其活动规范的特有的复杂性，存在技术层面、行为层面、管理层面多重规范特点。其中，治理规则在事项内容方面要体现治理依据、治理义务、治理机制、治理行为、治理责任等重点要求；在程序方面，则要体现治理权力的配置和运行、治理手段的条件和实施、治理义务的承担和执行、治理效果的发生和承担，总之是权力—运行—义务—承担—责任的要求。

所以，本文建议，应当综合考虑网络安全的治理特点和作为技术 + 活动规范的复杂性，从作为治理法体系的思路出发。首先明确治理对象、治理依据和治理原则。其次，明确网络安全组织体制，包括组织架构、权力配置和基本运行体系。再次，明确规范对象的义务配置，重点明确作为治理对象的网络活动的技术规范性和行为规范性要求。最后，展开重点规范事项，核心是几大机制板块，包括“网络安全战略管理”“网络基础设施安全”“网络运行、技术与管理的规制”“个人信息与数据资产保护”“行业自律”“网络监测、预警与应急管理”“网络开放、数据开放与国际合作”等。这些机制板块是基于功能结构的一种规范区划，注重业态事项，从实践中网络建设和运营最基本的层次结构和分工特点的角度展开，而不是刻意僵化区分物理安全和信息安全，正视信息安全在目标上的可贯通性。此外，进行了必要的体系交叉和功能限制，如“个人信息与数据资产保护”“网络开放、数据开放与国际合作”“行业组织和自律管理”。程序性问题融入具体的章节。所以，建议修改为第一章“总则”（治理依据、治理原则与适用规定）、第二章“网络安全治理体制”（机构体系与职责）、第三章“网络技术和行为安全的一般规则”（治理依据或关于网络技术与活动安全的基础义务规范）、第四章“网络安全战略”、第五章“网络基础设施安全”、第六章“网络运行、技术与管理安全”、第七章“网络监测、预警与应急管理”、第八章“个人信息与数据资产保护”、第九章“网络开放、数据开放与国际合作”、第十章“行业组织和自律管理”、第十一章“法律责任”、第十二章“附则”。

五、我国网络安全法律规制的难点

此次《网络安全法》起草，基于以上体系结构，势必遭遇若干难点课题，其中比较复杂的应该有：网络安全和网络运营的关系问题；网络安全体制架构问题；完善网络安全战略管理机制问题；网络基础设施安全保障问题；完善网络安全信息共享制度问题；推进数据安全保障问题；个人信息保护和数据资产化问题；数据开放、数据流动和国际合作问题；行业自律问题等。

（一）网络安全和网络运营的关系问题

网络安全立法是网络整体立法的一个部分，网络运营、网络公平、网络安全是网络立法的三大平行价值，不可偏废。然而，我国目前还没有网络基本法，这就导致网络安全立法本身面临着平衡的困难，必须预先处理好和网络基本法的关系，特别是在对网络安全与网络运营自由的协同方面，应该进行明确，避免单纯地强调安全而不当限制网络的自由和发展。从世界范围看，网络安全立法对于网络运营促进意识往往存在不足，很多时候过于片面地强调维护安全问题，后者既包括国家的安全，也包括社会和个人的安全。

我国在这方面值得关注的是，当前行政权力的行使界限许多方面较为模糊，经常依赖于行政机关自我的约束。例如，面对公民的通信秘密权和隐私权与作为公权力的监管权直接的冲突，互联网服务提供商（Internet Service Provider，ISP）的信息支配权限便成了矛盾的焦点，其所能掌握的公民的信息在受到公权力指示的情况下，应当如何解构信息利用权力也就变得十分敏感。最严肃的，是侦查部门在网络安全的侦查权及其行使问题，这一权力理论上同样应该将运营自由与维护安全协同起来理解。现实侦查中面临的问题主要有以下两个方面：其一是发现了可以定案的信息，但是该信息难以确认其身份；其二是确定了犯罪嫌疑人但是无从收集其犯罪的相关信息。实践中，侦查部门超出范围，绝对化地要求网络运营商提供短信及公司留存的相关信息变得十分常见〔1〕，然而，随着加密技术的不断升级，使得企业完全无障碍提供用户相关信息变得异常艰难，倘若要求运营商提供信息则势必使运营商违反职业道德强行解密用户信息。总体上，从运营自由以及涉及的企业和个人正当利益保护与网络安全的协同关系角度，有关行政权和侦查权的配置和行使，应当以尊重企业正当利益、用户个人信息权等为出发点，以必要性和可控可追溯为原

---

〔1〕唐忠民：《公民通信自由和通信秘密保护的两个问题》，载《法学》2007年第12期。

则作为条件限制。信息社会，政府部门对于信息的获取，应当具有法律依据的权力，并且依据必要的程序和资质条件，方可对信息进行收集，且保证信息获取的过程可控、信息处理过程可追溯。

（二）网络安全体制架构问题

从网络安全主体框架角度来看，鉴于网络安全对于当今国家整体利益和安全的重大性和战略性，应当建立统一的、立体化的网络安全领导体制，同时又要结合网络安全事务的特点、现行机构职能分工的特点处理好具体管理的部门分工配置问题，确立领导、分工管理协作的基本架构，建立职权监管与行为监管相互结合的治理模式。

目前《草案》在网络安全体制上没有专门突出一章，而且并未明确网络安全治理体制实施统一领导与分工协作监管相配合的体制。第 6 条仅提到，“国家网信部门负责统筹协调网络安全工作和相关监督管理工作。国务院工业和信息化、公安部门和其他有关部门依照本法和有关法律、行政法规的规定，在各自职责范围内负责网络安全保护和监督管理工作”。

这一表述虽然有上层与下层的区分，但是显得比较模糊。一方面，上层是否具有统一领导职责，根本没有明确。相关法条中“国家网信部门负责统筹协调网络”的说法，比较微妙难解。而且，没有明确，谁是最终的上层机构（本法作为专门法都不明确，就不可能再有其他法律加以明确），是现有的国务院的网络信息化办公室，还是党中央设立的最高领导小组呢？依据笔者理解，现在的国务院网信办应该级别不够，当然本身也没有法律既有授权，似乎是目前的中央领导小组同时要向国家体制转化。

另一方面，下层分工管理说法也不明确，提到了“国务院工业和信息化、公安部门和其他有关部门依照本法和有关法律、行政法规的规定，在各自职责范围内负责网络安全保护和监督管理工作”，但是依据本法和有关法律法规的说法其实有很大的模糊性，本法首先就有必要就网络安全管理事项作出明确重点分工。就现行机构职能的科学设计来看，应该由工信部负责网络基础设施安全，同时对于网络运行、技术和管理安全中的技术范畴也予以负责，应该由新闻总署专设信息管理机构负责网络运行、技术和管理中的信息范畴，应该由工商部门负责网络基础设施、运行、技术和管理中的公平问题、市场秩序问题。

至于公安部门和检察机关等，则比较复杂，既有既定的治安、侦查权力延伸到网络空间行使问题，还有特殊网络监控权力的新配置问题，后者体现为在网络技术以及活动复杂化之后，以网络安全预防、网络安全有效处置和应急管理为必要的体制配置（我国在这方面缺少配置依据，导致公安、检察等执法部门、司法部门不能有效预防、发现和控制网络犯罪、严重违法行为，导致极大的滞后性，如网络诈欺、电信诈欺、违法竞标广告现象愈演愈烈都源于此）。

（三）完善网络安全战略管理机制问题

网络安全必须提升到战略管理层次，才能有效从整体上加以重点保障。这里所谓战略管理层次，并非一种简单重要性的强调或者说一种管理意识问题，而是一种实实在在的科学机制，包括谁来决定战略、决定什么战略、如何实施战略一整套体系。以美国为例，早在克林顿和布什时期就开始确立网络安全战略管理，布什公布过著名的《国家网络安全综合计划》；奥巴马上台后，在白宫成立了网络安全办公室，强调安全领导体制的必要性，坚持“最高层实施领导”，同时强调从国家层面推进国际协作。2011 年 5 月，以美国政府名义发布《网络空间国际战略》和《网络空间行动战略》，这两个战略着重点在于倡导网络自由与安全，力推国际合作，严峻对待网络攻击，强调战略防御体系构建和威慑力的提升。同年，奥巴马还提出关于网络安全的立法建议，但当时未获得美国国会通过，原因在于国会议员们担心政府大规模监视和收集公民个人信息的做法会引起民众不满。2015 年 1 月 20 日，奥巴马提出应对网络攻击、强化网络安全的全方位战略的总统国情咨文，涉及立法、企业、社会、教育、资金等多个层面，包括力推保护消费者隐私和权益的法案、举办网络安全与消费者保护专题峰会、建议立法鼓励私有部门自愿向政府提供“合适的”有关网络安全威胁的信息、推广高速宽带网络、政府提供专项资金支持网络安全教育培训、打击和防范网络实施恐怖主义行为等，获得积极评价。2015 年 12 月，美国国会通过了作为综合预算法案的第 14 条附加内容的《网络安全信息共享法案（2015）》。2016 年 9 月，奥巴马推出《网络安全国家行动计划》，将从加强网络基础设施建设、加强专业人才队伍建设、加强与企业的合作、加强民众网络安全意识宣传以及寻求长期解决方案 5 个方面入手，全面提高美国在数字空间的安全。为支持这一行动计划，奥巴马在当天提交给国会的 2017 年财政年度预算中提议拿出 190 亿美元用于加强网络安全，其中 31 亿美元用于更新改造美国联邦政府落后的电脑系统。奥巴马还计划仿照美国公司的运行模式，设立联邦首席信息安全官，负责联邦政府网络安全政策与行动的规划和执行，这是美国政府首次设立专职的高级官员主管网络安全。[1]

《草案》以专章确立网络安全战略机制，这是重大的机制安排，是非常必要的。第 11 条规定了“国家制定网络安全战略”的要求，对于安全战略的内容，规定为“明确保障网络安全的基本要求和主要目标，提出完善网络安全保障体系、提高网络安全保护能力、促进网络安全技术和产业发展、推进全社会共同参与维护网络安全的政策措施等”。此外，在第 12 条规定通信、广播电视、能源、交通、水利、金

---

〔1〕《奥巴马政府推出〈网络安全国家行动计划〉》，载新华社，http：//news. xinhuanet. com/world/2016 －02/10/c_ 1118018444. htm，2015 年 5 月 4 日访问。

融等部门编制网络安全规划并组织实施的职责；第 13 条规定国家建立和完善网络安全标准体系的职责；第 14 条规定中央和省级人民政府重点支持网络安全能力建设和保障的职责；第 15 条规定各级人民政府及其有关部门、大众传播媒介推进网络安全宣传教育的职责；第 16 条规定国家支持开展网络安全相关教育与培训、促进网络安全技术人才培养和交流的职责。这些应该说都很不错，但是比较起来战略内容方面针对性还有不少含糊之处和可操作性问题，体现得不够充分明确，虽然一般性强调了保障基础建设、保护能力建设等内容，却没有强调哪种保障属于战略保障、哪种能力属于战略能力，以及谁来实施或执行，是否该通过特别立法手段来促进。

（四）网络基础设施安全保障问题

网络安全面临技术和管理两个方面的挑战，其中技术问题是基础，很多网络安全治理问题如果国家本身不具备足够的技术保障、技术手段，则管理就会变得极为脆弱。国家强化网络安全战略的一个重点，就是不断提升网络基础设施的安全保障能力，从根本技术系统上建立安全保障能力。

国家提升网络基础设施安全，重点在于强化其中关键基础设施的安全，关键信息基础设施指的是所在的行业具有全局性、战略性和基础性的设施，往往对国家安全具有特殊意义，需要划定范围，给予特殊保护。[1]。对于关涉国家安全命脉、社会稳定的能源、交通、金融等领域的关键信息设施以及电信网、广播电视网、互联网等基础信息的网络安全设施宜加以明确，并通过立法确认关键基础设施的范围和层级，关键基础设施的内涵和外延随着高科技企业的发展而不断壮大，故而有重要战略意义的商业网络仍然应当纳入关键基础设施保护的范围。国家强化保障关键基础设施的办法，一是强化更加安全先进的基础技术系统开发和应用；二是加强保护体系建设，包括发展关键基础设施安全监控体系，监控防御系统，强化黑客入侵时的实时应对和恢复机制。

《草案》第25 条规定了关键基础设施的范围和重点保护的要求。即“国家对提供公共通信、广播电视传输等服务的基础信息网络，能源、交通、水利、金融等重要行业和供电、供水、供气、医疗卫生、社会保障等公共服务领域的重要信息系统，军事网络，设区的市级以上国家机关等政务网络，用户数量众多的网络服务提供者所有或者管理的网络和系统（以下称关键信息基础设施），实行重点保护”。

网络关键基础设施安全保障的科学设计，还包括应该明确关键基础设施分级保护，这样才能做到可区别性地实施分级管理。对关键基础设施的分级分类，应借鉴和吸收国际通行标准或先进国家经验，制定网络安全管理和技术标准，使强制力的

---

〔1〕 李海英：《网络安全法的价值追求与制度选择》，载《网安观察》2015 年第 9 期。

技术标准得到有力贯彻，实现关键基础设施分级管理制度。与此同时，对于私营关键基础设施的保护，应立法授权政府机关开展与私有关键基础设施运营者的合作，协助运营者建立网络安全入侵防控和检测系统，与这些运营者分享必要的网络安全威胁信息和应对策略。〔1〕

（五）完善网络安全信息共享制度问题

促进网络安全信息共享，特别是私企将其安全信息与政府共享，是互联网技术时代的发现和治理网络安全的特有的要求，是互联网特点决定的合作共治原理的必然。我国目前推行“网络安全长城”，在此有特殊的价值，但宜以立法的方式确立安全信息共享机制。网络安全信息共享制度，从域外经验来看，以分级、激励、保密三个要素为核心，应当仿照网络安全等级保护制度，实行信息共享分级制度，以信息的重要程度为标准进行分类管理，并对不同的企业和人群进行分级授权。不对情报进行分类极有可能使得安全保密机制具有很大的脆弱性，而网络安全信息共享分析制度，可以避免类似情形再次发生。〔2〕在信息共享规则上，同时应当对用户隐私和商业秘密加以严格保护，并要对何种情况下可以豁免因为私主体披露相关信息的刑事责任和民事责任进行类型化分析，平衡维护国家安全利益和保护个人和企业私权利之间的利益关系。

（六）推进数据安全保障问题

网络时代已经进入大数据时代，这就使得网络安全问题，从一般的信息安全上升到数据安全的时代。数据已经成为当今重要战略资源，数据安全也就同样成为当今网络安全中的重要环节，同时也带来安全治理的复杂性。

数据安全包括一般意义的网络背景下的个人信息安全，但是越来越多呈现为网络数据采集、分析、持有、使用、交易等活动中涉及的各种安全，包括对于个人的，还包括对于企业的，还包括对于社会、国家的。所以，数据安全一方面应当协同个人信息保护，但是另一方面其需要处理的问题十分复杂。将数据安全纳入《草案》，对数据进行了分类并提出了个人信息安全保护的制度安排，这是值得肯定的，但是这远远不够，还需要规定全面的数据安全的应对机制。从这个意义上，应当在《网络安全法》单独制定一章，从数据安全的角度确立安全维护机制，建立“有层次数据保护立法体系”。

---

〔1〕《网络安全法重在建立规则》，载人民网，http：//opinion. people. com. cn/n/2015/0730/c1003 - 27388014. html，2016 年 5 月 5 日访问。

〔2〕参见刘金瑞：《美国网络安全立法近期进展及对我国的启示》，载《暨南学报（哲学社会科学版）》2014 年第 2 期。

（七）个人信息保护和数据资产化问题

大数据时代催发了数据的巨大经济和社会价值，数据本身存在一种资产化趋势，在这种情况下，数据安全包括个人信息安全在内，其保护设计不能过于简单以至于妨碍数据资产化的价值需求，在这种情况下，个人信息保护、数据保护需要在一种更加复杂化的“双赢”机制之中发挥效果。

首先，必须注意保护个人信息。欧盟国家在其立法中将个人信息资料权作为一项独立权利加以保护。[1]较早，1995 年欧盟个人数据保护法就确立了这一权利，之后的一些欧盟国家加以不断完善。例如，1998 年公布的《荷兰个人数据保护法》第 36 条第 1 款就作出这样的规定，“接到个人数据与之相关通知的人，在其个人数据完全失真或处理与数据处理目的完全或部分无关或处理以违反法规的其他方式进行时，可要求责任方修正、补充、删除或播放上述数据，其要求应当包括数据的修改办法。责任方必须确保数据的修正、补充、删除或播放尽快进行”。2016 年 4 月，最新出台的欧盟个人数据保护法更加完善了这一定位。近年来，包括欧盟、美国等，在个人信息保护的基础上也着力推动一种基于前端保护的“设计保护”新理念。[2]这种设计理念主张，个人信息保护不仅依赖“个人信息保护法”，也需要鼓励企业加强自律，更新内部机制，建立健全内部数据风险评估机制，在产品和服务初期导入个人信息保护机制。我国也宜推行这种“设计保护”的模式，制定专门的个人数据保护法，同时加强企业自律规范。

其次，也要注意数据资产化过程中的各方利益的合理配置。数据资产化，不能简单地以作为个人信息权的人格权商品化方式开展，也不能简单采取债权保障和债权交易的方式正当化，因为这种情况下会严重制约数据资产化的实际功能和经济结构需求。一种数据财产权理论开始出现，主张数据规范从单纯的人格权、债权模式中走进人格权、债权、财产权复合重叠的样态，数据财产权各种形式呼之欲出，个人信息安全和数据产业发展正在展开动态平衡。

（八）数据开放、数据流动和国际合作问题

数据必须保持极大的开放性和流动性，才能形成更加大的规模，更加方便地获取和加工，更加方便地交易和利用。但是，数据在来源上往往受到数据封闭的限制，对此，不同国家都鼓励原始数据开放，特别是针对公共数据，往往出台数据公开的法律促进其公开。此外，数据存在跨境的复杂性，从数据价值发挥而言，跨境

---

〔1〕 袁峻：《网络环境下个人信息保护的法律问题研究》，华东政法大学 2013 年硕士学位论文。

〔2〕 谈剑峰：《建章立制加快推动我国网络空间能力的新发展——对〈网络安全法（草案）〉的思考，载《信息安全与通讯保密》2015 年第 9 期。

是一种必要，但是数据背后存在数据安全问题，各国数据空间主权观念的差别，或者数据法制、数据利益、数据安全保护观念的差异，导致相互之间在数据流动和国际合作的复杂性。这个问题需要特别规范。

《草案》，目前仅有少数条款涉及此问题。一是在总则第 5 条，规定网络空间治理的国际合作原则，旨在推动构建和平、安全、开放、合作的网络空间，即“国家积极开展网络空间治理、网络技术研发和标准制定、打击网络违法犯罪等方面的国际交流与合作，推动构建和平、安全、开放、合作的网络空间”；二是在网络信息安全一章的第 43 条，规定“国家网信部门和有关部门依法履行网络安全监督管理职责，发现法律、行政法规禁止发布或者传输的信息的，应当要求网络运营者停止传输，采取消除等处置措施，保存有关记录；对来源于中华人民共和国境外的上述信息，应当通知有关机构采取技术措施和其他必要措施阻断信息传播”。可见，没有就此专门规定，实为遗憾。

2015 年出台的《反恐怖主义法》[1]，其在前期公开征求意见时，草案中有关“互联网企业应当将相关设备、境内用户数据留存在中国境内”的一条规定。立法者最后接受民意，在正式公布的反恐法中予以删除。反恐法只是在第 17 条、第 18 条、第 19 条、第 21 条、第 61 和第 86 条，进一步强化了互联网企业在反恐事项上的注意义务，包括宣传教育义务、防止恐怖信息传播的义务、协助调查义务及查验用户身份义务，并进一步明确了责任承担方式；但是，它对于互联网企业数据是否必须全部在境内存储和对于跨境存储和传输的要求，在法律法规层面目前尚未有明确规定，但此前的实践中不乏要求将数据信息（特别是敏感信息）存储在境内的要求。[2]互联网企业的核心在于技术资源，如何在保护用户隐私和反对恐怖主义之间达到动态平衡，有效保持企业正常的运营并保护企业知识产权，需要互联网企业的特别关注以及与政府部门的有效沟通与协调，也是接下来部门配套立法应当重点思索的核心问题。

（九）行业自律问题

维护网络安全机制中，要特别提到自律机制问题。从主体关系的角度而言，网络安全机制可以分解为国家、企业、个人、社会四元，各方主体就其承担的安全功能，都具有机制途径和方法，它们之间属于配合关系。其中，要特别强调自律机制问题，企业、个人和行业都存在自律问题，这是基于网络空间的技术无限自主特点

---

〔1〕 2015 年 12 月 27 日第十二届全国人民代表大会常务委员会第十八次会议通过。

〔2〕 不过，《反恐怖主义法》虽未有明确突破，未来实践中会否依据《反恐怖主义法》而进一步加强对于互联网企业数据存储和传输的限制，仍未可知。同样值得注意的是，《反恐怖主义法》第 18 条的规定，即“电信业务经营者、互联网服务提供者应当为公安机关、国家安全机关依法进行防范、调查恐怖活动提供技术接口和解密等技术支持和协助”，也存在一个如何适用解释问题，是绝对化还是相对化结果完全不同。

和行为无限集散特点决定的，如果没有自律，控制和监管将会十分被动，成本极高，应付不及，防不胜防。随着 web2.0 时代的飞速发展，当代网络安全治理理论认为，单纯的从上到下的管理模式很难实现纵观全局，更难以解除网络安全空间治理的困境，应以国家治理与社会合作为平衡。如美国网络法大家莱斯格教授就认为，网络空间治理应该依从四维规制理论，以此拓展空间治理的思路，其主张法律、社会准则、市场机制之外还要充分挖掘网络空间自身技术架构的自我规制特征，其核心在于将网络安全治理视为一个动态多元且上下协作的领域，应具有主体多元、行为多样的特征。〔1〕

但是，自律不可能简单自动实现，需要提供法律上的机制加以保障。在网络安全法中，有必要在网络发展与网络安全协同的基础上，鼓励网络技术创新和应用，以发展的眼光看待网络技术，避免走“有事就管，一管就死”的老路，但要做出对自律的鼓励和引导，同时建立若干必要的自律机制加以约束，包括建立和规范行业自治、社会共治体系等。从当今网络产业发展来看，在多元自律体系中，用户自律应当倡导，但是企业和行业自律尤为紧迫和重要。《草案》在第 4 条倡导“诚实守信、健康文明的网络行为”，旨在鼓励用户自律；在第 8 条又规定了加强行业自律的原则，“网络相关行业组织按照章程，加强行业自律，制定网络安全行为规范，指导会员依法加强网络安全保护，提高网络安全保护水平，促进行业健康发展”。这些规定是必要的，但是还欠缺充分和具体的可操作性。

现行的互联网产业规模扩张速度令人震惊，互联网企业的实力日益强大，形成了明显的平台化发展趋势。在互联网的双边市场下，服务提供者所提供的网络服务作为一个平台出现，连接双边市场群体，随着用户黏性的不断增强，服务提供者可借机拓展到其他细分市场，最终形成以特定产品入口平台为核心的平台生态系统，随着数据技术的发展，特别是大数据基础上云计算技术、数据挖掘的广泛应用，网络企业已经具有很强大的网络安全的保障能力和维护能力。这种保障和维护能力，既体现为对自己行为的控制能力，也体现为对用户行为的控制能力。

以对用户个人信息安全为例，网络企业在涉及个人信息时，完全有条件对个人数据加以保护。但是由于外部监管不足〔2〕，加上自身自律不足，许多企业虽然声

---

〔1〕［美］劳伦斯·莱斯格：《代码：塑造网络空间的法律》，李旭、江雨楼、王文英译，中信出版社 2004 年版；［美］劳伦斯·莱斯格：《代码 2.0：网络空间中的法律》，李旭、沈伟伟译，清华大学出版社 2009 年版。

〔2〕外部管理规范不足应该是重要的原因之一。《草案》虽然规定了网络运营者数据泄露责任，并对个人信息使用的方式、范围、同意机制加以专章规定，在一定程度上可以倒逼企业提高对个人信息的保护能力，但《草案》并未对个人信息权本身加以确认，此乃一大憾事，尤其对于个人数据的使用、流动并无配套法规，未来还应通过制定个人信息保护法。当然，个人数据保护规则，不应该仅侧重个人数据的静态保护，也要侧重个人数据流动的保护。

称其会对用户个人数据进行匿名化处理，且不会对用户隐私数据进行滥用，但是“前台匿名后台实名”，俨然已经成了互联网公司收集用户个人数据的潜规则。中国互联网协会 12321 网络不良与垃圾信息举报受理中心发布的《中国网民权益保护调查报告（2015）》显示，近一年来，网民因个人信息泄露、垃圾信息、诈骗信息等现象导致的总体损失约 805 亿元。其中，多数与企业自律做得不够应该有直接关系。[1] 所以，应当推行行业自律，通过协会的力量推动行业标准化建设。具体而言，应当赋予互联网协会或者监管部门相应的职权——安全风险评估和等级保护评估职权以及标准制度建设等。

六、结论

网络安全法律规制，关乎网络时代的国计民生。但是，网络安全立法的科学把握甚为微妙：网络安全问题存在认识上的复杂性，必须多角度地交织透视；网络安全随着技术发展，不断变化、动态提升。

所以，网络安全规范应当避免走侧重简单行为规制的老路，面对网络空间化之后层出不穷的网络安全问题，不能简单通过一般地加强行政审批及网络行为处置来维系，对于新兴的移动互联网背景下的网络安全尤为如此。其立法定位，具有治理法的典型特点，应以治理为目标，妥善处理企业、国家、社会、个人四元关系，妥善处理保护与发展的关系，从权威管制到社会共治转变，形成以法律为根本、以社会多元主体共同治理为基础、以事中和事后监管为重点的互动合作式的治理模式。

《网络安全法》的框架结构，必须顾及治理法的特有结构性。包括：重点突出网络安全体制规范、网络安全战略、网络基础设施、网络运行、技术和管理等机制规范以及个人信息保护、数据资产化、数据安全、数据流动、国际合作等方面的价值平衡。此外，《网络安全法》要注重基本法与其他法的配合，还要制定一些具体配套立法，同时及时修改和补充既有相关法律规定，如刑法、民法、行政法和诉讼法等。[2]

---

〔1〕 中共中央网络安全和信息化委员会办公室、中华人民共和国国家互联网信息办公室，http://www.cac.gov.cn/2015-07/22/c_1116002040.htm，2022 年 5 月 5 日访问。

〔2〕《刑法修正案（九）》对信息安全的内容进行大幅度的修改，在强化公民个人信息保护、服务提供者不履行网络安全管理义务、违法设立发布虚假信息的网站、扰乱无线电秩序、信息网络媒体传播虚假信息、入侵破坏计算机系统等六个方面作出了细致的规定，进一步完善了我国信息安全刑法规制。

数字化时代安全可信的法治保障与新型监管要求*

人类社会每个发展阶段都有自身的机遇与风险，二者总是存在不同的紧张关系，治理者只有善于化解矛盾才能够真正趋利避害。今天也不例外，进入数字化时代以来，网络信息化导致的蓬勃的新发展趋势与网络信息安全和可信问题的矛盾，前所未有地凸显、重要起来，极为有必要从法律上予以认真对待，做出合理的化解或应对。下面从三个方面讨论合理应对的必要性、策略和法治保障特点。一是立足新背景认识需要特殊应对的新问题及其性质；二是从有效性出发探讨应对策略，包括应确立面向重大风险治理为特点的复杂治理体系和重点布局具有防范和威压功能的新型监管机制；三是分析新型治理法治保障建设和特色。

一、数字化时代的新型安全和信任问题

（一）网络信息化2.0时代的数字化机遇与挑战

人类基于新信息技术突如其来的发展与应用，从20世纪晚期开始进入网络信息化时代，而且不断迭代发展。通常把计算机互联网出现和应用初期归为网络信息化1.0时代。今天，发展到了网络信息化2.0时代，其特点是全面数字化，因此也称为数字化时代。

数字化时代的基础，是大数据的集聚发展和资源化过程。随着移动互联网、云计算、大数据、人工智能、物联网等技术应用，网络信息化形成了一种数据资源化的显著趋势，数据成为基础战略资源。数据化利用成为新常态，由此启动全面数字

---

* 笔者2021年7月15日在中国网络诚信大会法治建设论坛（长沙）的发言。载《传媒》2021年第18期。

化的现实进程，也导致了全新的数字化发展机遇，网络与现实，从虚拟到实景全面重合，数字经济、数字社会、数字政府等不断升级。

2020年3月30日，中共中央、国务院出台了《关于构建更加完善的要素市场化配置体制机制的意见》（以下简称《意见》），提出要构建更加完善的要素市场化配置体制机制，并把数据提升到重要资源的位置。《意见》提出，要“完善要素市场化配置是建设统一开放、竞争有序市场体系的内在要求”，“深化要素市场化配置改革，促进要素自主有序流动，提高要素配置效率”。其中，有“加快培育数据要素市场”，具体包括推进政府数据开放共享、提升社会数据资源价值、加强数据资源整合和安全保护三项基本要求。

但是，机遇总是与挑战并存，全面数字化时代尤其面临全新的挑战和冲突。从国际来说，出现了数字化贸易合作和保护、数字化主权和国际竞争等矛盾关系。从国内来说，也面临如何处理数字发展模式、数字发展权与竞争、数据资源市场化配置与政府作用、数字化增长与公平等重大问题的挑战。其中，一个重要而棘手的问题是数字化也带来一种新型安全和可信问题。

（二）数字化背景下面临的新型安全和信任问题

数字化的发展，对于既有的安全和信任观念产生了全新的冲击。在信息为王、数字为王的数字化新发展格局下，网络信息、数据的巨大利益与冲突关系也应运而生，并具有深深依赖于网络运行和信息科技应用不断迭代的风险特点。显然，这是一种新型的安全和可信问题。数字化时代网络信息和数据的安全和可信问题，作为一项重大新挑战，使得在迎接全面数字化的同时也必须就其做好有效应对，以便切实保障数字化的健康基础要求。

首先是网络信息和数据安全问题。网络信息化、数字化条件下，鉴于信息和数据的基础地位以及易于集合的特点，针对网络信息和数据的窃取、未经允许的取得和利用，或者针对网络信息和数据的破坏、篡改等，往往会给相关利益主体带来直接的损害，同时在很多情形下还会导致大规模的公共性灾难。这就是对网络信息和数据的安全威胁。包括基于行为的安全威胁，体现为针对网络信息、数据安全的破坏行为；也包括基于系统的安全威胁，可能体现为系统攻击、侵入等外部行为，也可能体现为因自己的系统设计、管理、操作缺陷导致系统崩溃或其他类似问题，重点有网络信息基础设施安全、网络服务提供者平台安全、物联网系统安全等。

其次是网络信息、数据的可信问题。网络信息、数据作为数字化时代的运行基础，应当具有高质量的要求，其中一个最起码指标，就是应当可信。如果网络信息、数据为虚假、错误或者不完整，那么网络化运行基础就会十分脆弱，数字经济、数字社会和数字政府就不具备真实基础，随时有陷入崩塌的危险。这种可信要求体现在网络信息、数据产生和处理的每一个环节，在检验上可与主体关系可信任直接相关。现实中，网络信息化、数字化条件下，重要信息、数据形成或聚集自许多场景，有公共管理的场景，也有市场的场景。后者很多是以网络平台作为纽带方式呈现，从其信息、数据的产生、集成的主体可信关系看，主要体现为平台信息、数据参与者的可信关系问题，具体有平台主体、用户、平台第三方的复杂信任关系，不同主体进行信息、数据交互，可信为其前提。网络信息、数据形成之后，在数字化运行下汇聚进入和应用于各种经济、社会、管理关系，主体交互进一步地复杂化，使得可信问题更加敏感而不确定。此外，数字经济全球化之下，因不同国家数据信息保障机制不同，还导致跨境安全和可信的特殊治理难题。

二、数字化时代新型安全可信问题的治理策略

（一）市场监管作为网络信息安全和可信的治理现代化的合理标配

改革开放40多年来，在建立社会主义市场经济目标指引下，进行了从绝对的公有制、计划经济到得以充分发挥物的利用价值和市场化经济功能的中国特色社会主义市场经济体制改革，在发挥主体创造性、激发市场力量、创造财富方面取得了极大成绩，创造出了世界第二经济大国奇迹。但市场解决不了所有问题，政府需要为市场提供规则和环境，也需要为市场公平提供保障，还需要为经济健康发展提供引导和推动。

所以，要在市场和政府的关系之间维持一种平衡，发挥市场基础性作用，促进效率，同时运用政府的力量，防止市场化失灵，加以纠偏、调整，同时推动积极、公平和健康的发展。2013年中共中央十八届三中全会通过《关于全面深化改革若干重大问题的决定》，提出全面深化改革的总目标是完善和发展中国特色社会主义制度，推进国家治理体系和治理能力现代化，明确强调应当紧紧围绕使市场在资源配置中起决定性作用深化经济体制改革，指出市场和政府的两个不同作用，即“经济体制改革是全面深化改革的重点，核心问题是处理好政府和市场的关系，使市场在资源配置中起决定性作用和更好发挥政府作用”。2019年10月中共中央十九届四中全会通过《关于坚持和完善中国特色社会主义制度、推进国家治理体系和治理能力现代化若干重大问题的决定》，继续强调“必须坚持社会主义基本经济制度，充分发挥市场在资源配置中的决定性作用，更好发挥政府作用”。总之，对于市场化弊端的治理不能通过退回到计划经济去消除，而必须坚持在发挥市场决定性作用条件下加以应对，注意治理转型。这种治理转型要求的是非计划的政府作用机制。

今天在数字化背景下，发展数字经济、数字社会和数字政府，仍然应当使市场在资源配置中起决定性作用。鉴于数字化发展不仅存在数字促进和数字公平等要求，也存在特殊的安全、可信的治理难题，这些又都是不能依靠市场解决的，因此

需要注意发挥政府作用。这种政府的作用是非计划的管理，体现为一种新型的适应市场体制下的有效监管机制，因此必须坚持与发展并重。《网络安全法》第 3 条国家坚持网络安全与信息化发展并重；《数据安全法》第 13 条坚持国家统筹发展和安全，坚持以数据开发利用和产业发展促进数据安全，以数据安全保障数据开发利用和产业发展。这些规定都是把安全治理放在了与信息化发展同轨的并重结构中，作为数字产业发展的保障。

（二）数字化新型安全、可信的强化监管设计

数字化以网络信息、数据作为运行基础，所以网络信息、数据的安全和可信问题可以说是数字化基础性和系统性的风险问题。考虑到这一点，应当以对极其重大的风险治理的立场来设计相关的监管要求，即应当超出一般监管的范畴，从重大基础利益关涉角度，确立强化的监管设计，体现为引入增强式的监管机制。

首先，引入同步监管要求。对于新型安全与可信问题必须坚持同步建设。与同步监管相对立的是审慎监管，后者认为对于创新应当适度鼓励，不宜轻易动用管理，以免压制创新。数字化当然是一种代际性的重大创新，一开始不是很清晰，在许多方面或者在初期阶段确实需要一定的审慎监管。但是，这种观点不能适用于数字化的重大风险问题的应对上。数字化新型安全和可信问题事关重大，属于丝毫不能疏忽的重大风险，这种风险不仅是数字化经营者或运营者自身的，同样也是广大信息数据主体的，同时还往往是社会和经济整体的，后者与国家数字化整体发展利益紧密联系，甚至与国家总体安全紧密联系。因此新型安全、可信问题作为重大风险问题，应当引入同步监管作为增强治理要求，确保安全与发展同步，避免盲目发展的灭顶之灾。《网络安全法》第 33 条明确了在关键信息基础设施上的网络安全同步监管的规则。“建设关键信息基础设施应当确保其具有支持业务稳定、持续运行的性能，并保证安全技术措施同步规划、同步建设、同步使用。”《数据安全法》第 4 条也明确认为，“维护数据安全，应当坚持总体国家安全观，建立健全数据安全治理体系，提高数据安全保障能力”。以及第 28 条规定：“开展数据处理活动以及研究开发数据新技术，应当有利于促进经济社会发展，增进人民福祉，符合社会公德和伦理。”这些都明显体现了同步监管的内在机理。

其次，强化重点监管布局。既要有一般系统的安全可信监管布局，必要时在数字化运行的关键环节或者重要方面，更有必要预防和及时治理为要求确立严格的安全、可信监管。广义上包括增强监管能力和增强监管机制的建设。以《数据安全法》为例，第二章许多涉及增强安全能力的建设机制，比如第 15 条“国家支持开发利用数据提升公共服务的智能化水平”，第 16 条“国家支持数据开发利用和数据安全技术研究”，第 17 条“国家推进数据开发利用技术和数据安全标准体系建设”，第 18 条“国家促进数据安全检测评估、认证等服务的发展”，第 20 条“国家支持

教育、科研机构和企业等开展数据开发利用技术和数据安全相关教育和培训”等，都直接授权国家采取相应措施支持增强安全能力；第三章则建立数据安全制度，增强监管手段，包括第 21 条“国家建立数据分类分级保护制度”，第 22 条“国家建立集中统一、高效权威的数据安全风险评估、报告、信息共享、监测预警机制”，第 23 条“国家建立数据安全应急处置机制”，第 24 条“国家建立数据安全审查制度”，第 25 条“国家对与维护国家安全和利益、履行国际义务相关的属于管制物项的数据依法实施出口管制”等特殊机制；第四章对数据处理者规定“数据安全保护义务”，提出在数据安全和可信方面的特殊主体义务和责任，这些都是极具强化监管特色的重点监管。《个人信息保护法》除了在个人信息保护体系中加强安全和可信的治理保护，还将之安全可信要求明确确立为处理行为的原则。第 8 条规定，“处理个人信息应当保证个人信息的质量，避免因个人信息不准确、不完整对个人权益造成不利影响”，明显包含了可信的质量要求；第 10 条规定，“任何组织、个人不得非法收集、使用、加工、传输他人个人信息，不得非法买卖、提供或者公开他人个人信息；不得从事危害国家安全、公共利益的个人信息处理活动”，则包含对于个人信息安全保护的宣示。

三、数字化新型安全和可信的法治保障及其特点

数字化新型安全和可信的治理保障，应当通过法治的有力方式来加以保障，唯其如此，才能更好体现治理的规律性、确定性、严肃性和权威性。党的十八届四中全会《关于全面推进依法治国若干重大问题的决定》指出，我国全面推进依法治国，是国家治理领域一场广泛而深刻的革命。

数字化新型安全和可信的法治保障，重点是建立相关法律监管体系和机制。近年来，我们重视网络信息、数据的安全和可信问题，以坚持数字市场化发展为导向，采取了及时防治和监管的立法对策，根据需要制定了多部作为数字化新型安全和可信治理依据的专门法，包括 2016 年《网络安全法》、2021 年《数据安全法》、2021 年《个人信息保护法》等法律，以及许多相关法规。这些法律法规明确定位于对数字化安全、可信的维护和保护。例如，《网络安全法》第 1 条开宗明义规定，“为了保障网络安全，维护网络空间主权和国家安全、社会公共利益，保护公民、法人和其他组织的合法权益，促进经济社会信息化健康发展”而制定本法；《数据安全法》第 1 条规定其宗旨是“为了规范数据处理活动，保障数据安全，促进数据开发利用，保护个人、组织的合法权益，维护国家主权、安全和发展利益”；《个人信息保护法》第 1 条规定其宗旨是“为了保护个人信息权益，规范个人信息处理活动，促进个人信息合理利用”。这些都明确了自己作为新型安全保障和一定程度的可信保障的基本功能定位。

上述法律关于网络信息、数据的安全和可信的法律设计，凸显自身体系上和机制上的显著特色。从体系上说，采取了综合保护和重点强化相结合的治理体系，形成了针对网络安全、数据安全、个人信息安全的复合治理结构，从网络安全、数据安全、个人信息保护三重角度做出治理设计，覆盖网络信息活动的全流程和各环节，同时突出对重点治理的功能强化，引入以防治和威压为特点的专门管理和特殊法律责任等机制。从治理对象上说，注重行为治理和科技治理的结合，其中更加重视技术治理。数字化新型安全和可信的问题，与新技术发展和应用密切相关，因此基于标本兼治的需要，不能只把目光放在行为治理策略上，必要时应当放弃所谓技术中立而规制技术活动。行为的治理，体现为对相关数字化主体的网络信息行为的监管，关键是数字化平台企业和机构。相关技术治理，则延伸到网络、大数据、人工智能等网信科技研发和应用领域，重点需要治理相关科技开发和运行引发的信息、数据安全和可信的风险，必要时应将重大安全和可信治理提前到研发阶段或应用布局之际，并建立适时监测预警和应急处理系统，确保网络信息安全可信实际可控。需要补充的是，过去在数字化新型安全保障领域已经显示出了极大努力，但在确保可信方面显然意识不足，还存在提升空间。

总之，滚滚向前、风云际会的数字化时代，充满了数字化的际遇和惊喜，数字经济、数字社会、数字政府的蓝图也在徐徐展开。但是，也充满了风险和治理危机，尤其是作为数字化根基的网络信息、数据资源，本身存在安全和可信的重大隐患需要努力应对。在这个意义上，相关网络诚信建设要求极为必要。作为一种新型的安全和可信治理要求，应当同时从积极和消极两个方面入手做出有针对性的保障和防范，而不仅是事后保障。包括：明确治理重点，确保网络安全、数据安全和个人信息保护三大安全，完善全链条的治理保障体系；强化重点监管机制，突出多方协同共治功能，突出强化具有防治功能的监管机制、具有特殊威压功能的法律责任机制；重视数字化的新技术基础，将风险治理从行为领域延伸到更加微妙和复杂的技术治理领域。这些是数字化时代诚信建设和相关风险治理的应有之义。

第五部分

电子证据与数字正义

电子证据概念与审查认定规则的构建研究*

一、引言

近年来，随着电子信息技术应用的普及化，电子数据成为记录和反映人们生活的重要载体，相应地，其作为案件证据的作用日益上升。从 1998 年《公安机关办理刑事案件程序规定》，到 2004 年《电子签名法》、2010 年《关于办理死刑案件审查判断证据若干问题的规定》，再到 2012 年后三大诉讼法修改和 2015 年《最高人民法院关于适用〈中华人民共和国民事诉讼法〉的解释》，电子证据逐步被确立为一个独立的法定证据类型。

在实践过程中，法院对于电子证据的采信却存在诸多障碍，如聊天记录中的借条能否证明存在借贷关系？盗用他人邮箱密码登录后获取的犯罪信息能否用作证据？在网上发布诽谤信息的人是否就是该账号所有人？网上下载的订单、Email、聊天记录，打印出来呈交法院时，是否能得到法院认可？将这些问题抽象出来，可以表述为：如何将现实世界中的电子数据转化为可以在司法程序中被采信的证据？

上述问题的核心，在于如何重新构建电子证据作为独立证据类型的范畴以及如何构建法院审查和认定电子证据真实性的规则。我国法律将电子证据作为独立证据的时间尚短，目前没有清晰范畴界定以及明确的认定标准与规则可循。电子证据的记录与传输对于信息技术手段的依赖程度较高，对物理载体的依赖程度较低，容易被捏造、歪曲与删改，同时可复制性高，在没有明确法律规定的情况下，法院仅凭现有证据范畴、规则和手段，在厘定电子证据范围、审查和认定电子证据真实性方面势必面临新的挑战。

本文以电子数据概念的历史演化和发展的揭示为基础，同时探讨电子证据的独立性内涵及其范围等范畴问题，继而研究电子证据审查和认定标准与规则问题，以期抛砖引玉，对完善我国电子证据制度有所裨益。

---

* 本文系作者与裴炜合著，载《北京航空航天大学学报（人文社科版）》2016 年第 2 期。

二、电子证据概念的演化与发展

（一）电子证据概念的演化考察

随着我国三大诉讼法对现有证据规则体系的修改[1]，“电子证据”概念在我国法律体系中的发展步入了一个新的阶段。电子证据的制度设计，需要建立在明确的概念之上，首先应该能够在相应立法文本上，明确“电子证据”概念的内涵和外延，准确区分相关、相近概念。但是，概念明晰并非一种简单的、从形式到形式的作业工程，而是需要内在正当化规则构建的前提，结合当前的相关法律规定和学术研究，进行概念的历史梳理、语义辨析和要素分析。

我国证据法学界对于电子证据的研究一直没有中断，对其表述经历了从“计算机证据”到“电子证据”再到“电子数据”的转换过程。其中第一轮转化体现的是特殊载体向一般载体的变化，具有客观性，而第二轮转化则涉及概念重构以及证据法体系，因此需要进一步明晰。

我国学者对于电子证据及相关概念的研究兴起于20世纪80年代。[2]到目前为止，学术研究中相继出现了三个核心概念：计算机证据、电子证据和电子数据。其中计算机证据出现得较早，这一方面是因为早期电子信息或数据的生成、存储、处理核心设备是计算机，另一方面是因为国际上早期常用的术语亦是“computer evidence”。同时早期证据研究很少直接以计算机证据为题，而是将其归入其他证据种类一语带过。[3]进入21世纪之后，随着电子终端设备的不断多元化，计算机一词已难以一一予以涵盖，各种概念开始崭露头角，其中最为常见的是电子证据[4]，但是其内涵并未因语词的替换而有所明晰。如众多研究尽管使用了电子证据一词，但都强调其与计算机证据在概念上的等同。[5]与此同时，已经有学者开始强调两者在物

---

〔1〕2012年《民事诉讼法》第63条、2012年《刑事诉讼法》第48条、2013年《行政诉讼法（草案）》第34条。

〔2〕刘文斌：《“电子证据”与“电子数据”考辩》，载《天津法学》2015年第1期。

〔3〕柯昌信：《刑事证据视听资料论》，载《中国法学》1996年第3期；隋光伟：《证据标准与证明法则》，载《当代法学》1996年第6期。

〔4〕另外一种比较常见的表述是“数字证据”，如王芳：《数字证据的性质及相关规则》，载《法学》2004年第8期；于海防、姜沣格：《数字证据的程序法定位——技术、经济视角的法律分析》，载《法律科学》2002年第5期。

〔5〕郭玉坤、高红：《完善我国网络虚拟财产民事法律保护的对策》，载《科技与法律》2008年第1期；蔡凭：《试论电子证据对检察机关侦破的影响》，载《法治研究》2007年第62期；张锁通：《电子签名举证与责任推定》，载《河北法学》2006年第5期；齐宪生：《对我国电子商务合同相关法律问题的探讨》，载《河北法学》2005年第3期；杨雄：《论电子证据》，载《国家检察官学院学报》2002年第6期；饶宏斌：《电子商务合同及几点相关法律问题》，载《网络法律评论》2001年第0期。

理形式上的差异〔1〕，计算机证据这一表述也逐渐淡出学术视野。随着2012年《民事诉讼法》的修改，“电子数据”引起学界关注。但与前一轮的概念转换相类似，这一时期前后承接的两个概念并未在内涵上划分清楚，以至于再次出现了大量“新瓶装旧酒”或概念混用的情形。〔2〕

（二）电子证据的本质属性

根据以往中国学者研究，可以提取出“电子证据”的几种表述。一种观点认为电子证据是以在计算机或其他设备中或在其运行过程中产生或存储的数据、信息来证明案件事实的记录。〔3〕这种观点不仅强调此类证据的电子化或数字化属性，同时也强调其承载介质的电子性。另一种观点则主要关注于前者，如有学者将电子证据定义为“从原始电子数据（包括文件、日志等）中寻找可以用以证明或者反驳的证据”。〔4〕两种定义的关键差别在于前者强调电子证据的存储介质。从国际层面来看，电子证据的常用表述是“electronic evidence”或“digital evidence”，其通常是指以电子形式传输或存储的、具有证明力的信息。〔5〕事实上，从“计算机证据”到“电子证据”的概念演化已经可以看出，随着科技的不断进步，电子证据的存储介质持续多样化，因此强调其存储介质不仅难以穷尽，也无助于揭示电子证据的本质属性。

就“电子数据”而言，目前学界存在两种定义。一种定义强调关注该数据的“电子形式”，如“电子数据是以电子、光学、磁及类似手段生成、传播、储存的数据信息”。〔6〕另一种则不仅强调“电子形式”，也强调该数据作为证据使用以证明案件事实的功能〔7〕，如将电子数据定义为“以电子形式存在的、用作证据使用的一切材料及其派生物”。〔8〕后一种定义实际上与“电子证据”一词等同。国际上相关立法很少直接使用“digital data”这一表述，但有一些概念较为接近。如《联合国贸易法委员会电子商务示范法》（UNCITRAL Model Law on Electronic Commerce,

---

〔1〕刘立霞：《审查判断电子证据的真实性研究》，载《云南大学学报法学版》2003年第2期。

〔2〕骆绪刚：《电子数据搜查扣押程序的立法构建》，载《政治与法律》2015年第6期；裴兆斌：《论刑事诉讼中电子数据取证模式》，载《东方法学》2014年第5期；陈永生：《电子数据搜查、扣押的法律规制》，载《现代法学》2014年第5期。

〔3〕吴晓玲：《论电子商务中的电子证据》，载《科技与法律》1999年第2期；丁凯：《论电子商务中的电子证据》，发《法学论坛》2000年第4期。

〔4〕吴燕波等：《电子证据勘验的一般方法》，载《湖北警官学院学报》2011年第2期。

〔5〕原表述为“information of probative value stored or transmitted in digital form”，参见SWGDE and IOCE，Digital Evidence：Standards and Principles，April 2000，引自https：//www. fbi. gov/about - us/lab/forensic - science - communications/fsc/april2000/swgde. htm/，2015年7月3日访问。

〔6〕谢勇：《论电子数据的审查和判断》，载《法律适用》2014年第1期。

〔7〕关于采用类似定义的研究，参见王敏远、祁建建：《电子数据的收集、固定和运用的程序规范问题研究》，载《法律适用》2014年第3期。

〔8〕陈光中主编：《刑事诉讼法》，北京大学出版社、高等教育出版社2013年版，第215页。

下文简称《联合国电子商务示范法》）中使用了“数据电文”（data message）一词，并将其定义为“经由电子手段、光学手段或类似手段生成、储存或传递的信息”。[1]

从以上分析可以看出，“电子数据”一词本身实际上并不包含“用作证据”这一含义，而仅是对某项数据的物理形态的概括和描述。事实上，单从信息技术的角度来看，“电子数据”（digital data）是指通过具体的机器语言系统表达的，并可通过多种技术加以解析的数据，而最基本的语言系统就是二进制电磁代码，通过数字“0”和“1”或“on”和“off”来表达信息。[2]根据该定义，可以粗略地将“电子数据”理解为原始电磁信号经过解析后的可被认知的数据，而该数据则是可以被用作证据证明案件事实的一种证据材料。从原始电子信号到电子证据，需要经历两次转化，如图一所示：

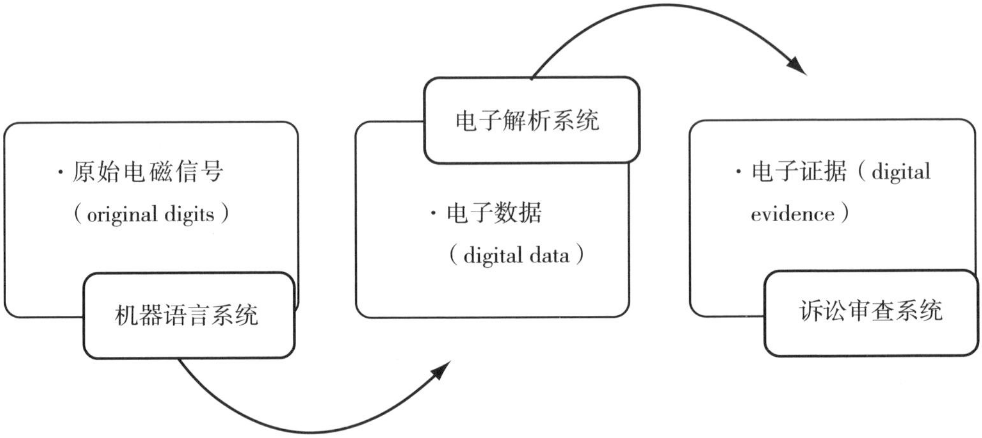

图一：原始电磁信号、电子数据、电子证据之关系

据此，电子证据的概念亦可以表述为用以证明案件事实的电子数据。[3]“电子数据”与“电子证据”并非等同，前者为证据材料，而后者为证据类型。这种区分也可以从2012年《刑事诉讼法》第52条的规定看出。该条规定，“行政机关在行政执法和查办案件过程中收集的物证、书证、视听资料、电子证据等证据材料，在刑事诉讼中可以作为证据使用”。在尚未进入诉讼程序并被控辩双方用于证明案

〔1〕引自 http://daccess－dds－ny. un. org/doc/UNDOC/GEN/N97/763/56/PDF/N9776356. pdf? Open Element。2015年7月2日访问。有学者直接将“data massage”翻译为“电子数据”，但两者在语义上实际上存在细微差异，不应直接套用前者来定义后者。

〔2〕Techopedia 对于“digital data”的定义，引自 http://www. techopedia. com/definition/24872/digital－data，2015年7月3日访问。

〔3〕有学者亦采相同观点，如高明、翟文婷：《关于电子证据相关新规定的解读》，载《环球法律评论》2015年第2期。

件要素事实之前，相关数据或信息只能称为“电子数据”。如果使用“电子证据”一词，则意味着该电子数据进入诉讼程序并经过诉讼法项下之相关审查。从这个角度讲，“电子证据”既包含实体性属性，亦包含程序性属性，它不仅指向电子数据本身，还涉及与该数据的收集、保全、审查、认证等一系列相关程序。

（三）电子证据概念的三个要素

基于以上讨论，本文将电子证据定义为以电子形式存储或传输的、用于证明案件事实的数据或信息。根据这一定义，“电子证据”包含三个要素：数据、电子、证据，三者相互结合才能构成统一完整的电子证据概念。

首先，电子证据以其承载的数据或信息即电子数据证明案件。2015 年《最高人民法院关于适用〈中华人民共和国民事诉讼法〉的解释》以不完全列举的方式，将“电子数据”表述为“通过电子邮件、电子数据交换、网上聊天记录、博客、微博客、手机短信、电子签名、域名等形成或存储在电子介质中的信息”。

不难看出，2015 年《最高人民法院关于适用〈中华人民共和国民事诉讼法〉的解释》列举的电子数据主要依赖于互联网平台，且生成方式主要集中在人与人沟通过程中所形成的数据。之所以这样列举，主要是因为近年来案件纠纷点主要集中在这几个方面。但是现实生活中，电子数据的范围远远大于此。从承载或生成电子数据的载体或设备来看，主要包括三种类型：以互联网为基础的电子平台(internet - based)、计算机或其他独立设备（stand - alone computers or devices）以及移动设备(mobile devices)。[1]从电子数据的生成方式来看，又可以划分三种类型。[2]第一种是电子载体自身运行时自动生成的数据，如操作 word 文档时系统自动生成的备份，这种数据生成方式与操作者的主观意志无关。第二种是外界输入电子载体并存储于其中的数据，如存储在 U 盘或刻录在光盘中的文件。第三种是人机互动中通过指令运行获得的数据，如以记事本方式打开图片时显示的图片修改信息。

“电子证据”的第二个要素是，电子证据以电子或数字形式存在。何谓以电子形式存在，有学者认为这是指该证据材料的原始数据形态为数字信号或模拟信号[3]，而具体存储介质在所不问。这一要素决定了用作证据的电子数据需要借助相应电子设备或载体才能为人所感知或获取。根据 2009 年发改委与司法部联合发布的《司法鉴定收费管理办法》，这些电子载体大致包括硬盘、服务器、CD 或 DVD 光盘、U

---

〔1〕“A Simplified Guide to Ditigal Evidence”，引自 http：//www. forensicsciencesimplified. org/digital/，2015 年 7 月 28 日访问。

〔2〕类似分类参见戴士剑、刘品新主编：《电子证据调查指南》，中国检察出版社 2014 年版，第 12 页。

〔3〕National Institute of Justice：“Digital Evidence and Forensics”，引自 http：//nij. gov/topics/forensics/evidence/digital/pages/welcome. aspx，2015 年 7 月 3 日访问。

盘及存储卡、软盘、包括录音笔、传真机、电子秤等在内的电子设备、手机等。[1]

同时，"电子化"这一要素也决定了电子证据同时具有脆弱性和稳定性这一对相互矛盾的特性。就其脆弱性而言，一方面是指作为证据材料的电子数据本身易于篡改和伪造，而原始电磁信号亦易于改变或干扰。另一方面，电子证据本身个性化特征较弱。如现实生活中存在无民事行为能力的未成年人自己注册或借用父母账号进行网购，由于购物网站难以通过注册信息判断交易方是否具有民事行为能力，抑或交易方是否为注册客户本人，因此出现了大量关于网购合同法律效力方面的纠纷。[2]即便排除人为因素，原始电子数据也有可能因为病毒、系统故障、崩溃或不兼容、断电等原因发生异变。电子证据的稳定性则表现在其易于存储和复制，且不易彻底销毁。同时，电子证据尽管易于篡改或伪造，但篡改、伪造的痕迹难以完全清除。

最后，电子证据究其本质是一种证据。这就意味着电子证据本身应当具备证据的关键属性。一方面，它应当与待证事项具有关联性，使某一要素性事实比不存在该证据时更可能或更不可能。另一方面，该证据不违反证据法上可采性之相关规定。在现有法律体系中，电子证据的可采性问题主要是与非法证据排除规则联系在一起。就其证明力而言，电子证据可以是直接证据，但绝大多数情况下是间接证据。同时由于存在原始数据向可被认知的电子数据的转化，电子证据究其本质而言不属于原始证据。

三、电子证据的独立性内涵及其范围

（一）电子证据独立性的内涵问题

电子证据作为一种崭新的证据类型出现在现有证据法体系中，一方面满足实践之所需，但另一方面亦产生协调各种证据类型之相关规则的需求。在电子证据之前，三大诉讼法确认的证据种类主要包括物证、书证、人证以及用以证明案件事实的视听资料、鉴定意见和勘验、检查、实验笔录。[3]从现有研究来看，还出现了诸

---

〔1〕 发改价格（2009）2264号，发行并生效于2009年9月1日。

〔2〕 崔立斌：《无民事行为能力人网购合同法律效力》，载《人民法院报》2013年9月18日，引自 http://rmfyb.chinacourt.org/paper/html/2013-09/18/content_70706.htm，2015年7月29日访问。

〔3〕 笔者之所以在后三种证据种类前冠以"用以证明案件事实"，并同时引入"言词证据"，是因为目前三大诉讼法中对于证据种类的划分标准并不统一。其中，"书证""物证"是指证据种类，"当事人陈述""被害人陈述""犯罪嫌疑人、被告人供述和辩解""证人证言"则属于人证，而"鉴定意见""视听资料""勘验笔录"或者"勘验、检查、辨认、侦查实验等笔录"则是不同形式的证据材料，只有其"用以证明案件事实"时才能成为证据，而其成为证据之后的证据种类，在其他法系或归为书证，或归为专家证人证言。本文不欲深入探讨现行证据法体系之长短，只在此加以说明。

如“电子物证”[1]“电子书证”[2]等概念，使原本已经较为复杂的证据法体系更加混乱，因此在建立了电子证据这样一个概念体系之后，亦有必要对电子证据之独立性内涵进行进一步检验。

从比较法上看，尽管对于电子数据作为证据使用的关注度不断提升，但很少从立法上将其类型化。以欧洲为例，目前尚没有国家将电子证据划分为一种独立证据类型。[3]而在世界范围内，最常见的做法是将电子证据视为书证。在具体证据规则上，一些国家不加区分地适用普通传统证据规则，如荷兰和德国；另一些国家则选择对传统规则加以变通，如英国和美国。这里需要说明的是，之所以会出现这种差异，一个重要原因是大陆法系国家的证据规则远没有英美法系国家的复杂，并且其对证据的采信主要依靠专业法官的自由心证。但是，无论是否将电子证据作为一种独立的证据类型，在比较法上，电子证据在取证、质证和证据认定等方面仍然区别于传统证据类型。

（二）电子证据实质层面的独立性内涵

在立法修改之前，一方面，法律规定上的空白导致司法实践中诸如聊天记录、电子邮件合同、手机短信借条等电子证据难以被法院认定；另一方面，电子证据本身在证据形式、证明方式等方面区别于传统证据类型，因此原有证据类型体系难以对其加以规范。从这个角度讲，电子证据具有其实体层面的独立性，这种独立性主要体现在电子证据与其他传统证据类型的关系上。

首先是电子证据与书证的区划。书证之核心在于其以承载于某一载体中的思想、内容等来证明案件事实。单就这一属性而言，电子证据可以划入书证。将电子证据纳入书证是目前国际社会的一般做法，同时也常见于中国司法实践。如在一起卖家恶意差评的敲诈勒索案中，法院将网络聊天记录、网络交易记录等作为书证加以审查和采纳。[4]事实上，在《民事诉讼法》修改之前，我国相关立法也倾向于将电子数据纳入书面材料的范畴，例如 1999 年《合同法》第 11 条明确规定，“书面形式是指合同书、信件和数据电文（包括电报、电传、传真、电子数据交换和电子邮件）”，而 2005 年《电子签名法》第 4 条亦采类似表述。但是，从目前三大诉讼

---

〔1〕 赵洲、罗实：《综合利用微量物证和电子物证侦破杀人案》，载《湖北警官学院学报》2015 年第 1 期；戴士剑等：《电子物证之证据考量》，载《人民检察》2009 年第 18 期。

〔2〕 马姝仪：《网络信息的可采性认定问题研究》，载《湖北警官学院学报》2013 年第 2 期。

〔3〕 Cybex Initiative，“The Admissibility of Electronic Evidence in Court：Fight against High – Tech Crime”，available at https：//www. itu. int/osg/csd/cybersecurity/WSIS/3rd_ meeting_ docs/contributions/libro_ aeec_ en. pdf，2015 年 8 月 3 日访问。

〔4〕 霍世明：《聊天记录等电子证据成庭审书证》，载《法制日报》2013 年 2 月 4 日，引自 http：//epaper. legaldaily. com. cn/fzrb/content/20130204/Articel08002GN. htm，2015 年 7 月 8 日访问。

法的立法模式来看，我国的证据类型划分体系采用的是较为狭窄的书证定义，强调其载体的书面形式以及形成过程，并将视听资料、勘验、检查、实验笔录等排除在外。在这一语境下，电子证据由于其载体不同、信息表达方式不同而被列为独立的证据种类，亦不足为奇。

立足于中国当前证据类型之划分，并基于电子证据之原始形态，可以进一步区分电子证据与书证。如果将原本由电子设备生成、其原始形态为模拟信号或数字信号的电子数据转化为非电子材料，如将一份电子邮件或者上文案例中提及的网络聊天记录打印成纸质文档，该文档仅为电子证据之副本。但是如果数据原始形态即为非电子材料，而之后转化为电子设备中存储的材料，如将纸质合同经扫描存储在计算机内，则该份证据属于传统书证。当然，现实生活中也存在两种情形结合的情况，如在计算机中生成合同文本后，打印出来并由双方当事人签字，由于具有法律效力的是签字后的纸质文本，因此该份材料应划归于书证。

其次是电子证据与物证的区划。一般认为，物证是指以其物质属性、外部特征或存在状况证明案情的物品和痕迹。〔1〕之所以会出现电子证据与物证之间的混同，主要原因是有学者将电子证据的范围扩大到“存储、处理、传输这些数据的各类载体或设备”。〔2〕如果此类设备或载体以其自身物质特性证明案件事实，则完全可以归入物证范畴；而若以其存储或生成之电子数据为证，则事实上无关乎其载体。

如前所述，“电子证据”并非指与电子有关的一切证据，而是强调其证据材料的电子或数字化属性。据此，电子证据因非以其载体之物理属性证明案件事实，一方面不应归入物证，另一方面其内涵亦不应扩大至电子数据之载体。之所以在审查电子证据时也要审查相关电子设备，主要是为了对电子证据之真实性进行评价。这一点与鉴定意见相类似。如对一份 DNA 鉴定意见，其鉴定过程或鉴定手段、设备亦可能影响该证据之证明力，但该鉴定意见并不因此转化为其他证据类型。

最后是电子证据与用于证明案件事实的视听资料的区划。另外一个容易与电子证据相混淆的是用于证明案件事实的视听资料。如果从广义书证角度来看，视听资料亦属于以思想、内容证明案件事实的证据材料。鉴于两者之相似性，2015 年《最高人民法院关于适用〈中华人民共和国民事诉讼法〉的解释》特意加以区分，据此，“视听资料”可以界定为存储在非电子介质中的录音资料和影像资料。根据这一定义，在数字化时代，除承载于胶片之上的录音资料和影像资料外，绝大多数的视听资料均可以划归电子数据的范畴。区分两者的关键在于该信息或资料是否形成于原始电磁信号。

---

〔1〕沙万中：《再论物证的概念》，载《甘肃政法学院学报》2000 年第 4 期；刘广三：《电子证据问题初探》，载《刑事法判解》（第 2 卷）。

〔2〕高峰：《电子证据勘察工作出摊》，载《犯罪研究》2011 年第 3 期。

根据以上分析可以看出，电子证据虽然与传统证据有一定的联系，但同时也有实质性区别，其关系如图二所示：

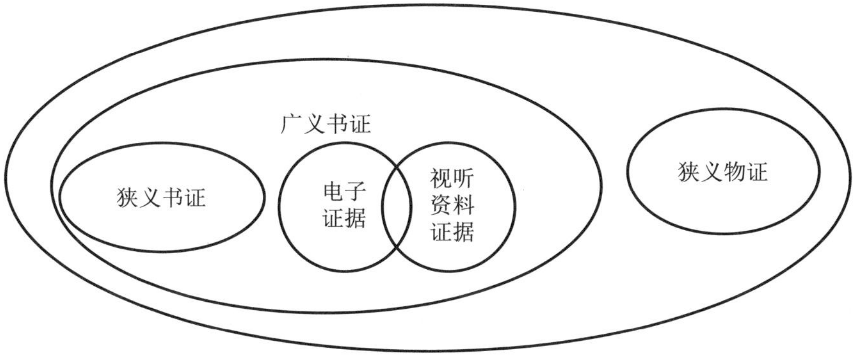

图二：电子证据与其他证据种类之关系

（三）电子证据的范围

那么，实践中究竟哪些证据可以被划入电子证据的范围？通过研究相关案例和法律规定，根据电子设备或载体与行为人之间的互动模式，可以大致将电子证据划分为如下类型：

类型一：电子设备作为沟通渠道产生的电子证据。这一类型的电子证据的特征在于，电子设备或载体在法律关系的形成、变更或消灭过程中扮演平台和沟通渠道的作用。此类证据的特性主要取决于法律关系双方当事人之主观意愿。属于这一类型的电子证据主要包括但不限于：电子数据交换、电子签名等在内的数据电文、互联网即时通信信息、移动终端通信信息、微博客、博客信息、域名等。2015 年《最高人民法院关于适用〈中华人民共和国民事诉讼法〉的解释》列举的主要是这一类型的电子证据。

类型二：电子设备作为交互对象产生的电子证据。在这一类型中，互动双方为行为人和电子设备，所形成的电子证据主要依赖于行为人单方的主观意愿，同时受到电子设备本身属性或功能的影响。此类电子证据主要包括电子文档（文档、音频或视频）、数据库、网络入侵痕迹（病毒或黑客）、用户操作信息等。这里需要注意的是，行为人既可能是交互关系的主体，例如主动入侵计算机系统窃取数据，亦可能是客体，如成为电子监控录像的对象。

类型三：电子设备自身运行产生的电子证据。第三种类型的电子证据的生成，依赖于电子设备的自身运行，因此其形成与人的主观意志无关，其特性主要取决于数据生成的电子系统环境。自动备份、隐藏数据、系统错误或崩溃信息、信息系统功能、软件特性、自动更新、系统运行日志等均属于这一类型的电子证据。

四、电子证据审查和认定标准与规则的构建

电子数据具有独立性或特殊性，导致其在真实性审查和认定方面具有复杂性和特殊性。通常而言，证据真实性的基本含义，就其本源意义来说，是强调证据所反映或承载的内容与客观事实相符合。由于司法程序中收集的证据通常具有事后性，因此对于证据真实性的认定是基于事后对案情的碎片性还原来进行追认，某种程度上是认定人员知识水平、认知能力、常识与经验对于案件事实的反映，而不是纯粹案件事实的拷贝。因此，在司法实践中，对于证据的真实性的判断是一个不断通过其他证据材料加以证实的过程，并非简单的“真”“假”二元判断。[1]

但是，电子数据相比于传统证据类型，具有物理形式上和采集上的不同优点与缺陷。首先，电子数据具有信息量庞大，抽象性强，易于损坏、篡改或销毁、不具有直观性等特点，给取证与鉴定带来一定困难。2015 年 2 月，上海市浦东新区人民法院一审宣判了一起“微信借条”案，对电子证据效力作出了判定。案件被告向原告借款 5 万元，拍摄了借条，以微信方式发送原告。到期还款时，被告违约，拒绝承认曾向原告借款，原告律师出示了微信照片，但由于无法取得照片中的借条或其复印件，法庭认为该照片不能验证真伪，不具有真实性。案件最终因其他证据得到妥善处理，但它却带给人们对于电子证据效力的思考：有图未必有真相；如果该借条为纸质借条，则其真实性更容易认定。其次，电子数据又具有可复制性强、可恢复性强、精确程度高、保存时间长的特点，给取证与鉴定带来一些便利。如在 20 世纪 80 年代的伊朗门事件（The Iran－Contra Affair）中，被告 Colonel Oliver North 因伊朗门事件被调查，他认为自己从计算机中删除了所有相关信息，但是 IBM professional office system 自动对信息进行了备份，当事人欲盖弥彰，反而增强了这些数据的真实性。经与其他证据相互印证后，这些备份后来成为控方的关键证据。[2]因此，对于电子数据，就其在司法实践中的审查和认定，有必要区别于其他证据类型而有针对性地加以特殊的规则构建。

目前，从国际层面来看，主要从两个层面对电子证据真实性进行审查：实质审查和形式审查。前者主要指对电子证据内容的真实性审查，后者则涉及证据形式的真实性审查。

---

〔1〕 Terence Anderson 等，“Evidence and Inference：Some Food for Thought”，载 Analysis of Evidence, 2nd Edition（Cambridge：Cambridge University Press，2005），pp. 1－45。

〔2〕 T. Blanton，White House E－Mail：The Top－Secret Messages the Reagan/Bush White House Tried to Destroy（New Press，1995）.

（一）电子证据真实性的实质审查

法院对电子证据进行实质审查时主要关注三个事项：电子司法鉴定就证据真实性之意见，该电子证据是否有其他证据予以补强，以及证据完整性。

1. 电子司法鉴定

电子司法鉴定是判断电子证据真实性的有效手段。欧洲委员会（Council of Europe）于 2013 年发布的《电子证据指南》规定了电子证据司法鉴定的四种主要类型：数据文档和文档系统鉴定（data files and file system forensic analysis）、文件鉴定（document forensic analysis）、实时数据和登录文档鉴定（live data and log file forensics）以及网络鉴定（network forensic analysis）。〔1〕

就其内容而言，有学者总结电子司法鉴定主要关注以下几个事项：认定信息的存在性、认定信息的量、认定信息的同一性和相似性、认定信息的来源、认定程序的功能、认定程序的同一性和相似性、认定特定信息的真实性以及对犯罪现场或事件的重构。〔2〕根据不同的鉴定对象和事项，具体的鉴定方式和规则亦有所不同。

2. 证据补强

从证据补强的角度来看，证据审查者需要将电子证据与其他相关证据之间的一致性进行判断。如在卢旺达国际刑事法院 Karemera 一案中，检察官在向法院提交一份关于集会的录像时，同时提交了报道该事件的收音机广播录音。法院认为该录音证实录像的日期真实，进而证明被告确实于当日参加了集会。〔3〕

与之相类似，在合众国诉 Simpson 一案中〔4〕，公诉方以非法持有儿童色情出版物罪对被告提起公诉，而 Rehman 警官与被告在网络聊天室的一次匿名聊天记录成为关键证据。被告辩称，控方无法以《联邦证据规则》第 901 条第 b 款所列方式（笔记特征、书写风格、声音特征等）认定聊天一方为被告本人。通过审查，法院注意到在该聊天记录中，一方当事人告知对方自己的真实住址，以及自己的真实身份，同时，随后双方进行电子邮件交流时，该邮件地址属于被告。据此，法院认为该聊天记录可被证实，因此采信。

3. 证据完整性

电子证据完整性的核心要求是自证据被采集时起不得对证据进行修改或损坏。

---

〔1〕 Electronic Evidence Guide Version 1.0，引自 http：//www.coe.int/t/dghl/cooperation/economic-crime/cybercrime/Documents/Electronic%20Evidence%20Guide/2467_ EEG_ v18_ short.pdf，2015 年 8 月 4 日访问。

〔2〕 戴士剑、刘品新主编：《电子证据调查指南》，中国检察出版社 2014 年版，第 37 ~38 页。

〔3〕 Karemera，ICTR，Judgment 169 – 173，205（Feb. 2，2012）.

〔4〕 United States v. Simpson，152 F. 3d 1241（10th Cir. 1998）.

法院认定证据完整性通常包含两个重要指标：证据的持续占有（chain of custody），以及证据采集固定手段的可靠性。

首先，就证据的持续占有而言，强调对电子数据从采集、评估、处理、存储到最终提交法庭审查，应当对整个程序保存完整记录，该记录越完整，电子证据的真实性就越高。在 Wayne 诉合众国一案中，警察提供了一份记录匿名线人和谋杀案被告人的对话的录音，录音中出现了 7 分钟的空白。公诉方提出该空白是由于信号干扰和录音失误，而非任何故意篡改。同时提交了相关材料证明该证据自采集时起就存储在警察证据室的钢铁保险箱内，接触该证据有严格的限制，并且全部接触均有连续的文件记录。法院据此认定证据完整性未遭到损害，因此该 7 分钟空白不足以影响该录音的真实性。[1]

其次，涉及证据固定与采集手段的可靠性。欧洲委员会的《电子证据指南》确立了电子证据侦查的五项基本原则。第一，电子司法鉴定应当保证数据的完整性（data integrity），任何行为不得改变电子设备或相关数据。如果这种改变难以避免，如必须在电子设备运行过程中提取数据，则应当最小化这种变动。第二，审查跟踪原则（audit trail），要求对鉴定过程中的全部行为进行完整记录。第三，专家支持原则（specialist support）。该原则要求，通过操作系统获取证据时，应当通知外部专家到场。第四，适当培训原则（appropriate training），即在专家不在场的情况下，应当在证据采集固定之前对相关人员进行适当培训。第五，合法性原则（legality），即证据的采集固定应当符合一般程序原则和规则。[2]

为保证证据采集固定过程的可靠性，从而提高法院对电子证据真实性的认定，一些国家发展出详细的取证规则。以英国首席警官协会（ACPO）的《电子证据规范行为指南》为例，就移动电子计算机这个行为，该指南规定了 11 个步骤：1. 检查该计算机周围环境；2. 将人们驱离计算机和电源；3. 对计算机及其所处环境拍照；4. 向使用者询问登录信息；5. 对屏幕拍照，并书面记录屏幕上的内容；6. 不要触碰键盘和鼠标；7. 必要时，采集切断电源就可能丢失的数据；8. 谨慎参考计算机所有人或使用人给出的意见；9. 保证打印机打完当前文件；10. 在没有专家建议时，断开电源时不应关闭任何程序；11. 移除其他与计算机相连的电线。

（二）电子证据真实性的形式审查

普通法系证据规则中，最佳证据规则（best evidence rule）和传闻证据规则

---

〔1〕 Wayne v. State, 717 S. W. 2d 140, 146 (Tex. App. 1986).

〔2〕 Electronic Evidence Guide Version 1.0，引自 http：//www. coe. int/t/dghl/cooperation/economic-crime/cybercrime/Documents/Electronic%20Evidence%20Guide/2467_ EEG_ v18_ short. pdf，2015 年 8 月 4 日访问。

（hearsay）的设立初衷即为确保证据真实性。然而在电子证据领域，以上两个规则均发生了不同程度的修正。

1. 最佳证据规则

最佳证据原则是英美法系证据规则的一项重要原则，它的主要内容是，对于文书以及记载有思想内容并以此证明案件真实情况的证据，证据法上要求通常必须出示原件，只有当存在可信以为真的理由的情况下，才可以作为例外不出示原件。〔1〕但是对于电子证据而言，其本身必须通过某种介质才能呈现，而每次呈现都会生成一份新的文件，从而不符合“最佳证据”的要求。

然而，由于电子副本可以精准复制原件，“最佳证据规则”的要求在不断弱化。如美国《联邦证据规则》第1001（3）条认为，对于存储于电脑中的数据，任何精确反映该数据的输出或打印的副本，均可被视为原件；联合国国际贸易委员会的《电子商务示范法》将具有最终完整性和可用性等功能的电子副本视为原件，只要数据电文确实起到了在功能上等同或基本等同于书面原件的效果。

从以上规定可以看出，电子证据能否成为最佳证据原则的例外，取决于副本是否精确复制原件。需要注意的是，这种例外的前提条件是为电子数据原件制作其他形式的副本，如打印为书面材料，而非将书面材料制作成电子副本。在后一种情形中，该电子材料其实是其他证据类型例如书证的副本。同时，如果电子数据本身为副本，如将电脑生成的文件转存到移动硬盘中，则最佳证据仍然应当是最初始的、由电脑生成的电子数据。

2. 传闻证据规则

传闻证据规则的核心内容是在审判外所作之言词或书面陈述不得作为证据。首先需要明确的是并非所有的电子证据都是传闻证据。如在合众国诉Armstead〔2〕一案中，法院认为如果电子证据是在机器输入某项陈述时产生的副产品，并且只是因为计算机和电话设备的电子或机械操作才产生的，该电子证据不是传闻证据。

如果电子证据符合传闻证据的定义，也不意味着其一定被排除。这是因为传闻证据规则存在大量例外，而其中常被使用的是商业记录例外（business record execption）和公共记录例外（public records exception）。总体来说，电子证据的出现在不断压缩传闻证据排除规则的适用空间。

五、结语

电子证据作为一种独立的证据类型，具有在范畴以及审查认定标准与规则等方

---

〔1〕易延友：《最佳证据规则》，载《比较法研究》2011年第6期。

〔2〕State v. Armstead, 432 So. 2d 837, 839（La. 1983）.

面加以特殊构建的研究必要性。就其范畴而言，“电子证据”这一概念表述同时包含实体属性和程序属性，意在揭示作为一种独立的证据类型所具有的特殊性。电子证据应定义为“以电子形式存储或传输的、用于证明案件事实的数据或信息”，包含“数据、电子、证据”三个要素，三者相互结合才能构成统一完整的电子证据概念；基于中国当前证据类型划分体系，就其独立性及其范围而言，电子证据区别于书证和物证，但是与证明案件事实的视听资料证据存在交叉，现有立法将交叉部分纳入电子证据的规制框架之下，意味着其取证、保存、出示、审查及认定都将适用电子证据的相关规定。电子证据的物理形式与采集手段的独特性，导致对传统证据规则的挑战，在真实性审查和认定规则特殊构建方面要求尤为突出。电子证据真实性的审查与认定是一个多因素互动的过程，其认定绝不仅是一个技术层面的问题（因为技术本身不是完美的，而是在不断发展中的），更加重要的是建立法律对于证据真实性认定的原则和标准，为技术认定提供指导和约束，并在知识与技术变更的条件下，保证法律判断内在的一致性。目前，可以借鉴国际经验，确立和完善关于实质审查和形式审查两个方面的规则，并且充分关注两个发展态势：一方面，形式审查的门槛在不断降低；另一方面，这种降低依赖于证据调查活动规范程度的不断提升，即实质审查层面真实性的提升。

图书在版编目（CIP）数据

网络信息法基础与前沿问题／龙卫球著．—北京：中国法制出版社，2022.6

ISBN 978－7－5216－2716－9

Ⅰ.①网…　Ⅱ.①龙…　Ⅲ.①计算机网络－科学技术管理法规－研究－中国②信息法－研究－中国　Ⅳ.①D922.174②D922.84

中国版本图书馆CIP数据核字（2022）第095169号

责任编辑　韩璐玮（hanluwei666@163.com）　　封面设计　李宁

网络信息法基础与前沿问题

WANGLUO XINXIFA JICHU YU QIANYAN WENTI

著者/龙卫球

经销/新华书店

印刷/三河市紫恒印装有限公司

开本/710毫米×1000毫米　16开　　印张/19.25　字数/322千

版次/2022年6月第1版　　2022年6月第1次印刷

中国法制出版社出版

书号 ISBN 978－7－5216－2716－9　　定价：78.00元

北京市西城区西便门西里甲16号西便门办公区

邮政编码 100053　　传真：010－63141600

网址：http：//www.zgfzs.com　　**编辑部电话：010－63141802**

市场营销部电话：010－63141612　　**印务部电话：010－63141606**

（如有印装质量问题，请与本社印务部联系。）